内容といえば、
一、真珠湾攻撃で戦争が始まり、
一、ミッドウェー海戦で日本の攻勢は止まり、
一、ガダルカナル島をめぐる戦いで完全に日米の攻守が入れ替わり、
一、サイパン島陥落により、Ｂ29による日本本土空襲が始まり、
一、沖縄では、住民を巻き込んだ悲惨な戦いが行なわれ、
一、広島、長崎に原爆が投下され、日本は降伏した。
という程度のものです。

古代、中世など大幅に削って、もっと近現代史に多くの時間を割くべきだとは私の個人的な意見なのですが、日本人俳優らが硫黄島の戦いについてほとんど無知であったことは当たり前のことなのです。

さて、書店で戦史関連コーナーの前に立つと、それでも結構多くの戦史関連本が並んでいます。

三、四十年ほど前までは、実際に戦争を経験された体験談的な書籍が多く出版されていました。しかし、戦後80年近くになる現在ではほとんどの方が亡くなられ、そういう書籍は見られなくなりました。一部に現在でも多くの読者を惹きつける作品の再販が続けられている程度です（代表作として、坂井三郎『大空のサムライ』）。

現在は、ＣＧや写真を多く載せたビジュアル的なミリタリー本、太平洋戦争の概要をさらっと紹介するもの、ミッドウエー海戦、ガダルカナル島戦、レイテ沖海戦、沖縄戦といった具合に、一つの戦闘、戦場に特化したものがほとんどで、「通史」と呼べるものがありませ

ん。

唯一、参謀本部作戦部第二課長であった服部卓四郎氏が戦後著した『大東亜戦争全史』がありますが、陸軍中心であり、しかも難解で一般向けではないように思います。さらに、昭和28年出版ということもあり連合国側資料との照合も不十分です。

前述のものとは、全く趣を異にするのが本書です。

開戦1週間前の御前会議における開戦決定から、戦後40日後の初めての復員船の帰国までの3年10ヵ月間にあった戦闘の模様（一部政治的なこと）を時系列に並べ紹介してみました。

あくまで「何があったかを知る」ことに重点を置いたため、一つ一つのことについては詳述を避け、「広く、浅く、平易に」描いたつもりです。

「太平洋戦争の目次」ともいえる本かなとも思っています。

本書によって彼の戦争において、「いつ」、「どこで」、「何があったのか」を知って頂ければ、そのことがあの戦争で亡くなられた方々への慰霊にもなり、平和について考える原点にもなると信じます。

＊本書は、平成29年7月に文芸社より刊行された『増補版　太平洋戦争通史』をさらに増筆し、多くの写真、地図を掲載したものです。

令和4年5月27日（海軍記念日）

筒居讓二

写真提供
雑誌「丸」編集部
U.S. Navy
U.S. Army
U.S. Air Force
U.S. Marine Corps
National Archives
Imperial War Museum

図版作成・佐藤輝宣

目次

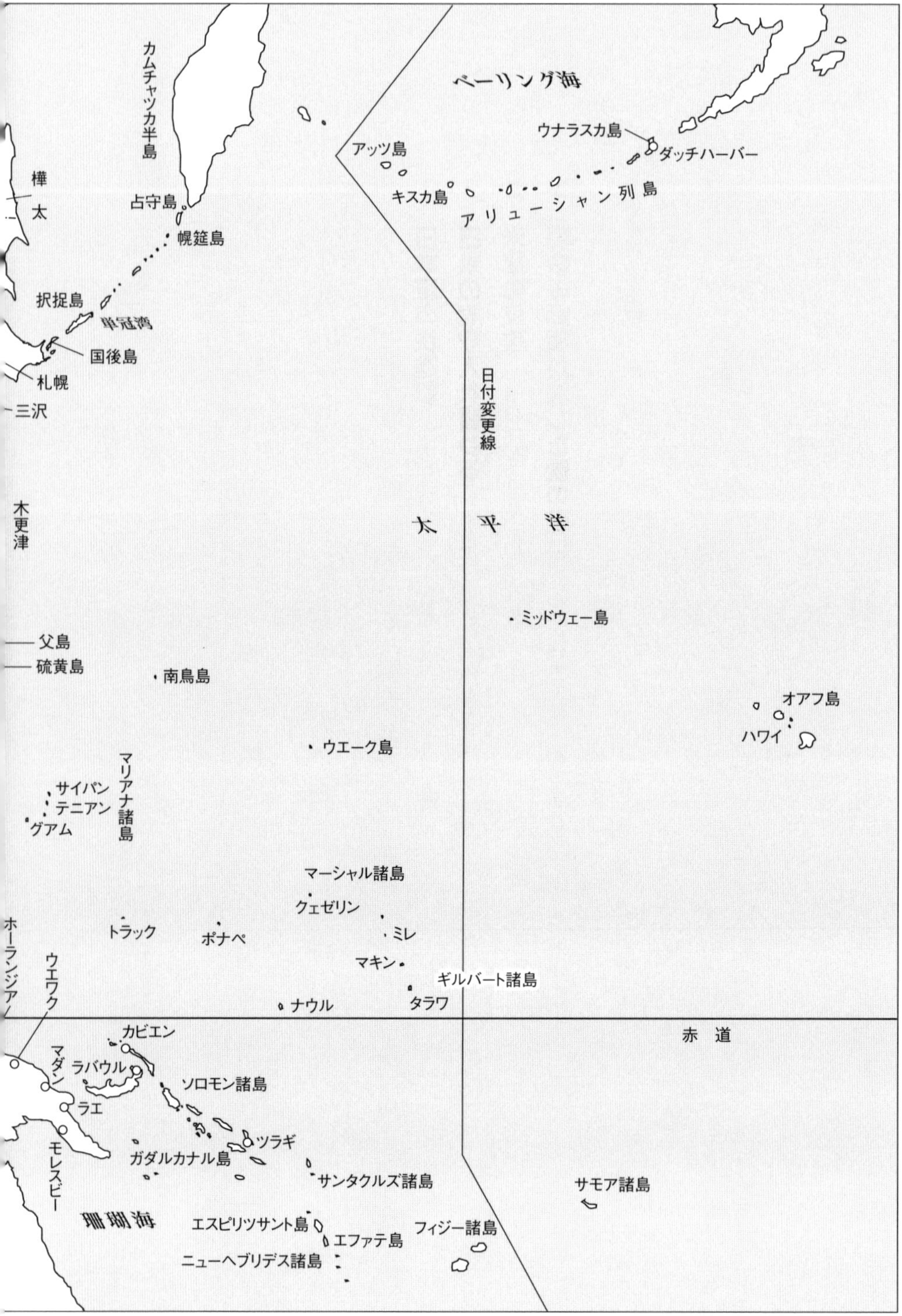
カムチャツカ半島
ベーリング海
ウナラスカ島
ダッチハーバー
アッツ島
キスカ島
アリューシャン列島
樺太
占守島
幌筵島
択捉島
単冠湾
国後島
札幌
三沢
日付変更線
太平洋
木更津
ミッドウェー島
父島
硫黄島
南鳥島
オアフ島
ハワイ
ウエーク島
マリアナ諸島
サイパン
テニアン
グアム
マーシャル諸島
クェゼリン
ミレ
トラック
ポナペ
マキン
ギルバート諸島
タラワ
ナウル
ホーランジア
ウエワク
赤道
カビエン
マダン
ラバウル
ソロモン諸島
ラエ
ツラギ
モレスビー
ガダルカナル島
サンタクルズ諸島
サモア諸島
珊瑚海
エスピリツサント島
エファテ島
フィジー諸島
ニューヘブリデス諸島

太平洋戦争当時のアジア・太平洋要図

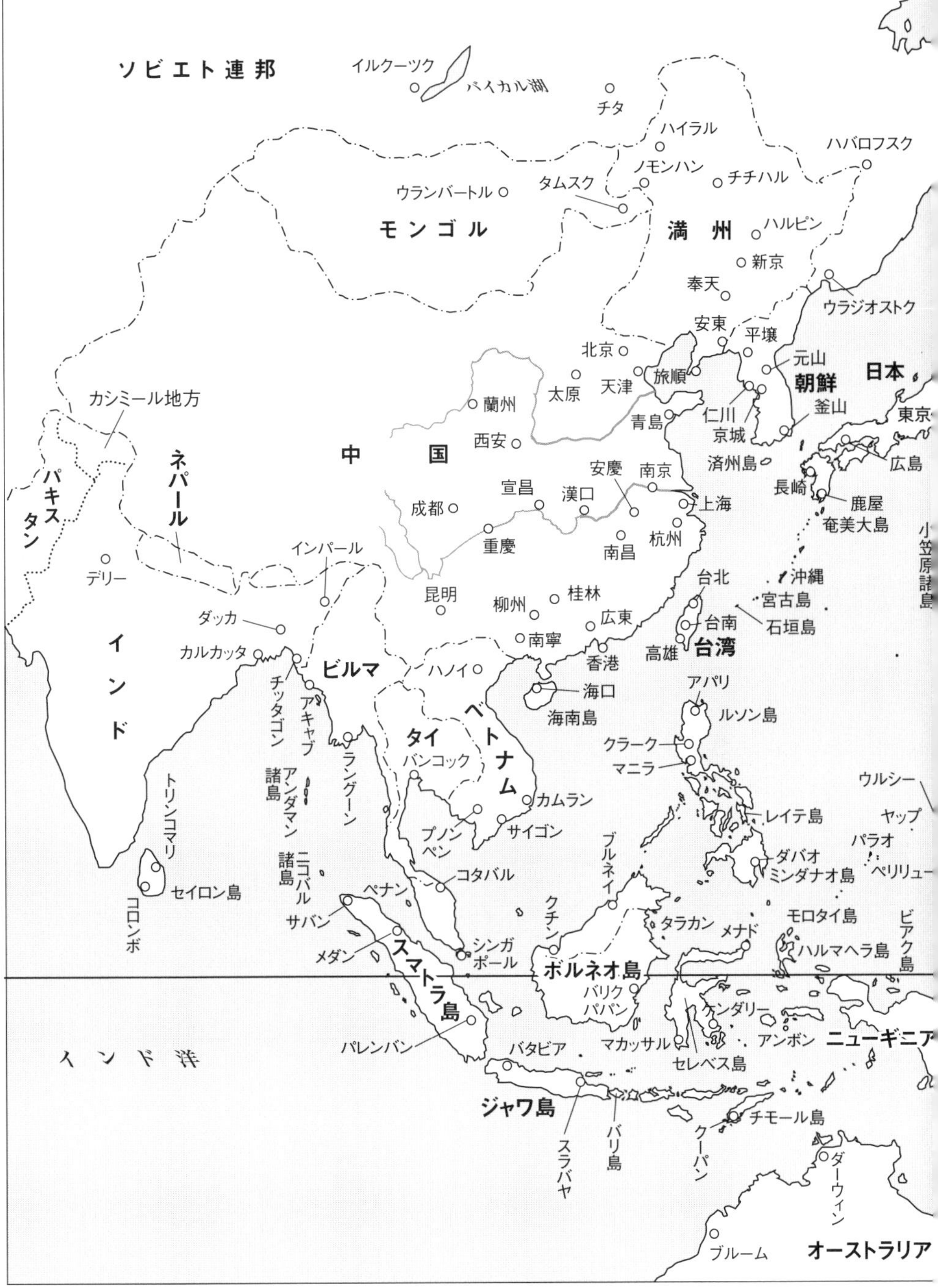

読む年表　太平洋戦争

開戦から終戦まで1396日の記録

I

日本軍の快進撃

昭和16年12月〜17年5月

昭和16年12月1日
御前会議、対米英蘭開戦を決定

11月26日、コーデル・ハル国務長官より野村吉三郎《のむらきちさぶろう》駐米大使に、いわゆるハル・ノートが提示される。その内容はそれまでの日米交渉で話し合われてきたものをほとんど白紙化し、三国同盟の廃棄、中国については満州事変以前の状態に戻すというもので、妥協というより屈服を求める内容であり、日本としては到底受け入れられるものではなかった。ハル長官自身も「日本関係の外交部門は終わった。今や問題は陸海軍の手に移った」と述べており、日本が応じるとは考えていなかった。

翌27日、大本営政府連絡会議（首相が議長を務め、政府から外相、蔵相、陸相、海相、書記官長（現在の官房長官）、陸海軍省軍務局長、統帥部から参謀総長、軍令部総長で構成）が行なわれ、これを最後通牒と結論。

こうして12月1日に開かれた御前会議において、対米英蘭開戦が決定される。

翌2日には、開戦日は12月8日（この日が選ばれたのは、ハワイは日曜日で米太平洋艦隊が真珠湾に在泊している可能性が高いためである）と決定され、山本五十六《やまもといそろく》連合艦隊司令長官は機動部隊に「ニイタカヤマノボレ一二〇八《ヒトフタマルハチ》」、陸軍参謀本部は南方軍（マレー・シンガポール攻略の第二五軍、フィリピン攻略の第一四軍、ビルマ攻略の第一五軍、蘭印攻略の第一六軍を統括）、支那派遣軍（香港攻略の第二三軍が属する）、南海支隊（グアム島、ラバウル攻略部隊）に「ヒノデハヤマガタトス」と発信する。

日米交渉にあたった駐米大使野村吉三郎（右）と国務長官コーデル・ハル（左）

昭和16年12月6日
独ソ戦において、ソ連軍が全面的攻勢を開始

昭和16年6月22日、ドイツがソ連への進攻を開始する。独ソ戦の始まりである。ソ連首相ヨシフ・スターリンはこの事態を全く予測しておらず、ソ連軍は無警戒であった。さらに、スターリンによる大粛清によってソ連軍は有能な指揮官を欠いており、開戦当初ドイツ軍の破竹の進撃が続いた。

しかし、ソ連軍もようやく態勢を立て直し、ドイツ側の戦略上の誤りもあり、首都モスクワへの攻撃は冬将軍の到来もあって12月5日に頓挫した。そしてその翌日からソ連軍の反攻が始まったのである。

この二日後に日本は米英相手に開戦することになる。

戦前の日本には、対米戦についての「戦略」がなかった。あったのは海軍の「戦術」だけだった。太平洋を西進してくる米艦隊を潜水艦や航空機により徐々に減殺し、日本近海においてこれを一気に撃滅する、いわゆる「漸減邀撃作戦」と呼ばれるものである。開戦後しばらく経つと、こういう戦いも起こりえないということが明らかになってくる。

日米開戦がいよいよ現実味を帯びてくる中で、陸軍で立案され、開戦わずか1ヵ月前の11月5日の大本営政府連絡会議で決定されたのが、「対米英蘭蒋戦争終末に関する腹案」であった。その方針は「速やかに米英蘭の根拠を覆滅して自存自衛を確立すると共に、さらに積極的措置により蒋政権の屈服を促進し、独伊と提携して先ず英の屈服を図り、米の継戦意思を喪失せしむるに努む」とある。

この方針に基づき、続いて4項目からなる「要領」が示されているのであるが、多分にド

ロストフに侵攻してきたドイツ軍と戦闘中のソ連軍部隊

イツ頼みの内容であった。陸海軍とも明確なドイツ軍の戦略情報を持っているわけでもなく、ほとんどの者がヨーロッパにおけるドイツ軍の勝利を信じていたのである。また、世界情勢認識にも誤りが多かった。切羽詰まった状況で、急いで書いた役人の作文とまで言われることもある。

戦後、「太平洋戦争は日本にとって勝つ見込みのない無謀な戦争だった」というのが通説であるが、この腹案をもとに、戦い方によっては日本は負けていなかったとの意見もある。

昭和16年12月8日
第二五軍マレー半島に上陸

日本が南方資源地帯を獲得するには、イギリスの東南アジアにおける拠点シンガポールをどうしても陥落させる必要があった。しかし、シンガポールは海側に向けては要塞化されていることから、日本はマレー半島を縦断しジョホールバル水道測から攻略することになる。12月8日が、日限としてはぎりぎりの日であった。その後は強い季節風のため、マレー半島東岸への上陸は著しく困難になるからである。

12月4日、山下奉文《やましたともゆき》中将指揮の第二五軍主力（第五師団〈師団長松井太久郎《まついたくろう》中将〉、第一八師団佗美《たくみ》支隊〈第二三旅団長佗美浩《たくみひろし》少将指揮の第五六連隊基幹の５５００名〉）等約２００００名を乗せた輸送船団は、小澤治三郎《おざわじさぶろう》中将指揮の南遣艦隊（重巡5、軽巡3、駆逐艦15）に護衛されて海南島三亜を出港。７日に三分し、それぞれシンゴラ、パタニ、コタバルへ向かった。

８日未明、コタバルに向かった佗美支隊は敵前上陸となった。同地には各種火砲60門を装備する英印軍６０００名が守備しており、飛行場には36機の航空機があった。その空襲によって3隻の輸送船のうち1隻が撃沈され、軍需物資の揚陸を一時断念せざるを得なかったも

開戦時の第二五軍司令官・山下奉文中将。マレー・シンガポール攻略を指揮

のの、翌日に再度接岸し揚陸した。

このように、佗美支隊は大きな損害を出しつつも9日には英軍陣地を突破して飛行場、コタバル市を占領した。その後支隊は、半島の東側からジョホールバルをめざすことになる。

タイ領のシンゴラには第五師団主力と軍司令部が、パタニには安藤支隊（第四二連隊長安藤忠雄大佐指揮の7200名）が上陸した。午前中に「日本・タイ協力に関する協定」が調印され、タイは日本軍の国内通過を認める。こうして第五師団はタイ国境を越え、マレー半島の西側からジョホールバルをめざして南下を開始する。

この第二五軍によるマレー・シンガポール進攻作戦を空から支援したのが、菅原道大中将指揮の第三飛行集団（総数455機）であった。

8日、集団に所属する第一二飛行団の第一、一一戦隊の九七式戦闘機（自重1110kg、710馬力、最高速度470km、7・7mm機関銃×2）80機が仏印の各基地を出撃、上陸中の船団の直掩に任じた。

しかし、陸軍機は海軍機のように長時間飛行は出来ない。自ら操縦桿を握って指揮していた飛行団長青木《あおき》武三《たくぞう》大佐は、燃料の許す限り護衛任務を続行。いまだ「飛行場確保」の連絡がない中、第一戦隊をシンゴラに、第一一戦隊はパタニに強行着陸させた。幸いにもその直前に飛行場は地上部隊により占領されていた。

こうしてマレー半島に足がかりを得た第三飛行集団は、以後同半島を南下しながらシンガポール陥落まで、英空軍の撃滅と地上部隊の支援にあたるのである。

九七式戦闘機（キ27）。マレー・シンガポール作戦を空から支援した。写真は明野陸軍飛行学校所属機

昭和16年12月8日 真珠湾奇襲攻撃

真珠湾奇襲攻撃は、アメリカを相手に長期戦は不可能と考える連合艦隊司令長官山本五十六大将の強い信念のもと決行された。

11月26日、択捉島単冠湾《えとろふとうひとかっぷわん》を出撃した南雲忠一《なぐもちゅういち》中将指揮の第一航空艦隊（空母「赤城《あかぎ》」「加《か》賀《が》」「蒼龍《そうりゅう》」「飛龍《ひりゅう》」「瑞鶴《ずいかく》」「翔鶴《しょうかく》」――当時日本海軍が持っていた正規大型・中型空母の全戦力――、戦艦2、重巡2、軽巡1、駆逐艦9、他に燃料補給のためタンカー7隻が随伴）は、アメリカ側に発見されにくい北方航路を東進、12月2日に「ニイタカヤマノボレ一二〇八」の暗号電報を受け取る。

12月8日未明、明治38年の日本海海戦において「皇国の興廃此の一戦に在り、各員一層奮励努力せよ」の訓示と共に揚がったZ旗《ゼットき》が再び掲げられる中、淵田美津雄《ふちだみつお》中佐指揮の第一次攻撃隊183機が出撃。この部隊には、真珠湾の水深（12m）でも支障なく攻撃できる浅海用魚雷を搭載した雷撃機40機が含まれていた。

「全軍突撃せよ」の後に打たれた「トラトラトラ（我レ奇襲ニ成功セリ）」はあまりに有名である。

その後の嶋崎重和《しまざきしげかず》少佐指揮の第二次攻撃隊167機による攻撃と合わせて、米軍は戦艦4隻（「アリゾナ」「オクラホマ」「ウエストバージニア」「カリフォルニア」）標的艦「ユタ」（元戦艦）が沈没。戦艦4隻（「ネバタ」「テネシー」「メリーランド」「ペンシルバニア」）が中小破。軽巡3、駆逐艦3が大中破し、航空機310機を失った。

日本側の損害は航空機29機と特殊潜航艇（甲標的）5隻だけであった。（さらに86機が損傷

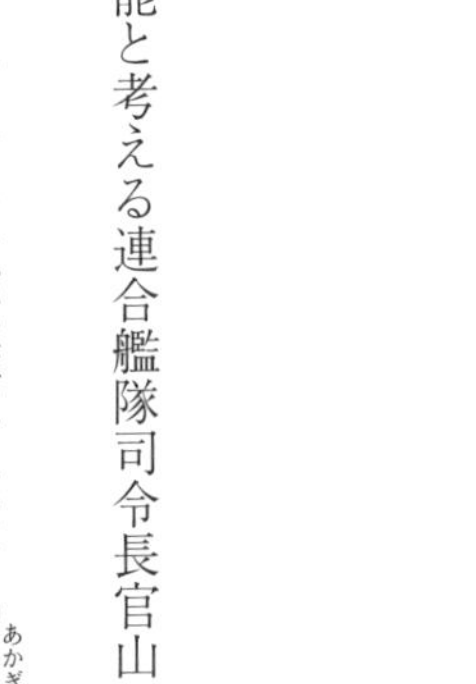

真珠湾攻撃を構想した連合艦隊司令長官・山本五十六大将

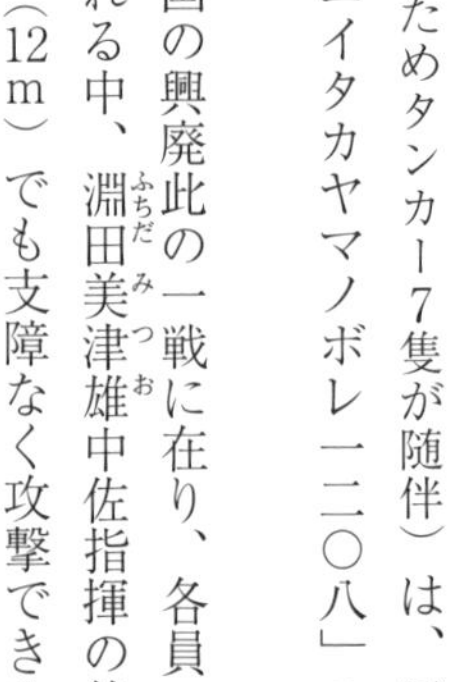

第一航空艦隊司令長官・南雲忠一中将。世界初の空母機動部隊を率いて真珠湾攻撃を実施した

している）
しかし、空母がたまたま不在（「サラトガ」はアメリカ西岸、「レキシントン」はミッドウェー島へ航空機輸送中、「エンタープライズ」はウエーク島へ航空機輸送の帰途）で損害を受けなかった。

沈没、損傷した戦艦はすべて旧式艦で、結果的に太平洋戦争の主役となった空母機動部隊に随伴できるものではなく、しかも「アリゾナ」と「オクラホマ」以外は浮揚、修理されて、戦争の後半、上陸作戦の際の艦砲射撃艦隊として復帰している。

また、日本側が戦艦に目標を絞ったため重巡以下の艦艇は多数が無傷であり、難を逃れた空母と共に機動部隊を編成、この艦隊が連合艦隊には目の上のたんこぶ的存在となり、半年後のミッドウェー海戦へとつながるのである。

また、第三次攻撃が行なわれなかったため石油備蓄基地やドック、修理施設などが無傷で、真珠湾の艦隊根拠地としての機能は全くそのままだった。連合艦隊の計画はもともと攻撃は第二次までであり、基地施設への攻撃は含まれていなかった。南雲長官は計画通りに実行しただけなのである。

さらに決定的であったのは、駐米日本大使館の不手際により宣戦布告の通告が攻撃開始の約1時間後になってしまったことである。

当時のアメリカ大統領はフランクリン・ルーズベルトであるが、彼は大戦への不介入を公約に、史上異例の三選を果たしていた。

しかし、世界情勢から戦争参加を決意しており、アメリカ世論を納得させる必要があった。そのルーズベルトにとっては、日本による真珠湾攻撃が願ってもない機会になった。

アメリカ側は暗号解読により日本からの攻撃を事前に知っていたのであるが、大統領は「騙《だま》し討ち」として、これをプロパガンダとして最大限に利用した。

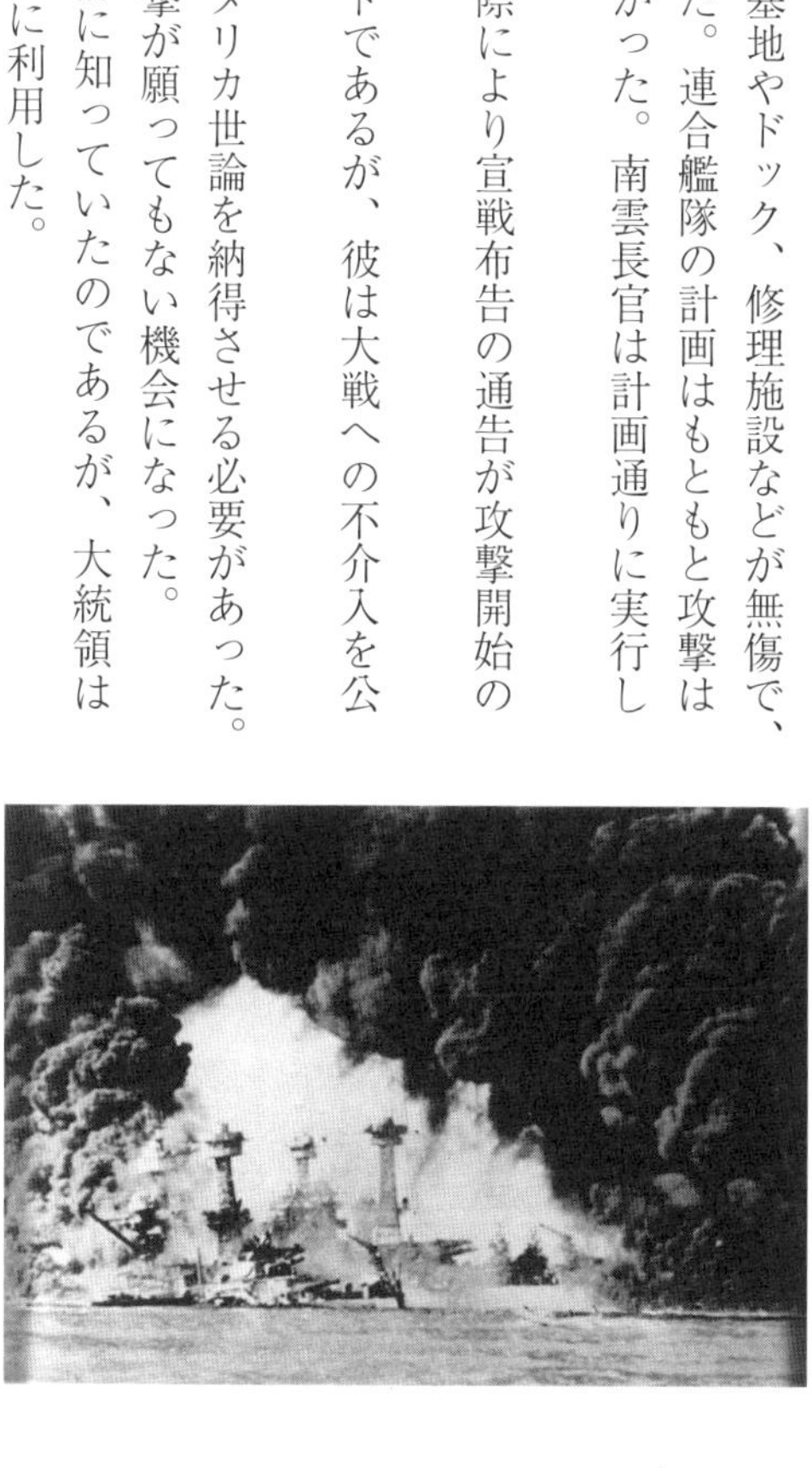
日本軍機の真珠湾攻撃で黒煙を上げる米戦艦ウエスト・バージニア（手前）とテネシー

この奇襲はアメリカ国民の戦意喪失をも狙った山本長官の意図とは全く逆のものになってしまい、「眠れる巨人」を起こす結果となり、この時点で太平洋戦争の日本の敗北は決定したともいわれる。

昭和16年12月8日～13日
フィリピン航空撃滅戦

日本はフィリピン攻略に当たり、まず在比米空軍を撃滅し制空権を手に入れようとした。この任に当たったのが、塚原《つかはら》二《に》四《し》三《ぞう》中将指揮の第一一航空艦隊である。12月8日、台湾の高雄・台南両基地を出撃した一式陸攻81機、九六式陸攻27機、零戦90機がルソン島のクラークフィールドとイバ両基地を空襲。米軍機１００機以上を地上・空中において撃破し、飛行場施設を破壊した。

比島航空戦は13日までの6日間実施され、在比米空軍約３００機を撃滅し、その後の比島攻略戦を成功に導いた。日本側の損害は、陸攻1、零戦12だけであった。

緒戦における日本軍の快進撃を支えたのは、まさに零戦であった。

正式名称「零式艦上戦闘機」。初期型である二一型は自重１６８０kg、９４０馬力、最高速度５３３km、７・７mm機銃×２、20mm機銃×２。

運動性が良く重武装、さらに驚異的な航続力（増槽装備で全力三〇分＋２５３０km）を持ち、搭乗員の技量の高さと合わせ、戦争初期にはまさに無敵の強さを示した。

改良を重ね、終戦まで日本海軍の主力戦闘機であり続けた。生産機数約1万機。

昭和16年12月8日朝、台湾の高雄基地からフィリピン空襲に出撃する第三航空隊の零戦

昭和16年12月10日
マレー沖海戦

昭和16年4月、日本の仏印からのさらなる南下に備えて米・英・蘭の間で協定が結ばれ、イギリスは東洋艦隊を極東に派遣し日本を牽制することとなった。

これを受けてチャーチル首相兼国防相と海軍との協議の末、戦艦「プリンス・オブ・ウエールズ」、巡洋戦艦「レパルス」、空母「インドミタブル」、駆逐艦4からなる艦隊のシンガポール進出が決まる。

特に「プリンス・オブ・ウエールズ」はこの3月に完成したばかりの最新鋭戦艦で、主砲は36cm砲10門ながら高速、重防御で、同艦に対抗できるのは「長門《ながと》」、「陸奥《むつ》」しかなかった。それらの艦は米太平洋艦隊に備えており、南方作戦に参加していた戦艦は第二艦隊（司令長官近藤信竹中将）に配属されていた「金剛《こんごう》」、「榛名《はるな》」の2隻だけだった。「大和《やまと》」はまだ竣工前である。

開戦直前の12月2日、両戦艦はシンガポールに到着するも、「インドミタブル」は途中座礁事故を起こし進出できなかった。

12月8日、日本軍のマレー半島上陸の報を受け、英東洋艦隊司令長官トーマス・フィリップス中将指揮のもと、戦艦2隻と駆逐艦4隻がシンガポールを出撃。第二艦隊や南遣艦隊が緊張したことは言うまでもない。

しかし、フィリップス中将には戦闘機の護衛は不可能なこと、日本側には強力な航空部隊が存在すること等の情報がもたらされる。同中将は奇襲攻撃を決断、9日中に発見されない場合に10日早朝に日本船団を攻撃することとし、進撃を続けた。半島沿いには北上せず迂回

英東洋艦隊の新鋭戦艦「プリンス・オブ・ウェールズ」。南方作戦参加の日本戦艦で対抗できる艦はなかった

洋上を飛ぶ九六式陸上攻撃機。マレー沖海戦で一式陸上攻撃機とともに航空攻撃のみで英主力艦2隻を撃沈した

コースをとる。

日本軍潜水艦が2度にわたり英艦隊を発見し通報、これを受け第二艦隊、南遣艦隊が迎撃に向かうも接触はかなわなかった。

しかし10日、索敵機が東洋艦隊を発見。サイゴン（現ホーチミン）周辺に展開していた第二二航空戦隊（司令官松永貞市《まつながていいち》少将）麾下の元山《げんざん》、美幌《びほろ》、鹿屋《かのや》の各航空隊から九六式陸攻、一式陸攻85機が出撃。午後12時45分から約2時間にわたり5波にわたる攻撃を実施し、2隻の戦艦を撃沈した。日本側の損害はわずかに3機。

英軍の敗因としては、日本の航空戦力の過小評価（日本軍機とパイロットの能力はイタリア空軍と同程度〈イギリス軍の60％〉という評価）、航空機による戦闘行動中の戦艦撃沈は不可能と信じていたこと、戦闘機の援護が得られなかったこと等が挙げられる。

この海戦は英軍の予想とは逆に、史上初めて航行中の戦艦を航空機が撃沈した例となり、全世界にそれまでの大艦巨砲主義に代わる航空機優位を実証した。

チャーチル首相は、「戦争全体を通じて、この出来事ほど衝撃を受けたことはなかった」と語っている。

陸攻隊の攻撃を受ける英戦艦「プリンス・オブ・ウェールズ」（上）と巡洋戦艦「レパルス」

昭和16年12月10日
日本軍グアム島占領

第一次世界大戦の結果、ドイツが支配していた南洋の島々を、日本が委任統治領として治めることになった。マーシャル、カロリン、マリアナ諸島等である。

しかし、マリアナ諸島中のグアム島だけはアメリカ領であった。

日本は開戦と同時に、マレー・シンガポール、フィリピン攻略戦と合わせて、グアム島とウエーク島の攻略に乗り出す。

12月10日、堀井富太郎《ほりいとみたろう》少将指揮の南海支隊（第五五師団第一四四連隊、砲兵1個大隊基幹）と海軍陸戦隊1個大隊計5300名が東西北岸の3ヵ所から上陸。

アメリカ側は日本の勢力圏に孤立している同島防衛は不可能と考え、ジョージ・マクミラン海軍大佐が総督と守備隊長を兼任し、600名余りが守備しているに過ぎなかった。

北岸から上陸した部隊が米軍と小競り合いになった程度で、同日午前中には占領を完了する。

南海支隊はその後ラバウル攻略、そして東部ニューギニアへと転戦するのである。

昭和16年12月10日
フィリピン攻略戦始まる

台湾を基地としての航空撃滅戦に続き、フィリピン本土にある飛行場奪取が図られる。

12月10日、ルソン島北部のアパリに第四八師団（師団長土橋勇逸《つちはしゆういつ》中将）の田中支隊（田中透《たなかとおる》大佐指揮の台湾歩兵第二連隊主力）が、ビガンに同連隊第三大隊が上陸、同日中にアパリ、ビガン、ラオアグ飛行場を占領した。

12日にはルソン島南部のレガスピーに第一六師団（師団長森岡皐《もりおかすすむ》中将）の木村支隊（第一六師団歩兵団長木村直樹《きむらなおき》少将指揮の第三三連隊主力）が上陸、同地の飛行場を占領した。

さらに20日には、坂口支隊（第五六師団歩兵団長坂口静夫《さかぐちしずお》少将指揮の第一四六連隊基幹）と三浦支隊（三三連隊の1個大隊）がミンダナオ島のダバオに上

陸。軟禁状態だったマニラ麻栽培の邦人2万2000名を救出するとともに、飛行場を占領し、即時に航空部隊が進出した。

こうして、首都マニラの南北にあった飛行場を確保するとともに、蘭印方面との分断にも成功、第一四軍主力上陸の露払い的作戦は終了する。

昭和16年12月11日 ドイツ、イタリアがアメリカに宣戦布告

日米開戦を受け、ドイツ、イタリアがアメリカに宣戦を布告。同時に日独伊三国の間で「対米英単独不講和条約」が締結される。

日独伊三国同盟の規定では、三国のうちいずれかの国が他国から攻撃を受けた場合に、他の加盟国が参戦義務を負うというもので、日本の奇襲攻撃で始まった太平洋戦争にドイツ、イタリアが参戦する義務はなかった。

また、当時のドイツはイギリス本土航空戦（いわゆる「バトル・オブ・ブリテン」）に敗れてイギリス本土上陸作戦の可能性はなくなっており、また対ソ戦においても、モスクワ攻略はならずソ連の大反攻が始まっていた。そのような状況下、ヒトラー総統がアメリカという巨大国家になぜ宣戦布告したかについて、現在も論争が続いている。

ルーズベルト大統領はチャーチル首相との協議で、まずヨーロッパでの対独戦を優先させるのである。

ドイツのヒトラー（手前）とイタリアのムッソリーニ

官邸で撮影された東條英機首相

昭和16年12月12日
東條内閣が「今次戦争の呼称並に平戦時の分界時期などに付て」を閣議決定

10日の大本営政府連絡会議は、8日に始まった対米英戦争を「支那事変をも含め大東亜戦争と呼称す」とした。

これを受け12日の閣議において、「今次の対米英戦争及今後情勢の推移に伴い生起することあるべき戦争は支那事変をも含め大東亜戦争と呼称す」と公式に決定した。

また、「平時、戦時の分界時期は昭和一六年一二月八日午前一時三〇分とす」ともされた。

しかし、戦後の20年12月15日、連合国軍最高司令部（GHQ）は「大東亜《だいとうあ》戦争」や「八紘《はっこう》一宇《いちう》」などの言葉の使用を禁止した。

現在一般化した「太平洋戦争」という呼称は、同年12月7日に朝日新聞が初めて使用したことに始まる。

昭和16年12月16日
戦艦「大和」竣工

日本海軍は大正11年のワシントン軍縮会議、昭和5年のロンドン軍縮会議で、主力艦（戦艦）で対米英6割、補助艦艇で7割の制限を受けていた。

しかし、その期限が切れ建造が再開されれば、経済力ではとても米英に太刀打ち出来ない日本では、量の不足を質で補うしかない。

開戦直後に竣工した戦艦「大和」。写真は竣工前の昭和16年10月、高知・宿毛沖で公試運転中の撮影

日本海軍はアメリカを仮想敵国としていたが、アメリカ海軍は太平洋と大西洋の両洋作戦を前提としており、それにはパナマ運河の通過が必須条件であった。同運河の幅は33mで、これを運航できる艦に搭載可能な主砲は40cmが限度であった。

こうした理由により建造されたのが、大和型戦艦だったのである。

排水量6万9100t、速力27ノット、46cm主砲9門。

「大和」は日本海軍が四年の歳月と持てる技術の粋を集めて完成させた、文字通り空前絶後の巨大戦艦であった。

翌17年2月12日、それまでの「長門」にかわり連合艦隊旗艦となる。

日本海軍はさらに8月に竣工する「武蔵《むさし》」を含めて太平洋戦争中12隻の戦艦を保有したが、海戦の主役はすでに航空機に移っており、戦艦が活躍する場はほとんどなくなっていた。

わずかに皮肉にも最も艦齢が古い金剛型巡洋戦艦（「金剛」「榛名」「比叡《ひえい》」「霧島《きりしま》」）が高速であったがゆえに機動部隊に随伴し、またガダルカナル島をめぐる戦いでは飛行場砲撃や米艦隊との海戦に参加した程度であった。「金剛」の要目は、排水量3万6314t、速力30・3ノット、36cm主砲8門。

残りの8隻は、ほとんど戦局に寄与することなく終わった。

昭和16年12月19日

南方軍、蘭印作戦の繰り上げを決定

マレー沖海戦での英戦艦2隻の撃沈、マレー半島における第二五軍の順調な進撃に鑑み、蘭印《らんいん》（オランダ領インドネシア）の早期資源獲得と米英軍に反撃拠点を与えないという意味から、南方軍は蘭印作戦を当初の計画より1ヵ月繰り上げることを決定。

その作戦計画は、まずフィリピンのダバオにある坂口支隊（第五六師団歩兵団長坂口静雄《さかぐちしずお》少将指揮の第一四六連隊基幹）がボルネオ島のタラカン、バリクパパン、パンジェルマシンを、海軍陸戦隊がセレベス島のメナド、ケンダリー、マカッサルを攻略、航空基地を推進する。

次いで第三八師団主力（師団長佐野《さの》忠義《ただよし》中将指揮の第二二九連隊基幹）が、パレンバンを中心とするスマトラ島南部の油田地帯を確保。

東方支隊（第三八師団歩兵団長伊藤武夫《いとうたけお》少将指揮の第二二八連隊基幹）がアンボン島、チモール島を攻略して、オーストラリアとの連絡を遮断。

最終目標のジャワ島については、第二師団（師団長丸山政男《まるやままさお》中将）と東海林《しょうじ》支隊（第三八師団第二三〇連隊基幹）がジャワ島西部に、フィリピンから転進する第四八師団（師団長土橋勇逸《つちはしゆういつ》中将）とボルネオから転進する坂口支隊が同島東部から上陸し、半月を目途にジャワ島を攻略するというものであった。

昭和16年12月23日
日本軍ウエーク島占領

緒戦において日本軍は連戦連勝であったといわれるが、大きな犠牲を出した作戦もあった。ウエーク島攻略戦である。

ウエーク島には、ウインフィールド・カニンガム中佐指揮の海兵隊約500名の守備隊と、戦闘機12機があった（その他軍属1200名）。開戦の日から3日連続で、マーシャル諸島のルオット島にあった第二四航空戦隊の陸攻が同島を爆撃。

10日夜、第六水雷戦隊司令官梶岡定道《かじおかさだみち》少将指揮の攻略部隊（軽巡3、駆逐艦6、哨戒艇2、輸送船2、陸戦隊660名）が上陸を実施しようとしたが、島からの砲撃と生き残っていた

陸戦隊揚陸のためウエーク島の海岸に擱座した第三二号哨戒艇（左）と第三三号哨戒艇

米軍機の爆撃により、駆逐艦2隻が撃沈され上陸は中止、部隊はクェゼリンに引き返した。21日になって攻略が再開される。ハワイ作戦から帰投中の第二航空戦隊（空母「蒼龍《そうりゅう》」「飛《ひ》龍《りゅう》」）の艦載機と二四航戦の陸攻が21日、22日と、ウエーク島を再度空襲。22日夜も10日同様波が高く、陸戦隊（兵員が増強され1000名）の上陸は困難な状況であった。結局梶岡司令官は、陸戦隊を乗艦させていた哨戒艇2隻に擱座《かくざ》上陸を命令。ようやく上陸したものの、米軍の激しい抵抗を受け死傷者が続出した。

二三日、カニンガム中佐を捕虜にしたことで、ようやく戦闘は終結、同島は占領された。日本軍は駆逐艦2隻、哨戒艇2隻と、さらに作戦支援中に衝突、座礁事故で潜水艦2隻を失った。艦艇のものを入れると戦死900名、米軍の戦死者は120名であった。占領はしたものの、戦術的には日本側の敗北であったといえる。

昭和16年12月25日
日本軍香港占領

イギリスの中国における根拠地である香港《ホンコン》島は、東西12km、南北11km。北に幅400mから2000mのビクトリア港をはさんで、東西30km、南北30kmの九龍《クーロン》半島がある。ここにマーク・ヤング総督指揮する英軍、英印軍、カナダ軍1万3000名が守備に就いていた。

特に九龍半島の英中国境には要塞線が構築されており、香港島も含めて英軍は同地を半年間は守りきる目算で準備を整えていた。

その強力な布陣を知っていた陸軍は、第二三軍（軍司令官酒井《さかい》隆《たかし》中将）に第三八師団（師団長佐野《さの》忠義《ただよし》中将）と第五一師団の1個連隊の他、第一砲兵隊（司令官北島驥子雄《きたじまきねお》中将）を配属。同部隊は当時陸軍最大の重砲兵団で、15cmと24cmの重砲42門を装備。

その他、航空部隊も含めて、約4万の兵力を用意していた。

12月8日、第二三軍は英中国境を越えて進攻を開始。九龍半島要塞線突破に向け準備に取り掛かった。

しかし、第二二八連隊の第一〇中隊（中隊長若林《わかばやし》東一《とういち》中尉）が9日夜、英軍の隙をついて要塞線の中枢の高地を占領。これをきっかけに、軍は要塞線への攻撃を開始した。

11日、英軍主力は香港島へ撤退。13日までに半島は完全占領された。

数週間を見込んでいた九龍半島占領は、6日間と戦死傷者140名で終了したのである。

14日、日本軍は香港島への砲爆撃を開始。18日から19日にかけて上陸。

しかし九龍半島とは違い、英軍は頑強に抵抗した。

20日、ニコルソン山の要塞を占領。21日、同山中にあった貯水池を発見して香港市街への給水を停止させる。22日には英軍を東西に分断した。

水不足の中戦い続けてきた英軍も、25日ついに降伏。

九龍半島での戦いと違い、日本軍は2100名の戦死傷者を出している。

英軍の捕虜は11000名。

なお、先述の第一砲兵隊はその後フィリピンに転戦、バターン半島攻略戦でその実力を発揮している。

昭和16年12月28日
「ビルマ独立義勇軍」発足

16年2月1日、鈴木《すずき》敬司《けいじ》大佐を長とする「南《みなみ》機関」が設置される。

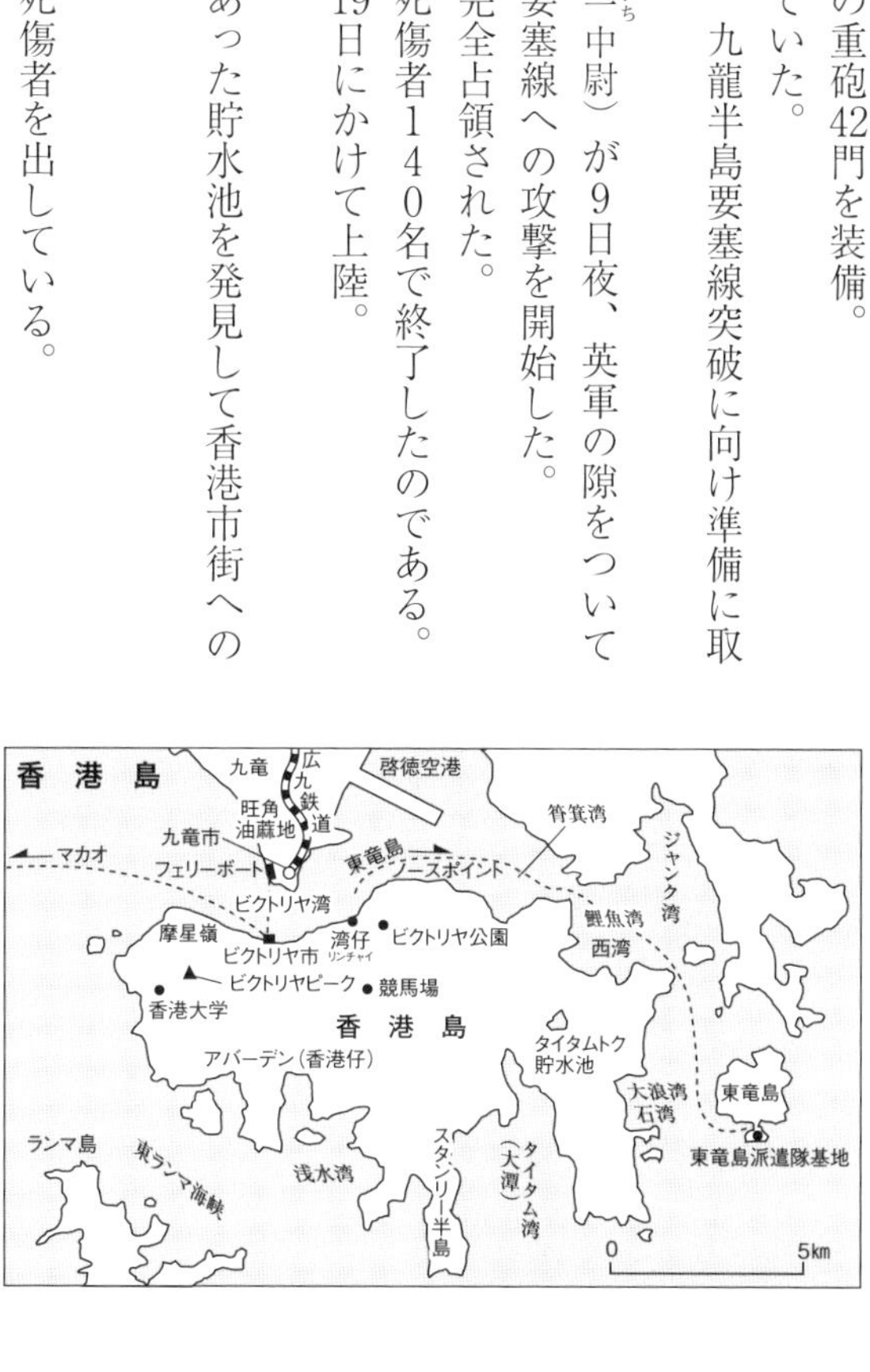

これは、外国勢力の援助を求めていたビルマ独立を目指す民族主義者と、ビルマルート遮断を図りたい日本軍の思惑が一致して誕生した組織であった。

開戦と同時に南機関は第一五軍の指揮下に入り、ビルマ進攻が始まると組織に所属するビルマ人達は日本軍に同行し、道案内や宣撫工作に協力した。

そのような中、12月28日に鈴木大佐を司令官とし、アウンサンらを参謀格とする「ビルマ独立義勇軍」が発足した。

ラングーンへの進軍中に義勇軍に参加する者が急増、ラングーン入城時には約1万名に達していた。

日本軍によるビルマ全面占領を受け、南機関は解散。ビルマ独立義勇軍も一度解散し、「ビルマ防衛軍」として再設立された。

その後18年8月1日、ビルマはバー・モウを首班として独立。それに伴い、ビルマ防衛軍は「ビルマ国軍」と改名している。

昭和17年1月2日 日本軍マニラ占領

フィリピン攻略に当たったのは第一四軍（軍司令官本間《ほんま》雅晴《まさはる》中将）で、その兵力は第一六、第四八師団、第六五旅団であった。

22日には第四八師団がリンガエン湾に、24日には第一六師団がラモン湾から上陸し、首都マニラを目指した。

しかし米比軍は大した抵抗を見せず、続々とバターン半島に撤退していた。

米極東軍司令官ダグラス・マッカーサー大将は、24日マニラを脱出してコレヒドール島に

「ビルマ独立義勇軍」に参加し、「ビルマ独立の父」と呼ばれるアウンサン将軍

フィリピン攻略を指揮した第一四軍司令官・本間雅晴中将

退き、27日にはマニラ市を非武装都市として宣言した。

日本側としては、これは全く予想外の展開であった。米比軍はマニラを拠点として布陣し、その周辺で一大会戦が行われるものと考えていたのである。

結局1月2日、第一四軍はマニラに入場。これを無血占領したのである。

昭和17年1月8日
南雲機動部隊、再度出撃

真珠湾攻撃を成功させた南雲機動部隊は第一、五航空戦隊が12月23日に、第二航空戦隊が29日に内地に帰投した。二航戦が遅れたのは、ウエーク島攻略に協力していたためである。年が明けて再出撃となったが、結果として三つの航空戦隊の空母6隻が全て揃うことはその後なかった。

緒戦の半年間、無敵を誇った第一航空艦隊の空母6隻は以下の通り。


第一航空戦隊（第一航空艦隊司令長官南雲忠一中将直率）
◇「赤城《あかぎ》」
もともとは巡洋戦艦として建造されていたが、ワシントン軍縮条約の結果空母に改造されたもので、排水量4万1300t、速力31・2ノット、搭載機66機（補用機25機）。
◇「加賀《かが》」
「赤城」同様戦艦として建造されていたが空母として竣工させたもので、排水量42541t、速力28・3ノット、搭載機72機（補用機18機）。

第二航空戦隊（司令官山口《やまぐち》多聞《たもん》少将）

無敵と言われた南雲機動部隊の旗艦・航空母艦「赤城」

◇「蒼龍《そうりゅう》」
日本初の近代的正規空母。排水量1万8800t、速力34・5ノット、搭載機56機（補用機16機）。
◇「飛龍《ひりゅう》」
「蒼龍」の同型艦として起工したが、改良が加えられ同改型といえる艦として完成。

排水量2万165t、速力34・6ノット、搭載機56機（補用機16機）。

第五航空戦隊（司令官原忠一《はらちゅういち》少将）
◇「翔鶴《しょうかく》」
開戦直前に完成した大型正規空母。

排水量2万9800t、速力34・2ノット、搭載機72機（補用機12機）。
◇「瑞鶴《ずいかく》」
「翔鶴」の同型艦。ミッドウェー海戦以外のすべての主な海戦に参加。日本海軍の空母の中で、最も武勲輝く艦となる。
※補用機とは分解されて積み込まれた機体で、故障、損傷した機体の修理のために使用されることが多かったという。

1月8日、第一、五航空戦隊は内海西部を出撃。20日、ラバウル空襲。その後五航戦は、米空母襲来に備え内地へ帰還し待機。

第二航空戦隊は1月12日に出撃。24日、アンボン空襲。

その後一、二航戦は合同し、2月19日オーストラリアのポートダーウィン、3月5日にはジャワ島のチラチャップ港を空襲している。

内地で待機していた五航戦が合同してくるが、逆に「加賀」が触礁事故のため艦底を損傷

航空母艦「加賀」。空母への改造中に関東大震災で損傷した巡洋戦艦「天城」の代艦として、戦艦から空母に改造された

し、その修理のため内地へ戻ったため、インド洋作戦は5隻で実施されている。
しかし、特にインド洋作戦までのものは何も機動部隊が出張るほどのことはなく、せっかくの巨大戦力を無為に行動させたという指摘もある。

昭和17年1月11日 第二五軍、クアラルンプールを占領

開戦の日、シンゴラ、パタニ、コタバルに上陸した第二五軍は、急速ジョホールバルをめざし南下を開始した。整備されている道路は半島西側の一本道で、道路以外は密林であり進軍は不可能であった。

途中第五師団の先遣隊である佐伯《さえき》捜索連隊（佐伯静夫《さえきしずお》大佐指揮の約600名）が、12月12日、英印軍6000名が守るジッタラ・ラインと呼ばれる要塞線を1日で突破。28日には木庭支隊（第一八師団第五五連隊）がコタバルに上陸、佗美支隊の後を追い半島東岸を南下。

1月2日、第五師団はカンパルを、8日には島田豊作《しまだとよさく》中佐指揮の戦車隊が夜襲によりスリムの縦深陣地を抜き（スリム殲滅戦）、こうして11日には首都クアラルンプールを占領した。35日間、不眠不休で進撃を続けた第五師団は同地で14日まで休息。

近衛師団は仏印からタイに進駐、第五師団を追ってきていた。休息をとっている第五師団に替わり、第四連隊と第五連隊が英軍を追撃（陸路からの追撃と舟艇機動による退路遮断を繰り返す）。クアラルンプール以南は地形が開けており、道路網も発達しているので15日以降は第五師団と近衛師団を並べてジョホールバルへ進撃することになる。

第五師団の先遣隊としてマレー半島を進撃する佐伯捜索連隊の戦車隊。左端の人物は作戦指導中の辻政信参謀

昭和17年1月11日
日本、オランダに宣戦布告

オランダ本国は昭和15年にドイツに占領され国王はイギリスに亡命、蘭印は亡命政府の統治下にあった。

日本はできれば武力による攻略ではなく、進駐することを考えていた。このため12月8日の宣戦の詔書においても、オランダは除外されていた。

しかしオランダ亡命政府は、12月10日に日本に宣戦を布告。

それでも日本政府は有利な戦況を踏まえて、スイスを通じて亡命政府に働きかけを続けたが、オランダ側はこれを拒否。

こうして1月11日、日本はオランダに宣戦を布告。陸海軍はタラカン、メナドへの進攻を開始した。

昭和17年1月11日
海軍落下傘部隊セレベス島メナドに降下（蘭印作戦の始まり）

メナドはセレベス島の北端に位置し、港と飛行場があり蘭印攻略のための要地であった。

堀内豊秋《ほりうちとよあき》中佐指揮の横須賀第一特別陸戦隊2個中隊334名が27機の輸送機に分乗、フィリピンのダバオを出撃し、11日午前10時頃、メナド近郊のランゴアンに降下、ただちに飛行場を占領。同時に陸戦隊主力がメナド近郊に上陸、同市を占領した。

メナドを制圧した日本軍は、さらにケンダリー、マカッサルを占領し、セレベス島に航空

九六式陸上輸送機で落下傘降下訓練中の海軍空挺部隊

基地を確保した。

なお、この作戦が日本初の空挺部隊の降下だったが、陸軍の申し入れで2月のパレンバン降下作戦まで発表は延ばされている。

昭和17年1月12日
伊号第六潜水艦、米空母「サラトガ」を雷撃

開戦時、日本海軍は新旧、伊号、呂号計61隻の潜水艦を保有し7個潜水戦隊を編成。そのうち新鋭の伊号潜水艦30隻が第六艦隊に属し、第一〜第三潜水戦隊に区分されていた（さらに29隻が建造中）。

そして、その28隻までが真珠湾作戦に参加した（3隻が機動部隊の前路警戒。5隻が甲標的を搭載）。開戦まではハワイ周辺の監視、8日以降は真珠湾を出入りする艦船攻撃が任務であった。

しかし、これだけの精鋭部隊を進出させたものの、敵空母を追って結局西海岸まで到達した第一潜水戦隊が10隻の商船を撃沈破したが、艦艇に対する戦果は皆無であった。

しかし、最後までハワイ海域に残っていた第二潜水戦隊（伊一潜〜伊七潜）の伊号第六潜水艦が1月12日、米空母「サラトガ」を発見。魚雷3本を発射し、うち2本が同箇所に命中。大破孔を生じ、同艦はその修理と近代化改装のため約5ヵ月間作戦不能となった。

昭和17年1月23日
日本軍ラバウル占領

ニューブリテン島ラバウルは、日本海軍にとって戦略的に重要な場所であった。その飛行場からは日本海軍の根拠地トラック諸島に重大な脅威を与え、良好な港湾は連合軍の反撃拠点になることを予想したからである。

開戦前、陸軍は作戦範囲があまりにも広大となり、国力の限界を超えるものであるとして反対したが、結局同意している。17年後半に始まるニューギニアへの進出などは全く想定していなかった。

ラバウルには少数のオーストラリア軍守備隊がいたが、軍事施設を破壊して早々と撤退していた。22日夜に上陸した南海支隊《なんかいしたい》（支隊長堀井《ほりい》富太郎《とみたろう》少将）は、翌日には無血占領。同日、海軍陸戦隊がニューアイルランド島カビエンにも上陸してこれを占領、飛行場を建設している。

この後ラバウルは、南方における日本海軍の一大拠点になっていくのである。

昭和17年1月31日
第二五軍、ジョホールバルに到達

1月11日のクアラルンプール占領以降、第五師団と近衛《このえ》師団はジョホールバルへ向けての先陣争いの様相となる。15日に第五師団はゲマス占領、20日には近衛師団がパクリ占領。コタバルに麾下の2個連隊を上陸させていた第一八師団主力（師団長牟田口廉也《むたぐちれんや》中将、第一一四

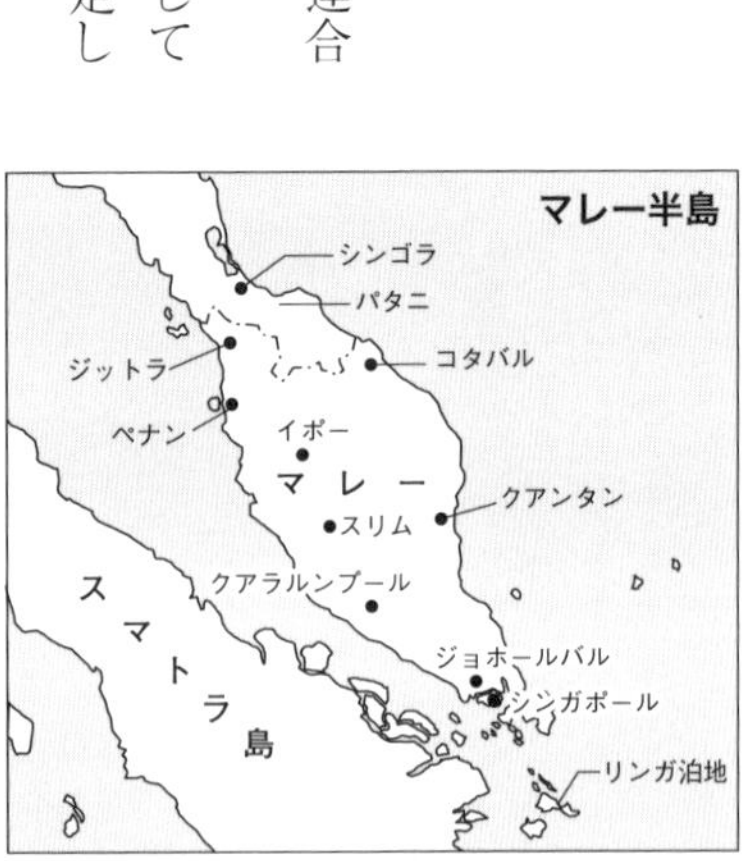

連隊基幹）も、22日シンゴラに上陸。鉄道、自動車等により急速ジョホールバルに向かっていた。

同師団の木庭支隊は22日にエンドウ、26日にはメルシンを占領。25日の近衛師団によるバトパハ占領により、英印軍の組織的抵抗は終わり、シンガポール島への撤退へと状況は変わっていった。こうして31日、第二五軍はジョホールバルに至った。

開戦の日からこの日に至るまで、自転車部隊（銀輪部隊）と工兵隊の活躍には目覚ましいものがあった。自転車部隊は橋が破壊されても担いだり折りたたみ舟を使ったりして渡河し、マレー作戦において軍の急速な進撃を可能にする原動力となった。

工兵隊は各師団の工兵隊に独立工兵第四、一五、二三連隊が加わり、連日英印軍が破壊した橋を不眠不休で修理し続けた。こうしてその距離およそ１１００km、２００以上の橋を架けながら、１００回余りの戦闘を行ない、シンガポールを目前にする地に達したのである。

日本軍は３ヵ月余りかかると予想していたが、上陸後55日目のことであった。

昭和17年2月8日
第六五旅団によるバターン半島攻撃頓挫

前述したように、1月2日に日本軍はマニラを無血占領。米比軍はバターン半島に退いた。

こうして戦場はバターン半島に移るのであるが、大本営、南方軍は逃げた敵を追撃するといった程度の考えであった。

そのため蘭印作戦の実施が繰り上げられたこともあり、第一四軍から第四八師団、第五飛行集団が蘭印、ビルマ方面へ転用され、結局もともと占領後のマニラ市の警備を担当するための第六五旅団（旅団長奈良《なら》晃《あきら》中将）に、バターン半島攻略が命令される。

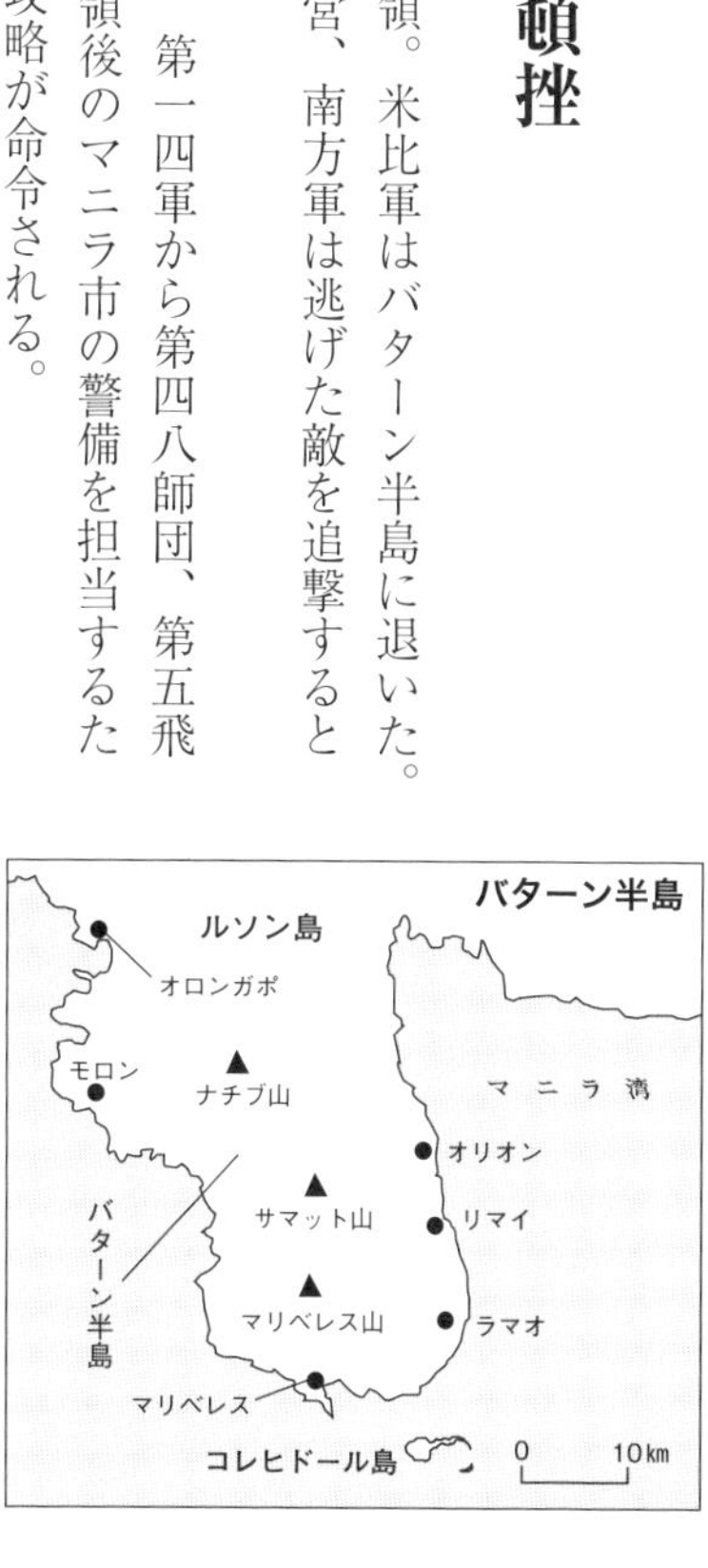

マレー半島をシンガポールに向け進撃中の「銀輪部隊」

第六五旅団に戦車、重砲各1個連隊が追加され、1月8日から攻撃が開始された。しかし、バターン半島への後退は米軍があらかじめ予定していた行動であり、三線の堅固な陣地を築いて日本軍を待ち構えていた。

第一四軍司令部は16日以降、さらに第一六師団から歩兵1個連隊の増援。この連隊から2個大隊が舟艇機動により半島西岸に上陸したものの、両大隊とも全滅している。六五旅団の損害も続出。

2月8日、第一四軍司令官本間《ほんま》雅晴《まさはる》中将は攻撃停止を命令した。

昭和17年2月14日
陸軍空挺部隊パレンバンに降下

スマトラ島パレンバンには、当時世界有数の製油所とその周囲に広がる豊かな油田があった。その製油所を最小限の被害で獲得するため、空挺部隊による強襲が計画された。

第三飛行集団の指揮下に入っていた久米《くめ》精一《せいいち》大佐率いる第一挺進団は、14日11時30分製油所に第二挺団１００名、隣接するスマトラ島随一の飛行場に第一挺団２４０名が降下。部隊を運ぶ航空機、武器輸送の航空機、上空援護の航空機１００余機が、パレンバン上空に進入。３４０の落下傘の花が開いた。夜半までに飛行場を制圧。

翌15日昼までに製油所も占領した。その後18日までに第三八師団主力が同地に進出。二つの製油所のうち一つはオランダ軍の計画的爆破により延焼したが、もう一つはほぼ無傷で手に入れることができ、周囲の油田も無事確保することができた。

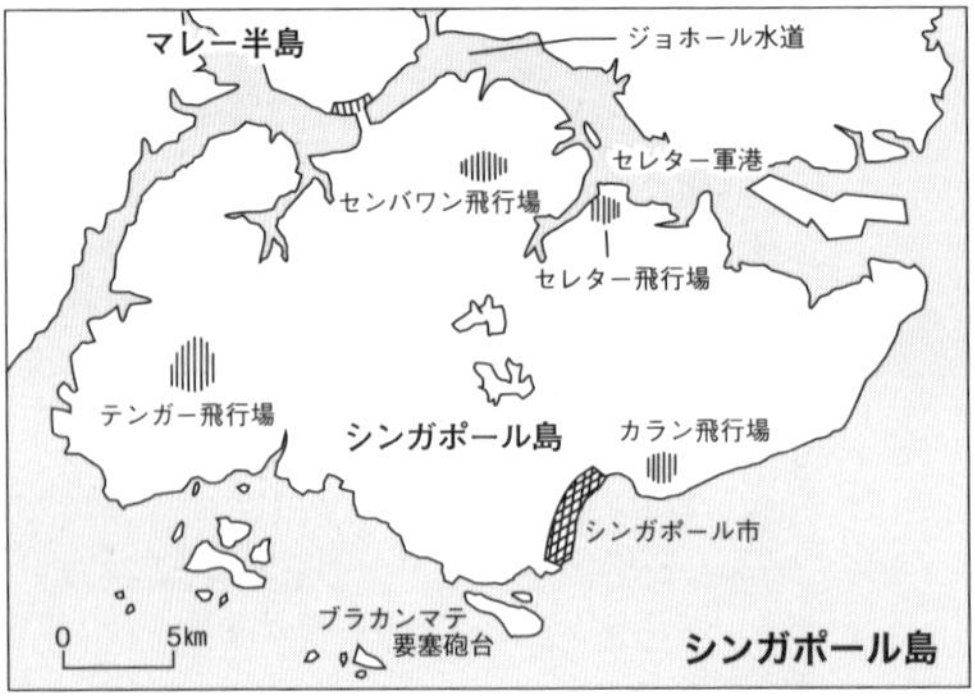

昭和17年2月15日
シンガポール陥落

ジョホール水道北側マレー半島側に日本軍第五、第一八、近衛師団が勢ぞろいし、2月4日からシンガポール島に対して砲爆撃を開始。英軍側の応射も激しく、それが最高潮に達したのは8日であった。英印軍守備隊は約13万。上陸までの数日間、近衛師団が北東岸において陽動作戦を実施。8日には一部部隊をウビン島に上陸させた。この動きに、英軍は海岸守備隊の主力を北東岸に移動させる。

9日午前○時を期して第五、第一八師団がジョホール水道北西岸から渡河し上陸、同日夜には近衛師団も上陸。

11日夕方、第一八師団がブキテマ高地を占領するも戦闘はさらに激化、市街戦の様相を呈してくる。また、日本軍の弾薬が尽きかけてくる。

しかし、日本軍が水源地を押さえ水道を止めたことが大きな要因となり、英軍は白旗を掲げた。

15日夕方、第二五軍司令官山下奉文中将と英軍総司令官アーサー・パーシバル中将が会見、英印軍は無条件降伏する。

シンガポール戦では英軍所属の華僑義勇軍が激しく抵抗したことから、戦後日本軍による大量処刑が行なわれ、国際的な非難を浴びることになる。

こうして、マレー・シンガポール作戦は終了。全作戦を通じて、日本軍の戦死傷者は約1万名であった。英印軍の戦死者約８０００名、捕虜14万人以上。

なお、捕虜のうちインド兵捕虜については、F機関（対インド人工作機関）長藤原岩市《ふじわらいわいち》少

昭和17年2月15日の英軍総司令官パーシバル中将（手前左から二人目）と山下奉文中将（机奥側左端に着席）の会見

佐が「インド独立に向けて志ある者は捕虜扱いしない」と呼びかけ、こうしてインド国民軍が創設される。

その後F機関は岩畔豪雄《いわくろひでお》大佐を長とする岩畔機関となり、インド国民軍も最大時5万人規模の大部隊となった。しかしそれを統率するリーダーが不在で、18年10月自由インド仮政府を樹立するチャンドラ・ボースの出現まで待たなければならなかった。

昭和17年2月19日
南雲機動部隊、ポートダーウィン空襲

ジャワ島の東にあるチモール島への上陸作戦支援のため、2月15日にパラオを出撃した南雲忠一中将指揮の第一航空艦隊（空母4、重巡2、軽巡1、駆逐艦7。この作戦には第五航空戦隊と第三戦隊は参加せず）が19日、戦爆連合１８８機でもってオーストラリア北部の要港ポートダーウィンを空襲。

連合国艦船21隻を撃沈破。その後の基地航空部隊の陸攻54機による攻撃と合わせて港湾施設、飛行場にも大損害を与え、以後数ヵ月間、ポートダーウィンは根拠地としての機能を失った。

なお、チモール島（西半分がオランダ領、東半分が中立国であるポルトガル領）には開戦直後、オーストラリア軍１８００名が進駐していた（その他蘭印軍６００名が駐屯）。

2月20日、東方支隊（第三八師団歩兵団長伊藤武夫《いとうたけお》少将指揮の歩兵第二二八連隊基幹の５３００名）が上陸。さらに海軍横須賀第三特別陸戦隊も空挺降下した。

23日、連合軍は降伏。少数のポルトガル軍も在島していたが抵抗せず、日本側も同国の主権に配慮した。

同島西端にあるクーパンの飛行場は、その後セレベス島ケンダリーの飛行場と連携し、オーストラリア空襲の基地となるのである。

昭和17年2月19日
ルーズベルト大統領、日系人強制収容を認可

2月19日ルーズベルト大統領は、主に西海岸に多く在住する日系人を、沿岸部から立ち退かせる権限を陸軍省に与える行政命令に署名した。

これを受け、日系人約11万人がカリフォルニアをはじめ7州に設けられた11ヵ所の強制収容所に送られる。

しかし同じ敵国でありながら、ドイツ系、イタリア系の人々はこのような扱いを受けることはなかった。

戦後長らく経った1988年、アメリカ政府は戦時中のこの処遇について日系人に謝罪し、補償金の支払いを行っている。

昭和17年2月20日
ニューギニア沖海戦（米機動部隊の動き）

真珠湾攻撃で戦艦部隊にこそ大きな損害を受けたものの、米太平洋艦隊のその他の艦艇はほぼ健在だった。特に空母が無傷だったのは、同艦隊にとって大きかった。

しかし、巨大戦力を持つ当時の日本連合艦隊と四つに組んでの戦いは無理であった。

そこでハズバンド・キンメル大将に代わって太平洋艦隊司令長官となったチェスター・ニ

第三二代米大統領フランクリン・デラノ・ルーズベルト

真珠湾攻撃の責任を問われ解任されたキンメル大将に代わって太平洋艦隊司令長官となったチェスター・ニミッツ大将

ミッツ大将は、空母を中心に三つの機動部隊を編成、戦略的要地でありながら日本側の防備の弱いところを狙い、「ヒット・エンド・ラン」方式の奇襲作戦を実施する。

2月1日には、ウィリアム・ハルゼー中将指揮の第8任務部隊（空母「エンタープライズ」、重巡3、駆逐艦7）とフランク・フレッチャー少将指揮の第17任務部隊（空母「ヨークタウン」、重巡1、軽巡1、駆逐艦5）が、マーシャル諸島とギルバート諸島を攻撃。

14日には、ハルゼーの任務部隊がウエーク島を空襲している。

そして20日、ウイルソン・ブラウン中将指揮の第11任務部隊（空母「レキシントン」、重巡4、駆逐艦10）が、ラバウル空襲を企図した。

しかし、この部隊をラバウルにあった日本の第二四航空戦隊が発見、陸攻17機が攻撃に向かった。だが日本側は戦闘機の護衛を付けられず、魚雷も補給されていなかったため爆装による攻撃となったため、結果15機を失うことになり戦果はなかった。

それでも、日本側に発見されたことにより奇襲ができなくなったブラウン中将は、ラバウル空襲をあきらめざるを得なかった。

その後3月4日には、ハルゼーの任務部隊が今度は南鳥島（マーカス島）を空襲。

さらに10日には、第11、17任務部隊がラエ、サラモア泊地を空襲して、日本艦船に大きな損害を与えている。

そして、4月18日の日本本土空襲につながっていくのである。

昭和17年2月20日
バリ島沖海戦

ジャワ島攻略にあたり、飛行場確保のためバリ島の攻略が実施される。

蘭米の連合国艦隊を指揮したオランダ海軍のカレル・ドールマン少将

攻略部隊を乗せた輸送船2隻を第八駆逐隊司令阿部《あべ》俊雄《としお》大佐指揮の駆逐艦4隻が護衛した。

2月19日深夜陸軍部隊は無血上陸し、飛行場も占領される。

20日深夜、引き揚げにかかった日本艦隊とオランダ海軍カレル・ドールマン少将指揮の蘭、米の連合国艦隊（軽巡3、駆逐艦7）が接触、海戦となった。

結果、駆逐艦1隻を撃沈、蘭軽巡「トロンプ」を中破させた。日本側の損害は、駆逐艦「満潮《みちしお》」が大破。戦力的には圧倒的に優勢であった連合国艦隊を撃退することができた。

昭和17年2月22日
日本軍、ジャワ島攻略にあたり包囲網完成

アメリカにより石油輸入を絶たれ太平洋戦争に突入した日本の最大の目標は、蘭印の石油資源の獲得であった。

蘭印の中心ジャワ島攻略にあたり、その担当軍である第一六軍（軍司令官今《いま》村均《むらひとし》中将）は戦術の定石通りの作戦を実施した。

つまり、周辺の飛行場を中心とする要地及び油田、製油所を次々に奪取し制空権を獲得した上で、ジャワ島に進攻しようとするものであった。

1月12日歩兵第一四六連隊基幹の坂口支隊（支隊長坂口静夫少将）が、油田と飛行場がある北ボルネオの要衝タラカンを占領。同月24日には、ボルネオの商業都市であり飛行場を擁するバリクパパンを占領。同じ日に海軍第一根拠地隊は、セレベス島のケンダリーを占領している。

2月14日には、陸軍空挺部隊がスマトラ島パレンバンに降下。その後第三八師団が同地を占領、油田、製油所、飛行場を確保した。

さらに19日には、第四八師団金村支隊がバリ島に上陸、飛行場を占領。

20日第三八師団東方支隊（支隊長伊東武夫少将）が、チモール島クーパンを占領し蘭濠間の連絡を遮断。

22日には第三八師団第二二九連隊がスマトラ島最南端のタンジュンカラン飛行場を占領し、ここにジャワ島包囲網は完成したのである。

昭和17年2月27日
米水上機母艦「ラングレー」撃沈

日本軍の蘭印攻略作戦は順調に進展していた。これに協力していたのが、第二一、二二、二三航空戦隊であった。これらの部隊の陸攻、零戦は次々に飛行場を南進し、この時期蘭印の制空権をほぼ手中にしていた。

しかし陸攻による艦船攻撃は、期待通りの戦果を挙げ得なかった。

2月4日のジャワ沖海戦では、出撃してきた米蘭連合艦隊（重巡1、軽巡3、駆逐艦8）に対し、鹿屋空、高雄空、一空の一式陸攻、九六式陸攻60機が水平爆撃を行なったが、米重巡「ヒューストン」、同軽巡「マーブルヘッド」を中破させただけだった。

「マーブルヘッド」は戦線離脱を余儀なくされ、日本船団への攻撃は阻止できたが、出撃機数の割に戦果は少なかった。

また、11日からはL作戦（バンカ、パレンバン攻略作戦）が実施され、連日第二二航空戦隊の元山、美幌、鹿屋空の陸攻70～80機が出撃し、シンガポールからの脱出を図る船舶や、日

高雄空一式陸攻の爆撃を受け、沈没寸前の米水上機母艦「ラングレー」

本の輸送船団攻撃を企図する連合国艦艇を爆撃したが、大きな戦果は得られなかった。
15日にはやはり連合国艦隊（重巡1、軽巡4、駆逐艦8）に対し、67機が攻撃を加えたが戦果はゼロであった。第二二航空戦隊といえば、マレー沖海戦において英戦艦2隻を撃沈した部隊である。

ただ27日、チラチャップに向け戦闘機を輸送中の米水上機母艦「ラングレー」（排水量1万1500t、元米海軍初の航空母艦）を、高雄空の一式陸攻16機が爆弾6発を命中させ撃沈している。

急速な航空基地の前進により魚雷が準備できなかったことが大きな原因とされるが、敵戦闘機の妨害も一切なく多数機を出撃させながらの過小な戦果に、基地航空部隊は大きな衝撃を受けた。

日本海軍に限らず、特に高速で回避行動をする中、小型艦艇に対する高高度からの水平爆撃は、非常に効率が悪かったのである。

昭和17年2月27、28日
スラバヤ沖海戦

東部ジャワ攻略の輸送船団を護衛していた第五戦隊、第二、第四水雷戦隊の重巡2、軽巡2、駆逐艦14（指揮官は第五戦隊司令官高木《たかぎ》武雄《たけお》少将）と、これを阻止しようとするオランダ海軍カレル・ドールマン少将指揮の連合国（米、英、蘭、濠）艦隊重巡2、軽巡3、駆逐艦9が、27日夕方から28日深夜にかけて4度にわたり交戦、太平洋戦争初の大規模な水上艦同士の戦闘となった。

第一次昼戦で蘭駆逐艦1隻を撃沈、英重巡「エクゼター」の機関部に20cm砲弾が命中し、同艦は速力低下し戦場を離脱。第二次昼戦では駆逐艦同士の戦闘で英駆逐艦1隻を撃沈。

第一次夜戦では戦果はなかったが、第二次夜戦までの間に英駆逐艦1隻がオランダ軍が敷設した機雷に触れて沈没。第二次夜戦でようやく、重巡「那智」、「羽黒」が放った魚雷が、蘭軽巡「デ・ロイテル」、「ジャワ」に命中。両艦はほぼ轟沈であった。ドールマン少将も戦死。

結局、この海戦は遠距離砲雷戦に終始。日本側の損害は軽微なものだったが、航空機の観測のもと長時間の海戦で膨大な砲弾（20㎝砲弾については1600発以上）、魚雷（150本以上、信管が鋭敏過ぎて途中で自爆するものも多かった）を放ったにもかかわらず、命中弾が極めて少なく課題を残した。

昭和17年3月1日　バタビア沖海戦

スラバヤ沖海戦で生き残った米重巡「ヒューストン」、濠軽巡「パース」はバタビア（現ジャカルタ）に退避したものの、同地も安全ではなくなっていた。このため2隻はジャワ島南岸のチラチャップへの移動を命令される。

28日夕刻バタビアを出港した2隻は、その途中バンタム湾において西部ジャワ攻略の日本軍輸送船団と遭遇、これに突入した。

しかし、船団には第五水雷戦隊（司令官原顕三郎《はらけんざぶろう》少将）の軽巡「名取《なとり》」、駆逐艦12隻が護衛についていた。さらに第七戦隊の重巡「最上《もがみ》」「三隈《みくま》」、駆逐艦1隻が応援に駆けつけ砲雷撃戦に加わったことで、両艦は撃沈される。

海戦による日本側の損害はほとんどなかったが、日本艦隊が放った魚雷は70本余りに達し、

スラバヤ沖海戦で撃沈されたオランダ軽巡「デ・ロイテル」。座上するドールマン少将も戦死した

その数本が近海にいた味方輸送船団に命中してしまう。結果、輸送船3隻と直衛していた掃海艇1隻が沈没。沈没した輸送船の1隻は第一六軍司令官今村均《いまむらひとし》中将座乗の「龍城丸《りゅうじょうまる》」で、同中将は2時間余りバンタム湾を泳ぐことになるのである。

昭和17年3月1日
英重巡「エクゼター」撃沈

スラバヤ沖海戦で生き残った英重巡「エクゼター」は、駆逐艦2隻を伴ってスラバヤからセイロン島へ脱出を図ろうとしたが、日本艦隊に発見される。第五戦隊の重巡「那智《なち》」「羽黒《はぐろ》」、駆逐艦2隻と、蘭印部隊主隊の重巡「妙高《みょうこう》」「足柄《あしがら》」、駆逐艦2隻が、これを挟撃する形で3艦とも撃沈。「エクゼター」は、ドイツのポケット戦艦「グラーフ・シュペー」を自沈に追い込んだ艦として有名であった。日本側には損害はなかった。

昭和17年3月1日～4日
第四戦隊による掃討作戦

スラバヤ沖海戦、バタビア沖海戦などの結果を受け、蘭印の連合国海軍は残存する艦船に対し、オーストラリアなどへの脱出を命令。

ちょうどその頃、近藤信竹《こんどうのぶたけ》中将指揮の第四戦隊を主力とする南方部隊本隊（重巡3、駆逐艦3）がジャワ島の南方海域へ進出、チラチャップなどから脱出してくるこれら艦船を攻撃した。

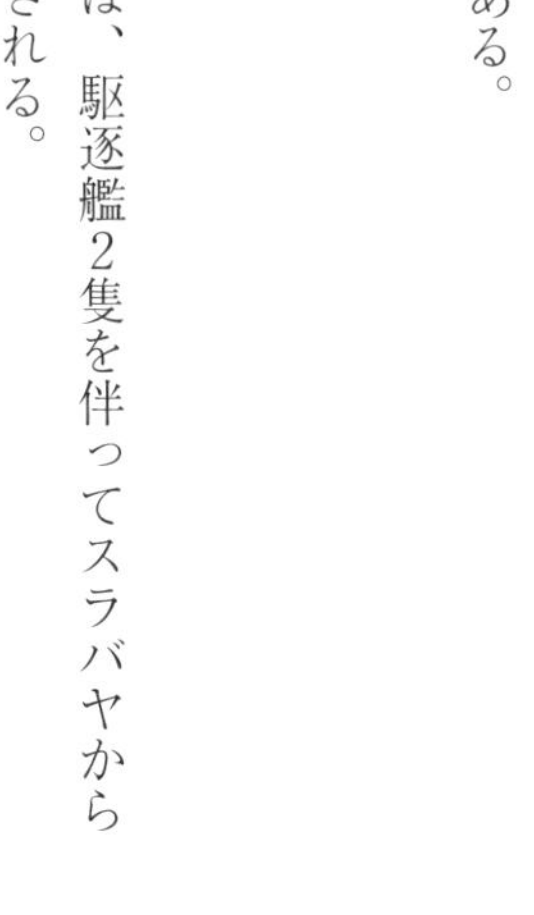

沈没寸前の英重巡「エクゼター」。麾下駆逐艦2隻とともに日本艦隊に撃沈された

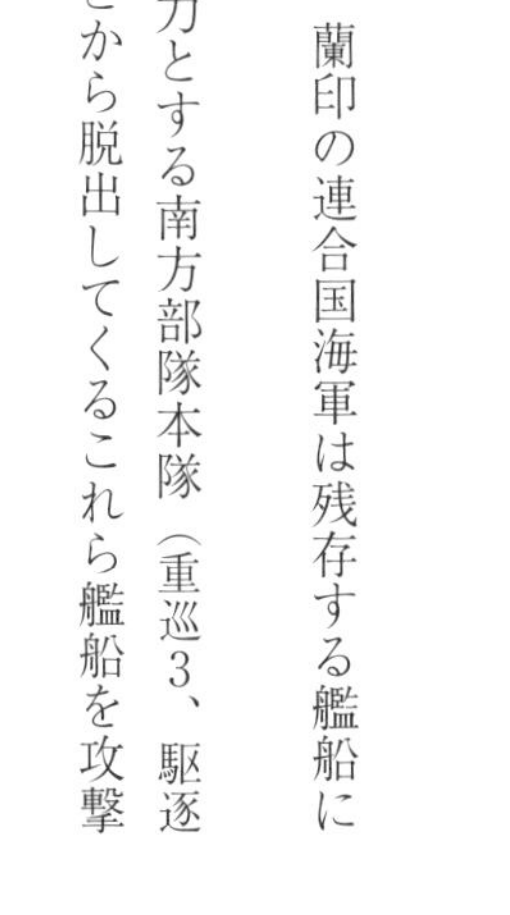

第二艦隊司令長官・近藤信竹中将。南方部隊全体の指揮を執った

4日間にわたる行動で、駆逐艦2隻、その他護衛艦艇4隻、商船6隻を撃沈、商船4隻を拿捕した。

また、チラチャップでは南雲機動部隊の空襲により、多くの商船が撃沈されるか自沈している。

なお、この時期の日本海軍の戦艦、重巡部隊は、第一〜第八戦隊に区分、編成されていた。つまり、

第一戦隊　戦艦「大和」、「長門」、「陸奥」
第二戦隊　戦艦「伊勢《いせ》」、「日向《ひゅうが》」、「山城《やましろ》」、「扶桑《ふそう》」
第三戦隊　戦艦「金剛」、「榛名」、「比叡」、「霧島」
第四戦隊　重巡「愛宕《あたご》」、「摩耶《まや》」、「高雄《たかお》」、「鳥海《ちょうかい》」
第五戦隊　重巡「妙高」、「羽黒」、「那智」、「足柄」（第二一戦隊）
第六戦隊　重巡「古鷹《ふるたか》」、「加古《かこ》」、「青葉《あおば》」、「衣笠《きぬがさ》」
第七戦隊　重巡「鈴谷《すずや》」、「熊野《くまの》」、「最上」、「三隅《みくま》」
第八戦隊　重巡「利根《とね》」、「筑摩《ちくま》」

である。

昭和17年3月7日
「第二段作戦」策定される

この日開かれた大本営政府連絡会議において、「今後採るべき戦争指導の大綱」が決定された。

大本営は南方資源地帯の確保までの作戦については綿密に計画したうえで実行し、結果的

に予想より早期にその達成をみた。しかし、その後の作戦については具体的に検討されておらず、陸軍と海軍、海軍の中でも軍令部と連合艦隊との間で意見が対立した。

占領地域の支配を固めて長期持久体制を構築、東南アジア攻略に使用した部隊は大陸に戻し、ソ連を牽制し中国の屈服を図ろうとする陸軍。

さらに戦線を拡大し随所に敵を撃破、特にハワイで撃ち漏らした米機動部隊を撃滅して早期に戦争を終結させようとする海軍（連合艦隊が主導、軍令部は追認する形となる）。

海軍側から出されたオーストラリア攻略作戦については、さすがに国力の限界を超えるものとして反対した陸軍であったが、陸軍の大兵力を動員しないという条件で海軍の積極作戦が承認されていく。

こうしてその後のインド洋作戦、ポートモレスビー攻略作戦（ＭＯ作戦）、ミッドウェー作戦、フィジー、サモア攻略作戦（Ｆ・Ｓ作戦、ミッドウェー作戦失敗のため中止）が実施されることになるのである。

昭和17年3月8日
ラングーン陥落

ビルマ（現ミャンマー）攻略は、南方資源地帯をその西側で防衛することと、援蔣ルート（中華民国の蔣介石《しょうかいせき》を援助するルート）であったビルマルートを遮断するという二つの意義があった。

在ビルマの英軍は、一言で言えば訓練不足の多民族混成部隊。それなりの部隊といえば、英第7機甲旅団くらいであった。

ビルマ攻略を担当したのは第一五軍（軍司令官飯田《いいだ》祥二《しょうじ》郎《ろう》中将）の第三三と第五五師団で、

国境を超え、タイからビルマに進攻する第五五師団

1月20日、タイ国境を越えて進攻。31日、モールメン占領。ラングーン北のペグーでは英第7機甲旅団との戦闘で苦戦はするものの、3月8日に英軍が放棄した首都ラングーンを無血占領。

これにより海からの補給が受けられるようになり、兵力も第一八と第五六師団が加えられる。

こうして、4個師団での中北部ビルマへの進攻が行なわれる。これに、アウンサンを指導者とするビルマ独立義勇軍が協力した。

5月1日、中部ビルマの中心都市マンダレーを占領。イギリス・インド・中国軍は各地で敗退し、インド・中国へと後退する。こうして雨季を迎え、戦闘は停止状態となる。

日本軍は、ほぼ全ビルマを制圧。援蔣ルートも遮断することができた。

なお、結局は実行されなかったが、南方軍からインド東部へのさらなる進攻作戦が大本営に提案されている。

蔣介石政権はビルマルートの遮断により、地上からの援助を一切受けられなくなった。

同政権の脱落を恐れたアメリカは、インド東部からヒマラヤ越えの困難な空輸ルートで、なんとか支えようとした。

また、ビルマでの英印軍の敗北は、インドにおける反英独立運動を刺激していた。

さらに、同地域はまったく無防備状態であった。

戦争終結の契機をイギリスの脱落、中国の屈服に置いていた日本にとって、魅力のある作戦とも考えられた。これを受け大本営は、南方軍に「二十一号作戦」として、その研究を命令。

そして南方軍は、在ビルマの第一五軍に命令する。しかし、飯田軍司令官をはじめ各師団長はこれに難色を示した。特にビルマとインド国境の地勢に詳しく、大兵団の作戦行動は無

ニューギニアのラエから出撃する零戦隊

理と考えていた第一八師団長牟田口廉也中将が強く反対している。

昭和17年3月8日
日本軍ラエ、サラモアを占領

1月23日、日本軍はラバウルを占領したが、その直後からポートモレスビーから飛び立つ連合軍機の空襲を度々受けていた。

こうして日本海軍はラバウル防衛と米濠間の連絡遮断を狙い、ニューギニア、ソロモン諸島に地歩を進めることになるのである。

3月8日南海支隊の1個大隊がサラモアに、呉特別陸戦隊がラエに上陸、占領した。

しかしその翌々日の10日、同方面に進出中の米機動部隊（空母「レキシントン」「ヨークタウン」基幹）の艦載機１００機以上がラエ、サラモア泊地を空襲、輸送船など4隻が撃沈され、軽巡「夕張」以下9隻が損傷を受ける。

これに対し日本側もラバウルから戦闘機隊が進出、13日から航空作戦を開始した。

この戦闘機隊が台南《たいなん》航空隊（第二四航空戦隊所属、司令斉藤正久《さいとうまさひさ》大佐）で、西沢広義《にしざわひろよし》一飛曹、坂井三郎《さかいさぶろう》一飛曹（『大空のサムライ』の著者）、笹井醇一《ささいじゅんいち》中尉など、海軍戦闘機隊の中で最も多くのエースを輩出した部隊として有名である。

部隊は7月まで、ラエを拠点としてオーエンスタンレー山脈をはさんで連合軍航空隊と対峙、圧倒的な強さを発揮している。オーエンスタンレー越えの航路を、彼らは「モレスビー街道」と呼んだ。

戦後判明したことだが、6月9日、B26を中心に19機がラエに空襲にやって来た。

そのうちの1機に戦後大統領になるジョンソン下院議員が同乗しており、僚機が坂井機に

ラエ基地で撮影された台南空のエース搭乗員たち。前列左から太田敏夫一飛曹、西澤廣義一飛曹。後列左から高塚寅一飛曹長、笹井醇一中尉、坂井三郎一飛曹

撃墜されている。ジョンソン機も相当銃弾を撃ち込まれ、満身創痍でポートモレスビーにたどり着いたというエピソードが残っている。

しかし損害を出しながらも補給が続く連合軍に対し、台南空の搭乗員は、徐々にくしの歯が欠けるように失われていく。

米軍のガダルカナル島上陸によって始まる、航空消耗戦の前哨戦ともいえる戦いになるのである。

昭和17年3月9日
ジャワ島の蘭印軍降伏

マレー、シンガポールとフィリピンを攻略した日本軍は、最終目標である蘭印（現インドネシア）攻略に動き出す。

その中で特に重要視されたのは、北ボルネオのタラカン油田、南スマトラのパレンバン油田。そして最も開発が進み、様々な資源が豊富で人口の7割が集中し、連合軍の大半（約8万）が守備するジャワ島であった。

蘭印攻略を担当したのは第一六軍（軍司令官今村均中将）で、その最後で最大の作戦がジャワ島の攻略であった。兵力は約5万5000。

3月1日、第二師団と東海林俊成《しょうじとししげ》大佐率いる東海林支隊がジャワ島西部に、第四八師団と坂口静夫少将率いる坂口支隊が同島東部に上陸。5日、第二師団がバタビアを占領。7日、東海林支隊がバンドン占領。8日には、坂口支隊がジャワ島南岸（インド洋岸）の要港チラチャップを占領した。

結局連合軍は、日本軍の二倍の兵力を持ちながらわずか一週間余りで降伏。

蘭印攻略を指揮した第一六軍司令官・今村均中将

これは、連合軍将兵の戦意が乏しかったことと、オランダの植民地支配に不満を持っていた現地住民の強い協力があったことが、大きな要因とされる。

戦後今村軍司令官は、オランダに拘留されていた政治家スカルノを釈放し活動させる。この軍政により、蘭印の統治は終戦まで比較的安定していた。

昭和17年3月10日
第三艦隊と第五水雷戦隊が解隊される

連合艦隊とは、戦艦を中心とする第一艦隊と重巡を中心とする第二艦隊が常設艦隊であり、それ以外は必要に応じて編成されるもので、以下の艦隊で開戦を迎えた。

第一艦隊（司令長官高須《たかす》四郎《しろう》中将）
第二艦隊（同近藤信竹中将）
第三艦隊（同高橋《たかはし》伊望《いぼう》中将、フィリピン、蘭印攻略部隊として編成）
第四艦隊（同井上《いのうえ》成美《しげよし》中将、内南洋担当）
第五艦隊（同細萱《ほそがや》戊子郎《ぼしろう》中将、北方担当）
第六艦隊（同清水《しみず》光美《みつみ》中将、潜水艦部隊）
第一航空艦隊（同南雲忠一中将、空母機動部隊）
第一一航空艦隊（同塚原《つかはら》二四三《にしぞう》中将、基地航空部隊）
南遣艦隊（同小澤治三郎中将、マレー、シンガポール攻略部隊として編成）

右記のうち第三艦隊については、3月9日の蘭印軍の降伏でもってその任務は終了したわけで、10日付で解隊され、改めて第二南遣艦隊となり同地域での駐留が任務となった。

日本海軍の水雷戦隊。左手前の大型の艦が旗艦の軽巡「夕張」で、周囲に麾下の駆逐艦が停泊している

このため同艦隊に配属されていた諸艦艇も編成替えとなったが、ここで触れておく必要があるのは第五水雷戦隊の解隊である。

水雷戦隊とは、軽巡を旗艦として8〜16隻の駆逐艦で編成された部隊で、主力艦（戦艦、重巡）に随伴しその護衛、そしていざ敵主力との艦隊決戦となれば、艦隊の前方に出て魚雷戦を行うのがその任務であった。

日本海軍は、開戦時6個水雷戦隊を保有していた。

第一水雷戦隊（司令官大森仙太郎《おおもりせんたろう》少将、軽巡「阿武隈《あぶくま》」、駆逐艦16隻）
第二水雷戦隊（同田中頼三《たなからいぞう》少将、軽巡「神通《じんつう》」、駆逐艦16隻）
第三水雷戦隊（同橋本信太郎《はしもとしんたろう》少将、軽巡「川内《せんだい》」、駆逐艦14隻）
第四水雷戦隊（同西村祥　治《にしむらしょうじ》少将、軽巡「那珂《なか》」、駆逐艦16隻）
第五水雷戦隊（同原顕三郎少将、軽巡「名取」、駆逐艦8隻）
第六水雷戦隊（同梶岡定道《かじおかさだみち》少将、軽巡「夕張《ゆうばり》」、駆逐艦8隻）

以上、軽巡6隻、駆逐艦78隻という勢力であった。

旗艦である軽巡は「夕張」以外は、大正末期に竣工したいわゆる5500トン型といわれる艦で、その中でも川内型とされる「神通」、「川内」、「那珂」の要目は、排水量5595t、速力35・25ノット、14cm砲7門、魚雷発射管8門。

そして第一艦隊に第一、三水雷戦隊、第二艦隊に第二、四水雷戦隊、第三艦隊に第五水雷戦隊、第四艦隊に第六水雷戦隊が配属されていた。

特に第二艦隊に属する第二、四水雷戦隊には新鋭艦が配置され、逆に第五、六水雷戦隊配属の駆逐艦は旧式なものであった。

開戦時の役割分担は、一水戦（第一水雷戦隊）が第一航空艦隊の護衛、第二〜五水戦がフ

第三水雷戦隊旗艦を務めていた軽巡「川内」。昭和17年夏、ラバウルで撮影

イリピン、マレー、蘭印攻略部隊の護衛、六水戦がウエーク島攻略援護であった。

解隊された五水戦に所属していた駆逐艦は、その後4月10日に発足する海上護衛隊に編入されたりした。

なお、解隊された第三艦隊は、7月14日第一航空艦隊解隊に伴い空母機動部隊として再発足する。

昭和17年3月20日 マッカーサー大将が「アイ・シャル・リターン」と演説

米極東軍司令官ダグラス・マッカーサー大将はルーズベルト大統領の命令により、3月12日、家族や幕僚と共に魚雷艇4隻でコレヒドール島を脱出。

ミンダナオ島に向かい、そこで待機していたB17に乗り、オーストラリアに逃れた。

同大将の有名な「アイ・シャル・リターン」という言葉は、20日オーストラリアでの演説の中で述べられたものである。

マッカーサーはその後、南西太平洋連合軍最高司令官に就任する。

昭和17年3月21日 ルーズベルト大統領、アッサム―昆明間に航空援蒋介ルート開設を指示

日本軍のビルマ進攻により、同地を通じての援蒋ルートは遮断されることになった。

家族や幕僚とフィリピンを脱出した米極東軍司令官ダグラス・マッカーサー大将

これによる中国軍の弱体化、ひいては日本への屈服を懸念したルーズベルト大統領は、蔣介石に5億ドルの借款と空路による援助継続を約束した。

補給物資はインドのアッサム州の飛行場から、ヒマラヤ山脈の東端を越えて中国の昆明に至るという困難なルートで「ハンプ越え」と呼ばれた。

しかし、航空機による輸送量では限界があり、イギリス軍による早期ビルマ奪回が求められることになる。また、従来のビルマ・ルートに代わるレド公路（アッサム州レドービルマ北部のミートキーナー中国雲南省）の建設も開始される。

昭和17年3月23日
日本軍アンダマン諸島占領

マレー半島の西部、ビルマの南部に位置する英領アンダマン諸島は、第二段作戦においてマレー、ビルマの防衛、海上補給路確保のため必要とされ、その占領が企画される。

3月23日、陸海軍部隊が同諸島に上陸。同地には少数の英印軍が配置されていたが、抵抗はなく無血占領。すぐさま水上機基地を開設した。

その後6月中旬には、その南方にあるニコバル諸島にも海軍部隊が上陸。同様に無血占領している。

昭和17年3月*31日
三八式歩兵銃の生産終了

三八式歩兵銃は、明治38年に正式採用された日本陸軍の主力銃である（海軍陸戦隊も同銃

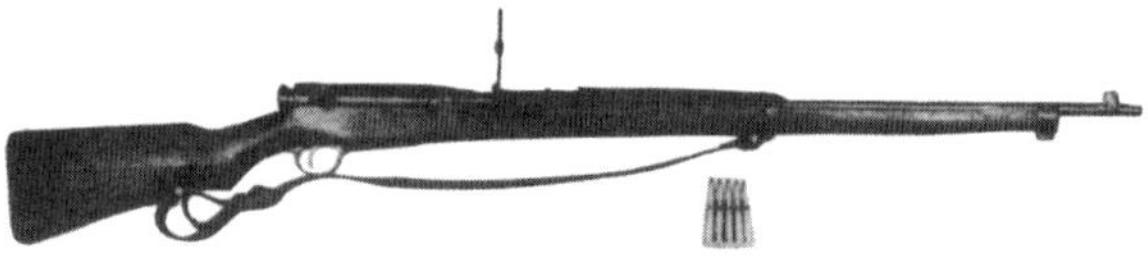

日本陸軍の主力小銃だった三八式歩兵銃。銃身が長く、命中率が良かった

九七式手榴弾。紐のついた安全ピンを抜いて、中央の突起を地面や鉄帽など固いものに叩きつけると4～5秒で爆発する

を使用)。口径６・５㎜、全長１２８㎝、重量３・９㎏。銃身が長い分命中率は高く、米軍は「日本兵は射撃が上手」という感覚を持っていたらしい。

しかし第二次世界大戦時、世界の国々はほぼ口径７・６㎜以上の銃を使用しており、６・５㎜の三八式は殺傷力では劣っていた。また、1度に装填できる銃弾は5発で、1発撃つと空薬きょうをその都度出さなくてはならず、連続射撃はできなかった。

開戦の頃から後継銃たる口径７・７㎜の九九式小銃の生産が本格化し、三八式の生産は終了したが、結局軍の主力銃であり続けた。生産数は３４０万挺にのぼる。

先端に銃剣を付けて突撃する白兵戦闘は、日本軍歩兵の真骨頂であった。

なお、その他歩兵の重要な武器として手榴弾がある。代表的な九七式手榴弾は全長10㎝、直径５㎝、重量４５０ｇで、安全ピンを抜き地面や鉄帽に叩きつけた後、4~5秒で爆発する。半径７ｍの敵に危害を与える程度の威力があった。

また、部隊編制の最小単位は定員12名の分隊であるが、軽機関銃(九九式軽機関銃、口径７・７㎜、全長１１９㎝、重量11・４㎏、装弾数30発)1挺装備の分隊3個と、小型迫撃砲ともいえる擲弾筒《てきだんとう》(八九式重擲弾筒、重量４・７㎏、最大射程６７０ｍ、手榴弾3個分の威力を持つ)2門装備の分隊1個で小隊を編成していた。

つまり、擲弾筒は1個連隊では63門装備されていたわけで、太平洋戦争で米軍を最も悩ませた火砲ともいわれている。

＊31日という日付は未確定

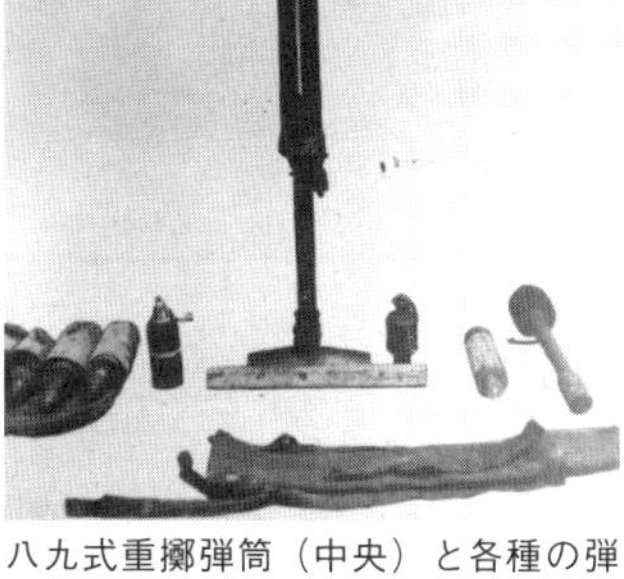
八九式重擲弾筒(中央)と各種の弾薬、筒覆、装備品

九九式軽機関銃。耐久性、命中精度の高い軽機だった

昭和17年4月1日
海軍、基地航空部隊を再編成

海軍の基地航空部隊といえば第一一航空艦隊である。司令長官は塚原二四三中将。開戦以来第二一、第二二、第二三航空戦隊でもって、マレー・シンガポール、フィリピン、蘭印方面作戦に多大な貢献をしてきた。

そして、これら南西方面作戦の一段落を受け、第四艦隊の指揮下にあった第二四航空戦隊、新たに編成される第二五、第二六航空戦隊をも含め、海軍のほぼ全基地航空部隊を指揮下に入れ、航空作戦を容易にすることがこの度の再編成の目的であった。

第一一航空艦隊司令長官・塚原二四三中将。海軍のほぼ全ての基地航空部隊を指揮下におさめた

◇第二一航空戦隊
鹿屋航空隊（戦闘機36、陸攻48）
東港航空隊（飛行艇16）
◇第二二航空戦隊
美幌航空隊（陸攻36）
元山航空隊（戦闘機36、陸攻36）
◇第二三航空戦隊
高雄航空隊（陸攻60）
第三航空隊（戦闘機60、陸偵8）
◇第二四航空戦隊
千歳航空隊（戦闘機36、陸攻36）

第一航空隊（戦闘機36、陸攻36）
第一四航空隊（飛行艇16）
◇第二五航空戦隊
横浜航空隊（水上戦闘機12、飛行艇16）
第四航空隊（陸攻48）
台南航空隊（戦闘機60、陸偵8）
◇第二六航空戦隊
木更津航空隊（陸攻36）
三沢航空隊（陸攻36）
第六航空隊（戦闘機60、陸偵8）

新編成の第二五航空戦隊は連合軍の反撃が活発化しつつあった南東方面に、第二六航空戦隊は本土防空を担当させることにした。

しかし、米軍のガダルカナル島上陸以降は二五航戦だけでなく、他の航空戦隊も次々に同方面に投入されることになるのである。

なお、航空艦隊の指揮系統であるが、艦隊司令部には司令長官を補佐する参謀がいる。作戦参謀、航空参謀、機関参謀、整備参謀、通信参謀、砲術参謀等で、参謀の最先任者を一般に先任（または首席）参謀と呼んだ。それらをまとめ、作戦全般について司令長官を補佐するのが参謀長である。（海軍の他の艦隊についてもほぼ同様であった）

基地航空部隊の場合、航空隊には司令の下に副長、飛行長、整備長、通信長等がいた。飛行長の指揮下には飛行隊長、分隊長、分隊士、そして一般の搭乗員という序列になっていた。

また、准士官以下の搭乗員の呼び方であるが、飛行兵曹長は飛曹長、上等飛行兵曹は上飛曹、一等飛行兵曹は一飛曹（いっぴそう）、二等飛行兵曹は二飛曹、飛行兵長は飛長等、略して呼ばれていた。（これは他の兵種も同じで、一等整備兵曹は一整曹、二等主計兵曹は二主曹等）

昭和17年4月5日
インド洋海戦1日目

シンガポールを奪われたイギリス軍はセイロン島に後退。英東洋艦隊もここを根拠地にしていた。イギリスにとって、もしセイロン島をも失うことになれば、インド洋の交通網が遮断され、中東を通じての連合国補給ルートの断絶、スエズ運河の失陥、北アフリカにおける連合国軍の敗北にも繋がりかねないとう強い危機感があった。

そのためチャーチル首相は英東洋艦隊を大幅に増強、司令長官にジェームズ・ソマービル中将を任命し、その戦力を空母2、軽空母1、戦艦5、重巡2、軽巡4、駆逐艦16とした。

同様の考えを連合艦隊司令部も持っていた。「太平洋方面に対しては現態勢を保持し、インド洋に重点を指向して英印の連絡を遮断し、併せて独伊との連携を図る」という方針の下、「艦隊主力をインド洋に指向してベンガル湾方面の敵艦隊を撃滅し、セイロン島を攻略してインド洋を制し、英印連絡線を遮断する。英艦隊が出動しない場合は、セイロン島の攻略によりこれを誘出して撃破する」という作戦要領であった。

しかし、陸軍がセイロン島攻略には同意しなかった。その意向を受けて、軍令部は同作戦の中止を指令している。

一五軍はビルマのラングーンを占領していたが、以後全ビルマを占領するためには、海路からの輸送が不可欠であった。しかし、これに対する英艦隊による妨害が懸念され、さらに

昭和17年3月30日、インド洋を進撃中の日本海軍機動部隊。空母3隻のあと戦艦4隻が続く。空母「瑞鶴」からの撮影

日本の資源供給地となった蘭印の安全を脅かす存在でもあった。

また、連合艦隊としても、インド洋の英東洋艦隊を撃滅して後顧の憂いを除いた後、米艦隊との決戦に臨みたいとする意向があった。

このような背景のもと、日本海軍はインド洋に機動部隊を進出させることになったのである。

3月26日、第一航空艦隊（空母5〈「加賀」は座礁事故を起こし、この作戦には参加せず〉、戦艦4、重巡2、軽巡1、駆逐艦9）は、セレベス島スターリング湾を出撃。

日本機動部隊のセイロン島攻撃を暗号解読により察知していた英艦隊は、3月31日から4月2日まで同島南東海面で待ち伏せていたが、日本艦隊が現われないので主力は補給のためセイロン島南南西にあるアッズ環礁に引き揚げていた（日本側はこの基地の存在を知らなかった）。

これは米機動部隊出現の可能性ありとの情報により、五航戦がその対応により遅れたため攻撃日が延期されたためであった。もし予定通りであれば、日本艦隊は横合いから突かれていたかもしれない。

結局形勢は逆となり、英艦隊不在の隙を突く形で4月5日、5隻の空母から戦爆連合128機が出撃、セイロン島の商港コロンボを空襲した。これにより港湾施設や飛行場を破壊、艦船4隻を撃沈破した。しかし、攻撃隊指揮官は効果不十分と判断し第二次攻撃を要請。その報告を受け司令部は艦攻の兵装転換を命令。

その時偵察機が、コロンボを出港して主力に合同しようと航行中の重巡「コーンウォール」、「ドーセットシャー」を発見。司令部は艦攻の兵装を元に戻すことを命令、すぐに出撃可能だった江草隆繁少佐指揮の「赤城」、「蒼龍」、「飛龍」の艦爆隊53機が攻撃、20分で2隻とも撃沈した。この時の命中率は88パーセントに達した。

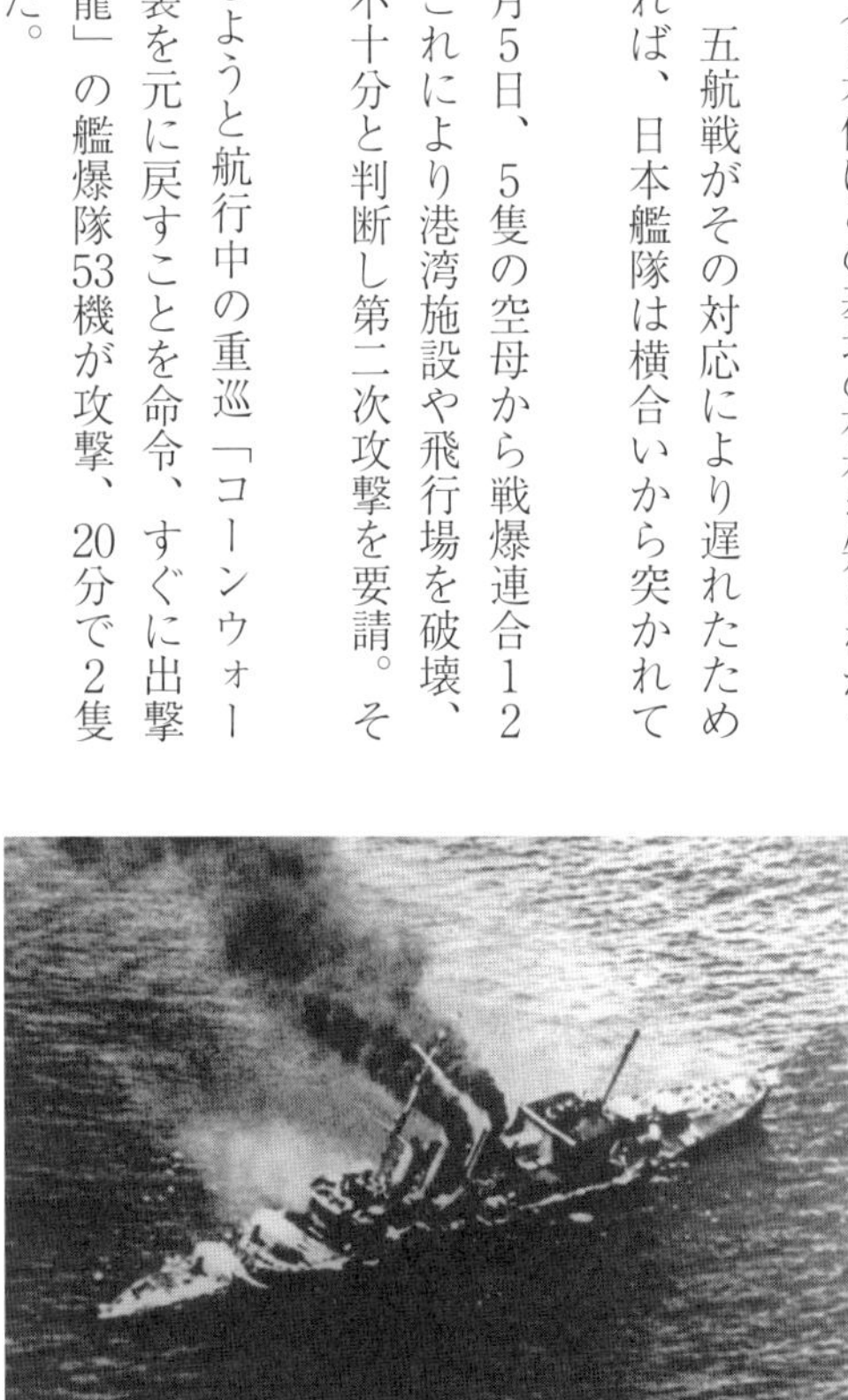

急降下爆撃を受け沈みゆく英重巡「コーンウォール」。同艦には主に江草隆繁少佐直率の「蒼龍」艦爆隊が攻撃を加えた

日本艦隊出現の報を受けてアッズ環礁を出撃した英東洋艦隊であったが、英海軍省は日英艦隊の実力差に鑑み積極的攻撃の停止を命令、艦隊は再び同環礁に引き返した。

昭和17年4月6日 ベンガル湾通商破壊戦

南雲機動部隊のインド洋作戦に呼応し、小澤治三郎中将指揮の第一南遣艦隊（軽空母1、重巡5、軽巡1、駆逐艦6）がインド東岸のベンガル湾に進出した。

この方面には、ビルマへの軍需品を運ぶ連合国商船が多数存在していた。しかし、これを守るべき英東洋艦隊は南雲機動部隊に対応しており、ベンガル湾の連合国商船は丸裸の状態であった。

5日夜に、小澤中将は艦隊を三つに分けた。つまり、北方隊（重巡2、駆逐艦1）、中央隊（軽空母「龍驤」、重巡1、軽巡1、駆逐艦2）、南方隊（重巡2、駆逐艦1）である。

6日、これら三隊はインドの貿易港カルカッタとマドラスの間で連合国艦船を次々に発見、攻撃した。結果わずか1日だけで、護衛艦1隻と商船20隻を撃沈、8隻を大破させた。

日本側の通商破壊戦としては、太平洋戦争中最大の戦果であった。

第一南遣艦隊司令長官・小澤治三郎中将

昭和17年4月9日 インド洋海戦2日目

コロンボ空襲の後ひとまずセイロン島から離れていた日本機動部隊は、9日再び同島に接近、戦爆連合120機でもってコロンボと並ぶセイロン島の要衝トリンコマリーを空襲した。

イギリス側は前日に偵察機が南雲部隊を発見し在泊していた艦船は避難させており、攻撃隊は港湾施設や飛行場を爆撃した。

そして5日と同様に、この時偵察機が主力と別行動をとり空襲を避けていた小型空母「ハーミス」と駆逐艦1、哨戒艇1、輸送船2を発見、5隻の空母から高橋赫一少佐指揮の艦爆隊85機が出撃、先日と同じように20分余りでこれらを撃沈している。

「ハーミス」に対する爆撃の命中率は82パーセントで、先日の重巡2隻への命中率と合わせ、当時の搭乗員の技量は神業の域に達していたといわれる。

ただ「ハーミス」撃沈と同時刻に、機動部隊はセイロン島の基地を飛び立った英空軍ブレニム爆撃機9機の奇襲を受けた。日本の各空母は新たな敵に備えるため、トリンコマリーから帰還した攻撃機に魚雷を装着している最中であり、間一髪であった。

2日間の日本側の損害は17機であった。

海戦直後のマレー沖海戦に続き、この度の2日間にわたるインド洋海戦は、イギリスをして日本海軍の実力を高く認識させる結果となる。英東洋艦隊はセイロン島は危険であると判断、インド西岸のボンベイ、その後マダガスカル島まで撤退を余儀なくされる。

結果、インド洋東側での作戦行動を断念、大戦末期まで積極的な作戦は控えられた。

しかし、この海戦では多くの教訓があった。日本側の暗号が解読され英東洋艦隊がセイロン島近海で待ち伏せていたこと、敵空母伏在の疑いがあるにもかかわらず、偵察が不十分で日本艦隊の近距離（最短で100海里）を行動していた英艦隊を発見できなかったこと、5日のコロンボ空襲の際に英重巡を発見し兵装転換（雷装→爆装→雷装）を行なったこと、9日には英軍機の接近に気付かず、空母「赤城」が攻撃準備中に奇襲されたこと等は2ヵ月後のミッドウェー海戦と酷似していたが、これらのことは生かされなかった。

当時、独、伊は北アフリカで連合軍と対峙しており、その補給路を断つべく日本海軍のイ

左舷に傾きながら沈む英空母「ハーミス」。日本海軍が撃沈した唯一のイギリス空母となった

ンド洋へのさらなる出撃を求めていた。

もともと大本営としては、ドイツ軍のヨーロッパにおける勝利を前提として戦争終結を考えていたが、結局それへの協力は果たせなかった。

マダガスカル島に退いた英東洋艦隊を撃滅し、インド洋の制海権を日本が握っていたら、イギリスは戦争から脱落していたかもしれないという指摘もある。

昭和17年4月9日 バターン半島の米比軍降伏

前述したように、第一次バターン半島攻略戦は失敗に終わった。

もともと大本営のフィリピン攻略方針はマニラ攻略までであり、バターン半島に敵が引いた場合は封鎖戦で対応するというものであった。

そういう作戦経緯もあり、その後のバターン半島の敵にどう対応するかで第一四軍、南方軍、大本営で意見が分かれた。

2月20日、封鎖戦を主張していた第一四軍参謀長の前田《まえだ》正実《まさみ》中将が解任される。

結局、第一四軍は再攻撃に向け、2月末から3月初めにかけて第四師団、そして第五、第一八、第二一師団からそれぞれ歩兵1個連隊、さらに砲兵2個連隊など兵力の増援を受ける。

こうして4月3日から総攻撃が再開された。

大口径砲だけでも300門以上の砲撃と、航空部隊による爆撃に援護された歩兵部隊が急速に半島に浸透、これには米比軍も抗しきれず9日降伏した。

戦後、マッカーサーの後を引き継いでいたジョナサン・ウエンライト中将は、「バターンでは、将兵の食糧は六分の一に減量していた。それでも4月10日までしかもたなかった」と

バターン半島で日本軍に投降する米兵

述べており、結果論ではあるが、封鎖戦で臨んでいれば無駄な犠牲を出さずに済んだのである。

なお、その後いわゆる「バターン死の行進」と呼ばれる悲劇が起こる。投降した米比軍捕虜は約7万（他に市民約2万）に及び、その多くがマラリアに罹《かか》っていた。予想もしなかった多数の捕虜を後送する輸送手段はなく、食糧も不足していた。こうして4月10日から5日間を要して、90km余りを徒歩で移動させた結果7000名の死者（諸説あり）を出した。

戦後、その責任を問われた第一四軍司令官本間雅晴中将は処刑される。

昭和17年4月10日
南西方面艦隊編成される

3月10日の第三艦隊、第五水雷戦隊の解隊に続き、連合艦隊は兵力の改編を行ない、南西方面艦隊を編成した。同艦隊を一言でいえば、第一段作戦により攻略した地域の防衛組織である。司令部はジャワ島のスラバヤに置かれ、第三艦隊司令長官であった高橋伊望《たかはしいぼう》中将がそのまま長官職に就いた。

艦隊はマレー、シンガポール担当の第一南遣艦隊、蘭印担当の第二南遣艦隊、フィリピン担当の第三南遣艦隊からなっていた。艦艇としては総旗艦の重巡「足柄《あしがら》」、軽巡5隻以外は小艦艇、特設艦艇が中心で、それよりも10個の特別根拠地隊が置かれ、治安維持や行政面での役割が大きかった。

これに次項で紹介する第一海上護衛隊が加えられた。

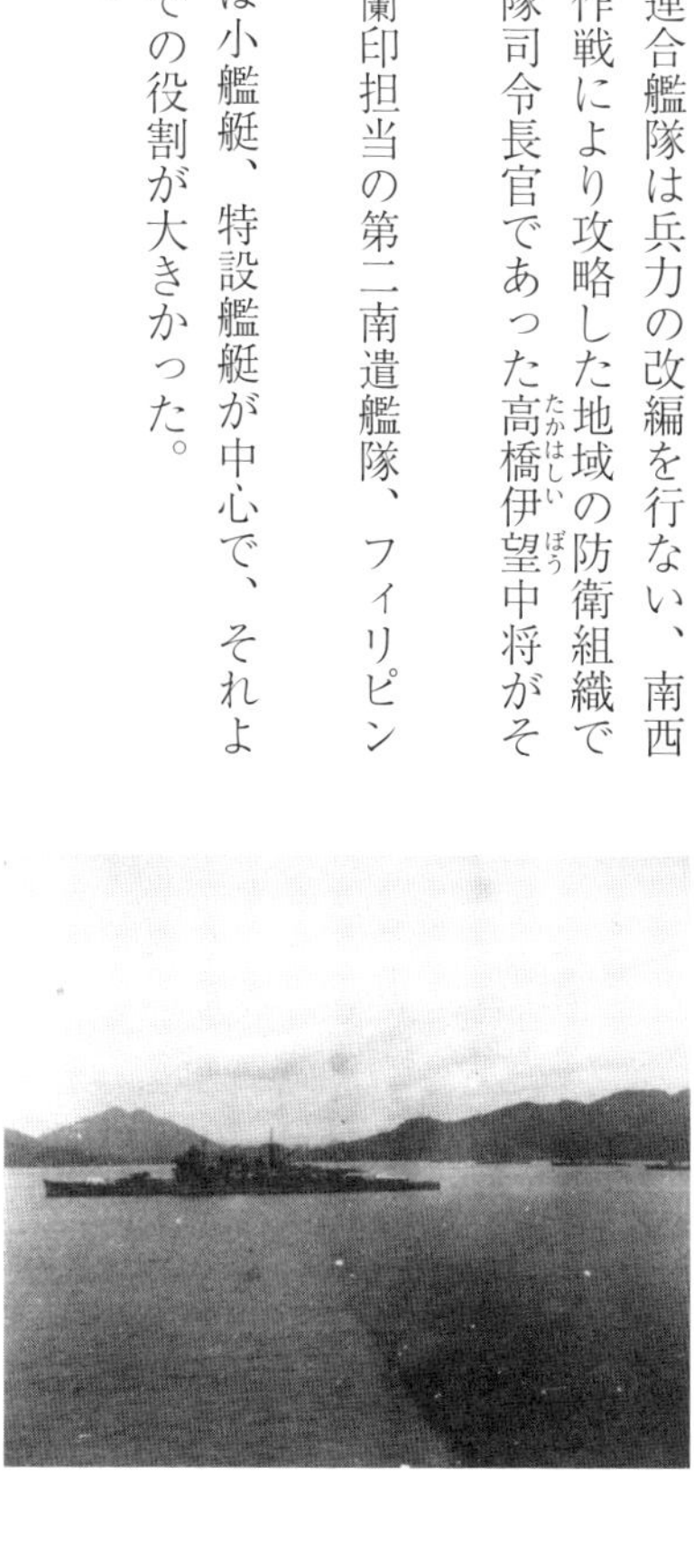

緒戦期、南方泊地に停泊中の重巡「足柄」

昭和17年4月10日
海上護衛隊編成される

日本海軍には、輸送船（団）を敵潜水艦の攻撃から守るという概念がほとんどなかった。緒戦において、マレー、フィリピン、蘭印などの陸軍の上陸作戦には連合艦隊の艦艇が護衛についたが、それは主に敵水上艦艇から船団を守るというのが本旨であった。

上陸作戦が終わりそれら地域を占領するにいたって、連合艦隊は護衛にあてていた艦艇を引き揚げた。連合艦隊にとって船団護衛というのは副次的な任務であって、あくまで「艦隊決戦」に備えるのが主眼であったのだ。

しかしその後は、占領地域からの資源の還送、あるいは同地域への軍需物資の補給が大きな眼目となる。

参謀本部は軍令部に対し、補給のシーレーンの保護を求めた。その要請にこたえて編成されたのが、海上護衛隊であった。

もっとも連合艦隊から一線級の艦艇の提供はなく、支那方面艦隊、各鎮守府、警備府所属の旧式小艦艇でようやく編成した程度のもので、内地～シンガポール間を第一海上護衛隊が担当、内地～トラック間を第二海上護衛隊が担当することになり、それぞれ南西方面艦隊、第四艦隊に編入された。その戦力は第一護衛艦隊が旧式駆逐艦10、水雷艇2、第二護衛艦隊が旧式駆逐艦4、水雷艇2というきわめて貧弱なものであった。

一方、当時は米軍側にも大きな課題があった。

一つは、開戦直後日本軍によるフィリピン航空撃滅戦が行われたが、キャビテ軍港が空襲された際に備蓄していた魚雷をすべて失っていた。

空母「ホーネット」の飛行甲板から飛び立つ陸軍の双発爆撃機B25「ミッチェル」

さらに魚雷自体にも欠陥があり、目標に達する前に自爆したり、命中しても不発という事態が続出していたのだ。

こうしたことから日本海軍は米潜水艦を過小評価し、潜水艦対策をおろそかにした結果、翌年後半以降に大きな代価を支払うことになるのである。

昭和17年4月18日
米機動部隊による日本本土初空襲

緒戦における日本軍の快進撃と連合軍の敗北が、国民の士気の沮喪につながることを心配したルーズベルト大統領は、日本本土空襲を陸海軍のトップに打診していた。

しかし、日本本土を空襲できる距離に連合軍の飛行場はなく、艦載機で空襲できるまで空母を接近させることは極めて危険であった。

こうして考え出されたのが、陸軍の双発爆撃機を空母から発艦させ、爆撃後は中国領内に不時着させるという方法であった。

選ばれた機種は「ノースアメリカンB25ミッチェル」で、さらに機体の軽量化と燃料タンクの増設が図られた。指揮官には、ジミー・ドーリットル中佐が選任される。

4月2日、第18任務部隊（B25爆撃機16機を甲板上に繋止した空母「ホーネット」、重巡2、軽巡1、駆逐艦4）はサンフランシスコを出港。

一方、これを護衛するウィリアム・ハルゼー中将指揮の第16任務部隊空母（「エンタープライズ」、重巡2、駆逐艦4）は、8日真珠湾を出港、両艦隊は13日に合同した。

当初の計画では夜間爆撃の予定だったが、18日早朝米機動部隊は日本軍の監視艇に発見される。日本海軍は開戦後、米機動部隊による本土空襲を予想し、100t程度の漁船を徴用

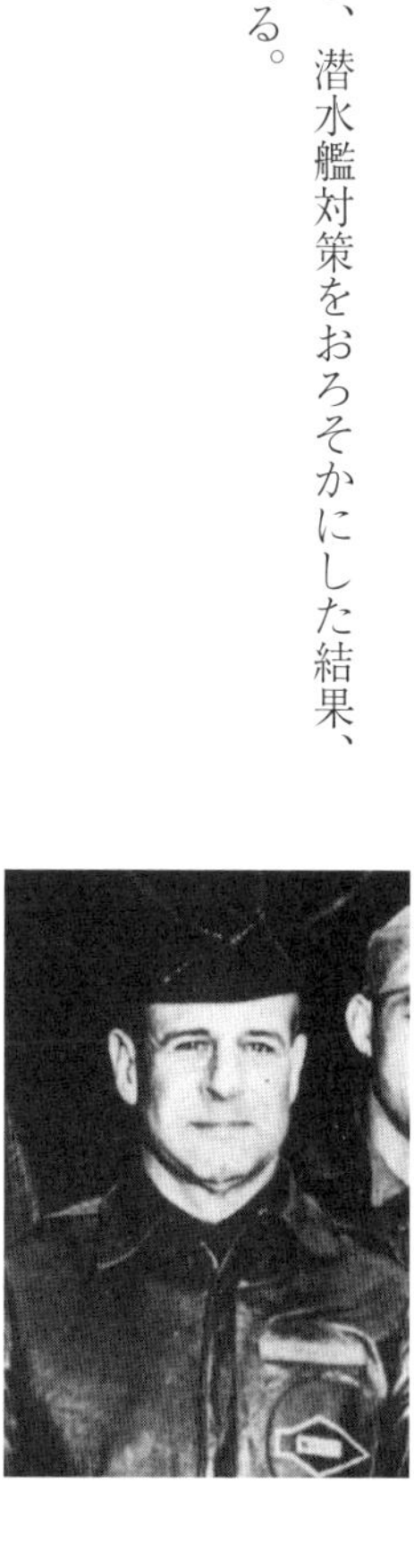
日本本土初空襲の指揮官となったジェームズ・ドーリットル中佐

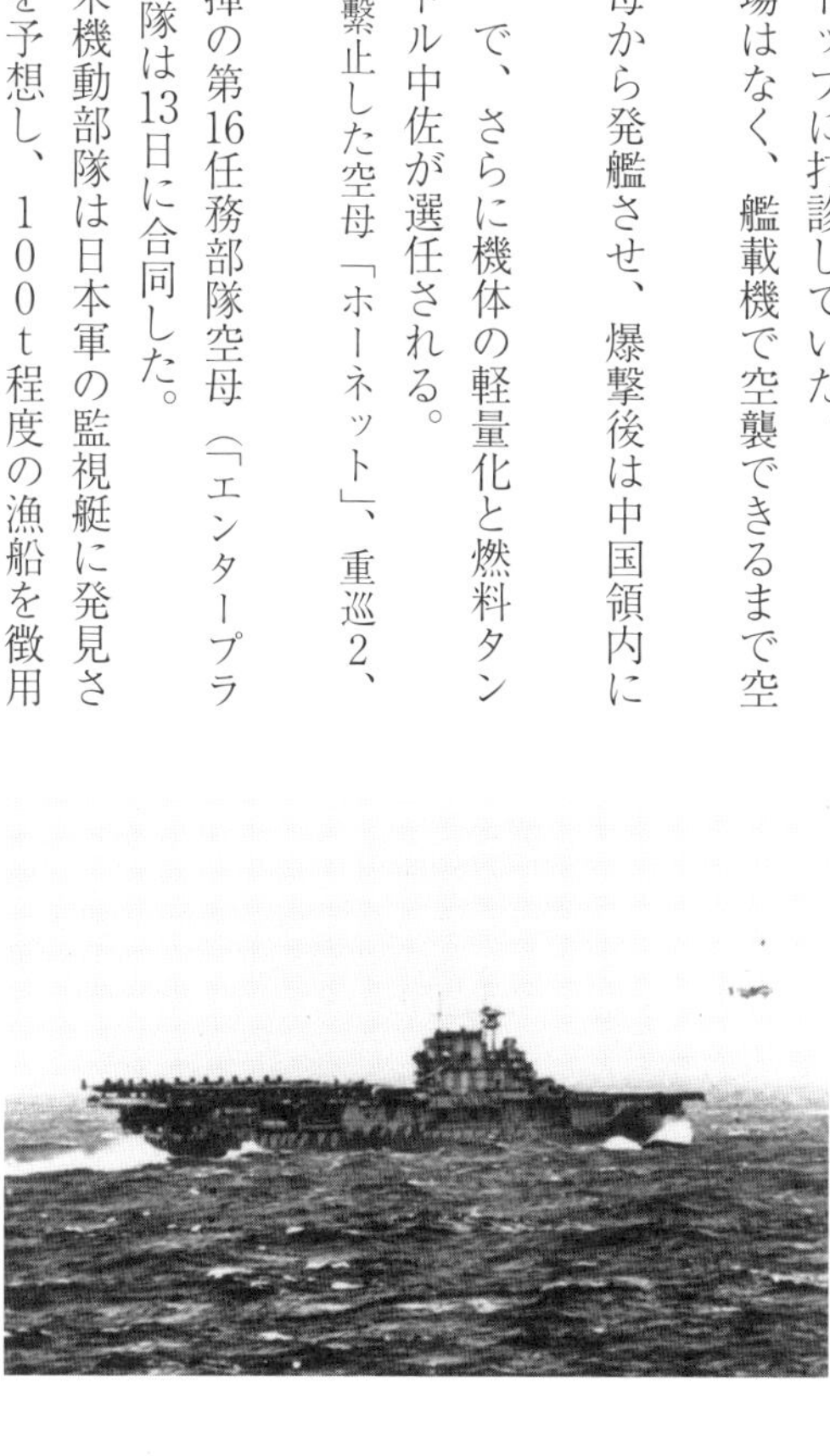
荒れた洋上の空母から日本本土めざして16機のB25爆撃機が発艦していった

し本土の東700海里の洋上で哨戒にあたらせていた。これを特設監視艇と呼び、14人が乗り組み、釧路、大湊、横須賀を基地とし、約70隻が三交代で任務に就いていた。

そして、それぞれに母艦として第二二戦隊の特設巡洋艦「赤城丸」、「朝香丸」、「粟田丸」が配備されていた。この部隊は「黒潮部隊」と呼ばれた。

この日、米艦艇と艦載機により、米艦隊を発見、報告した「第二三日東丸」以下5隻が沈没、6隻が損傷している。

この事態を受け、ハルゼー中将は直ちに出撃を命令。

予定より400㎞も遠い地点（東京まで1200㎞）から、時間的には7時間早く爆撃隊を発艦させた。その後、急速に帰路に就く。

爆撃隊は、東京、名古屋、神戸などに爆弾を投下後、予定通り中国に向かい不時着。

日本側の被害は軽微なものであったが、本土空襲を許したという事実は軍上層部に大きなショックを与え、後のミッドウェー作戦が強行される要因ともなった。

昭和17年4月23日
軽空母「龍驤」呉に帰投

日本海軍は開戦時、10隻の空母を保有していた。

そのうち「赤城」以下正規大型、中型空母6隻は海戦劈頭の真珠湾攻撃に始まり、太平洋を東へ西へと大活躍したことはよく知られているが、その他に「鳳翔《ほうしょう》」「龍驤《りゅうじょう》」「瑞鳳《ずいほう》」「大《たい》鷹《よう》」があった。

「鳳翔」は起工時から空母として建造された世界最初の艦で、太平洋戦争時には旧式過ぎて作戦行動は無理であり、瀬戸内海において訓練に使用され終戦まで残存している。ミッドウ

日本が最初の空母「鳳翔」についで建造した空母「龍驤」。小型ながら常に第一線で活躍した

ェー作戦には主力部隊の対潜哨戒艦として参加し、複葉の九六式艦上攻撃機6機を搭載した。

「瑞鳳」は開戦一年前に潜水母艦を改造して完成させたもので、やはりミッドウェー作戦までは「鳳翔」と第三航空戦隊を編成、主力部隊の護衛任務に就いていたが、同海戦の敗北後は小型ながら第一線空母として、レイテ沖海戦で戦没するまで活躍している。排水量13200t、速力28ノット、搭載機27機（補用機3機）。同型艦に「祥鳳《しょうほう》」がある。

「大鷹」は商船改造空母で、「龍驤」と第四航空戦隊を編成していたものの、低速のためもっぱら航空機輸送に使用された。

こうして緒戦において南雲機動部隊の空母以外で作戦行動していたのは、「龍驤」1隻だけだったのである。

同艦は「鳳翔」に次いで建造された空母で、排水量1万2732t、速力29ノット、搭載機36機（補用機12機）。

開戦時のダバオ飛行場空襲に始まり、フィリピン作戦に参加。その後、蘭印方面へ進出し、特に2月13、14日にはバンカ海峡において連合国艦船10隻余りを撃沈破。17日、3月1日にはそれぞれ駆逐艦を撃沈している。

4月6日には第一南遣艦隊の一艦として、ベンガル湾通商破壊戦に参加。他の巡洋艦、駆逐艦部隊と協同して多大の戦果を挙げている。

こうして緒戦の任務を終え、続いて実施されるアリューシャン作戦準備のため、23日呉に帰投したのである。

この際に戦闘機が九六戦（九六式艦上戦闘機：自重1216kg、710馬力、最高速度438km、7・7mm機銃×2）から零戦に入れ替えられている。この時期、零戦の生産機数は少なく、南雲機動部隊や第一一航空艦隊に優先的に補充されていたためである。

海軍の九六式艦上戦闘機。新鋭機零戦の生産量が少なかったため、開戦からしばらくの間、「龍驤」など小型空母には九六艦戦が搭載されていた

昭和17年4月28日
連合艦隊、ミッドウェー、アリューシャン作戦を決定

4月1日、連合艦隊司令部は次期作戦構想を内定した。

5月上旬ポートモレスビー攻略、6月上旬ミッドウェー作戦、7月中旬フィジー、サモア作戦、10月ハワイ攻略という内容であったが、軍令部は作戦実施の危険性、米空母誘出の不確実性、攻略後の維持の困難性等を理由に、ミッドウェー作戦（ハワイ攻略も含めて）に強く反対していた。


しかし、ハワイ作戦の時もそうであったが、ミッドウェー作戦が認可されないなら司令長官の職を辞するとまでの山本長官の強い意志により、軍令部が折れる形となる。

また、ハワイ攻略まで視野に入れている連合艦隊と、ミッドウェー島攻略を認めてもあくまで東方への備えと考える軍令部とに、根本的な考えの相違があった。

軍令部はそういう観点からアリューシャン作戦を追加することを提案、連合艦隊も同意している。


こういう経緯の後、連合艦隊は具体的作戦日程を13日、軍令部に報告している。

それは、5月7日ポートモレスビー、6月7日ミッドウェーとアリューシャン攻略、6月18日ミッドウェー作戦部隊はトラック帰投、7月1日機動部隊トラック出撃、8日ニューカレドニア、18日フィジー、21日サモア攻略というものであった。

なお、ドーリットル空襲を受け、陸軍はミッドウェー、アリューシャン作戦への兵力派遣を申し出ている。


4月22日、南雲機動部隊はインド洋作戦から内地に帰還した。五航戦はポートモレスビー

攻略作戦支援のため分離していた。

帰還早々の28日、「大和」において、ミッドウェー、アリューシャン作戦についての研究会が実施される。

同作戦については、準備期間が短いことから機動部隊側は早期の実施には反対であったが、山本長官はこれを容れなかった。

同日連合艦隊命令として、関係部隊に通達された。

会議は翌日にも行なわれ、その席において一航艦の源田《げんだ》実《みのる》参謀が「秦の始皇帝は阿房宮を作り、現代の日本海軍は大和、武蔵を作って笑いを後世に残す」とまで言い切り、即時、航空主兵に全面的に頭を切り替え、今後は海軍の全力をその整備、養成に尽くすことを提言している。

また、二航戦司令官山口多聞少将は、それまでの戦艦を中心とする第一艦隊を主力部隊とし、重巡洋艦中心の第二艦隊を前進部隊として行なう艦隊決戦は起こり得ないとし、空母3〜4隻を中心に戦艦、巡洋艦、駆逐艦を配置し、それを3〜4個群編成して集中運用することを提案している。

一航艦の6隻の空母以外にも、軽空母「龍驤」「瑞鳳」「祥鳳」、それに商船からの改造空母であるが正規空母に近い戦力を持つ「隼鷹《じゅんよう》」（排水量2万7500t、速力25・5ノット、搭載機48機〈補用機5機〉）もあった。

さらに17年後期には「隼鷹」の同型艦「飛鷹《ひよう》」、軽空母「龍鳳《りゅうほう》」も竣工予定であり、その実現は可能であった。

まさにこの考え方は戦争後半、米海軍が採用した戦術であった。

提案は会議では了解されたが、ミッドウェー海戦の敗北により、日本海軍においては実現しなかったのである（あえていうならば、「あ」号作戦時の第一機動艦隊がそれにあたる）。

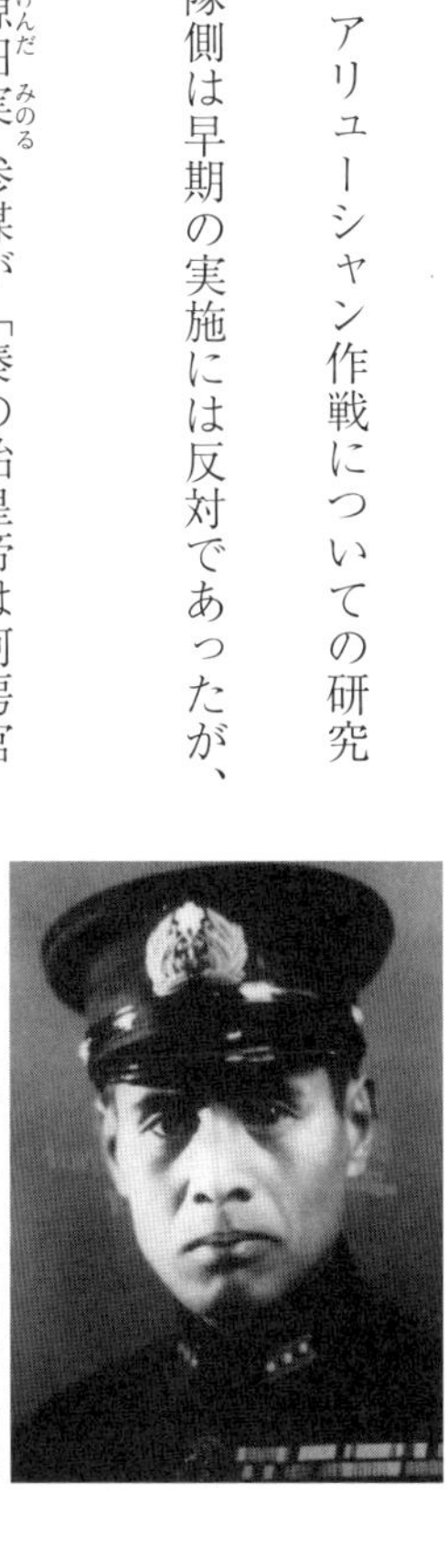
航空主兵を主張した第一航空艦隊航空参謀・源田実中佐

昭和17年5月2日
水上機母艦「瑞穂」沈没

水上機母艦「瑞穂《みずほ》」は、「千歳《ちとせ》」型の準同型艦（排水量1万2150t、速力22ノット、一二・七cm高角砲6門、搭載機24機）。

開戦時より「千歳」と第一一航空戦隊を編成して、フィリピン、蘭印作戦に従事した。3月末に横須賀に帰投し、整備後内海西部に回航途中の5月2日、御前崎沖で米潜の雷撃により沈没した。

同艦が、一万t以上の艦艇の喪失第一号となる。また、軍艦喪失第一号でもある。日本海軍の場合、駆逐艦以下の艦艇は狭義の軍艦ではなかった。よってこれらの艦艇には、艦首舳先に菊の御紋章が付けられていなかった。

ちなみに、開戦以来この段階までで、日本海軍が失った艦艇（特設艦艇を除く）は、駆逐艦5、哨戒艇2、掃海艇6、潜水艦7であった。

昭和17年5月3日
日本軍、ソロモン諸島のツラギ島を占領

第一段作戦を成功させた日本は、オーストラリアが米軍の反撃拠点となると考え、米豪遮断を企画した。

そのため、ニューギニア南東岸にあるポートモレスビー攻略（MO）作戦が実施される。

これを担当したのは第四艦隊（司令長官井上成美中将）で、その作戦計画は第一九戦隊で

水上機母艦「瑞穂」。米潜水艦の雷撃を受け、日本海軍の軍艦として最初の喪失艦となった

もってソロモン諸島のツラギ島を占領して水上機基地を設置し、攻略部隊を側面から援護させる。MO機動部隊（空母「翔鶴」、「瑞鶴」基幹）は米機動部隊出現に備える。また、ラバウルにあった第二五航空戦隊は、ポートモレスビーにある連合軍航空部隊の撃破等作戦全般に協力する。そして5月10日にはポートモレスビーを攻略するというものであった。

4月30日、第一九戦隊（司令官志摩《しま》清英《きよひで》少将、敷設艦「沖島《おきのしま》」、駆逐艦3、その他小艦艇）がラバウルを出撃。軽空母「祥鳳」、第六戦隊（司令官五藤《ごとう》存知《ありとも》少将、重巡「青葉」、「加古」、「衣笠」、「古鷹」）と第一八戦隊（司令官丸茂《まるも》邦則《くにのり》少将、軽巡「天竜」、「龍田」）の支援を受けながら、5月3日呉第三特別陸戦隊をソロモン諸島ツラギ、ガブツ、タナンボコ島に上陸させた。同地にあった濠軍はすでに撤退しており、ツラギにあった施設をそのまま利用。同日中に九七式大艇3機が進出した。

しかし翌4日、日本軍のツラギ占領を知った米第17任務部隊司令官フランク・フレッチャー少将は、空母「ヨークタウン」の艦載機延べ100機でもって泊地の日本艦隊を攻撃。駆逐艦「菊月」と小艦艇3隻が撃沈される。

3日後の珊瑚海海戦の前哨戦であった。

MO作戦を担当した第四艦隊司令長官・井上成美中将

昭和17年5月6日
コレヒドール島陥落

コレヒドール島はバターン半島から四キロの海に浮かぶ小島で、要塞化され1万5000名の米比軍が守備していた。

バターン半島攻撃と同様に、4月14日から始まった猛烈な砲爆撃の後、5月5日の深夜に第四師団が上陸。一部で強力な反撃も受けたが、翌6日にはマッカーサー大将から指揮を引

コレヒドール島で日本軍に降伏、要塞から外に出てきた米比軍の兵士たち

き継いだジョナサン・ウエンライト中将が投降。コレヒドール島だけでなく、全フィリピンの米比軍が無条件降伏した。

フィリピン上陸以来の日本軍の戦死傷者は約1万１０００名。

フィリピン人兵士の多くは逃亡、帰郷したが、日本側の不適切な軍政に反発、その後多くが反日ゲリラに転ずるのである。

なお、第一次バターン半島攻略戦の失敗の責任を問われ、第一四軍司令官本間雅晴中将、第六五旅団長奈良晃中将、第一六師団長森岡皐《もりおかすすむ》中将は解任され、予備役に編入されている。

昭和17年5月7日 珊瑚海海戦1日目

5月1日、MO機動部隊（高木武雄少将指揮の空母「翔鶴」、「瑞鶴」、重巡2、駆逐艦6）がトラック島を出撃。同日、第四艦隊司令長官井上成美中将も旗艦軽巡「鹿島《かしま》」に座乗、ラバウルに向かった。4日、同地着。井上司令長官はラバウルの「鹿島」において全般指揮を執ることになる。

そしてその日、攻略部隊の陸軍南海支隊と海軍呉第三特別陸戦隊を乗せた輸送船12隻が、第六水雷戦隊（司令官梶岡定道少将、軽巡1、駆逐艦5）に護られラバウルを出撃。

6日には、ツラギ攻略を支援した軽空母「祥鳳」（搭載機零戦9、九六艦戦4、九七艦攻6）、第六戦隊が燃料補給を終え、ショートランドを出撃した。

これに対し、日本軍の進撃阻止を図る米艦隊は、フランク・フレッチャー少将指揮の第17任務部隊（空母「レキシントン」、「ヨークタウン」、重巡7、軽巡1、駆逐艦13）で、ここに史上初の空母対空母の戦いが生起した。

珊瑚海海戦で米艦上機群の攻撃を受ける空母「祥鳳」。太平洋戦争で日本軍が失った最初の空母となる

7日、「祥鳳」と第六戦隊に米艦載機92機が来襲。攻撃は「祥鳳」に集中し、同艦は魚雷7本、爆弾13発が命中し沈没。太平洋戦争で日本海軍が失った最初の空母となった。

同じ頃、日本機動部隊も偵察機の「敵空母発見」の報告に78機の攻撃隊を出撃させたが、これは誤報で給油艦、駆逐艦それぞれ1隻だけだった。攻撃隊は両艦を撃沈したが、その途中に別の偵察機が米機動部隊を発見する。

先の攻撃隊を収容後、第五航空戦隊司令官原忠一《はらちゅういち》少将は、ベテランパイロットだけで27機の攻撃隊を編成して薄暮攻撃を決意。しかし、帰還が夜になるため護衛戦闘機は付けられなかった。攻撃隊は途中米軍戦闘機に捕捉され、9機が未帰還となる。

さらにその後、帰還の途に就いた生き残りの数機が誤って米空母に着艦しそうになるという珍事も起こる。それほど日米機動部隊は、その時お互いに接近していたのである。残念ながら攻撃隊は、爆弾や魚雷はすでに投棄してしまっていた。

昭和17年5月8日
珊瑚海海戦2日目

8日、間合いを取り直した日米両機動部隊はほとんど同時にお互いを発見、日本側は69機、米軍は84機の攻撃隊を発進させた。

結局、日本側は空母「翔鶴」に爆弾3発が命中、航行には支障なかったが飛行甲板が大破した。それに対し米軍側は空母「レキシントン」に魚雷3本と爆弾2発が命中、もともと戦艦として建造された同艦は十分にそれに耐え戦闘航行可能であったが、その後3度にわたり気化したガソリンに引火して大爆発を起こし、最後は駆逐艦の魚雷により処分される。

「ヨークタウン」には爆弾1発が命中、飛行甲板が中破したうえに至近弾4発により燃料漏

大爆発を起こして断末魔の米空母「レキシントン」。すでに「総員退艦」が発令され、乗組員がロープを伝わって脱出中

れを起こし、通常なら修理に3ヵ月を要する損傷を受けた。

しかし、日本側は多数の未帰還機、帰還した機体も被弾機が多く、搭乗員の疲労も甚だしかった。その状況報告を受けた機動部隊指揮官高木武雄少将はさらなる攻撃を断念、井上司令長官もこの処置を承認した。しかし、連合艦隊司令部は追撃を命令する。これを受け9日、機動部隊は再反転して敵を求めたが、もはやその捕捉はならなかった。

2日間にわたる海戦で日本側の航空機の損失は81機、さらに多くの熟練搭乗員を失った。このことは大きな損失となった。米軍側の損失は66機。

この海戦は正規空母1隻を撃沈し1隻を中破させた日本側が戦術的には勝利したといわれるが、ポートモレスビー攻略を断念せざるを得なくなり、戦略的には米軍の勝利であったといわれる。

また、機動部隊からの報告が「レキシントン型沈没確実、ヨークタウン型沈没の算大」というものであったことから、戦闘の実際を知らない一、二航戦では「妾の子でも勝てた」という認識で、ますます米海軍を過小評価することになる。

さらに1ヵ月後のミッドウェー海戦に、損傷した「ヨークタウン」が突貫修理で参加したのに対し、無傷の「瑞鶴」が参加しなかったのは、航空機と多くの搭乗員を失っていたとはいえ、日本側の慢心であったとも指摘される。（ミッドウェー海戦敗北後の6月15日、同艦はアリューシャン作戦支援のため、呉を出撃している）

昭和17年5月22日 加藤《か》藤《とう》建《たて》夫《お》中佐戦死

太平洋戦争で、戦闘機は零戦を使用し、特に緒戦で大活躍した海軍航空隊に比べ、陸軍航

一式戦闘機「隼」装備の陸軍飛行第六四戦隊を率いた加藤建夫中佐

空隊はそれほど目立たない。

それは太平洋正面を担当したのが海軍であったこと、また陸軍の航空機は海上作戦には機体の構造上不適であったり、搭乗員の訓練も施されていなかったことなどがあげられる。

そんな陸軍航空隊にあって最もよく知られているのが、緒戦においてマレー、ビルマ方面などで活躍した、加藤建夫中佐が指揮した飛行第六四戦隊である。

同戦隊は第五九戦隊とともに、初めて一式戦闘機「隼《はやぶさ》」を装備した部隊であった。

「隼」は戦争の全期間を通じて使用された陸軍の主力戦闘機で、海軍の「零戦」と同じようにさまざまな改良型がある。戦争後期まで6000機近くが生産され、日本の航空機としては「零戦」に次ぐ機数である。

加藤部隊が使用した一型甲は、自重1580kg、950馬力、最高速度495km、7・7mm機関銃×2。特に運動性に優れ、操縦しやすく搭乗員に好評であった。また、故障が少なく整備もしやすく、さらに量産も容易だった。

しかし戦争中盤以降は、低速度と貧弱な武装のため苦戦を余儀なくされる。

17年5月、第六四戦隊はビルマ西方まで進出していた。

22日ベンガル湾アキャブ沖で、偵察に来た英ブレニム爆撃機の迎撃にあがった加藤隊長であったが、自乗機が被弾し自爆戦死した。

二階級特進して少将、「空の軍神」としてあがめられ、その後『加藤隼戦闘隊』として映画化もされる。部隊歌も同映画やニュース映画で使用され、戦争中の代表的な軍歌として有名となり、現在でもそのメロディーや冒頭の歌詞「エンジンの音、轟々と……」はよく知られている。

飛行第六四戦隊の「隼」一型甲。垂直尾翼に矢印の戦隊マークが描かれている

昭和17年5月27日
ミッドウェー作戦始まる

早期和平を目指す山本五十六連合艦隊司令長官の強い信念により、真珠湾で撃ち漏らした米空母部隊の誘出、撃滅を目的として、ミッドウェー作戦が開始される。

海軍記念日のこの日、南雲忠一中将指揮の第一機動部隊（空母4、戦艦2、重巡2、軽巡1、駆逐艦12）が瀬戸内海西部を出撃。翌28日には攻略部隊支援隊（重巡4、駆逐艦2）がグアム島を、攻略部隊護衛隊（軽巡1、水上機母艦2、駆逐艦11）が陸軍一木《いちき》清直《きよなお》大佐率いる一木支隊３０００名、海軍第二連合特別陸戦隊２８００名、設営隊３０００名を乗せた輸送船13隻を伴い、サイパン島を出撃。

さらに29日には、山本長官が直率する主力部隊（戦艦7、空母1、水上機母艦2、軽巡3、駆逐艦21）、近藤信竹中将指揮の攻略部隊本隊（戦艦2、空母1、重巡4、軽巡1、駆逐艦8）が瀬戸内海西部を出撃、ミッドウェーを目指した。

また、それ以前にも先遣隊の潜水艦15隻も同海域に向かっており、陽動作戦として実施されるアリューシャン作戦部隊を含めると、当時としては世界海軍史上例を見ない大艦隊の出撃であった。

一方、暗号解読により日本軍の作戦を察知していた米海軍の動きはどうであったか。

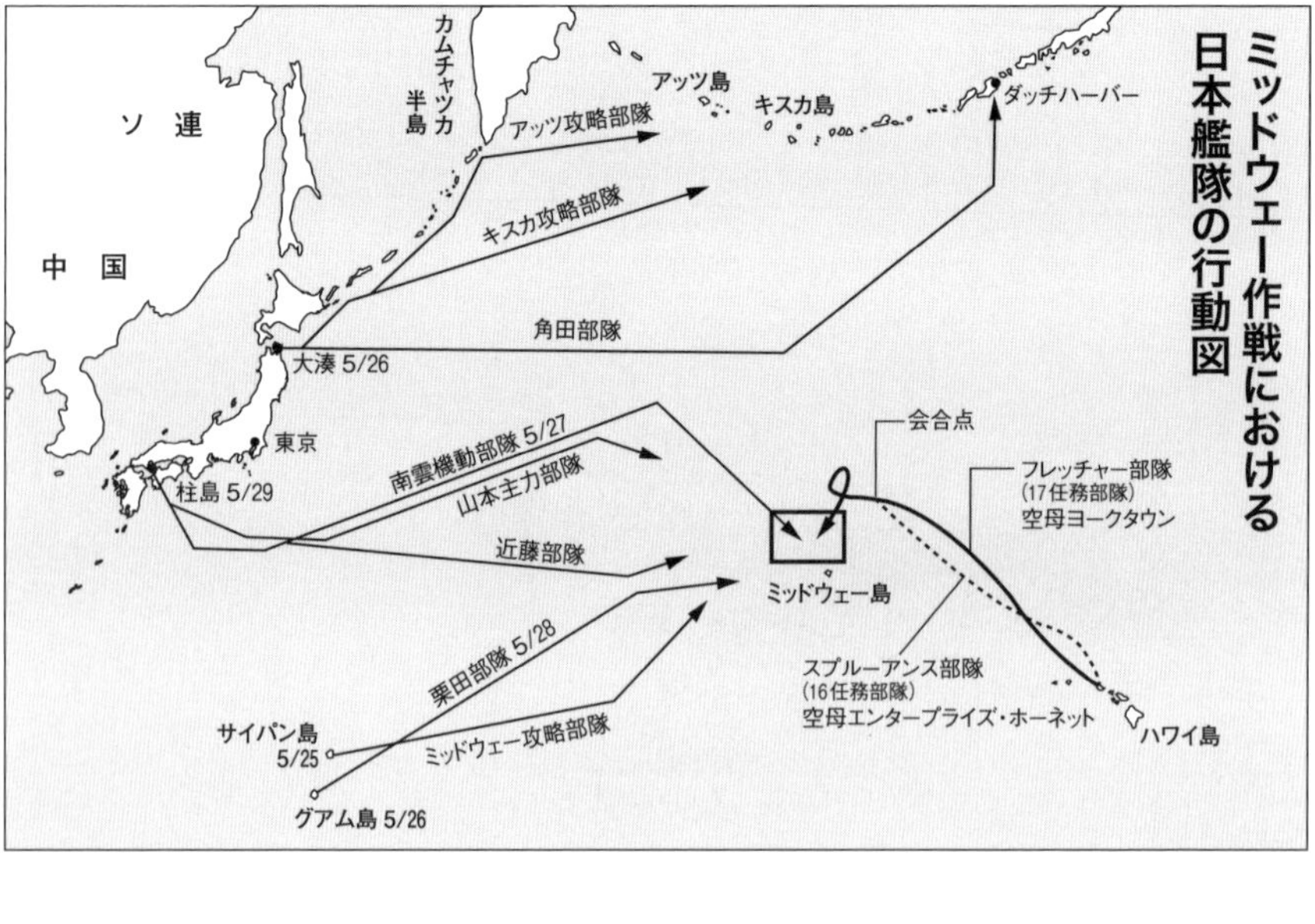

ミッドウェー作戦における日本艦隊の行動図

26日、東京空襲の後、珊瑚海にある第17任務部隊の応援に向かったが海戦には間に合わず、その後日本のミッドウェー作戦に対応するため呼び戻されたハルゼー中将指揮の第16任務部隊（空母「エンタープライズ」、「ホーネット」、重巡5、軽巡1、駆逐艦9）が真珠湾に帰投。この時ハルゼーはきつい皮膚病を患っており、作戦指揮は不可能であった。その後任に指名されたのが、同部隊の巡洋艦戦隊の指揮官レイモンド・スプルーアンス少将であった。そして大急ぎで物資が積み込まれ、28日には真珠湾を出撃している。

27日には、珊瑚海海戦を戦ったフレッチャー少将指揮の第17任務部隊が真珠湾に戻ってくる。空母「レキシントン」の姿はなく、「ヨークタウン」も普通なら修理に3ヵ月を要する損傷を受けていた。しかし、最低限の修理だけをドックで行ない、同時に機材、物資の積み込みが行なわれ、そして航海途中で行なう修理のための工員を乗せたまま、30日には重巡2、駆逐艦6と共に真珠湾を出撃、第16任務部隊の後を追った。

米軍の戦略は、南雲機動部隊を発見すれば、まずミッドウェー島の陸上機で攻撃させる（当時、ミッドウェー島には各種１２０機が配備されていた）。それにより日本側の注意をあくまでミッドウェー島に引き付けておいて、その間に機動部隊がひそかに接敵し、艦載機を発進させるというものであった。

昭和17年5月31日
第八潜水戦隊、「甲標的」で攻撃

真珠湾攻撃に参加した「甲標的（特殊潜航艇）」（全長24ｍ、水中速力19ノット、45cm魚雷2本、乗員2名）が再度使用される。

作戦の趣旨は、連合国海軍の主力艦が在泊する泊地攻撃である。これを実施するのは、3

シドニー攻撃を敢行後自爆、豪軍により引き揚げられる甲標的（艇長・松尾敬宇大尉）。昭和17年6月4日撮影

月10日に新編成された第八潜水戦隊である。

インド洋方面には伊号第一〇潜水艦以下5隻と、補給艦として仮装巡洋艦「愛国丸」、「報国丸」（高速貨客船を武装した特設艦。排水量1万437t、速力21ノット、14cm砲5門、8cm高角砲2門、魚雷発射管4門、水偵2機）がペナンを出撃。同地で伊一六潜、伊一八潜、伊二〇潜が甲標的を搭載。

オーストラリア方面には伊二二潜、伊二四潜、伊二七潜がトラックから出撃。

偵察の結果、インド洋方面ではマダガスカル島のディエゴスアレズ、オーストラリア方面ではシドニーが目標とされる。

5月31日、ディエゴスアレズに対しては伊一六潜、伊二〇潜（伊一八潜は機関故障のため参加できず）から2艇が発進。結果、英戦艦「ラミリーズ」を大破、タンカー1隻を撃沈した。同日、シドニー港にも3艇が侵入したがこちらは戦果はなく、真珠湾と同様今回も5艇とも帰還しなかった。

この結果や作戦自体が潜水艦本来の用法に適合しないことから、その後はこの種の作戦は打ち切られることになる。

なお、インド洋に進出した5隻のうちドイツへ向かった伊三〇潜以外の4隻は同地に留まり、「愛国丸」、「報国丸」から燃料、魚雷、食糧の補給を受けながら、モザンビーク海峡で商船25隻を撃沈し、8月下旬に内地に帰還している。

Ⅱ 日米の攻守入れ替わる

昭和17年6月〜18年2月

昭和17年6月1日
陸軍、航空部隊編制を改編

開戦時、陸軍航空部隊は4つの飛行集団に分けられていた。先述したフィリピン、蘭印攻略作戦に参加、その後ビルマへ転戦する第五飛行集団（加藤建夫中佐指揮の飛行第六四戦隊はその麾下にあった）もその1つであった。それが5つの飛行師団に改編された（その後終戦までに、第六から第一三まで飛行師団が設立される）。

さらにその上部組織として、3つの航空軍を創設。第一航空軍（本土）、第二航空軍（主に満州）、第三航空軍（南方）というものであった。

飛行師団長は歩兵師団同様親補職で、中将が任命された。飛行師団は2ないし3個の飛行団からなり、飛行団には2個以上の飛行戦隊が所属した。飛行戦隊は3個中隊編成で、1個中隊は戦闘機は12機、その他の機種は9機で編成。

その他、独立飛行中隊が多数存在した。この部隊は飛行戦隊に属することなく、飛行師団あるいは航空軍に直属するものであった。

昭和17年6月4、5日
第二機動部隊ダッチハーバー空襲

米軍の北方からの侵攻を防ぎ、ミッドウェー作戦の陽動作戦としての意味を持つアリューシャン作戦が発動される。作戦全体を指揮するのは第五艦隊司令長官細萱《ほそがや》戊子郎《ぼしろう》中将である。

5月26日、第四航空戦隊司令官角田覚治少将指揮の第二機動部隊（空母「龍驤」、「隼鷹」、

アリューシャン作戦に参加した特設空母「隼鷹」。商船改造空母ながら、ミッドウェー海戦後は重要な航空戦力となった

重巡2、駆逐艦3）が陸奥湾を出撃。27日、細萱中将直率の主隊（重巡1、駆逐艦2）が千島列島北端の幌筵を出撃。28日、第一水雷戦隊司令官大森仙太郎《おおもりせんたろう》少将指揮のアッツ島攻略部隊（軽巡1、駆逐艦5、水上機母艦1、輸送船2）が陸奥湾を、翌29日キスカ島攻略部隊（軽巡2、駆逐艦3、輸送船2）が同湾を出撃した。

また、この作戦の支援のため、潜水艦6隻も5月中旬に出撃している。

アッツ、キスカ島占領自体はたやすいと考えられたが、列島東端にあるウラナスカ島ダッチハーバーはアリューシャン方面の米軍の根拠地であり、これを無力化しておく必要があった。

こうして6月4日、第二機動部隊は戦爆連合45機でダッチハーバーを空襲。しかし悪天候のため、さしたる戦果はなかった。翌5日にも31機で同地を再度空襲、陸上施設に損害を与える。

しかしこの時、対空砲火で傷ついた零戦1機がアクタン島に不時着。この機体が米軍により発見、回収される。米軍はこの機体から零戦の性能を詳細に調査し、零戦との戦い方を研究、太平洋戦域の全パイロットに周知させた。

なおこの後、第一機動部隊の空母壊滅により、第二機動部隊は山本長官より第一機動部隊への合同を命じられ1度は南下するが、ミッドウェー作戦中止により元の任務に復帰し、アッツ、キスカ両島への上陸作戦を支援後内地へ帰投する。

昭和17年6月5日
ミッドウェー海戦1日目

ミッドウェー海戦の日本側の敗因として、索敵の失敗が挙げられる。

アクタン島に不時着、転覆した零戦二一型（古賀忠義一飛曹機）。米軍関係者が回収作業を始めている

潜水艦15隻によるハワイ～ミッドウェー間の散開配備は、6月2日までに各艦が配置に付く予定であったが、それが出来たのは4日のことでハワイを出撃した米機動部隊はすでに通過した後だった。

また5月15日、マーシャル方面で第16任務部隊を日本軍哨戒機が発見しており、日本側には米機動部隊は同方面で行動中という認識があった（これは日本艦隊迎撃準備のため、ハワイへ向かっているのを発見したものであった）。

6月4日、攻略部隊の輸送船団がミッドウェーからの哨戒機に発見され、攻撃も受けている。

旗艦「大和」では米空母らしい通信を傍受したが、無線封止で進撃していたためこれを機動部隊に伝えなかった。機動部隊司令部は、付近に米空母が存在しているとはほとんど考えていなかった。このような状況で5日を迎えたのである。

機動部隊からミッドウェー島に向けて第一次攻撃隊１０８機が出撃すると同時に、索敵機7機も発艦予定であったが、結果的に敵機動部隊を発見する「利根」4号機の発艦は30分遅れとなる。

第一次攻撃隊がミッドウェー島を空襲するも米軍戦闘機25機の妨害もあり（しかし20機を撃墜）、攻撃隊指揮官は「第二次攻撃の要あり」と打電。これを受け南雲長官は、艦船攻撃装備で待機中の艦攻、艦爆の兵装転換を命令。この頃から機動部隊は、ミッドウェーから飛来した米軍機の攻撃を受け始める。

第二次攻撃隊の零戦は、全機防空戦闘のため発艦。その後、先述の「利根」4号機から敵艦隊発見の報告が入る（しかし、その位置については間違っており、司令部の判断を間違わせる一要因となった）。これを受け、再度の兵装転換命令が出る。さらにその後、索敵機は米空母の存在を知らせてくる。また、上空には第一次攻撃隊が帰還して来ていた。艦爆の準備を終

上空から見たミッドウェー島（環礁）。写真は環礁南部にあるイースター島（手前）とサンド島

昭和17年6月5日、米B17爆撃機の水平爆撃を回避する空母「蒼龍」

えていた二航戦司令官山口少将からは、「ただちに発進の要ありと認む」との意見具申があったが、南雲長官は容れなかった。

第一次攻撃隊の収容、兵装転換、上空直掩機の交代で4空母の甲板、格納庫は混乱していた。

そのような中、米艦載機による攻撃が始まるも、初めの頃は戦闘機の援護のない雷撃機によるもので、これらの大半は直掩の零戦に撃墜された。しかし、その犠牲により機動部隊の上空はがら空きとなり、その時絶妙のタイミングで急降下爆撃機が日本空母を襲った。「赤城」、「加賀」、「蒼龍」が被弾。被弾数は2～4発だったが、甲板、格納庫には発艦直前の攻撃隊が並んでおり、また格納庫には陸用爆弾が放置されたままだった。それらが次々に誘爆し手の付けられない状態になる。

ただ1隻残った「飛龍」による反撃が始まる。同艦からの第一次、第二次攻撃により、空母「ヨークタウン」を大破。しかし、薄暮攻撃の第三次攻撃隊を甲板に待機させているとき、またしても急降下爆撃を受け4発が命中、同艦も僚艦3隻と同じ運命をたどることになる。

一時は夜戦でもって作戦続行を考えた山本長官であったが、結局断念する。

同日中に「加賀」、「蒼龍」沈没。またこの日、ミッドウェー島砲撃命令を受けていた攻略部隊支援隊の重巡4隻が、敵潜水艦を発見し回頭運動中に「最上」が「三隈」に衝突、両艦とも損傷してしまう。

昭和17年6月6日
ミッドウェー海戦2日目

日付が変わっても「赤城」、「飛龍」は沈没していなかった。しかし、誘爆による火災は如

炎上、漂流する空母「飛龍」。左舷の艦橋前に爆撃で吹きとばされたエレベーターが引っかかっている。被弾翌日の6月6日朝、空母「鳳翔」の索敵機が撮影

何ともし難く、2時頃駆逐艦の魚雷により処分される。

「赤城」は間もなく沈没したが、「飛龍」の沈没は日の出後であった。同艦に座乗していた第二航空戦隊司令官山口多聞少将は艦と運命を共にした。

飛龍攻撃隊の攻撃で大破漂流中の米空母撃沈の命令を受けた伊号第一六八潜水艦（艦長田《た》辺《なべ》弥《や》八《はち》少佐）は、22時頃、曳航されていた「ヨークタウン」を雷撃。同艦に横付けしていた駆逐艦「ハンマン」も含めてこれを撃沈した。

なお田辺艦長は、その後伊号第一七六潜水艦長として10月20日、ガダルカナル海域で米重巡「チェスター」を大破させている。

昭和17年6月7日
ミッドウェー海戦3日目

5日夜に衝突した攻略部隊支援隊の重巡「最上」と「三隈」は、ミッドウェー海域からの避退を続けていたが、海戦海域に引き返してきた米機動部隊の艦載機の攻撃により「三隈」が沈没、「最上」は大破されつつ辛くも戦場を離脱することができた。

こうしてミッドウェー海戦は終わった。日本海軍は主力空母4隻と搭載していた艦載機すべてを失った。一般に、多数の熟練搭乗員を合わせて失ったといわれるが、「飛龍」の搭乗員を中心に110名が戦死したものの、多くは生き残っている。

逆に米軍側の方が、日本艦隊への攻撃、ミッドウェー島上空での迎撃などで、日本側の倍近くのパイロットを失っている（喪失機数約150機）。

この海戦は、日本側にとっては緒戦における連戦連勝による驕りがすべての歯車を狂わせ、不運に不測の事態も複数重なった結果であった。

第二航空戦隊司令官・山口多聞少将。空母「飛龍」と運命を共にした

飛龍攻撃隊の攻撃で大破、大傾斜した空母「ヨークタウン」（左）と救援にあたる駆逐艦「バルチ」

米側については、やはり暗号解読により日本側の意図、兵力、作戦日程などをほぼ正確に把握し、機動部隊をベストなポジションに配置できたことが勝因につながったといえる。

この海戦は日米の攻守が入れ替わる、太平洋戦争の転換点となった。

昭和17年6月8日
日本軍アッツ島、キスカ島を占領

ミッドウェー海戦の敗北によりアリューシャン攻略作戦の中止も考えた山本長官だったが、第五艦隊司令長官からの意見具申を受け、予定通り攻略作戦が実施される。

アッツ島に陸軍北海支隊（支隊長穂積《ほづみ》松年《まつとし》少佐）１１００名、キスカ島には舞鶴特別陸戦隊と設営隊１０００名が上陸。両島とも米軍は守備隊を置いておらず、全くの無血占領であった。

しかし、両島はまぎれもなくアメリカ本国領土であり、上陸わずか4日後の12日から米軍機の爆撃を連日受けることになる。

また8月7日には、米艦隊（重巡2、軽巡4、駆逐艦4）がキスカ島を砲撃。さらに30日には、米軍はキスカ島の東４００kmにあるアダック島に上陸して、わずか10日間で飛行場を建設。キスカ島への空襲を激化させていた。

この状況を受けて大本営は9月18日までに、アッツ島にあった陸軍部隊をすべてキスカ島に移動させたのである。

アリューシャン攻略作戦でアッツ島に上陸した海軍陸戦隊

昭和17年6月22日
軍令部、インド洋における交通破壊戦を連合艦隊に指示

ミッドウェー海戦に敗れた連合艦隊にとって、太平洋正面での積極的作戦の実施は困難となった。

この頃、北アフリカ戦線では独伊軍と英軍との戦闘が膠着状態で、戦勢は両軍の補給力にかかっており、ドイツ側からは同地駐在の野村直邦《のむらなおくに》海軍中将を通じて、幾度もインド洋方面への日本海軍の出撃要請、またイタリアのムッソリーニ首相からも同趣旨の親電が送られてきていた。

これらの状況から、軍令部は連合艦隊に対し、インド洋に潜水艦部隊のほぼ全力と相当数の水上艦艇の投入を指示した。これを受け連合艦隊は、「インド洋方面交通破壊戦（B作戦）」の実施を南西方面艦隊司令長官髙橋伊望中将に命令。

この作戦を直接指揮するのは第一南遣艦隊司令長官大川内傳七《おおこうちでんしち》中将で、同艦隊には多数の艦艇が配属（重巡2、軽巡4、駆逐艦19等）され、7月31日までにマレー半島のメルギーに集結を完了した。これに加え、ペナンやシンガポールを基地として第六艦隊の潜水艦の大部を出撃させるわけで、連合艦隊司令部は両艦隊で70隻程度の撃沈を目論んでいた。

しかし、8月7日の米軍のガダルカナル島上陸によりB作戦は発起直前で中止され、作戦に備えていた艦艇はソロモン方面へと向かうのである。

以後、インド洋方面における海軍の作戦は、第八潜水戦隊による通商破壊戦が細々と続けられる程度となる。

ペナンを出撃、僚艦の見送りを受けインド洋に向かう伊号潜水艦（海大Ｖ型）

昭和17年7月5日
第二水雷戦隊第一八駆逐隊、魚雷により大損害

水上機母艦「千代田《ちよだ》」と輸送船を護衛してキスカ湾にあった第一八駆逐隊であったが、7月5日米潜水艦の雷撃を受ける。

この攻撃により「霰《あられ》」沈没、「霞《かすみ》」と「不知火《しらぬい》」がともに船体を切断する大損傷、無事だったのは「陽炎《かげろう》」だけだった。

また同日、アッツ島沖でも駆逐艦「子日《ねのひ》」が同様に米潜水艦の雷撃で沈没しており、1か月前に両島を占領したものの、その後の補給戦で大きな損害を出している。

また、両島ともツンドラ地帯であり、米軍と違い人力に頼るしかない日本軍には飛行場建設は容易ではなく、結局最後まで完成できなかった。逐次水上機（「二式水上戦闘機」、「零式水上偵察機」等）が送られたが、圧倒的多数の米軍機や荒天のため、十分な防空や哨戒は望むべくもなかった。

後述するように、アッツ島は陸軍部隊により再占領されるのであるが、この2島にどれほどの戦略的価値があったのか。日本から遠く離れた極寒の島を確保するために補給に苦労する（その後も、駆逐艦1、潜水艦6、駆潜艇2、輸送船7を失っている。輸送船の中には、18年1月14日に陸軍部隊830名もろとも失われた「もんとりーる丸」のような例もある）だけで、むしろ占領しない方が良かったとする意見もある。

米潜水艦「グローラー」の雷撃で艦橋から前を失った駆逐艦「不知火」。曳航されて帰投後、舞鶴工廠ドック内で撮影

昭和17年7月6日
海軍飛行場設営隊がガダルカナル島に上陸

17年5月3日、MO作戦の一環として海軍陸戦隊がフロリダ島の南にある小島ツラギ、ガブツ、タナンボコ島に上陸、これを無血占領した。

同時に水上機基地が設営され、哨戒任務に就いていた。

その部隊が、南対岸にあるガダルカナル島の北岸に飛行場適地があることを報告してきた。

こうして、門前鼎《もんぜんかなえ》大佐の第一一設営隊、岡村徳長《おかむらとくなが》少佐の第一三設営隊2570名と、遠藤幸雄《えんどうゆきお》大尉の第八四警備隊派遣隊および呉第三特別陸戦隊の247名が上陸。

ただちに飛行場建設作業にかかり、米軍上陸の8月7日までには、戦闘機の発着可能な滑走路を完成させていた。

昭和17年7月14日
海軍、戦時編制を大改定

ミッドウェー海戦で大敗北を喫した日本海軍はその反省に基づき、機動部隊の新たな運用法を模索していた。

こうして第一航空艦隊は解隊され、第三艦隊が新設された。

一個航空戦隊は従来の2隻から3隻（大型ないし中型2隻と軽空母1隻）と

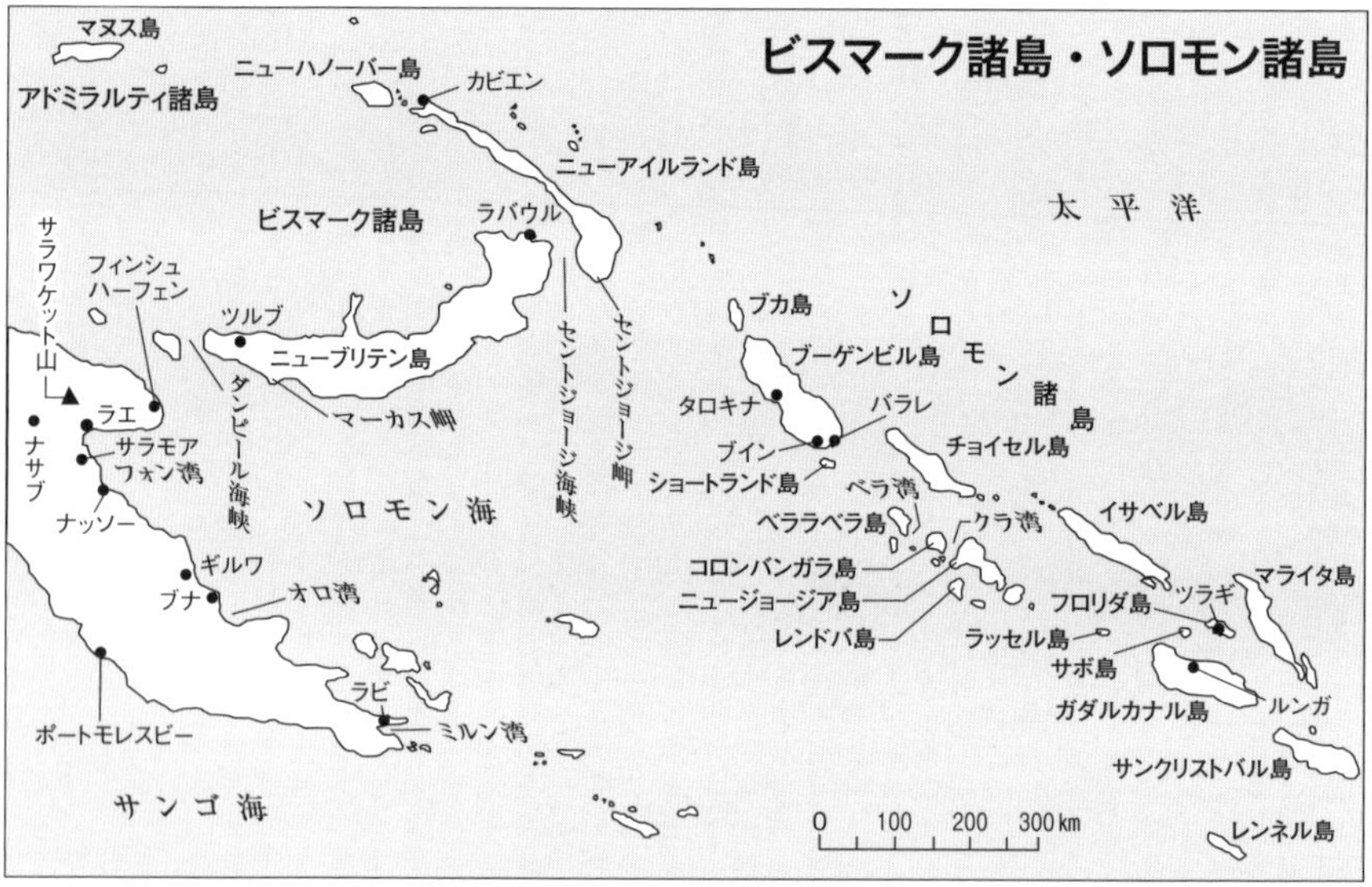

し、軽空母には戦闘機を多く搭載し上空直掩《ちょくえん》を主な任務とする。
警戒部隊として重巡部隊を増強、さらに新たに機動部隊専属の水雷戦隊（第一〇戦隊）が配属された。

第一航空戦隊　「翔鶴」「瑞鶴」「瑞鳳」

第二航空戦隊　「隼鷹」「飛鷹」「龍驤」

それに戦艦2、重巡5、軽巡1、駆逐艦16という陣容であった。

また、戦術面でも抜本的に改められた。

つまり、艦隊を空母を中心とする機動部隊本隊と戦艦、巡洋艦を中心とする前衛部隊に分ける。前衛部隊は機動部隊本隊の１００〜１５０海里を10kmの間隔を置いて横一列に並ぶ。

これにより、前衛部隊からの索敵機により敵艦隊を早期に発見できること、味方攻撃隊が帰路、母艦を発見しやすくなること、敗残の敵艦隊を前衛部隊の艦砲により掃討できること、敵機の攻撃を吸収し機動部隊本隊への攻撃を軽減できること等のメリットがあるとされた。

しかし、機動部隊本隊を直衛するのが少数の駆逐艦だけになる不利益もあった。

ミッドウェーから内地帰還後急ピッチで機動部隊の再建が図られたが、一、二、五航戦の生き残りパイロットと転勤により新たに乗り組んだパイロットの技量に大きな隔たりがあり、総合力発揮のための訓練に時間を必要とした。

また、4隻の空母艦載機のすべてを失ったため、その補充も思うに任せなかった（零戦の生産は17年6月まで、月産１００機に満たなかった）。

さらに、二航戦「飛鷹」の竣工は7月31日であった。

しかしながら一応の陣容と戦術は固まったのであるが、以前の一航艦のように、六隻の空母がそろって戦うことはなかった。米軍のガダルカナル島上陸に始まる対日反攻作戦に、間に合わなかったのである。

昭和17年、南方洋上を行動中の空母「瑞鳳」。瑞鶴型空母から撮影

後述する第二次ソロモン海戦には一航戦だけ（「瑞鳳」は整備中で「龍驤」が替わって参加、沈没）で、3ヵ月後の南太平洋海戦には「飛鷹」が機関に故障を起こして参加できず、二航戦は「隼鷹」1隻だけであった。

また、軽空母の戦闘機は上空直掩という原則も実施されなかった。さらに新戦術も徹底できなかった。

司令部は司令長官南雲忠一中将、参謀長草鹿《くさか》龍之介《りゅうのすけ》少将の2人のトップはそのままであった。ここに、日米の人事についての考え方の違いがみられる。

アメリカ側は人材の適材適所への配置、信賞必罰が徹底していた。真珠湾攻撃の責任を問われた太平洋艦隊司令長官ハズバンド・キンメル大将は更迭され、階級も少将に降格。

彼に替わってその職に就いたのは、当時少将のチェスター・ニミッツであった。

海軍部内の上位者20数名をごぼう抜きし、中将を飛び越して大将になっている。このような人事が、アメリカでは普通だったのである。

それに対し日本海軍（陸軍も同様であるが）では先任順序が優先され、階級の上位者が絶対であり、同じ階級でもハンモックナンバー（兵学校での成績順）で指揮官が決められるのが常であった。

さらに今回については、山本長官の温情が強く働いていたともされている。

しかし、参謀は全て交替となった。真珠湾以来作戦を主導してきた源田実航空参謀も異動した（南雲機動部隊のことを、源田艦隊と揶揄されるくらいであった）。

第三艦隊と同時に、外南洋（南東太平洋）を担当する第八艦隊も新設された。司令長官は三川軍一中将。それまでこの地域も担当していた第四艦隊は、内南洋警備に専念することになる。

草鹿龍之介少将。新編された第三艦隊参謀長に就任した

昭和17年7月15日
大本営作戦班長辻政信中佐、第一七軍に対し独断専行による命令

珊瑚海海戦の結果、ニューギニアのポートモレスビー攻略作戦（ＭＯ作戦）は中断されていた。

制海権のない海上からの攻略は無理であり、その状況に鑑み参謀本部は第一七軍（軍司令官百武晴吉《ひゃくたけはるよし》中将）に対し、ポートモレスビーの北に位置するブナからオーエンスタンレー山脈を踏破し、陸路攻略が可能かを偵察する作戦（「リ」号研究作戦）を発令した。

これを受け第一七軍司令部は、南海支隊（歩兵第一四四、第四一連隊基幹、約５０００名）長・堀井《ほりい》富太郎《とみたろう》少将にその研究を命令。

堀井少将は６月末、机上研究の結果を第一七軍司令部に報告。ブナからポートモレスビーまでは前人未踏の山岳密林地帯で、その距離３６０㎞。補給がほとんど不可能で実施は極めて困難と意見具申したが、百武司令官はさらに実際に現地での偵察を命令していた。

そのような中、第一七軍司令部を訪れた大本営作戦班長辻政信《つじまさのぶ》中佐が「モレスビー攻略はなるべくすみやかに実行を要する。本件、陛下のご軫念《しんねん》も格別である。今や「リ」号は研究にあらずして実行である」と述べ、命令書を渡した。

この命令は、完全な辻中佐の独断専行であった。満州事変以降、陸軍において佐官クラスの参謀の独断専行が横行していた。ノモンハン事件の敗北にも、同中佐は深く関わっている。

それはともかく、これを受けて百武司令官は南海支隊に対し、正式にポートモレスビー攻略を命令するのである。

大本営作戦班長・辻政信中佐。独断専行で第一七軍に命令を発した

昭和17年7月20日～31日
伊号第一一潜水艦、潜水艦作戦、用法の模範を示す

ミッドウェー海戦後、同作戦に参加していた第三潜水戦隊は一旦クエゼリンに帰投後、7月上旬再度出撃。オーストラリア東岸、サモア、フィジー、ニューカレドニア方面に進出、通商破壊戦に従事することになる。この作戦に参加したのは、旗艦の伊号第一一潜水艦の他、伊一六九、伊一七一、伊一七四、伊一七五の5隻であった。

特に伊11潜はシドニー沖で20日、21日、22日、27日、31日と12日間で連合国商船5隻を撃沈。このように短期間で多数の船舶を撃沈した例は他にない。

同様に伊一七五潜が、23日、24日、25日と3日連続で商船2隻を撃沈、1隻に損傷を与え、8月2日にも1隻を撃沈。ほぼ毎日のように撃沈報告を受けるオーストラリア東海岸の連合国商船は、一時パニック状態に陥ったといわれる。

さらに伊一六九潜も、21日ニューカレドニア沖で商船1隻を撃沈している。

しかし、8月7日米軍がガダルカナル島に上陸したことにより、通商破壊に従事していた艦、内地で整備中の艦、インド洋で作戦中の艦（主に通商破壊）等、潜水艦の大部がガダルカナル島周辺に配備、特に米主力艦隊攻撃に向けられてしまうのである。

後述する伊二六潜による空母「サラトガ」雷撃、伊一九潜による空母「ワスプ」撃沈等もあったが、連合艦隊の敵主力艦隊撃滅の一翼を担うという発想に変わりはなく、出撃数に比べ戦果は多いとは言えなかった。

さらに同島戦局の悪化に伴い、最も愚劣な用法ともいえる輸送任務に就くことにもなってしまう。

昭和17年7月、南太平洋を行動中の伊号第一一潜水艦。艦橋から艦尾を望む

18年1月から2月にかけて、今度は伊二一潜がやはりシドニー沖で商船3隻撃沈、2隻に損傷を与えている。軍令部は通商破壊戦に傾いていたが、連合艦隊の方針は変わらなかった。

昭和17年8月5日
戦艦「武蔵」竣工

開戦直後に竣工していた「大和」に続く、同型の二番艦。

また、日本海軍が最後に完成させた戦艦である。三番艦「信濃《しなの》」はミッドウェー海戦の結果空母に改造され、四番艦の建造は中止になった。

そして、最も短命に終わった戦艦でもある。

18年2月21日「武蔵」は連合艦隊旗艦となり、「大和」と共にトラック泊地において待機していた。しかし両艦が出撃する機会はなく、わずかに18年10月マーシャル方面に米機動部隊を求めて行動した程度で、それ以外はトラック待機が続いていた。

こういう状況と空調装置を完備し居住性が極めてよかった両艦は、最前線から出入りする他艦の乗組員から「大和ホテル」「武蔵御殿」などと揶揄されたという。

なお「武蔵」の対空兵装は竣工時12・7cm高角砲12門、25mm機銃36挺、13mm機銃4挺であったが、航空攻撃の激しさに鑑み両舷に装備していた15・5cm副砲2基6門を撤去、その代わり25mm機銃を94挺増設している。ちなみに「大和」は12・7cm高角砲を24門と倍加させている。

トラック泊地に停泊する戦艦「武蔵」(手前)と「大和」

昭和17年8月7日
米軍ガダルカナル島に上陸

この日、空母3、戦艦1、巡洋艦14、駆逐艦31に支援された輸送船22隻に分乗した、アレクサンダー・バンデグリフト少将指揮の第一海兵師団1万8000名が、ガダルカナル島とその北方40kmにある小島、ツラギ、ガブツ両島に上陸した。

ガダルカナル島の日本軍は、陸戦隊247名以外は非武装の2570名の設営隊員であり、ジャングルに後退。米軍はほとんど完成していた飛行場をほぼ無血占領した。

しかし、ツラギ、ガブツ島では、日本軍の激しい抵抗を受けた。

ツラギ島には鈴木《すずき》正明《まさあき》中佐指揮の第八四警備隊以下350名が、ガブツ島には宮《みや》崎《ざき》重敏《しげとし》大佐指揮の横浜航空隊中心の450名が配備されていた。また同島には九七式大艇7機、二式水戦9機があったが、米軍による第一波空襲により全滅している。

初め両島には米軍2個大隊1500名が上陸するも、日本軍の反撃で攻撃は頓挫。翌8日さらに2個大隊が上陸、ようやく守備隊を制圧した。

後のアッツ島守備隊に比べ、数こそ少ないが、このツラギ、ガブツ両島こそ最初の玉砕戦であったといえる。

ガダルカナル島は、日本軍の南東方面における根拠地ラバウルから1000kmの距離にあり、長大な航続力を誇る零戦でもその往復の限界地点で、同島上空での空戦は10〜15分程度しかできなかった。

緒戦における慢心と油断が無理な飛行場進出として現れ、出撃機の多くがわずかな被弾で

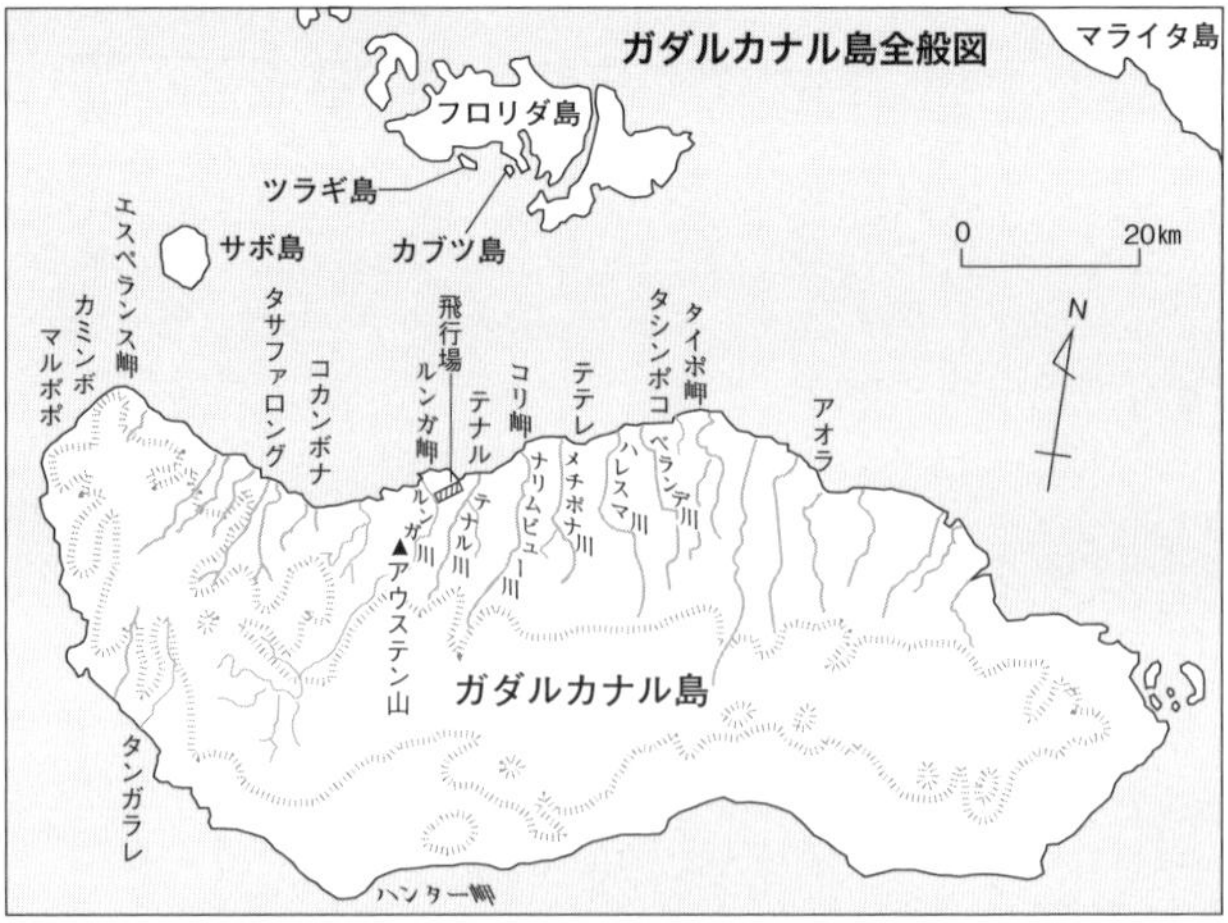

もラバウルまで帰りつけず、あたら多くの優秀なパイロットを失うことになる。制空権獲得もならず、多くの艦船を失い、後に上陸する部隊への補給もできなくなるのである。

当時大本営は米軍の本格的反攻は18年以降と判断しており、ガダルカナル島への米軍来攻も、当初は偵察上陸程度としか認識していなかった。陸軍参謀本部では、同島の位置はもちろん名前すら知らない者もいたという。

事実は米軍の太平洋における反攻作戦の始まりであったわけだが、先述のような大本営の状況判断により、兵力の逐次投入という愚を犯すことになるのである。

昭和17年8月8日
ガダルカナル島攻撃の中攻隊、大損害を受ける

「中攻」というのは、「中型攻撃機」の略称である。日本海軍では、「一式陸上攻撃機」をその主力機として、零戦同様改良を重ねながら戦争の全期間を通じ使用し続けた。

総生産機数は２４４０機にものぼる。

ガダルカナル島争奪戦の頃使用されていた一一型は、最高速度４２７km、20mm機銃×1、7・7mm機銃×4。魚雷または爆弾８００kgを搭載することができ、乗員は7名であった。

その最大の特徴は長大な航続力で、３７００kmもの距離を飛行できた。

8月8日、魚雷装備の陸攻23機が、15機の零戦に護られてラバウルを出撃。

ガダルカナル島ルンガ泊地の米艦船群に雷撃を実施したが、18機が撃墜され帰還した5機も全機被弾していた。戦果は駆逐艦、輸送船それぞれ1隻に損傷を与えただけだった。

緒戦の頃のように敵戦闘機の妨害もない高高度からの水平爆撃とは違い、多数の迎撃戦闘機の攻撃と、激しい対空砲火の中での低速で図体の大きい中攻による雷撃は、文字通り決死

上陸用舟艇からガダルカナル島へ上陸する米海兵隊

攻撃であった。

一式陸攻の燃料タンクには防弾設備はなく、その部分に命中するといとも簡単に発火することから、米軍は「ワンショット・ライター」と呼んだ。

本機や零戦に代表されるように、日本軍の航空機は攻撃一辺倒で防御への配慮がほとんどなかった。

搭乗しているパイロットの生命を守ることから発想し、航空機を作り上げていく米軍とは全く正反対であったといえる。

前日の7日にも陸攻27機の水平爆撃による攻撃が行なわれたが、戦果なく7機を失っている。また、日本側にはさらに不利な条件があった。オーストラリア軍の沿岸看視員の存在である。

日本軍によるラバウル占領後、オーストラリア軍はソロモン諸島各地に看視員を配置、原住民の協力を得ながら情報収集活動を行なっていた。

ガダルカナル島戦が始まると、その情報は極めて具体的になる。ラバウル、その後飛行場が建設されたブカ島やブインから日本軍機が発進すると、その機数、方向、ガダルカナル到達予想時刻等を連絡。米軍の戦闘機は余裕をもって待ち受け、その他は空中退避させることが出来た。

これは航空攻撃のみならず、日本軍の水上部隊の前進基地であるショートランド泊地も同様で、同泊地を出撃する艦隊の編成、隻数等が連絡されるのである。

海空とも態勢を整えて待ち構えている敵の中へ突入するわけで、日本側は圧倒的に不利であったのだ。

その後も次々とラバウルには中攻隊が進出してくるが、昭和17年中にその多くを熟練搭乗員もろとも失うのである。

昭和17年8月8日、ガダルカナル島沖の米艦船群を雷撃する一式陸攻隊

昭和17年8月8、9日
第一次ソロモン海戦

8月7日、米軍のガダルカナル島上陸の報を受けた第八艦隊司令長官三《み》川《かわ》軍一《ぐんいち》中将は、重巡「鳥海」、「古鷹」、「加古」、「青葉」、「衣笠」、軽巡「天龍《てんりゅう》」、「夕張」、駆逐艦「夕凪《ゆうなぎ》」の8隻を率いてラバウルを出撃。

8日23時40分から翌9日0時20分のわずかな時間のうちに、ガダルカナル島の北にあるサボ島を回る形で米濠艦隊と2度にわたり交戦。

米重巡「ビンセンス」「アストリア」「クインシー」、濠重巡「キャンベラ」を撃沈。重巡「シカゴ」と駆逐艦2を大中破させた。

第八艦隊の損害はほとんどなく、文字通りの完勝であった。しかし、当初の目標であった敵輸送船団を攻撃しなかったことが戦後になって問題にされるようになる。

この問題については、若干詳述しておく。

第八艦隊司令部は、第六戦隊の重巡4隻以外は寄せ集めの艦隊であることから複雑な艦隊行動は出来ないため、単縦陣での一航過のみの襲撃とし、また付近に米機動部隊が存在するため、夜明けまでに敵艦載機の攻撃圏外に避退することを決めていた。

米軍側の状況は、先述の7日、8日のラバウルからの空襲により、艦船には大きな損害はなかったが物資揚陸を妨げられていた。人員こそ上陸させたものの、食料、弾薬は半分以上、重装備の大部分はいまだ船内に残されていた。

さらに、船団の上空支援にあたっていた米機動部隊の艦載機は手痛い損害を受けていた。空母「サラトガ」、「エンタープライズ」、「ワスプ」の戦闘機99機中21機を失っていた。機動

第八艦隊司令長官・三川軍一中将。寄せ集め艦隊で第一次ソロモン海戦に完勝

昭和17年に撮影された重巡「鳥海」。第一次ソロモン海戦では三川長官が将旗を掲げた

部隊指揮官フランク・フレッチャー中将は珊瑚海海戦で「レキシントン」を、ミッドウエー海戦では「ヨークタウン」を失い、日本海軍航空隊の実力をだれよりも知る指揮官であった。

この度のわずか2日間の輸送船団援護で多数の戦闘機を失ったこともあり、船団支援の任務を独断で一時放棄、日本軍航空部隊の攻撃圏内から離脱するため、ガダルカナル海域から遠ざかっていたのである。

しかし、そのような事情は第八艦隊司令部にはわからない。旗艦「鳥海」の艦橋では、艦長早川幹夫大佐のルンガ、ツラギ泊地への再突入の意見具申もあったが、即時引き上げが決定される。

現在、戦記本の多くが第八艦隊が再突入しなかったことを批判的に取り扱っているが、艦隊は当初の計画通り作戦を実行し想定以上の大戦果を挙げたわけで、しかも米輸送船団は9日揚陸を断念して避退しており、撃沈こそしなかったもののその目的の過半は達成したともいえるのである。

なお、7、8日の航空部隊による攻撃と本海戦の戦果が誇大発表される。戦艦1隻、巡洋艦7隻以上、駆逐艦4隻以上、輸送船10隻以上撃沈。巡洋艦3隻、駆逐艦2隻以上、輸送船1隻以上撃破というものであった。

さらに9日の輸送船団避退もあり、米軍はわずかな兵員、物資しか揚陸できていないとの考えから、同地の設営隊の「上陸部隊は2000名程度」という報告につながったとする意見もある。（米軍の揚陸能力は、日本軍の想像をはるかに超えるものであった）

ちなみに海戦自体は完勝であったが、その後カビエンに向かう途中の10日7時15分、重巡「加古」が米潜水艦S44の雷撃を受けて沈没している。

フランク・フレッチャー中将。ガダルカナル上陸支援の米機動部隊指揮官

昭和17年8月17日

連合艦隊司令部、トラックに向け内地を出撃

米軍のガダルカナル島上陸を受け8月10日、旗艦「大和」において第一、第二、第三艦隊司令長官とその幕僚が参集、作戦会議が開かれた。

会議において連合艦隊主力はトラック島に進出、ガダルカナル島奪回と侵出してきた米艦隊撃滅を図ることになる。

この決定に基づき11日、近藤信竹中将指揮の第二艦隊（戦艦「陸奥」、重巡5、軽巡1、駆逐艦9、水上機母艦2）が、16日には南雲忠一中将指揮の第三艦隊（空母「翔鶴」、「瑞鶴」、「龍驤」、戦艦「比叡」、「霧島」、重巡2、軽巡1、駆逐艦8）が、17日には山本長官自ら「大和」に座乗し、護衛空母1、駆逐艦3と共に内海西部を出撃した。

本来第二艦隊に配属されている戦艦は第三戦隊の「金剛」、「榛名」であったが、両艦ともレーダー搭載工事中で、その代役として第一艦隊所属の「陸奥」が配属になったのである。しかし、低速の「陸奥」は結局足手まといになるだけだった。

第三艦隊は第一航空戦隊「翔鶴」、「瑞鶴」、「瑞鳳」、第二航空戦隊「隼鷹」、「飛鷹」、「龍驤」の6隻の空母からなっていたが、「飛鷹」は竣工してまだ間がなく、「隼鷹」、「瑞鳳」の搭乗員も未だ練度不十分ということで、この度の出撃には間に合わなかった。

その他、第一艦隊の戦艦「長門」、「伊勢」、「日向」、「扶桑」、「山城」の5隻の戦艦があったが燃料の関係から出撃せず、竣工直後の「武蔵」はまだ残っている工事や乗組員の完熟訓練のため、実戦参加は4か月先とされた。

その他、先述のように8月から実施予定だったインド洋における交通破壊戦に参加するこ

とになっていた巡洋艦、駆逐艦、潜水艦も、ソロモン方面に向かっていた。

結局、北方警備の第五艦隊、南西方面警備の第一〜第三南遣艦隊、と先述の6戦艦以外の連合艦隊の大部がトラックを後方基地、ラバウルを前線基地として南東方面に集結することとなる（「瑞鳳」は9月、「隼鷹」、「飛鷹」は10月に内地を出撃している）。

なお、あまり知られていないが「大和」は後述の第二次ソロモン海戦において後方支援として行動しており、トラック到着は8月28日であった。以後、連合艦隊司令部は19年2月初旬まで、トラックにおいて全般の指揮にあたるのである。

昭和17年8月18日
南海支隊ブナに上陸

7月18日、第一七軍より南海支隊に対しポートモレスビー攻略の命令が下る。

これを受け、まず横山先遣隊（マレー半島で活躍した横山《よこやま》與《よ》助《すけ》大佐指揮の独立工兵第一五連隊と歩兵1個大隊）が7月21日ニューギニアの土を踏んだ。部隊はすぐにオーエンスタンレー山脈へ道路偵察、啓開のため出発。続いて8月18日、南海支隊主力がブナに上陸、横山先遣隊の後を追った。

しかしその後、米軍のガダルカナル島への上陸を受け、大本営は第一七軍の主任務を同島奪還に変更。南海支隊は上陸したものの、補給も満足に受けられず、梯子を外される形になるのである。

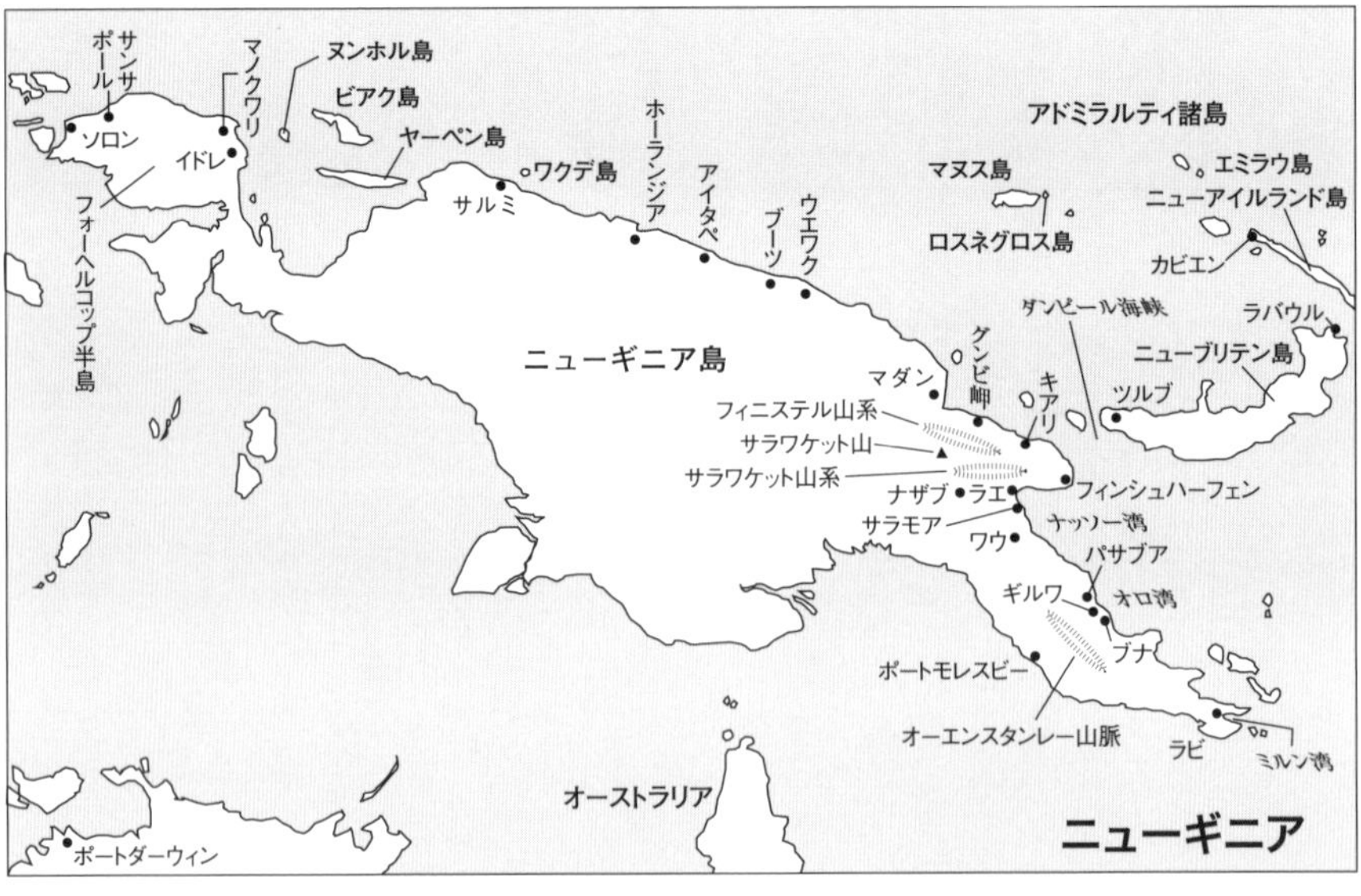

昭和17年8月21日
ガダルカナル島において一木支隊壊滅

米軍のガダルカナル島上陸を受け、その奪回のため白羽の矢が立ったのが一木支隊であった。同支隊は第七師団第二八連隊（連隊長一木清直大佐）を中心とする2400名で、ミッドウェー島攻略のための部隊であったが、その後グアム島で待機していた。

部隊はトラック島に進出した後、一木支隊長自ら指揮する先遣隊（900名）と後続部隊とに分かれ、先遣隊は駆逐艦6隻に分乗し18日タイボ岬に上陸した。

米軍は7日と8日の日本軍による空襲と第一次ソロモン海戦の結果、ルンガ沖から艦船を引き揚げており、またジャングルに退いた設営隊からは上陸軍の兵力は2000名程度という報告もあり、日本側は偵察上陸程度としか判断しなかった。

その連絡を受けていた一木大佐は「早く行かないと敵は逃げてしまう」という感覚であった。事実は一個大隊で一個師団に挑む形になったのである。

米軍はこの上陸を察知しており、イル川に沿って陣地を構築し一木支隊を待ち構えていた。20日には日本軍が完成させていた飛行場を整備し、戦爆31機が進出していた。米軍はこの飛行場をヘンダーソン飛行場と名付けたが、この存在がその後日本側を苦しめ続けるのである。

21日未明、一木支隊はイル川を渡って突撃したが、米軍の反撃で前進できず、夜明けには背後を戦車に蹂躙され壊滅。一木大佐は軍旗を奉焼して自決。約800名が戦死した。

ガダルカナル奪還のため第二八連隊先遣隊と共に上陸した連隊長・一木清直大佐

イル川の砂州での戦闘で壊滅した一木支隊の将兵

昭和17年8月24日 第二次ソロモン海戦

8月11日に内地を出撃した第二艦隊は、17日トラック着。20日、敵機動部隊発見の報を受けた連合艦隊司令部は、第二、第三艦隊に対しガダルカナル島方面への進出を命令。

結局、機動部隊はトラックに寄港せず、そのまま同方面へ向かうことになる。同部隊にインド洋方面からの重巡2、駆逐艦3が合同する。

第二、第三艦隊の直接の任務は一木支隊先遣隊に続き、砲兵隊を含む後続部隊を運ぶ輸送船団の支援であった。

これに対し、やはりガダルカナル島への海上交通路確保のため同方面を行動していたフランク・フレッチャー中将指揮の第61任務部隊（空母「サラトガ」、「エンタープライズ」、戦艦1、重巡3、軽巡1、駆逐艦9。その他空母「ワスプ」もあったが、この時補給のため本隊から離れていた）との海戦となる。

南雲長官は「龍驤」、重巡1、駆逐艦2で支隊を編成し、ガダルカナル島爆撃を命じる。米機動部隊はこの部隊を攻撃、「龍驤」を撃沈する。また、第二艦隊にも攻撃を加え水上機母艦「千歳」を損傷させたが、肝心の機動部隊本隊は発見はしたものの攻撃できなかった。同じ頃、「翔鶴」、「瑞鶴」の第一次攻撃隊（艦爆）が米艦隊を攻撃。「エンタープライズ」に爆弾3発を命中させたが、第二次攻撃隊（艦爆）は敵艦隊を発見できず、止めを刺す第三次攻撃隊（艦攻）は結局出撃出来なかった。

結果的に両軍とも、決定的な戦果を挙げることなく終わったが、日本側は「龍驤」が沈没、

第二次ソロモン海戦で戦闘中の米空母「エンタープライズ」。日本軍機の急降下爆撃で艦上から黒煙が上がっている

航空機60機を失い、輸送作戦も実施できなかったのに対し、米軍は「エンタープライズ」中破、航空機30機を失っただけで、戦術、戦略両面において日本側の敗北であったといえる。

昭和17年8月24日
駆逐艦「陽炎」以下5隻がガダルカナル島を砲撃

8月7日米軍はガダルカナル島に上陸したものの、直後の第一次ソロモン海戦での大損害、またラバウルから出撃してくる日本軍機の攻撃により、同島近海に在泊する艦艇は少なかった。

そのため結果的に、ヘンダーソン飛行場に米軍機が進出し活発に行動するまでの期間は、日本艦艇の行動の危険度は比較的低かった。

そのような中、大活躍したのが駆逐艦「陽炎」であった。「陽炎」は、甲型の前期型のネームシップ艦である（排水量2500t、速力35ノット、12・7cm砲6門、魚雷発射管8門）。同艦は一木支隊をガダルカナル島に送り届けた後、単艦この海域に残り、19、20日とツラギに上陸していた米軍を砲撃。

さらに24日には僚艦4隻と共にルンガ泊地に突入、米軍が使用を始めたヘンダーソン飛行場を砲撃している。

その後「陽炎」と入れ替わる形になった「江風《かわかぜ》」は、22日米駆逐艦「ブルー」を雷撃で撃沈している。

昭和17年8月25日
一木支隊後続部隊を運ぶ輸送船団被爆

先述の一木支隊を運ぶ輸送船団（軽巡1、駆逐艦8、哨戒艇4、輸送船3）であるが、25日ガダルカナル島に進出したばかりの米軍機による爆撃を受ける。駆逐艦1隻、輸送船1隻が沈没。旗艦の軽巡「神通《じんつう》」も中破した。船団は揚陸を諦め、ショートランドへ向かう。

連合艦隊司令部はこの結果を受け、以後は駆逐艦を中心とする高速艦による輸送に変更した。

しかし28日、川口支隊の1個大隊を乗せた第三水雷戦隊第二〇駆逐隊が、白昼やはりガダルカナル島からの米軍機の攻撃で、4隻の駆逐艦中1隻が沈没、2隻が大中破し輸送は失敗に終わる。

その後も米軍のガダルカナル島への航空機の増援は続き、8月末には64機に達していた。高速艦による輸送ですら昼間は無理になり、夜間の実施に限られていくのである。夜間の駆逐艦輸送、いわゆる「鼠《ねずみ》輸送」であった。

昭和17年8月31日
米空母「サラトガ」、再び被雷損傷

このような戦局のなか、米軍のガダルカナル島上陸を受け、同島南東海面を行動していた伊号第二六潜水艦が米機動部隊を捕捉。空母「サラトガ」に魚雷6本を発射、うち1本が命中した。

同艦は修理に3か月を要する損傷を受けた。

「サラトガ」は1月12日にハワイ沖で、伊号第六潜水艦からの雷撃（魚雷2本命中）で5か月間戦線離脱しており（ミッドウェー海戦に間に合わず）、緒戦の大事な時期に戦力となれなかった。

なお伊二六潜は、11月13日第三次ソロモン海戦で損傷、避退中の軽巡「ジュノー」も撃沈している。

昭和17年9月5日
ラビの海軍陸戦隊、ラバウルに撤退

ニューギニアの東端ミルン湾に面するラビで、17年8月初め、連合軍がこの地に飛行場を建設しているのを海軍の偵察機が発見した。

米軍同様に同地に進出しようと考えていた海軍は、第八艦隊所属の第七根拠地隊にラビ攻略を命令。

24日今回の作戦の総指揮官である第一八戦隊司令官松山光治《まつやまみつはる》少将が、軽巡「天龍」と駆逐艦3隻で輸送船2隻を護衛、陸戦隊1200名を上陸させた。

しかし守備についていた連合軍は、オーストラリア軍2個旅団を中心に約1万名で、日本軍は27日夜襲をかけるも当然のごとく失敗。まさに、ガダルカナルでの一木支隊と同じ状況であった。

29日、「天龍」と駆逐艦6隻に護衛された哨戒艇3隻に分乗した800名が続いて上陸。

31日、再度攻撃をかけるも失敗。指揮官、さらに次席指揮官も戦死傷し、また部隊は応召

伊二六潜の雷撃を受け損傷した米空母「サラトガ」。左舷に9.5度傾斜、航行不能となった

兵が多かったこともあり統率を失っていく。

この状況をみた松山少将は独断で撤退を決定。9月5日、「天龍」と哨戒艇2隻で残存部隊をラバウルに撤退させた。この時の戦死者は約600名だった。

ガダルカナル戦が始まっていてあまり知られていない戦いであるが、状況判断の甘さ、敵軍の過小評価、装備不十分な兵力の逐次投入など、ガダルカナル戦の縮小版ともいえる戦闘であった。

昭和17年9月9日
伊号第二五潜水艦がアメリカ本土を爆撃

戦争末期、日本本土はB29により徹底的に爆撃され、大中都市は焦土と化した。それとは比較にはならないが、日本もアメリカ本土を2度爆撃したことがある。それが伊二五潜の艦載機による、オレゴン州の森林地帯への爆撃であった。

従来の日本海軍の対米作戦構想は、いわゆる「漸減邀撃作戦」といわれるものであった。つまり、太平洋を西進してくる米艦隊を潜水艦や航空機で徐々に減殺し、その上で日本近海において艦隊決戦を行い、雌雄を決しようというものだった。

ここで、日本海軍の主力潜水艦であった伊号潜水艦について触れておく。基準排水量一〇〇〇t以上の艦であるが、数多くの種類がある。戦争中その主力となったのは、航続力が長い巡潜型8隻、艦隊に随伴できるよう水上速力を高めた海大型31隻、そしてその両方の特性を併せ持たせた甲型6隻、乙型29隻、丙型11隻（甲型は乙型に旗艦潜水艦の設備を備えた艦、丙型は甲、乙型が搭載した水上偵察機を除いた分、魚雷発射管を8門とした艦）、そして終戦間際

伊二五潜は搭載水偵で米本土爆撃を行なったほか、米本土砲撃も成功させている。写真は同型（乙型）の伊一五潜

に完成し、潜水空母とも呼ばれた特型3隻などである。

乙型の要目は、基準排水量2198トン、水上速力23・6ノット、魚雷発射管6門（魚雷17）、14cm砲×1、25mm機銃×2、水上偵察機1機、航続力16ノットで1万4000海里というものであった。伊号第二五潜水艦はこの乙型の一艦である。

広大な太平洋で潜水艦の低い艦橋から敵艦隊を発見したり、敵根拠地の軍港に接近して潜望鏡でその所在を確認することは極めて難しいことだった。このため、潜水艦に分解組み立てが可能な小型水上機を搭載することが発想されたのである。日本海軍以外にこのような例はない。

8月16日、横須賀出港。同艦が搭載していたのは零式小型水上偵察機といわれる機種である。

9月9日、カタパルトから射出された零式水偵は30kg焼夷弾2発を森林地帯に投下、山火事を発生させた。さらに29日にも、2度目の爆撃を実施している。

この作戦はアメリカ国民への心理的効果を狙ったものだが、実際どの程度の効果があったのかはつまびらかではない。

同艦はこの作戦行動中商船2隻を撃沈した他、ウラジオストクからヨーロッパ海域へ回航途中のソ連潜水艦を撃沈している。当時日本とソ連は戦争状態ではなかったが、ソ連潜水艦が米海軍と協同していたため、日本への抗議はなかった。

なお爆撃はこの2回だけであるが、その他17年2月24日、伊一七潜がカリフォルニア州のエルウッド油田を、6月21日には伊二六潜がカナダのバンクーバー島を、翌22日には伊二五潜がアストリア港を、14cm砲で砲撃している。

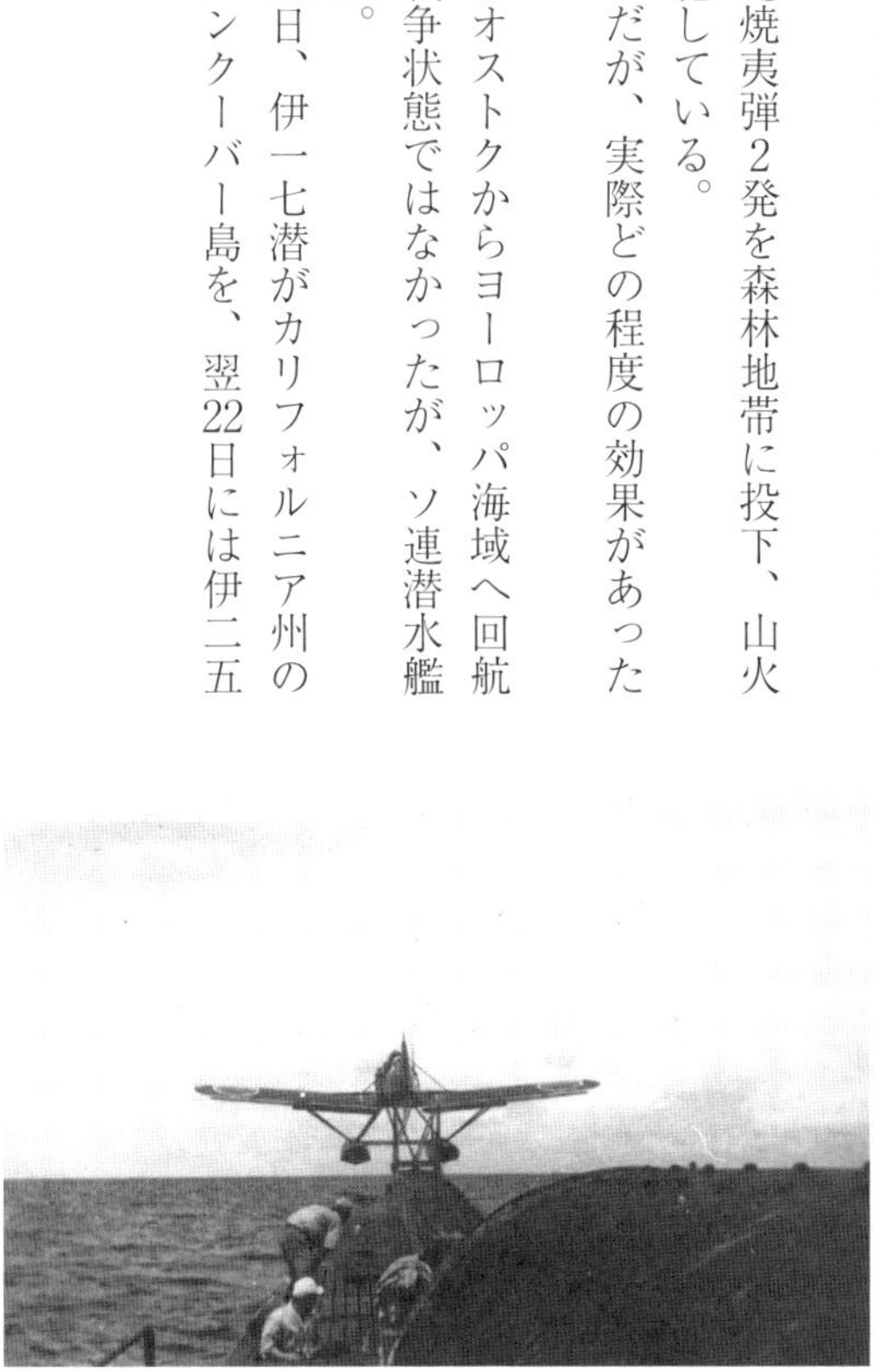

乙型潜の前部甲板に設置されたカタパルトから射出される零式小型水上偵察機

昭和17年9月12〜14日
ガダルカナル島で川口支隊の総攻撃失敗

8月下旬から9月上旬にかけて、数派に分かれ第三五旅団長川口清健《かわぐちきよたけ》少将指揮の部隊（歩兵第一二四連隊、第二師団の1個大隊、一木支隊の後続部隊など）７０００名弱の兵力が、ガダルカナル島に上陸。

この川口支隊は一木支隊の失敗に鑑み、ジャングルに分け入り敵陣地の背後からの攻撃を企図したが、米軍は今回も日本軍の動きを察知しており、飛行場を取り囲む形で陣地を構築し待ち構えていた。

川口支隊長は東西南の方向から攻撃しようとしたが、攻撃予定日時に部隊は集結できず、バラバラな状態での攻撃となった。

しかも、駆逐艦や舟艇による輸送であったことから大砲類はほとんど持っておらず、歩兵部隊だけによる突入となった。

一部部隊が米海兵隊司令部近くまで迫ったが、１０００名以上の戦死傷者を出し、結局攻撃は失敗。将兵は数日分の食糧しか携行していなかったこともあり、ガダルカナル島はこの段階から「餓《が》島《とう》」となっていく。

第三五旅団長・川口清健少将。一木支隊の攻撃失敗後、新たな増援部隊を率いてガ島に上陸した

昭和17年9月15日
伊号第一九潜水艦が米空母「ワスプ」を撃沈

9月15日、伊号第一九潜水艦はエスピリッツサント島北西で、ガダルカナル島に対する米

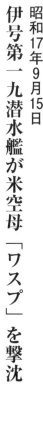

増援部隊を発見。米機動部隊が2隊に分かれて輸送船団を支援していた。1隊は空母「ワスプ」を中心とする巡洋艦4、駆逐艦6で、もう1隊は空母「ホーネット」、戦艦「ノースカロライナ」を中心とする巡洋艦3、駆逐艦7の部隊だった。

艦長木《き》梨《なし》鷹一《たかかず》少佐は、この中の「ワスプ」に6本の魚雷を発射。うち3本が「ワスプ」に命中、誘爆も起こし駆逐艦の魚雷により処分される。また、1本は駆逐艦「オブライエン」に命中大破させ（後に沈没）、さらに、1本が別のグループの戦艦「ノースカロライナ」に命中し、大破させた。

1撃で3艦を撃沈破する離れ業《わざ》であった。

8月24日の第二次ソロモン海戦で空母「エンタープライズ」が戦列を離れ、8月31日には空母「サラトガ」が伊号第二六潜水艦の攻撃で修理に3ヵ月を要する損害を受け戦線離脱しており、この段階で作戦可能な米空母は「ホーネット」1隻だけになる。

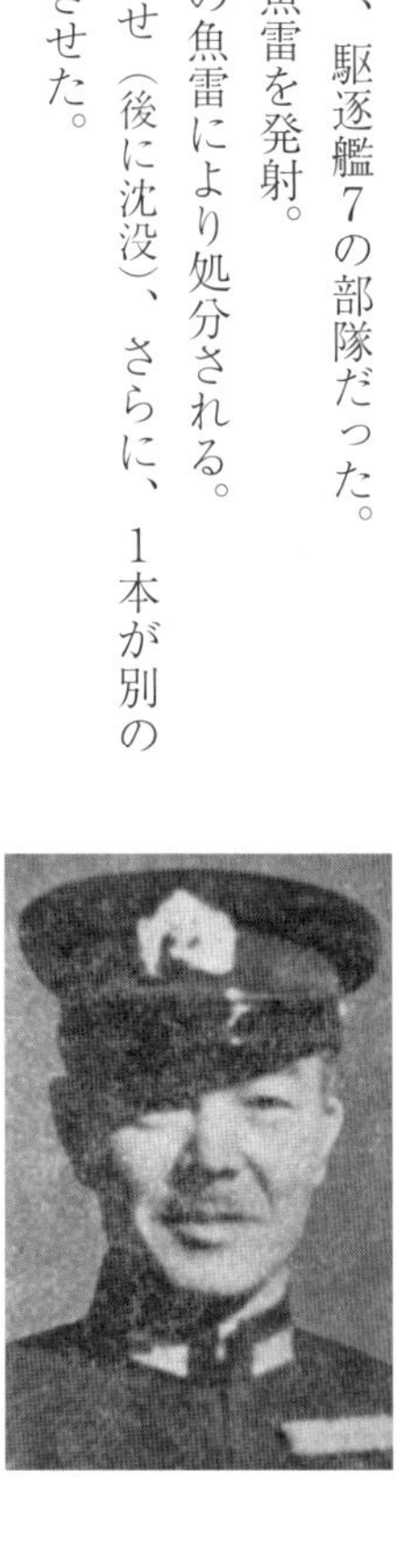

伊一九潜艦長・木梨鷹一少佐。米機動部隊に6本の魚雷を発射、一撃で空母、戦艦、駆逐艦の3隻を撃沈破した

昭和17年9月28日 R方面航空部隊編成される

10月から本格的に再開される第二師団を運ぶ鼠輸送に備え、第一一航空戦隊所属の水上機母艦「千歳」、「神川丸」、「山陽丸」、「讃岐丸」の搭載機でもってR方面航空部隊が編成される。司令官は城島高次《じょうじまたかつぐ》少将、基地はショートランド島、10月に入りイサベル島のレカタにも設置された。

主に使用されたのは、零式水上観測機（自重1964kg、875馬力、最高速度369km、7・7mm機銃×3）、二式水上戦闘機（零戦一一型にフロートを取り付けた機体、自重1922kg、940馬力、最高速度437km、20mm機銃×2、7・7mm機銃×2）、零式三座水上偵察機（自重

伊一九潜の魚雷が駆逐艦「オブライエン」に命中した瞬間。左手奥では、先に被雷した空母「ワスプ」が炎上している

252 4㎏、1060馬力、最高速度366km、7・7㎜機銃×1）である。部隊編成時には47機を保有していた。

この頃ブイン飛行場は完成しておらず（同飛行場への零戦隊の進出は10月13日）、戦闘機隊はブカ基地から出撃していた。零戦の航続力をしても、鼠輸送に従事する駆逐艦部隊の最も危険な日没前後の上空警戒は無理であり、また輸送の前進基地であるショートランドの急を要する上空警戒も同様であった。こうして下駄ばきの水上機がその任に当たることになったのである。

零観、二式水戦は水上機でありながら格闘性能に優れていることからの起用であったが、当然戦闘機相手の戦闘は絶対的に不利で、10月10日には稼働機なしの状況となる。鼠輸送についてはほぼ成功しているが、その陰には、このような縁の下の犠牲があったのである。

昭和17年10月7日
ブイン飛行場完成

米軍のガダルカナル島上陸以来、ラバウルの海軍航空隊は往復2000㎞の苦しい遠距離攻撃を余儀なくされていた。

その状況を受け、ラバウルとガダルカナルのほぼ中間に位置するブーゲンビル島南端のブインに飛行場建設が急がれていたが、ようやく10月7日に完成。

翌8日には早速第二航空隊の艦爆を皮切りに、同空や第六航空隊の零戦も続々と進出。第二師団の軍需物資を運ぶ高速輸送船団の護衛から始まり、その後も連日ガダルカナル島への空襲を繰り返す。

こうしてブイン基地は、その沖に浮かぶショートランド島の泊地（ガダルカナル島への駆

南方の基地に配備された二式水上戦闘機。陸上飛行場完成まで、輸送船や基地の上空警戒に当たった

逐艦輸送も、ここを前進基地にしていた）やバラレ島基地と合わせ、ソロモン諸島における重要拠点になっていく。

しかし、ソロモン諸島の島々にはオーストラリア軍の沿岸看視員が配置されており、同基地やラバウルを出撃した日本軍機をすぐさま発見、その機種や機数を米軍に通報するのである。これによりヘンダーソン飛行場の航空隊は、戦闘機は満を持して日本機を待ち受けることが出来た。

米軍はガダルカナル島戦から「サッチ戦法」と呼ばれる2機がペアを組んで戦う方法を編み出していた。一騎打ちの格闘戦を避けて編隊空戦により対抗しようとするもので、「零戦神話」もようやく崩れつつあった。被弾しても飛行場近くの上空であるので、不時着やパラシュートによる脱出も容易であった。その他の航空機は空中退避しておけばよかったのである。

ガダルカナル島からの撤退後も第一七軍はブインに司令部を置き、海軍航空隊もラバウル、ブカの基地と連携しつつ米空軍と対峙するのである。

昭和17年10月9日
第一七軍司令官百武晴吉中将、ガダルカナル島に進出

日本軍はアメリカ陸軍（ガダルカナル島で主に戦ったのは海兵隊であるが）がどういう軍隊なのか、ほとんど知らなかった。とるに足らない程度のものという感覚が、緒戦の勝利によってより増幅されていた。一木支隊、川口支隊の失敗後も、その認識は変わっていなかった。川口支隊の総攻撃失敗を受けて、連合艦隊は全力をもって第二師団の輸送、支援にあたるとしたが、主力は燃料の関係でトラックを出てから2週間しか行動できない、その間に上陸、

零戦隊が進出したブイン基地。ラバウルとガ島の中間地点に当たるブーゲンビル島南端に建設された

総攻撃、飛行場占領まで完結してもらいたいという条件付きであった。また、日を追うごとに米軍の防御も当然強化されていくわけで、第一七軍並びに第二師団司令部は、この日時制限に悩まされることになる。

10月3日、第二師団長丸山政男中将がガダルカナル島に上陸。第二師団は第四、一六、二九連隊からなっていたが、第四連隊は大隊ごとに逐次同島に上陸。川口支隊の総攻撃に参加した第二、三大隊はすでに戦力の大部を損耗。第一大隊も7日から10日にかけてのマタニカウ川での戦いで大損害を受けていた。

そのような状況下、第一七軍司令部がガダルカナル島に進出してきたのである。同島における予想以上の惨状に軍は正面攻撃の不可能を悟り、11日には川口支隊同様ジャングルを迂回して、背後より攻撃することに方針変換するのである。

第一七軍司令官・百武晴吉中将。奪還作戦指揮のためガ島に渡った

昭和17年10月11日 サボ島沖海戦

ガダルカナル島における川口支隊の総攻撃の失敗を受け、大本営は第二師団投入を決定。しかし、兵員は駆逐艦で運べても重装備の揚陸は輸送船によることになる。そのためにはどうしても敵飛行場の制圧が必要であった。こうして連合艦隊が以前から研究していた、水上艦艇による飛行場砲撃が実施されることになる。その命令が、第六戦隊司令官五藤存知少将に下される。

重巡「青葉」、「古鷹」、「衣笠」と駆逐艦「吹雪」、「初雪」が、11日正午にショートランド島を出撃。サボ島とガダルカナル島間の水道を通り飛行場に接近すべく行動したが、米軍は日本艦隊の動きを事前に察知しており、ノーマン・スコット少将指揮の重巡2、軽巡2、駆

第六戦隊司令官・五藤存知少将。サボ島沖海戦で敵のレーダー射撃の初弾が旗艦「青葉」艦橋に命中、戦死

逐艦5が待ち構えていた。

22時頃、サボ島の手前で両艦隊は接触した。第一次ソロモン海戦以来、夜間に米艦隊が現われることはなかった。その後の鼠輸送に従事していた駆逐艦部隊も敵艦隊と遭遇することはなく、日本側に油断があった。さらに、この日水上機母艦「日進」、「千歳」、駆逐艦6隻による揚陸作戦が行なわれており、初め五藤司令官はこの敵を味方と判断し、発行信号を送ってしまう。さらにこの時、米軍は初めてレーダー射撃を実施。初弾が旗艦「青葉」の艦橋に命中し、五藤司令官は重傷を負い（翌日戦死）指揮が執れなくなった。

結局、この海戦で日本側は「古鷹」、「吹雪」が沈没、「青葉」が大破。米軍は駆逐艦1沈没、軽巡1、駆逐艦1が大破した。

さらに翌日、「古鷹」救援に向かった駆逐艦「叢雲」が米軍機の攻撃により沈没。そして同艦の救援に向かった駆逐艦「夏雲」もまた、撃沈される事態となってしまう。

レーダー射撃の実用化により、日本海軍が得意としていた夜戦も、この後その優位を失っていく。

昭和17年10月13日 陸軍司令部偵察機隊、ラバウルに進出

司令部偵察機というのは、敵地深く隠密に侵入して戦略目標を捜索し、写真撮影等により作戦計画策定のための重要な資料を提供することを目的とした航空機である。敵戦闘機に追尾されてもそれを振り切る高速力と、長い航続距離が求められた。

海軍からの再三の要請を受け、翌11月に陸軍は第六飛行師団を編成して南東方面に進出させるが、それに先立ってラバウルに到着したのが、フィリピンからの独立飛行第七六中隊の

サボ島沖海戦で損傷、ブインに帰投した重巡「青葉」。上部構造物に多数の命中弾を受け、前橋は倒壊している

百式司令部偵察機9機であった。

その主生産型であるII型は自重3263kg、1080馬力×2、最高速度604km、7・7mm機関銃×1。1000kmの行動半径を持っていた。

海軍にはこのような機種はなく（昭和19年になってようやく艦上偵察機「彩雲《さいうん》」〈自重2908kg、1990馬力、最高速度609km、7・7mm機銃×1〉が完成）、同機を借用している。

戦争末期にはその優速を買われて、防空戦闘機としても使用されている。偵察機としては異例の1742機が生産され、大戦の全期間にわたってほぼ全戦域で活躍した。

この部隊を皮切りに、12月にビルマより飛行第一一戦隊（「隼」37機）、1月に飛行第一戦隊（「隼」33機）、同月、満州から飛行第四五戦隊（「九九式双発軽爆撃機」35機）がラバウルに、2月にはビルマより飛行第一四戦隊（「九七式重爆撃機」27機）がウエワクに進出している。

しかし、最終の満州からの第二〇八戦隊（「九九式双発軽爆撃機」36機）がニューギニアに到着したのは5月であり、また、洋上飛行中に失われる機体も少なからずあり、海軍側を嘆息させている。

昭和17年10月13・14日
戦艦「金剛」「榛名」によるガダルカナル島砲撃

失敗に終わった11日の第六戦隊に続き、第三戦隊がガダルカナル泊地に突入する。

第三戦隊司令官栗田《くりた》健男《たけお》少将は本来の戦艦の使用目的とは全く異なるうえ、夜間とはいえ敵の制空、制海権下、狭い海域での陸上目標への砲撃という前例のない作戦に、危険が大き過ぎるとして反対であった。しかし、山本長官の「それならば自分が『大和』で出撃」とまでの意気込みに、承知せざるを得なかったという。

ラバウルに進出してきた陸軍の一〇〇式司令部偵察機。滑走路脇には海軍の零戦が列線を敷いている

同少将指揮の戦艦「金剛」「榛名」が護衛の第二水雷戦隊（軽巡「五十鈴《いすず》」、駆逐艦9隻）を率いて、やはりサボ島の南からガダルカナル島に接近。

この日、米海軍はサボ島沖海戦後の艦隊再編成のため、たまたまガダルカナル島から離れていた。

23時40分から1時間20分にわたり、「金剛」は対空射撃用に新たに開発された三式弾《さんしきだん》、「榛名」も従来の対空弾である零式弾を含む９００発の36cm砲弾をヘンダーソン飛行場に撃ち込んだ。軽巡「五十鈴」と駆逐艦3隻は敵艦隊出現に備えて警戒部隊となり、残り6隻は2隻の戦艦の直衛についた。

飛行場は火の海となり、在島陸軍部隊に「野砲千門に匹敵する」と言わしめた。

ちなみに14日夜には第八艦隊司令長官三川軍一中将が重巡「鳥海」「衣笠」、軽巡「天龍」、駆逐艦「望月《もちづき》」「天霧」でもって再び飛行場を砲撃、20cm砲弾７５０発を撃ち込む。

さらに15日夜にも、第五戦隊の重巡「妙高」「摩耶」が第二水雷戦隊を伴ってルンガ泊地《はくち》に3夜連続で突入。やはり20cm砲弾９００発を撃ち込んでいる。

同日、米太平洋艦隊司令長官チェスター・ニミッツ大将は、再三にわたる日本軍による海空からの攻撃によりガダルカナル島維持について自信を失っていた南太平洋艦隊司令官ロバート・ゴムリー中将を更迭、後任にウィリアム・ハルゼー中将を任命した。

この人事は誠に的を射たもので、米軍が10月危機と呼んだガダルカナル島の状況は、積極果敢な指揮官を得て乗り切ることができるのである。

なお、戦艦による陸上目標に対する艦砲射撃という戦術に注目した米軍は、戦争の後半、日本軍が籠る島の攻略の際に最大限に活用するのである。

ガ島への夜間砲撃を実施した戦艦「金剛」。姉妹艦「榛名」と共にヘンダーソン飛行場に合わせて９００発以上の36センチ砲弾を撃ち込んだ

昭和17年10月14、15日
陸軍高速輸送船団ガダルカナル島に突入

一木支隊に続き川口支隊の総攻撃も失敗に終わり、大本営はようやく事の重大性を認識。師団単位の兵力を投入し、陸海軍の密なる連携のもと、正攻法で臨むことになった。その主力を担ったのが、丸山政男《まるやままさお》中将指揮の第二師団であった。海軍も軽巡・駆逐艦で兵員を、水上機母艦などで重火器も輸送。第三戦隊、第八艦隊、第五戦隊による飛行場砲撃で、敵機の活動を封じ込めようともした。そして、その総仕上げとして実施されたのが、当時陸軍が保有していた高速輸送船六隻による大量の軍需物資の一挙揚陸であった。

14日22時、駆逐艦八隻に護衛されてタサファロングに無事接岸。翌15日にかけて、基地航空部隊や第二航空戦隊の戦闘機の直掩《ちょくえん》を受けながら、かなりの物資を揚陸した。しかし、前日の第三戦隊、当日の第八艦隊による飛行場砲撃にもかかわらず、生き残った米軍機が再三来襲。直掩戦闘機も奮闘したが、6隻中3隻が沈没。翌日には米駆逐艦が沖合に現れ揚陸場所を砲撃。せっかく揚陸した物資も相当部分失われてしまう。

陸軍の徴用船「九州丸」。高速輸送船団の1隻としてガ島タサファロングに物資を揚陸するも、米軍機の空襲により擱座

昭和17年10月24～26日
ガダルカナル島で第二師団が総攻撃

一木支隊、川口支隊の失敗に鑑み、当初大兵力による海岸沿いの正攻法での攻撃を考えていた参謀本部と第一七軍であったが、先述のように結局前回の川口支隊同様ジャングルに分

け入り、飛行場の南にある山（オーステン山）側からの攻撃となった。

そのもとになる偵察も、極めて楽観的で杜撰なものであった。まともな地図もなく磁石のみを頼りにジャングルを切り開くわけで、各部隊は自分たちのおおまかな位置すら知ることが出来なかった。ジャングルは第二師団が以前経験した蘭印のそれとはまったく異なり、後のニューギニア同様千年万古の人を寄せ付けないものであった。（ちなみに、最初に工兵隊が切り開いた道が、第二師団長丸山政男中将の名から「丸山道」と名付けられた）。

部隊は第二師団歩兵団長那須《なす》弓雄《ゆみお》少将指揮の左翼隊（第二九連隊基幹）、川口清健少将指揮の右翼隊（第三八師団第二三〇連隊の2個大隊、第一二四連隊の1個大隊基幹）、そして予備隊として第一六連隊が後続する態勢であった。重砲類は海岸に残置され、大隊砲（九二式歩兵砲）、連隊砲（四一式山砲）などの軽砲は、分解して砲兵隊員が担いで搬送したが、悪路で遅れ、総攻撃時全ての砲は攻撃発起点に到達できなかった。

総攻撃直前、連隊長以上の指揮官にガダルカナル島の最新の航空写真が配られたらしいが、これを見た右翼隊長川口少将は、以前に比べ格段に米軍の防御陣地が強化されていることから、さらなる迂回を意見具申している。しかしその結果、同少将は右翼隊長を罷免され、第二三〇連隊長東海林《しょうじ》俊成《とししげ》大佐が指揮を執ることになる。

海軍との共同作戦のため総攻撃は22日の予定であったが、部隊は集結できず23日に延期、さらに24日に再延期となった。

それでも準備不足であったが、丸山師団長は総攻撃を命令。この時、攻撃発起点に到達しえたのは左翼隊の第二九連隊だけで、しかも連隊各隊も部隊ごとに集結したわけでなく、「丸山道」に長く延びているという態勢であった。そのような状況下、敵情も全く不明なまま第二九連隊が突っ込む形となる。右翼隊、予備隊はこの日はまだ移動途中であった。当然のごとく攻撃は頓挫。翌日、左翼隊、予備隊が再度突撃するもどれほども前進できず攻撃は

ガダルカナル島に上陸後、米軍に殲滅された日本陸軍部隊の惨状

失敗。

特にムカデ高地では日本兵の死体が折り重なり、「血染めの丘」と呼ばれた。

26日早朝、百武司令官は攻撃中止を命令した。

昭和17年10月26日
南太平洋海戦

ガダルカナル島における陸軍の総攻撃に合わせ、再び近藤信竹中将指揮の第二艦隊と南雲忠一中将指揮の第三艦隊がソロモン海に進出。

第二艦隊には第二航空戦隊（司令官角田覚治少将）の空母「隼鷹」（「飛鷹」は22日に機関に故障を起こし参加できず）、第三艦隊には南雲中将直率の第一航空戦隊「翔鶴」、「瑞鶴」、「瑞鳳」があった。

これに対し米軍も、第二次ソロモン海戦で損傷後修理がなった空母「エンタープライズ」を中心とするトーマス・キンケード少将指揮の第16任務部隊と、空母「ホーネット」を中心とするジョージ・マレー少将指揮の第17任務部隊をこの海域に進出させた。

日本艦隊は陸軍の総攻撃の延期、再延期に伴い、ガダルカナル島東方海面を南下、北上を繰り返していた。この間絶えず米軍飛行艇の触接を受け、その位置は逐次キンケード少将に通報されていたが、距離が遠すぎ米機動部隊は攻撃できなかった。

逆に日本側は米艦隊を発見できずにいたが、26日ようやく戦端が開かれる。

2ヵ月前の第二次ソロモン海戦では戦術面での通達が不徹底だったが、今回は一航戦の空母3隻を重巡1、駆逐艦8で直衛し、その前方50〜60海里に戦艦2、重巡3、軽巡1、駆逐艦7の前衛が配置された。

南太平洋海戦時、空母「翔鶴」艦上で発艦を待つ零戦隊

両軍はほぼ同時にお互いを発見。数次に分けて攻撃隊を差し向けた。

特に日本側は、一航戦、二航戦ともに第三次攻撃隊まで出撃させ、すべて米空母を発見、攻撃は計6回に及んだ。これに対し、米軍攻撃隊で日本の機動部隊本隊を発見、攻撃できたのは艦爆15機だけだった。

また、この海戦で日本海軍は初めてレーダーを運用。「翔鶴」に装備されたレーダーが敵編隊をとらえ、防空戦闘に寄与している。

しかしその「翔鶴」に4発、「瑞鳳」に1発（これは偵察爆撃機による）の爆弾が命中し戦闘不能となり、また前衛の重巡「筑摩」に4発の命中弾があり大破、さらに92機の航空機と多くの熟練搭乗員を失った。

開戦以来使用されている「九九式艦上爆撃機」（自重2618kg、最高速度427km、250kg爆弾×1、60kg爆弾×2、7・7mm機銃×3）、「九七式艦上攻撃機」（自重2279kg、最高速度377km、爆弾又は魚雷800kg、7・7mm機銃×1）はいずれも低速、低防御力であった。両機種の後部座席に装備された7・7mm旋回銃は、グラマンF4Fの防弾ガラスの貫通力さえなかった。搭乗員たちは13mm銃を渇望していたという。

多数の直掩戦闘機を配し、空母を中心にがっちりと組まれた輪形陣から撃ち出されるスコールのような対空砲火を冒して攻撃、生還することは、この時期でも至難になっていたのである。珊瑚海、ミッドウェー、第二次ソロモン、そしてこの南太平洋海戦で、日本機動部隊を支えてきたベテランパイロットはほぼ払底してしまった。

米軍は空母「ホーネット」に魚雷3本、爆弾6発が命中し沈没、「エンタープライズ」も爆弾3発を受け戦闘不能となる。その他駆逐艦1が沈没、軽巡1、駆逐艦1が中破、航空機の喪失は74機だった。「ホーネット」は太平洋戦争中、日本軍が撃沈した最後の正規空母となった。

日本軍機の攻撃を受ける米空母「ホーネット」。艦爆と艦攻が見事な同時攻撃を見せている

これにより米軍は、一時的に太平洋で作戦可能な空母が皆無となる。日本海軍としては絶好の機会到来ともいえたが、修理のため内地へ回航する「翔鶴」、「瑞鳳」、「飛鷹」に加え、「瑞鶴」も飛行隊再建のため内地へ戻ってしまう。結局、ソロモン方面で作戦行動を続行するのは「隼鷹」1隻だけとなる。

これに対し、「エンタープライズ」はニューカレドニアのヌーメアで応急修理後、第三次ソロモン海戦直前から戦列に復帰している。

珊瑚海海戦後の空母「ヨークタウン」、第二次ソロモン海戦、そして本海戦でも損傷を受けながら早期に戦列復帰した「エンタープライズ」が物語るのは、米軍のダメージコントロールと復元力の高さである。

11月下旬には空母「サラトガ」が復帰。イギリスから空母「ビクトリアス」を一時的に借り受けもし、18年後半からの高速機動部隊稼働まで持ちこたえるのである。

なお、連合艦隊はこの度の海戦の戦果を空母4隻撃沈と認定。これが大本営をして、陸軍の総攻撃失敗にも拘らず、「もう一押し」という考えに至らしめるのである。

昭和17年11月1日
海軍航空隊の戦時編制改訂される

従来、海軍航空隊は台南航空隊、鹿屋航空隊、横浜航空隊というように、原隊があった地名で読んでいた。それを外戦部隊については三桁の数字をつけて呼ぶように改められた。

百の位は機種、たとえば甲戦闘機（主に零戦）は二、乙・丙戦闘機（局地戦闘機・夜間戦闘機）は三、艦爆・艦攻は五、母艦航空隊は六、陸上攻撃機は七。

十の位は所属する鎮守府で、横須賀は〇〜二、呉は三〜四、佐世保は五〜七、舞鶴は八〜

度重なる日本機の攻撃についに行動不能となって漂流する「ホーネット」（駆逐艦と重巡「ノーザンプトン」と駆逐艦が警戒している

九。

一の位は常設航空隊が奇数で、特設航空隊が偶数とされた。

具体例を挙げると、初めて神風特別攻撃隊が編成されたのが二〇一航空隊。源田実大佐が司令となり、局地戦闘機「紫電改」を機種として本土防空戦で活躍した三四三航空隊。ラバウル、ブイン、ブカ等を基地として、九九艦爆を使用して南東方面で戦い続けた五八二航空隊。

第二航空戦隊の飛行隊は六五二航空隊。大戦末期、「桜花《おうか》」を搭載した一式陸攻によって編成され「神雷《じんらい》部隊」と呼ばれた七二一航空隊といった具合である。

昭和17年11月1日
海軍、下士官、兵の階級を改変

陸海軍の階級は士官（少尉〜大将）は同じであったが、准士官以下については呼称が違っていた。

太平洋戦争開戦まではそれで大きな問題はなかったが、開戦後、陸海軍の共同作戦が多くなると、戦地において指揮系統に混乱が生じるようになった。

このため、海軍が特に兵について陸軍に合わせる形で、以下のように改変された。

	〈海軍〉	〈陸軍〉
（准士官）	兵曹長	准尉

（下士官）	上等兵曹	曹長
	一等兵曹	軍曹
	二等兵曹	伍長
（兵）	水兵長	兵長
	上等水兵	上等兵
	一等水兵	一等兵
	二等水兵	二等兵

なお、ここで陸軍の部隊編制についても触れておく。

・分隊（12名、軽機関銃1挺、分隊長は軍曹）
・小隊（4個分隊、約50名、小隊長は少尉）
・中隊（4個小隊、約２００名、中隊長は大尉）
・大隊（3個中隊、機関銃中隊（重機関銃8挺）、歩兵砲小隊（大隊砲2門）、約８００名、大隊長は少佐）
※以上の指揮官については、あくまで目安で、例えば伍長が分隊を指揮したり、大尉の大隊長もいた。
・連隊（3個大隊、歩兵砲隊（連隊砲4門、連射砲4門）、約３０００名、連隊長は大佐）
・旅団（2個連隊、約６０００名、旅団長は少将）
・師団（2個旅団、騎兵連隊、砲兵連隊、工兵連隊、輜重兵連隊、約２００００名、師団長は中将）
※昭和11年の編制改訂後は旅団は廃止され、4個歩兵連隊から3個歩兵連隊編制となる。

九二式重機関銃。海軍陸戦隊でも採用された太平洋戦争中の日本軍の主力重機関銃。写真では三脚式の銃架に運搬用の提棍（ハンドル）が取り付けてある

この場合、3個歩兵連隊を指揮する歩兵団長が置かれた(太平洋戦争時は、ほぼ3個歩兵連隊の師団であった)。

また、銃砲についても紹介する。

重機関銃は九二式重機関銃(口径7・7㎜、全長115・6㎝、重量55・3㎏、装弾数30発)。

大隊砲とは九二式歩兵砲のことで、口径70㎜、重量204㎏、最大射程2800m。

連隊砲は、明治41年に制式採用された四一式山砲のことである。昭和10年に後継砲として九四式山砲が正式採用された後、構造が簡単で砲の組み立て、操作が容易である上、いざとなれば人力でも搬送可能なことからその後も重宝され、各歩兵連隊に配分されたのである。口径75㎜、重量539・5㎏、最大射程6300m。

速射砲とは対戦車砲のことで、九四式37㎜砲(口径37㎜、重量327㎏、最大射程6900m)が配備されたが、米軍のM4戦車には全く無力であった。

その後採用された一式機動47㎜砲(口径47㎜、重量800㎏、最大射程6900m)は歩兵部隊には属さず、独立速射砲大隊を編成し12門ずつ配備している。2000門以上が生産され、この砲が日本の速射砲の中心であった。

昭和17年11月5日～10日 再度、駆逐艦による第三八師団の輸送

第一七軍は、第二師団による総攻撃の前から第三八師団(師団長佐野忠義中将)のガダルカナル島投入を決めていた。総攻撃は失敗し、その直後から西海岸マタニカウ川まで進出していた米軍から逆に攻撃を受ける事態となり、同地域は危機的な状況になっていた。

四一式山砲。明治四十一年に採用の旧式砲だったが、構造が簡単で分解して人力搬送も可能なため歩兵連隊で重用され、「連隊砲」と呼ばれた

ここにきて、第一七軍と連合艦隊との間のその後の兵員、物資輸送に関わる考え方の違いが露呈してくる。次回こそ大兵力、大火力でもって総攻撃を実施する。そのため、輸送船延べ30隻でもって歩兵7個大隊、戦車1個連隊、砲兵8個中隊と弾薬、食料3万人の1ヵ月分等の輸送を求める第一七軍。これ以上の艦艇の喪失を懸念し、船団輸送するのなら陸上からの砲撃による飛行場制圧を求める連合艦隊（実際はこの時点において、飛行場を砲撃できる位置の陣地もなければ、砲、弾薬もなかった）。

結局双方が妥協し、船団輸送は使用できる輸送船をすべて動員して1回限りとし、その他は駆逐艦輸送を可能な限り実施する。陸上からの飛行場砲撃は期待出来ないため、もう1度戦艦による艦砲射撃を実施するという結論を得た。

11月5日から10日にかけて、延べ軽巡1隻、駆逐艦41隻で第三八師団第二二八連隊、食料、弾薬を輸送。上陸早々、第三八師団歩兵団長伊《い》東武夫《とうたけお》少将は第二二八連隊を率いて崩壊寸前のマタニカウ川方面に急行した。

なお、ここで今まで何度も紹介している「鼠輸送」について、若干詳述しておく。

輸送隊が出撃するショートランド泊地からガダルカナル島までは、3つのコースがあった。チョイセル島、イサベル島の北を通る北方コース。ベララベラ島、ニュージョージア島の南を通る南方コース。そして、それぞれの間を抜ける中央コースであった。

ショートランド～ガダルカナル間は２７０海里。ショートランドを午前中に出港し26ノットで南下、日没頃に米軍機の攻撃圏内に入り、その後はさらに速力をあげて23時頃ガダルカナル島着。1時間で揚陸を済ませ、全速力で日の出前までに空襲圏外に離脱、午前中にショートランドに帰投するというスケジュール。米軍はこれを「東京急行」と呼んだ。

今回の4回の鼠輸送はすべて成功した。ちなみに鼠輸送については、最初の一木支隊の輸送以来、ほぼ成功している。

単縦陣で高速航行中の日本駆逐艦部隊。昭和18年5月公表の写真で、「鼠輸送」実施中の撮影と思われる。米軍はこれを「東京急行」と呼んだ

昭和17年11月9日
ガダルカナル砲撃艦隊、トラック諸島を出撃（南太平洋海戦後の第二、第三艦隊）

11月2日南太平洋海戦で損傷した空母「翔鶴」「瑞鳳」はトラックを出港、修理のため内地へ向かう。4日には、損傷はなかったものの搭載機の多数を失った「瑞鶴」は、残存機を「隼鷹」に移し再建のためやはり内地に向かった。

こうして、南太平洋で作戦可能な空母は「隼鷹」1隻となった。

13日に予定されている第三八師団を運ぶ輸送船団のガダルカナル島突入を成功させるため、9日第二、第三艦隊がトラックを出撃した。

艦隊は先月の栗田艦隊と同様、ヘンダーソン飛行場砲撃を実施する第三艦隊第一一戦隊の戦艦「比叡」「霧島」と軽巡1、駆逐艦11の後方に、第二艦隊の重巡3、軽巡1、駆逐艦4、それに空母「隼鷹」が位置し、砲撃部隊を掩護する隊形を取った。

総指揮官は「愛宕」座乗の第二艦隊司令長官近藤信竹中将である。

この時「隼鷹」に座乗する二航戦司令官角田覚治中将は、「戦艦は2隻だけでなく全力を投入（トラックには「大和」「長門」「陸奥」「金剛」「榛名」が在泊していた）、夜間だけでなく夜明け後も砲撃を続行して徹底的に飛行場を破壊する。敵空母は存在せず戦艦を使用する絶好の機会であり、二航戦は全力でその護衛にあたる。」と、連合艦隊司令部に意見具申している。

しかし、「戦艦はいぜんとして艦隊の主力である」と却下されるのであるが、それを動かす燃料もトラックにはなかったのである。

第二航空戦隊司令官・角田覚治中将。攻撃精神旺盛な闘将として知られる

昭和17年11月10日
第六戦隊解隊される

古鷹型重巡4隻で編成された第6戦隊であったが、第一次ソロモン海戦からの帰投途中に米潜水艦の雷撃により「加古」が沈没。

サボ島沖海戦では「古鷹」が撃沈され、「青葉」は大破。

残ったのは「衣笠」だけであった（しかし後述のように、第三次ソロモン海戦において、14日、同艦も米艦載機の空襲により沈没）。

古鷹型重巡は、日本の建艦技術を飛躍的に進歩させた平賀《ひらが》譲《ゆずる》博士（海軍造船中将、東大総長）の設計によるもので、後の重巡のみならずその後の全ての艦艇の建造に大きな影響を与えている。

「古鷹」の要目は、排水量1万630t、速力33ノット、20cm砲6門、魚雷発射管8門。その後竣工した重巡は妙高型4隻、高雄型4隻（20cm砲10門搭載）、最上型4隻（軍縮条約のため15・5cm砲15門装備の軽巡として竣工したが、無条約時代となり20cm砲10門装備の重巡となる）、利根型2隻（20cm砲8門を前部に集中して後部を飛行甲板とし、水上偵察機6機を搭載する航空巡洋艦）がある。

第六戦隊は開戦時、第四艦隊の指揮下でグアム島攻略作戦、ウエーク島攻略作戦、ラバウル攻略作戦、ポートモレスビー攻略作戦に参加。

さらに17年7月には第八艦隊に移されたのであるが、ガダルカナル島を巡る戦闘で次々と失われていったのである。

しかし、その後はレイテ沖海戦まで重巡の喪失はなく、第八戦隊（「利根」、「筑摩」）が解

重巡洋艦「古鷹」。技術史に残る画期的巡洋艦だったが、同型4隻のうち3隻がソロモンの海に沈んだ

隊されて第七戦隊に編入されたが、14隻の重巡で同海戦を迎えることになる。

昭和17年11月12、13日
第三次ソロモン海戦一次夜戦

第三八師団の残る歩兵・工兵・輜重《しちょう》兵各1個連隊と食糧・武器・弾薬の一挙揚陸が11隻の輸送船によって実施されることになる。

前回の第二師団の時と同様、戦艦の艦砲射撃による飛行場制圧が再度計画された。

第一一戦隊司令官阿部《あべ》弘毅《ひろあき》中将指揮の戦艦「比叡」「霧島」と護衛の軽巡「長良」、駆逐艦11隻が、ガダルカナル島に接近。これを事前に察知していた米軍は、ダニエル・キャラハンとノーマン・スコット両少将が率いる重巡2、軽巡3、駆逐艦8の部隊が待ち構えていた。

しかし、両軍共、思いもかけないことが重なり、彼我入り乱れての混戦となる。

12日から13日に日付が変わる40分余りの乱戦の結果、米軍は参加艦艇13隻のうち、軽巡「アトランタ」「ジュノー」と駆逐艦4隻が沈没。重巡「サンフランシスコ」「ポートランド」が大破、無傷だったのは駆逐艦1隻だけという大損害をこうむった。

さらに、キャラハンとスコット両少将とも戦死している。

日本側は、戦艦「比叡」が舵を損傷し現場で立ち往生となり、翌日自沈。日本が失った初めての戦艦となる。その他駆逐艦「夕立《ゆうだち》」「暁《あかつき》」が沈没。この海戦における「夕立」の活躍は有名である。しかし、当初の目的であった飛行場砲撃はならなかった。

これを受け、山本五十六長官は輸送船団のガダルカナル突入を一日延期。

それに呼応して、支援隊としてこの海域に進出していた西村祥治少将指揮の重巡「鈴谷」「摩耶」と軽巡「天龍」、駆逐艦4隻が13日深夜ルンガ沖に接岸、ヘンダーソン飛行場砲撃を

戦艦「比叡」。第三次ソロモン海戦の混戦の中、舵を損傷して自沈。日本が失った最初の戦艦となった

成功させた。

昭和17年11月14、15日
第三八師団を運ぶ輸送船団壊滅

第三次ソロモン海戦一次夜戦の結果、いったん避退していた輸送船団は、「鈴谷」「摩耶」の飛行場砲撃成功の報を受け、再度ガダルカナル島を目指した。

護衛には、田中頼三少将指揮の第二水雷戦隊の駆逐艦11隻が付いていた。

しかし、14日夜が明けると米軍機が来襲。空襲は1日中続き、輸送船11隻中6隻が沈没、1隻が大破し引き返した。「鈴谷」「摩耶」の砲撃は成功したとはいえ、20センチ砲弾では効果不十分だったのである。

その「鈴谷」「摩耶」の部隊であるが、援護部隊であった重巡「鳥海」「衣笠」、軽巡「五十鈴」、駆逐艦「朝潮《あさしお》」と合同しショートランド泊地への帰投中、米艦載機の攻撃を受け「衣笠」が沈没、「鳥海」「摩耶」「五十鈴」も損傷してしまう。

残存する輸送船団は、戦艦「霧島」、重巡「愛宕」「高雄」が再度本夜飛行場砲撃を実施するとの連絡を受け、その後方からガダルカナル島に突入することになる。

15日2時、残った4隻がタサファロング泊地に乗り上げ揚陸を開始。

しかし、夜明けと共に米軍機が来襲。その爆撃の中、必死の揚陸作業が続けられた。結果陸揚げできた軍需物資はわずかなもので、乗船していた第三八師団の将兵も大部分が駆逐艦に救助され、むなしくラバウルに引き返した。

こうして2度目の輸送作戦も失敗に終わり、ガダルカナル奪回はいよいよ不可能になっていく。

戦艦「霧島」。「比叡」亡き後もガ島飛行場砲撃に出動、強力な米戦艦と砲撃戦を展開する

昭和17年11月14日、15日
第三次ソロモン海戦二次夜戦

一次夜戦のため実施できなかった飛行場砲撃が再び計画される。

後方援護の第二艦隊と一次夜戦残存部隊で再編が行なわれ、空母「隼鷹」を分離した近藤信竹司令長官自ら戦艦「霧島」、重巡「愛宕」、「高雄」、軽巡「長良」、「川内《せんだい》」、駆逐艦9隻を率いてガダルカナル島に接近。

今回も日本側の動きを察知していた米軍は、ウイリス・リー少将指揮の戦艦「ワシントン」、「サウスダコタ」と駆逐艦4隻で待ち構えていた。

ここで太平洋戦争中、唯一の戦艦同士の砲撃戦が展開された。

海戦の初期段階で米駆逐艦4隻が壊滅、「サウスダコタ」は命中弾により電源が落ち戦闘不能におちいり、「ワシントン」が単艦奮闘することになる。しかし、日本艦隊が発射した魚雷の多くが航走中に自爆したことが両戦艦に幸いした。

結果、日本側は戦艦「霧島」と駆逐艦「綾波《あやなみ》」が沈没、またしても飛行場砲撃はならなかった。米軍側は「サウスダコタ」が大破（魚雷の命中はなし）、駆逐艦3隻沈没、1隻が大破した。

昭和17年11月18日
第一七軍、第三八師団を中心に持久体制を部署

11月14日から15日にかけて、第三八師団主力の兵員、物資を運ぶ11隻の輸送船団は、6隻

開戦後に竣工した米新鋭戦艦「サウスダコタ」。僚艦「ワシントン」とともに日本のガ島砲撃部隊を迎え撃った

が沈没、1隻は損傷して引き返した。残る4隻は海岸に擱座させて陸揚げを実施したが、その際にも空襲を受け物資の揚陸量は30分の1にも満たなかった。上陸できた兵員は2000名余りで、歩兵部隊は二二九連隊の1個大隊程度であった。

16日、第八方面軍が編成され（方面軍司令官今村均中将）、第一七軍はソロモン方面に専念できるようになったが（東部ニューギニア方面は安達二十三中将の第一八軍が担当）、その前日にこのような状況であった。しかし、ガダルカナル島奪回の方針は変更されておらず、続いて第五一師団、第六師団の投入が想定されていた。

第三八師団の内、第二三〇連隊は第二師団と共に先の総攻撃に参加して戦力のほとんどを消耗しており、先の駆逐艦輸送で上陸していた第二二八連隊と15日上陸の二二九連隊の1個大隊を中心にその他師団の所属部隊、第二師団の戦闘可能な部隊でもって、海岸地区からオーステン山にいたる扇形の線に拠点式陣地を構成して、持久戦の態勢に入らざるを得なかったのである。

昭和17年11月30日
ルンガ沖夜戦

11月14、15日の輸送船団の壊滅後、ガダルカナル島への物資輸送はいよいよ困難を極めていた。そんな時、考案されたのが駆逐艦によるドラム缶輸送であった。

その最初の任に当たったのが、第二水雷戦隊司令官田中頼三少将率いる駆逐艦8隻である。8隻のうち「長波《ながなみ》」（旗艦）、「高波《たかなみ》」が警戒隊、他の6隻が補給隊という編成であったが、補給隊はドラム缶積載のため、次発魚雷を装備できなかった。

二水戦の接近を察知した米軍は、カールトン・ライト少将指揮の第六七任務部隊（重巡4、

「酸素魚雷」と呼ばれた九三式魚雷の発射試験。雷跡を残さず、炸薬量、雷速、航続距離いずれも当時の水準を凌駕する高性能を誇った

軽巡1、駆逐艦6）をガダルカナル島海域に配置、迎撃させた。

劣勢な状況にもかかわらず、敵発見の報を受けた田中司令官は「揚陸止め、戦闘、全軍突撃せよ」と下令。単縦陣の先頭で前路警戒にあたり米艦隊を発見、通報した「高波」に米艦隊の砲火が集中する中、各艦は態勢を立て直し魚雷戦を実施。

結果、重巡「ノーザンプトン」を撃沈、同「ミネアポリス」「ニューオーリンズ」「ペンサコラ」を大破させた。

この海戦が、太平洋戦争において日本海軍が米海軍に大勝した最後のものとなる。

なお、日本側の指揮官であった田中少将は本来の任務であった輸送を実施できなかったこと、日本海軍伝統の指揮官先頭ではなく艦隊の中央に位置していたこと、旗艦「長波」は魚雷発射後すぐに反転しており、二水戦司令部はその後の戦闘を指揮していないことなどの理由により、司令官の職を解かれている。

これに対し、米軍側の同少将に対する評価は極めて高く「不屈の闘将田中」とまで呼んでいる。

なお、日本海軍の水上艦艇が使用した魚雷は九三式酸素魚雷で、世界のどこの国も持ち得なかった強力なものであった。直径61㎝、長さ9m、炸薬量500㎏。速力49ノットで2万2000m、36ノットなら4万mの射程があった。（米軍の魚雷は炸薬量300㎏、48ノットで4000m、32ノットで8000m）

酸素魚雷は気泡がほとんど出ないため、航跡を発見するのが困難であった。さらに、先述のように日本の駆逐艦は次発魚雷も装備していたのである。

日本の潜水艦による日独の交流で、日本はドイツからレーダーをはじめ様々な技術供与を受けたが、ドイツが日本の兵器技術で欲したのは酸素魚雷だけであったといわれる。

第二水雷戦隊司令官・田中頼三少将。ルンガ沖夜戦で、駆逐艦8隻を率いて米重巡4隻を撃沈破した

ルンガ沖夜戦で日本軍の魚雷を喫し、艦首を失った米重巡「ミネアポリス」

昭和17年12月6日
東條首相罵倒事件（戦争経済破綻の始まり）

開戦時、日本は約６００万総ｔの船舶を保有していた。開戦にあたり、政府において１００万ｔを陸軍、２００万ｔを海軍、そして民需用として３００万ｔの船腹を充てることが諒解されていた。つまり戦争経済の維持には、３００万ｔの船舶の確保は絶対条件であったのである。

しかし8月から始まったガダルカナル島を巡る戦いで、特に10月と11月に陸軍は多数の輸送船を失ってしまう。

第三八師団を運ぶ輸送船団が全滅した翌日の11月16日、参謀本部は爾後の作戦のため、新たに37万ｔの船舶の増徴を陸軍省に要求した。

しかし国力の維持を考えなくてはならない政府は、これを24万ｔに削った。それにしても、日本の戦争経済の破綻の始まりであったことには変わりはない。

12月5日、さらに厳しい条件を付けた閣議決定を伝えに参謀本部を訪れた陸軍省軍務局長佐《さ》藤賢了《とうけんりょう》少将に対し、参謀本部第一部長の田《た》中新一《なかしんいち》中将が「これでは戦争ができない」と反論し、将官どうしの殴り合いとなった。

翌6日、今度は首相官邸において田中中将は、東條首相に対し再度増徴を強硬に主張。最後に「この馬鹿野郎」と怒鳴ってしまう。

これにより同中将は第一部長を解任され、南方総軍司令部付に左遷された。しかし、その後第一八師団長、さらにビルマ方面軍参謀長で終戦を迎えることとなった。

この事件については、東條首相としては船を出さないことでガダルカナル島戦を諦めさせ

参謀本部第一部長・田中新一中将。東條首相を怒鳴りつけて左遷される

ようとしたという説があり、田中部長については困難な状況から逃避するためひと芝居打ったとの指摘もある。

ここで、天皇が持つ「統帥権」について触れておく。

ガダルカナル島戦については、一木支隊の攻撃失敗、一木支隊の残部隊並びに川口支隊の輸送の困難に直面したころから、その遂行を疑問視する考えは一部にあった。しかし、米軍に対する過小評価、現地の状況についての認識不足から第二師団の投入となったのであるが、同師団の総攻撃も失敗。現地陸海軍は、同島の奪回は極めて困難であると認識していた。

しかし、南太平洋海戦の結果が過大に評価され（米空母4隻撃沈等）、これを鵜呑みにした大本営は「もう一押しすれば奪回は可能」と判断。11月7日、陸海軍両総長はあくまでガダルカナル島奪回を図る旨を天皇に上奏している。その1週間後に輸送船団の全滅があったわけで、統帥部、特に陸軍は天皇に約束している手前、引くに引けなかったのである。

太平洋戦争中、「統帥権」に関わる問題が数多く現出した。天皇が持つ「統帥権」を補佐するのが統帥部である。つまり参謀本部であり軍令部である（戦時中は大本営陸軍部、海軍部と呼称）。それ故、作戦については総理大臣でさえ口出しできなかった。さらに、一度作戦について上奏して裁可されたことを簡単に変更することは難しかった。状況の変化に即応することが出来なかったのである。後述する東條総理大臣兼陸軍大臣が参謀総長を、嶋田海軍大臣が軍令部総長を兼務するという事態は、こういう経緯から起こるのである。

昭和17年12月8日
海軍1年目の総決算

開戦1年目を迎えたこの日、連合艦隊参謀長宇垣纏中将はその著書「戦藻録」の中で、この1年間で連合国海軍に与えた戦果を記している。

主力艦についていえば、空母11隻、戦艦11隻、巡洋艦46隻撃沈とし、「斯く表示せば、多少の誤謬あるとしても相当なものなり」と自賛している。実際の撃沈数は空母5隻、戦艦6隻（うち2隻は真珠湾で大破、着底したが、その後浮揚、修理され戦線復帰）、巡洋艦14隻であった。潜水艦に至っては、93隻撃沈としている。戦争全期間を通じて、日本側が撃沈したのは44隻だけであった。昭和18年以降、戦果報告と実際の戦果はいよいよ乖離していく。

ちなみに日本海軍の沈没艦は、空母6隻、戦艦2隻、巡洋艦4隻であった。

昭和17年12月16日〜18年1月9日
第一八号作戦実施される

17年12月中旬、統帥部はガダルカナル島からの撤退を内定。同島撤退後はソロモン方面は守勢とし、ニューギニア方面で攻勢に出ることを作戦方針とした。

こうして、日本は本格的にニューギニアに足を踏み入れていくことになる。

しかしこの段階で、ポートモレスビー陸路攻略のため上陸した南海支隊の後方基地であったブナ地区は連合軍の攻勢により崩壊寸前で、ニューギニア作戦軍とされた第一八軍は、第八方面軍よりラエ地区の確保を命令された。

これを受け安達二十三《あだちはたぞう》中将は、とりあえずラバウルに進出していた第五一師団（師団長中《なか》野《の》英光《ひでみつ》中将）などの先遣隊をラエ、マダン、ウエワクに、海軍も陸戦隊をフィンシュハーフェンに輸送することになった。これが、第一八号作戦と呼ばれるものである。

12月18日、軽巡「天龍」、駆逐艦7隻、輸送船3隻でマダンに2個大隊と設営隊、ウエワクに1個大隊を揚陸した。この際、「天龍」が米潜の雷撃により沈没している。

新設された第一八軍司令官・安達二十三中将。ニューギニア戦の指揮を執った

19日には、駆逐艦で第二特別根拠地隊の1個中隊がフィンシュハーフェンに上陸。

1月8日、第五一師団歩兵団長岡部通《おかべとおる》少将指揮の支隊（歩兵1個連隊、砲兵1個大隊基幹）は輸送船5隻に分乗、駆逐艦4隻に護衛されてラエに上陸したが、輸送船2隻が撃沈されている。

岡部支隊は、すぐに行動を起こしてサラモアを確保。さらに、南方60kmにあるワウを目指した。同地は飛行場もあり、ラエ、サラモア地区防衛の第一線となる要衝であった。

支隊は1月30日より攻撃を開始したものの、日本軍の接近を知った濠軍は、急遽増援部隊を空輸し待ち構えていた。攻撃は2月4日まで続行されたが結局失敗に終わり、部隊はもと来た道を引き返してしまう。

こうしてサラモアが第一線にならざるを得なくなり、その防衛に必要な兵力を至急送ることが喫緊の課題となった。

そしてその後、第五一師団主力のラエ輸送が第八一号作戦として実施されるのであるが、後述のように大失敗に終わるのである。

昭和17年12月24日
南東方面艦隊を新たに編成

昭和17年7月には、外南洋（南東太平洋）を担当する第八艦隊（司令長官三川軍一中将）が編成されていた。

さらに米軍のガダルカナル島上陸を受け第一一航空艦隊（基地航空部隊、司令長官塚原二四三中将、10月より草鹿任一《くさかじんいち》中将）がラバウルに進出、米軍との間に激しい海空戦を展開していた。

南東方面艦隊司令長官・草鹿任一中将。第一一航空艦隊司令長官も兼務した

しかし艦隊と航空隊を統一指揮する必要から、12月24日両艦隊を合わせ南東方面艦隊が編成される。司令長官は草鹿中将が一一航艦と兼任した。

11月には陸軍においても第一七軍をソロモン方面に専念させ、第一八軍（軍司令官安達二十三中将）を新設してニューギニア方面を担当させることにし、この2軍を統括する第八方面軍（司令官今村均中将）を編成している。同方面軍にはその後第六飛行師団、さらに第七飛行師団（両飛行師団を合わせ第四航空軍）も加えられる。

以降終戦まで陸海軍協力して、ソロモン、ニューギニア方面で戦い抜くのである。

昭和17年12月27日
局地戦闘機「紫電」初飛行（昭和18年以降の海軍機の名称）

水上戦闘機「強風《きょうふう》」の機体を改造し、小型大馬力エンジンを搭載した陸上戦闘機として登場したのが「紫電《しでん》」である。初飛行こそ早かったが発動機と引込脚が不調で、制式採用は19年10月であった。一一甲型の要目は、自重２７００kg、１８２０馬力、最高速度５８５km、20mm機銃×4。生産機数は甲、乙型を中心に１００７機であった。しかし、前線に送られても故障がちで稼働率が低く、その後の「紫電改《しでんかい》」へとさらに改良されていく。

ここで触れておく必要があるのが、昭和18年以降の海軍機の名称のことである。海軍は17年に正式採用された二式水上戦闘機、二式大型飛行艇でもって、皇紀の下2桁を名称の頭に付けることを取りやめた。これでは制式採用年度を、堂々と明らかにしているようなものだったからである。そのため、18年以降に採用された機体には、ある規則性のもと命名されている。

戦闘機については気象にちなむ名称で、艦上戦闘機、水上戦闘機は「風」（「烈風《れっぷう》」、「強

局地戦闘機「紫電」。川西航空機が水上戦闘機「強風」を陸上戦闘機に改設計した機体。本機がのち名機「紫電改」に発展

風」）、局地戦闘機は「雷」（「雷電《らいでん》」、「紫電」、「紫電改」）、夜間戦闘機は「光」（「月光《げっこう》」）。

さらに攻撃機は「山」にちなむ名称（「天山《てんざん》」）、爆撃機は単発機が「星」（「彗星《すいせい》」、「流星《りゅうせい》」）、双発機が「星座」（「銀河」）、偵察機が「雲」（「彩雲」）といった具合であった。

昭和17年12月29日
ムンダ飛行場の戦闘機隊、ラバウルに撤退

米軍のガダルカナル島への上陸後、海軍はその奪回のために、ラバウルと同島との間に飛行場建設を急いだ。ブカ飛行場、ブイン飛行場などである。

そしてさらに、ガダルカナル島に最も近い飛行場として、ニュージョージア島のムンダに、突貫工事によりわずか2週間で、長さ１２００ｍ、幅40ｍの滑走路を造り上げた。

基地要員、防空隊員、守備隊も続々と送り込まれ、12月23日にはラバウルから第２５２航空隊の零戦24機が進出した。

しかし、同飛行場はガダルカナルからわずか３００kmの距離であり、航続距離の短い米軍戦闘機でも十分な活動範囲にあった。

零戦が進出したその日から空襲を受け、派遣部隊は1週間でほとんどの機体を失い、29日残った搭乗員はラバウルに引き揚げている。

ガダルカナルからの撤退後は、同島が日本軍の最前線基地になるのである。

昭和17年12月31日 御前会議でガダルカナル撤退が決定される

11月14日から15日にかけて実施された第三八師団主力の揚陸失敗で、ガダルカナル島奪回の可能性はほとんどなくなっていた。24日には同島から帰還した辻政信参謀が、厳しい状況を参謀本部で報告している。特に補給が困難を極め、24日からは潜水艦による輸送、30日からは駆逐艦によるドラム缶輸送を実施していた（この日の輸送はルンガ沖夜戦勃発のため失敗）。26日には第八方面軍司令官今村均中将が統帥発動したが、結果的にガダルカナルについては、敗戦処理が任務となってしまった。

先述の田中新一作戦部長に続き、服部卓四郎《はっとりたくしろう》作戦課長、辻政信作戦班長らがその責任を取る形で更迭される。人事の刷新が行なわれ、作戦部長に綾部《あやべ》橘樹《きつじゅ》少将、作戦課長には真田《さなだ》穣一郎《じょういちろう》大佐が補任された。

真田大佐はすぐにラバウルに飛び状況を把握、25日に帰国し「撤退以外に方策なし」と報告。参謀本部も同意、19日に軍令部作戦部長の福留繁《ふくとめしげる》中将が海軍の窮状を訴え、ガダルカナル放棄の場合の研究を申し入れていた軍令部にもちろん異存はなかった。

以後、矢継ぎ早に撤退に向けて動き出す。27日、大本営陸海軍部合同ガダルカナル研究会。28日、参謀本部、第八方面軍にガダルカナル島撤退準備について指示。29日、大本営陸海軍部が共同でガダルカナル島撤退案をまとめる。これを受け31日の御前会議で、ガダルカナルからの撤退が正式に決定されたのである。

しかし、その準備にさらに1ヵ月を要し、結果として、第三八師団主力揚陸失敗から約3ヵ月の日時が経過していた。この間、ガダルカナル島に送られた将兵は、次々と飢えとマラ

参謀本部作戦課長・服部卓四郎。ガダルカナル敗戦により一時左遷される

リアで倒れていったのである。この頃、在島将兵の間でささやかれた生命判断。「寝たまま小便をする者あと3日、ものを言わなくなった者あと2日、まばたきしなくなった者は明日」。

昭和17年12月31日
米新型空母「エセックス」竣工

太平洋戦争後半に登場し、日本海軍を追い詰めていった米海軍の主力空母の1番艦「エセックス」。排水量2万7100t、速力33ノット、搭載機100機。（米空母の搭載機数は日本空母より一回り多い。これは機体の構造によるところが大きい。米軍の艦載機は翼を根元から折りたたむことが出来た。この構造を採り入れると重量が増す。しかし、それをカバーできる高馬力のエンジンを装備していた。こうして、格納庫に効率よく収納することが出来たのである）本艦の完成を皮切りに、終戦まで同型艦17隻が竣工している。

また、クリーブランド級軽巡洋艦を改造したインディペンデンス型軽空母（排水量1万1000t、速力31.5ノット、搭載機33機）9隻も昭和18年中に完成、すべて太平洋戦域に投入され、エセックス型空母と組んで機動部隊を編成した。

また艦載機についても、戦闘機については「F4Fワイルドキャット」から「F6Fヘルキャット」、爆撃機については「SBDドーントレス」から「SB2Cヘルダイバー」、雷撃機については「TBDデバステーター」から「TBMアベンジャー」へと順次、高性能機に変換されていった。

同じ時期日本海軍が完成させたのは、大型1隻（「大鳳」）、中型3隻（「雲龍」、「天城」、「葛城」）、小型3隻（「龍鳳」、「千歳」、「千代田」）、それに大和型戦艦を改造した「信濃」だけで

大戦後半の米主力空母の1番艦「エセックス」。終戦までに同型17隻が竣工

あった。しかも中型の3隻と「信濃」の完成は戦争末期で、もはや空母の出番はなく、戦争に寄与することはなかった。

昭和18年1月2日
ブナ守備の日本軍玉砕

米軍の対日反攻作戦（ウォッチタワー作戦）のニューギニアでの行動はソロモン諸島におけるガダルカナル同様、8月からマッカーサー大将指揮のもと始まっていた。

ポートモレスビーからオーエンスタンレー山脈を越えての陸路進攻は、オーストラリア軍が担当した。日本軍と違い、連合軍には大規模な空中補給ができる機械力と航空兵力があった。

これに対し、米陸軍部隊は海岸伝いに北上することになる。

8月に入りまずブナの南東１００kmのワニゲラを占領、ここを拠点としてブナに向けて道路を建設。そしてブナまで40kmのドボズラに飛行場を建設したのである。

ポートモレスビーからわずか20分で人員、資材を運び込める態勢を作り、さらにブナに向けて道路を進め、11月中旬ブナへの攻撃を開始したのである。

これに対し日本側は、同地には横須賀第五特別陸戦隊（司令安田《やすだ》義達《よしたつ》大佐）と設営隊計１０００名しか配置されていなかったが、米軍からの攻撃を受け始める直前に、南海支隊主力である第一四四連隊後任連隊長山本重省大佐が１５００名を率いて到着。

翌日（11月19日）から、本格的なブナでの戦闘が始まった。

12月1日には米軍の直接の総指揮官、第32歩兵師団長ロバート・アイケルバーガー中将が同地に進出。しかし、あくまで米軍の攻撃方法は砲爆撃が中心であった。

ロバート・アイケルバーガー中将。ニューギニアの米軍の指揮を執った

視界の利きにくいジャングルでの白兵戦を避けたのである。日本軍陣地に徹底的に砲爆撃を加えてから歩兵が前進するが、日本軍の反撃を受けると攻撃発起点まで戻ってまた砲爆撃、この繰り返しであった。そのため時間を要するのである。

圧倒的な兵力差でありながら、日本軍守備隊は頑強に抵抗を続けること40数日。しかし1月2日、残存する兵は安田、山本両大佐以下10名余りとなり、この日ついに玉砕した。その戦いぶりは、米公刊戦史に「世界一の猛闘」と書かせたのである。

なお前年12月8日には、ブナの西20kmのバザブアの守備隊も玉砕している。同地にあったのは山本恒一工兵少佐指揮の約800名であったが、戦闘部隊は1個小隊のみであった。やはり11月中旬から、オーストラリア軍1個旅団の攻撃を受けていたのである。

昭和18年1月4日
ガダルカナル撤退作戦が通達される

大みそかの御前会議の決定を受け、陸軍の綾部作戦部長と海軍の福留作戦部長がラバウルへ飛び、ガダルカナル撤退作戦（ケ号作戦）を関係各軍に通達した。その作戦計画は、

・ガダルカナル島に対し、海軍艦艇により1月上旬の間、概ね完全定量1か月分の糧食を輸送し、同島部隊の体力回復を図る。

・1月14日歩兵1個大隊を海軍艦艇により同島に派遣し、戦力増強して撤収作戦を準備させる。

・第一七軍は可能な限り速やかに戦闘に堪えない者をガダルカナル島西端付近に集結させると共に、所要の陣地並びに同島西端に後衛陣地を占領し撤収作戦を準備する。

・1月下旬陸海軍航空部隊の主力を奇襲的にソロモン方面に展開し、ガダルカナル島方面の

敵航空勢力に対し撃滅戦を開始し、所要の期間その成果を持続する。
・航空撃滅戦開始後なるべく速やかにラッセル島を占領し、駆逐艦による撤収が無理な場合に備える。
・第一七軍は1月25、26日より第一線の行動を開始し、ガダルカナル島西端付近に態勢を収縮する。
・2月初頭以後3～4日ごとに三次にわたり駆逐艦を主体として撤収作戦を行ない、第一次主として戦闘に堪えざる者、第二次主として第二師団、第三八師団主力、第三次後衛を基幹とする部隊を撤収する。

というものであった。

撤収作戦にあたる陸海軍、そして撤収される第一七軍の見通しは極めて悲観的であった。参謀本部、第八方面軍では「うまくいって5000名」、連合艦隊先任参謀黒島亀人《くろしまかめと》大佐は「半分引き揚げられれば大成功、駆逐艦の損害は半数」と語ったという。また、第一七軍参謀長宮崎周一《みやざきしゅういち》少将も「撤退は極めて困難。軍としてはこの際ここで切死にさせることが軍を活かす道であり、皇軍の本義に徹する所以である」とまで述べている。

昭和18年1月10日
ガダルカナル島へのドラム缶輸送打ち切られる

ドラム缶輸送とは、文字通り洗浄したドラム缶に浮力を失わない程度に食糧、弾薬などを入れ、駆逐艦の両舷に200～240個積載し陸岸近くで海面に投下するというもので、ガダルカナル島への物資輸送に窮した海軍の苦肉の策であった。

しかし、その代償として予備魚雷を搭載できなくなってしまうため、もし敵艦隊と遭遇しても魚雷戦は1回限りとなった。

第1回輸送が17年11月30日に実施されたが、ルンガ沖夜戦が生起したため輸送自体は不成功であったことは先述した。

その後、12月上旬に3回実施される。参加駆逐艦は10~11隻だったが、半数は警戒艦のためドラム缶は積載していない。

7日に実施された第3回輸送は、米魚雷艇の妨害により中止。

3日の第2回、11日の第4回輸送は物資を投下はしたものの、島にいる陸軍部隊の手に届いたのは5分の1程度だった。

第4回輸送では旗艦「照月」が米魚雷艇の雷撃で沈没、指揮をとっていた二水戦司令官田中頼三少将も負傷した。

年が明け1月2日、二水戦の新司令官となった小柳富次《こやなぎとみじ》少将が指揮した第5回輸送だけが成功した。

しかし所詮駆逐艦5隻分のドラム缶であり、在ガ島将兵の5日分の食料、弾薬でしかなかった。

10日に実施された最後の第6回輸送も、半分しか届かなかった。

昭和18年1月14日~23日
カサブランカ会談

アメリカ大統領フランクリン・ルーズベルトとイギリス首相ウィンストン・チャーチルが、モロッコのカサブランカにおいて会談。

この時期、日本は太平洋戦線でガダルカナルにおいて米軍に敗れ、ヨーロッパ戦線では、

南洋をパトロールする米海軍の魚雷艇。PTボートと呼ばれたこれらの小型高速艇は、魚雷発射管の他にも強力な火器を備え、日本軍の小型舟艇での輸送作戦の阻止等に活躍した

ドイツがスターリングラードの戦いでソ連軍に敗退していた。

この会談で米英は枢軸国に対して、無条件降伏を要求することを確認。

これにより、日独伊を中心とする枢軸側は条件付きの講和という選択肢はなくなり、勝利（その可能性が低くなったからこその合意であった）か無条件降伏かの二者択一しかなくなることになる。

昭和18年1月20日　南海支隊の残存部隊、ギルワを脱出

前年8月中旬、ポートモレスビー攻略のためニューギニア北東部のブナに上陸した南海支隊（支隊長堀井富太郎少将）は、オーエンスタンレー山脈を踏破しポートモレスビーまであとわずかな地点（イオリバイワ）まで進出するも補給が続かず、9月26日撤退を開始。

逆に、ポートモレスビーから進撃を始めたオーストラリア軍を振り切りながらの後退戦となる。

11月中旬、堀井支隊長はクムシ川をカヌーでギルワを目指したが、その途中溺死した。

その後は、先にギルワに退いていた独立工兵第一五連隊長横山與助大佐が支隊長代理となり同地で陣地を構築、スタンレー山脈から退いてきた部隊を収容した。

さらにその後ギルワには、独立混成第二一旅団長山県《やまがた》栗花生《つゆお》少将（この地域の最高指揮官となる）、南海支隊後任支隊長小田《おだ》健作《けんさく》少将が到着したが、伴ってきた兵隊は１３００名余りで、もともと残置されていた部隊、後退してきた部隊と合わせて約７０００名がギルワの兵力であった。

11月下旬からオーストラリア軍との戦闘は始まっていたが、12月8日のバザブアの玉砕、

カサブランカ会談の出席者。右から、チャーチル英首相、亡命政権「自由フランス」のドゴール大佐、ルーズベルト米大統領、「自由フランス」のジロー将軍

1月2日にブナの玉砕でギルワの守備隊は東西から米濠軍の攻撃を受ける形となる。第18軍司令部はブナ地区（ブナ、ギルワ、バザブア）を放棄し、ギルワの守備隊にサラモア方面への撤退を命令。

12日から18日にかけて1200名の重傷者を大発（大発動艇）で後送したが、それに乗船できなかった負傷兵のほとんどは自決。

20日夜、約1000名の部隊は豪雨の中、敵中を突破、脱出に成功している。その他を含め生き残った将兵は約3000名。

イオリバイワまでの往復での戦闘、そしてブナ地区での戦闘に投入された兵力は南海支隊を中心に陸海軍合わせて約1万5000名。1万名以上が戦死している。

昭和18年1月29、30日
レンネル島沖海戦

日本軍がガダルカナル島からの撤退を図っていることに、米軍はまったく気付いていなかった。逆にさらなる総攻撃の準備をしているものと判断していた。そのためチェスター・ニミッツ大将は、南太平洋方面にある全兵力（空母2、護衛空母4、戦艦3、巡洋艦12、駆逐艦25）でそれを阻止しようと考えていたのである。同大将は艦隊を5つに区分。その一つが、北アフリカ戦線から増援されてきたロバート・ギフェン少将指揮の第18任務部隊（護衛空母2、重巡3、軽巡3、駆逐艦8）であった。同隊はガダルカナル島に向かう輸送船団を支援しつつ行動していたが、途中低速の護衛空母を分離し同島方面に向かっていた。

29日、この艦隊に対しラバウルを出撃した九六式陸攻15機と一式陸攻15機が夜間雷撃をかけ、重巡「シカゴ」を大破させる。3機未帰還。翌30日には一式陸攻11機が昼間雷撃を実施。

沈没寸前の米重巡「シカゴ」。1月29日の陸攻隊の夜間雷撃で大破、曳航されて移動中の30日、昼間雷撃で撃沈される

曳航されていた「シカゴ」を撃沈、駆逐艦1隻を大破させたが、近海で行動中の空母「エンタープライズ」の戦闘機の迎撃もあり7機が未帰還となった。

というのが海戦の実情であったが、現地部隊からの報告を受けた大本営発表は、戦艦2隻、巡洋艦3隻撃沈、戦艦1隻、巡洋艦1隻を中破というものであった。これが大本営による誇大報道の始まりである。

昭和18年2月1日〜7日
ガダルカナル島撤収作戦（「ケ号」作戦）実施される

17年12月31日の御前会議において、ガダルカナルからの撤収が決定される。

これを受けて連合艦隊は、３日間にわたり駆逐艦20隻を集中しての撤収作戦の実施（当初大本営は、高速輸送船を強力な航空兵力の援護のもとに同島泊地に突入させるという案であったが、山本長官の意向により変更される）と、基地航空部隊に対しては航空撃滅戦の実施、撤収当日の上空直衛を命令した。「ケ」号作戦とは「捲土重来《けんどちょうらい》」を意味していた。

1月14、15、20、21、23日に陸攻隊による夜間爆撃、25、27日には航空撃滅戦、29日から30日にかけてはレンネル島沖海戦が戦われている。31日、第二艦隊はトラックを出撃、ガダルカナル北方海域で敵艦隊に備えた。

こうして2月1日、第1回目の撤収作戦が実施される。第三水雷戦隊司令官橋本信太郎少将指揮の駆逐艦20隻（警戒隊6隻、輸送隊14隻）がショートランドを出撃。エスペランス岬とカミンボから約５４００名を収容した。

4日の第二次撤収にも20隻（警戒隊9隻、輸送隊11隻）が出撃、約５０００名を収容。

7日の第三次撤収には、カミンボに向かう8隻とラッセル島に向かう8隻が出撃。両島で

第三水雷戦隊司令官・橋本信太郎少将。駆逐艦20隻でガ島撤収作戦を実施した

約2600名を収容した。

米軍はこの撤収作戦に全く気付いておらず、逆に増援部隊を送り込んでいるものと判断していた。また、日本軍の戦力を過大評価し、米軍側からの攻勢が遅れ、その攻勢も慎重過ぎるほど慎重であったことが日本軍には幸いした。

連合艦隊は大きな損害を覚悟していたが、失ったのは第一次撤収の際の「巻雲」の1隻のみ（他3隻が損傷）で、作戦は成功裡に終わった。しかし、存命していながら、負傷や栄養失調により撤収地にたどり着けなかった将兵が多数いたことを忘れてはならない。

こうして、半年にわたるガダルカナル島での戦闘は終了する。送り込まれた日本軍将兵約3万1000名。うち約2万名が戦死。しかし、その3分の2は餓死であった。

そして、太平洋戦争の攻守は完全に逆転するのである。

昭和18年2月9日
大本営がガダルカナル島からの撤退を「転進」と発表

大本営発表といえば、よくウソ、デタラメの代名詞のように言われる。

先述のレンネル島沖海戦のように、現地部隊の報告を深い検証なしにそのまま発表したものが中心だが、意図的に事実を隠して国民に報道したものも多かった。

ミッドウェー海戦の報道にそれは始まり、18年2月9日の大本営発表もそうであった。

「（前略）………ソロモン群島のガダルカナル島に作戦中の部隊は、昨年8月以降引き続き上陸せる優勢なる敵軍を同島の一角に圧迫し、激戦敢闘よく敵戦力を撃摧しつつあったが、その目的を達成せるにより、2月上旬同島を撤し他に転進せしめたり。」

明らかな敗北による撤退を「転進」と言い換えたのである。

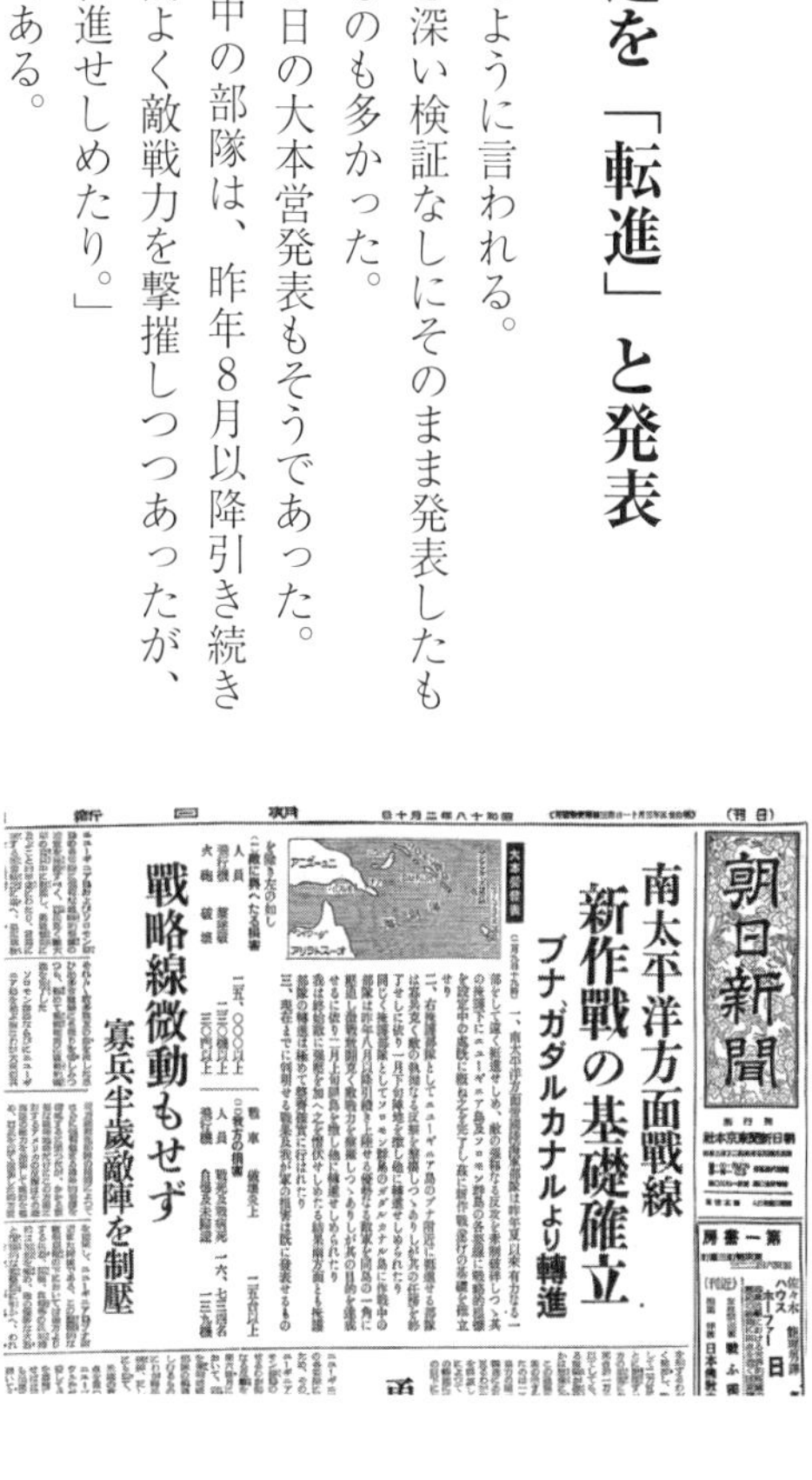
朝日新聞

南太平洋方面戰線
新作戰の基礎確立
ブナ、ガダルカナルより轉進

戰略線微動もせず
寡兵半歳敵陣を制壓

敗北による「撤退」を「転進」と言い換えた新聞記事（昭和18年2月10日付、朝日新聞）

そして、ブーゲンビル島に運ばれた撤退将兵はその後どうなったか。

第三八師団はラバウルで再建し引き続き同方面での作戦に従事。第二師団はフィリピンで再建され、その後ビルマへ転用されこの地でも悪戦苦闘する。その他の将兵も内地帰還は許されなかった。

ミッドウェー海戦も同様で、南雲機動部隊の損害を空母2隻損傷とし、沈没空母の乗組員を外部から隔離している。

さらに18年6月8日、戦艦「陸奥」の内海西部での謎の爆沈事故は一切報道されず、救助された乗組員は「長門」「扶桑」に缶詰めにされトラックに移送後、マーシャル諸島などの最前線へ送られるのである。

昭和18年2月10日
ビルマの第一五軍、第一次アキャブ作戦を命令

イギリスは前年5月に日本軍によりビルマを追われたが、雨季（5月〜10月）明けからの反攻作戦の準備を着々と進めていた。

そして、12月から行動を開始。まず目標にしたのが、ビルマ南西部、ベンガル湾に面しインドとの国境に近い要衝アキャブであった。

同地には第三三師団第二一三連隊主力が配備されていたが、英印軍1個師団半による攻撃を受け始める。

この事態を受けて18年2月10日、第一五軍は第五五師団（師団長古閑《こが》健《けん》中将）に対し、アキャブの救援と侵入してきた英印軍の撃滅を命じた。

また第二一三連隊主力と別行動していた同連隊所属の1個大隊にも連隊復帰を命令。同大

隊はアラカン山系を越えて３００㎞を踏破、英印軍の背後をついた。

その後第五五師団の２個連隊が到着して２月25日から攻撃を開始、英印軍は５０００名余りの戦死傷者を出し敗走した。

こうして、イギリスのビルマにおける反攻の初動は失敗に終わったのである。

昭和18年2月26日
ニューギニアへの丙号輸送作戦成功する

ガダルカナル島を放棄した大本営は、ニューギニア北東部の防衛の必要性を認識。

第八方面軍司令官今村均中将の要請もあり、第二〇、四一師団をウエワクに送ることを決定した。その輸送は海軍が担当し、これを丙号輸送と称した。

指揮官は第九戦隊司令官岸福治《きしふくじ》少将。第九戦隊には４連装魚雷発射管10基を装備した重雷装艦の軽巡「大井《おおい》」「北上《きたかみ》」があったが、出撃の機会なく内海西部に待機していたところ、この度の輸送作戦に動員された。さらに駆逐艦５隻も護衛につき、仮装巡洋艦（高速輸送船を武装したもの）４隻、特設水上機母艦３隻、特設潜水母艦１隻など大型の特設艦艇が陸軍部隊を運んだ。

丙一号輸送は１月19日から23日にかけて第二〇師団を輸送、二航戦の空母「隼鷹」の艦載機がウエワクに進出し船団を護衛した。小部隊を運ぶ予定だった二号輸送は中止された。

丙三号輸送も２月26日までに、第四一師団をウエワクに揚陸した。今回は一航戦の空母「瑞鳳」の艦載機がウエワクに進出して護衛の任務に就いた。

一号輸送の帰途に護衛の駆逐艦１隻が米潜の雷撃により大破したが、それ以外の損害はなく、２個師団の兵員と物資すべてが無事輸送された。

軽巡洋艦「北上」。昭和16年12月に姉妹艦「大井」とともに四連装魚雷発射管10基（40門）搭載の重雷装艦に改装。17年9月、発射管を4基下ろして輸送任務に就き、さらに「北上」は19年8月に回天搭載母艦に改装された。写真は回天搭載母艦時代

これは当時米軍の注意がソロモン方面に向いていたためで、この後に実施された第五一師団のラエへの輸送は、米軍機の攻撃により大損害を出すことになるのである。

しかし、問題はその後だった。ウエワクはニューギニア北岸の中央に近く、大本営がニューギニアにおける米濠軍との主戦場と考えたラエ付近までの距離は７００km余り。その間は人跡未踏のジャングルであった。ニューギニアの自然についての日本軍上層部の認識は極めて不十分だった。

第四一師団の到着を受けて、第二〇師団が舟艇でマダンへ移動。そしてマダンからは将兵たちは銃を斧、つるはしに持ち替え、３００km先のラエに向け道路建設に従事することになる。

しかし、それが開通するまで連合軍は待ってくれなかった。後述するように、ラエ、サラモア、フィンシュハーフェンの戦況の逼迫のため、師団から第八〇連隊、次いで第七九連隊が再び銃に持ち替えてジャングル地帯を同方面に急行。残った第七八連隊も濠軍のマダンへの侵入を阻止するため転進し、工事は１８０kmまででストップするのである。

Ⅲ

米軍の反攻

昭和18年3月～19年6月

昭和18年3月3日
ダンピールの悲劇

「第一八号作戦実施される」の項でも述べたように、第五一師団主力を輸送するためラエへの輸送作戦（八一号作戦）が計画される。

低速の輸送船を使用するこの作戦について、ダンピール海峡の突破は不可能であると連合艦隊は反対したが、「ラエ付近での決戦」という大本営の方針に則り実行に移される。

陸軍側も3分の1の損害を覚悟し、兵員、武器、弾薬、食糧を各船に均分化していた。

乗船した将兵は7300名。ウエワクに上陸していた第二〇、四一師団も含め合わせて指揮する第一八軍司令官安達二十三中将も、この船団とともにニューギニアを目指した。

2月28日23時、輸送船8隻は第三水雷戦隊（司令官木《き》村《むら》昌福《まさとみ》少将）の駆逐艦8隻に護衛されてラバウルを出港。しかし出港直後から米軍の触接を受け、3月3日朝ダンピール海峡近くで米軍機の攻撃を受ける。この時、米軍機は超低空から爆弾を投下し水面をポンピングさせ、船の横腹に命中させるという方法をとった。

同方面にあった陸海軍航空隊が全力で上空援護にあたっており、この時間帯も40機の零戦が直掩についていたが、中高度であったため全く対応できず、すべての輸送船と駆逐艦4隻が沈没。

結果1000名足らずの丸腰の将兵を送り届けただけで（中野《なかの》英光《ひでみつ》師団長も上陸）、溺死者3500名を出し輸送作戦は完全に失敗した。

第五一師団所属の3個連隊のうち、岡部支隊主力となっていた第一〇二連隊はワウでの戦闘で戦力の過半を失い、船団に乗船していた第一一五連隊は海没、残る第六六連隊がその後

昭和18年3月3日、ダンピール海峡で日本輸送船に反跳爆撃（スキップ・ボミング）を行なう米B25爆撃機。この爆撃で八十一号作戦参加全輸送船8隻、護衛の駆逐艦4隻が被弾沈没した

ニューブリテン島西端から舟艇でダンピール海峡を渡りフィンシュハーフェンへ、そして陸路ラエ、サラモアへと到着。この部隊が中心となり、その後サラモアを舞台に連合軍との戦闘を演じるのである。

昭和18年3月27日
アッツ島沖海戦

太平洋戦争中、唯一北方海域で生起した海戦である。

アッツ島への輸送船団を護衛していた細萱戊子郎中将指揮の第五艦隊（重巡2、軽巡2、駆逐艦4）と、輸送を阻止しようと同島海域を行動していたチャールズ・マクモリス少将指揮の艦隊（重巡1、軽巡1、駆逐艦4）が交戦。戦いは3時間半にわたる遠距離砲雷戦となり、互いに決定打を与えることはなかった。米軍は重巡1、駆逐艦1が中小破、日本側の損害も軽微だった。

しかし輸送作戦は実施されなかった。消極的な戦闘指導が問題視され、その後細萱中将は司令長官を解任されている。

昭和18年3月27日
ビルマ方面軍創設

ビルマを撤退した連合軍はようやく態勢を立て直し、その奪回に動き出していた。そのような状況下、大本営は第一五軍の上部組織としてビルマ方面軍を新設。方面軍司令官に、河辺正三中将を配した。同時に第一五軍司令官に第一八師団長であった牟田口廉也中将が昇格

第一五軍の上部組織として新設されたビルマ方面軍司令官・河辺正三中将

した。2人は盧溝橋事件の際、牟田口が支那駐屯地歩兵第一連隊長、河辺が旅団長で、部下と上司の関係になったのを機に親密な関係であった。

この方面軍新設による人事異動で、第一五軍司令部員がそのまま方面軍司令部員になる場合が多く、一五軍に残った参謀はわずか1人だけであった。ビルマについてよく知る者がいなくなったことで、軍司令部における牟田口司令官の発言力がより強くなっていく。

牟田口中将は、このままの状況で推移すればいずれ日本軍はジリ貧に陥りビルマ防衛は成り立たないとし、それよりも積極的に打って出て、連合軍の反攻の気勢を制しようと考えるようになる。その目標となったのが、英印軍の反攻拠点となっていたインパールであった。第一五軍の内外からは、補給の困難から作戦成功を危ぶむ声が多かった。一五軍参謀長は、初め兵站を専門とする数少ない輜重兵出身の小畑信良《おばたのぶよし》少将だったが、作戦に強く反対したためわずか1ヵ月半で牟田口司令官に解任されている。その後参謀たちは、作戦の可否について口をつぐむようになる。そのような中、作戦案は具体化されていった。

8月末、作戦案説明の会合に集まった各師団長やその幕僚に対して、牟田口司令官は以下のように述べたという。「もともと本作戦は、普通一般の考え方では初めから成立しない作戦である。糧は敵によることが本旨である」。「敵と遭遇すれば、銃口を空に向けて三発撃て。そうすれば敵はすぐに投降する約束ができているのだ」。補給を軽視し、敵を侮る思想そのものであった。

第一五軍司令官・牟田口廉也中将。第一八師団長から昇格した

昭和18年3月28日
米統合参謀本部、「カートホイール作戦」を発令

ソロモン諸島ではガダルカナル島、東部ニューギニアではブナ地区の戦いで勝利した連合

軍は、さらに同方面での本格的反攻を企画した。作戦の目的は「ラバウルの孤立化」であり、以下の地域の攻略によりそれを達成しようとするものであった。
・ソロモン諸島については、ニュージョージア島のムンダ飛行場の占領からスタートさせ、ブーゲンビル島ブイン飛行場の占領（後にタロキナへの飛行場建設に変更）。
・東部ニューギニアについては、東端にあるキリウイナ島、ウッドラート島に飛行場を建設。日本軍が占領している、ラエ、サラモア、フィンシュハーフェン、マダンの奪取。
・ラバウルのあるニューブリテン島については、その西部（マーカス岬、ツルブ等）の占領。
これを指揮するのは南西太平洋方面連合国軍総司令官ダグラス・マッカーサー大将であり、彼の下には米第6軍（歩兵9個師団、空挺1個師団、騎兵1個師団）と、濠陸軍歩兵6個師団が配属された。

この作戦は昭和19年まで続き、日本軍の強い抵抗が予想される要地を飛び越し（いわゆる「蛙飛び作戦」）、それに代わる拠点を作りながら、なおかつ日本軍の補給路を遮断するというもので、制空・制海権のない日本軍はこれに翻弄されるのである。

昭和18年4月1日
海軍乙種（特）飛行予科練習生制度新設

一般に「予科練」と呼ばれるのは、正式には「飛行予科練習生」のことで、海軍における航空兵養成制度のことである。

志願制であり、「応募資格は高等小学校卒業者で満14歳以上20歳未満、教育期間は3年」でスタートした。

その後、旧制中学校4学年1学期修了以上、満15歳以上満20歳未満の甲種飛行予科練習生

（甲飛）制度を設け、従来の練習生は乙種飛行予科練習生（乙飛）と改められる。

開戦後は搭乗員の大量養成のため、予科練入隊者を大幅に拡充。甲飛11期までは1000名以内であったが、12期生で4000名、その後は3万人以上を採用した。

そのような流れの中、戦局の悪化に伴う熟練搭乗員の大量喪失に対応するため、乙飛の中から特に優秀者を選抜し短期養成を行う乙（特）飛制度を新設。

4月1日、その第1期生として1600名が岩国航空隊に入隊した。

予科練の軍歌として、『若鷲の歌』が有名である。

昭和18年4月7日～14日 「い」号作戦

「ダンピールの悲劇」は、連合艦隊司令部に大きなショックを与えた。現在の劣勢な戦況を放置すれば、南東方面はいよいよ危機的な状態になると判断された。

しかし当時同方面にあった航空部隊は、陸海軍合わせて240機程度で、とても広範囲なこの地域で米軍の攻勢に対応できる戦力ではなかった。

陸軍は17年12月からようやく第六飛行師団を同方面に増援したが、その展開に相当な時間を要し、移動途中に多くの機体を失ったりした。到着しても海軍機のような戦果を挙げ得なかった。これはひとえに、陸軍航空隊は海洋作戦を念頭に入れていなかったためである。

陸軍は当時7個飛行師団を有し、後に第六師団に続いて第七飛行師団も増援されることになるが、この段階では即応できる状態ではなかった。

太平洋戦争の敗因の一つとして挙げられるのは、航空作戦に関して連合国は陸海軍あげて、しかも緊密なる連携のもと作戦したのに対し、日本側は戦争の後半に至っても、太平洋正面

「い」号作戦実施のため各地の基地航空隊や艦隊からラバウルに集結した零戦隊

で戦っていたのはほとんど海軍機であった。

それでいて国の航空機生産に関わる予算は、陸海軍半分半分だったのである。

陸軍航空隊がようやく本格的戦闘に参加したフィリピン作戦の段階では、もはや戦争の帰趨は決していた。

こうしてこの時、敵に打撃を与え得る航空戦力として対応できるのは空母艦載機しかなく、第三艦隊の戦闘機隊、艦爆隊が、ラバウル、ブイン、ブカなどに進出したのである（艦攻隊は敵側に制空権があるため、その損害を予想し進出しなかった）。

こうして基地航空部隊と合わせ、作戦機数は約４００機。山本司令長官自ら陣頭指揮を執った。

4月7日、ガダルカナル島在泊艦船攻撃。参加機数２２３機（フロリダ沖海戦）。

11日、オロ湾在泊艦船攻撃。参加機数93機。

12日、ポートモレスビー攻撃。参加機数１６８機。

14日、ミルン湾在泊艦船、ラビ飛行場攻撃。参加機数１９６機。

結果、巡洋艦1、駆逐艦2、輸送船19を撃沈、１３４機撃墜を報じたが、実際の戦果は駆逐艦1、コルベット艦（日本側でいう海防艦）1、輸送船3撃沈、25機撃墜というものだった。

日本側は43機を失い、機動部隊は再建を余儀なくされる。

昭和18年4月18日
山本連合艦隊司令長官戦死

「い」号作戦を終了した山本長官は、ブーゲンビル島の前線基地を視察することになる。

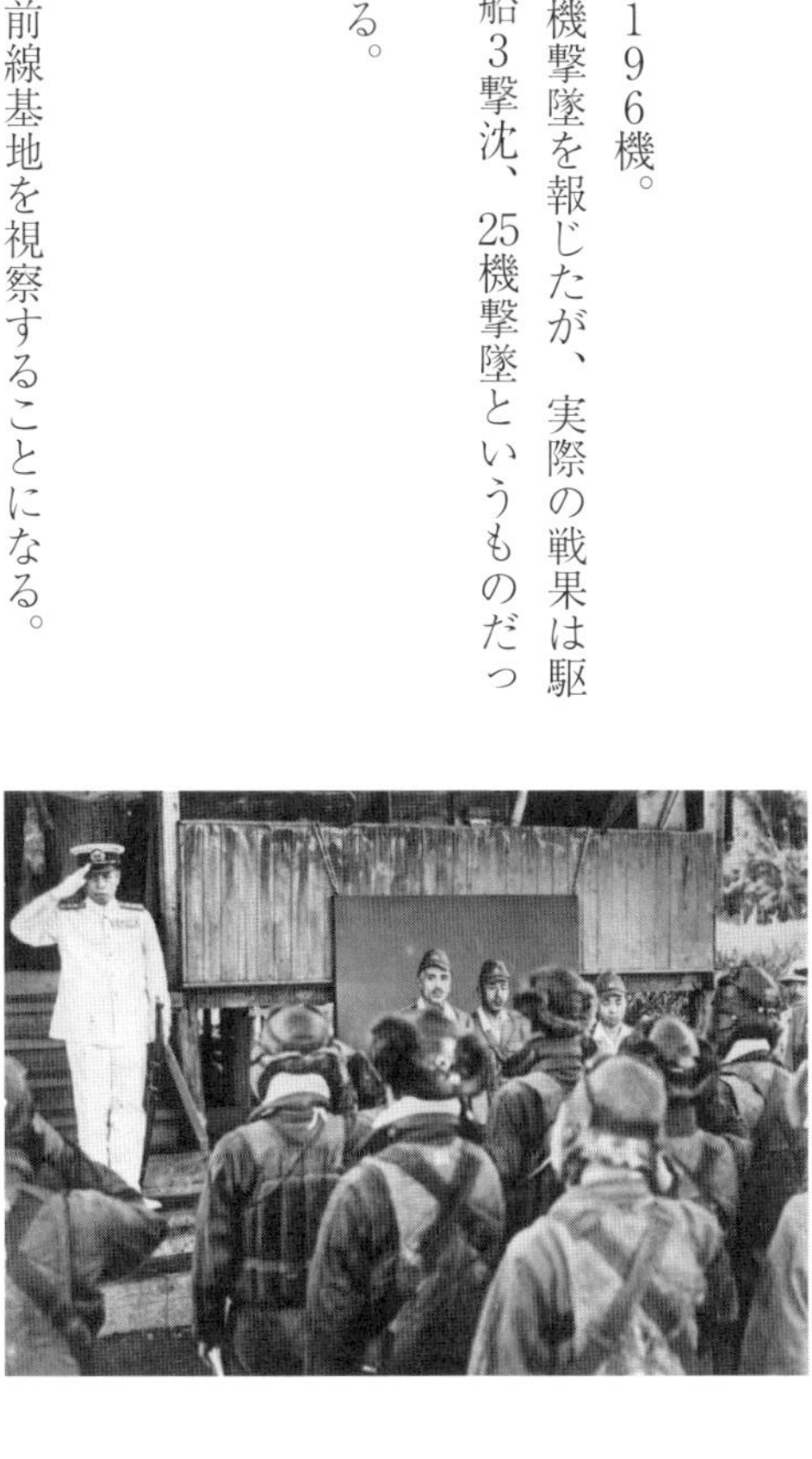
ラバウルで出撃搭乗員の整列に立ち会う山本五十六連合艦隊司令長官。第二種軍装（白）の山本長官の右には草鹿任一南東方面艦隊司令長官の姿も見える

その目的はガダルカナル島戦で悪戦苦闘し、ブインに後退していた百武晴吉司令官はじめ第一七軍の将兵や、ブイン、バラレ飛行場に展開する航空部隊の労をねぎらうためであった。当時この方面の制空権は日本側にあり、大きな危険はないと判断されていた。

しかしこの視察計画は、暗号解読により米軍側に詳細なことまで知られていた。

この報告を受けたチェスター・ニミッツ長官は、日本海軍に山本長官以上の能力を持った人物はいないと判断、ウィリアム・ハルゼー中将に対しその殺害を命令した。

18日、山本長官は幕僚とともに2機の一式陸攻に分乗、6機の零戦に護衛されてラバウルを出発。米軍側も、ガダルカナル島からP38戦闘機16機を発進させる。米軍機としては航続距離の長い同機でも、ぎりぎりの距離であった。

山本長官が時間にきわめて正確であることが、この時災いした。

2機の一式陸攻は撃墜され、山本長官は戦死。海上に不時着した2番機に搭乗していた宇《う》垣纏《がきまとめ》参謀長は、負傷しながらも救出された。

第二艦隊司令長官近藤信竹中将が、連合艦隊の指揮を代行。

21日、古賀《こが》峯一《みねいち》大将が後任に任命される。戦況を把握した古賀長官は、「戦争の勝ち目は、もはや三分もない」と語ったという。

なお、米軍による日本海軍の暗号解読についてであるが、日本側は暗号解読は絶対に不可能だとする強い自信を持っていた。しかし、大量の電文を傍受され続けると解読の可能性があるとして、定期的に暗号に用いる乱数表を改変していた。山本長官の視察計画を知らせる暗号電報の乱数表も、4月1日に変更されたばかりであった。解読任務にあたっていた米戦闘情報解読班（末端のメンバーを入れると数千人の人員を擁していた）には脱帽の他ない。

ちなみに日本海軍の方はどうであったか。暗号解読こそできなかったが、軍令部特務班が米軍の発する電文の形式、その伝わり方、呼出符号の判定等により、米軍の企図を一定まで

山本長官機を撃墜したのと同型の米陸軍戦闘機P38ライトニング。航続距離が長く、高速、強武装の双発双胴機

は察知することが出来ていた。戦後、進駐してきた米軍の専門家が驚いたほどである。

昭和18年5月8日
第二水雷戦隊第一五駆逐隊、触雷全滅

日本海軍は開戦時、4隻の駆逐艦で一個駆逐隊を編成。第一～第四水雷戦隊には4個、第五、六水雷戦隊には2個駆逐隊が配属されていた。

しかし、駆逐艦の消耗は激しく、随時解隊、編入が繰り返されていた。

第一五駆逐隊は、もとは陽炎型駆逐艦「夏潮《なつしお》」、「早潮《はやしお》」、「黒潮《くろしお》」、「親潮《おやしお》」から成っていたが、「夏潮」、「早潮」はすでに失われ、第一八駆逐隊でただ1隻だけ無事だった「陽炎」（17年7月5日、キスカ島で米潜水艦の攻撃により僚艦「霰《あられ》」沈没、「霞《かすみ》」、「不知火《しらぬい》」は大破修理中）が編入されていた。

ガダルカナル島からの撤退後、日本軍は中部ソロモンへの兵力増強を行なった。その中心コロンバンガラ島への輸送は、駆逐艦を中心に約30回に達した。そのような中、損害も続出した。

3月5日には、同島への輸送任務を終えて帰途についていた駆逐艦「村雨《むらさめ》」、「峯雲《みねぐも》」が米艦隊のレーダー射撃を受け、両艦とも沈没（ビラ・スタンモーア夜戦）。

そして5月8日、第二水雷戦隊第一五駆逐隊の「親潮」、「黒潮」、「陽炎」がやはり輸送物資を揚陸後、コロンバンガラ島とベララベラ島間のクラ湾において3艦とも触雷。「黒潮」は瞬時に沈没し、他の2艦は航行不能になったところを米軍機の攻撃を受け沈没している。

昭和18年撮影の駆逐艦「親潮」。5月8日にクラ湾で触雷、沈没

昭和18年5月29日 アッツ島守備隊玉砕

前年の昭和17年6月8日に占領したアッツ島であるが、先述のように同島にあった陸軍北海支隊は9月中旬、キスカ島へ移駐した。その後同方面の防衛強化の必要性を認識した大本営は、10月中旬北海守備隊を新編成して峯木《みねき》十《と》一郎《いちろう》少将を司令官に任じ、同時にキスカ島の西350kmに位置するアッツ島の再占領を命令した。こうして10月中旬から18年3月上旬にかけて、5回の輸送で2650名の将兵が送り込まれる。

しかし、米軍は18年1月12日にキスカ島のわずか170kmにあるアムチトカ島に上陸、飛行場を建設して哨戒と空襲を強化。さらに2月中旬以降、重巡1、軽巡1、駆逐艦4の艦隊をアッツ島の西に配置して、日本側の補給を妨害していた。

アッツ島にはさらに歩兵、砲兵約5000名が送り込まれる予定だったが、結局到達できず、指揮官（北海守備隊第二地区隊長山崎《やまさき》保代《やすよ》大佐）と幹部だけが4月18日に潜水艦で上陸している。

その後1ヵ月もたたない5月12日、ロックウエル少将指揮の第51任務部隊（護衛空母1、戦艦3、重巡3、軽巡3、駆逐艦19）に護衛されたブラウン少将指揮の米第7師団1万1000名が島の3方面から上陸。日本軍は水際ではなく高地に陣地を構築し待ち構えていた。守備隊の頑強な抵抗と濃霧により米軍の進撃は思うに任せず第7連隊長は戦死、直接の指揮官であるブラウン少将が更迭されるという事態にもなった。

しかし、大本営は20日にアッツ島放棄、キスカ島撤収を決定していた。これには海軍の強い意向があった。アッツ島救援のため、横須賀には機動部隊（空母4、戦艦3、重巡5、軽巡

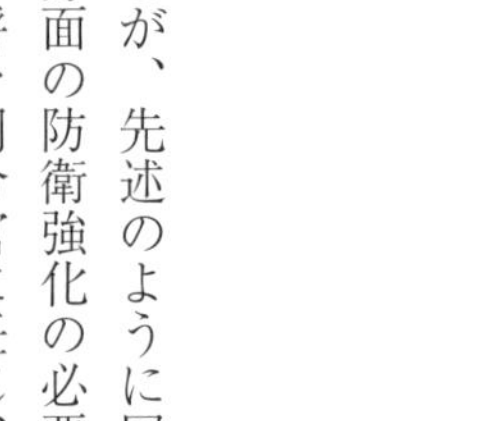

北海守備隊第二地区隊長・山崎保代大佐。アッツ島で部下とともに玉砕

2、駆逐艦11）が集結していた。しかし、この時点で連合艦隊が内地に持っていた燃料は30万トン程度でしかなかった。連合艦隊は特に作戦行動していなくても毎月4万トンを消費する。機動部隊がもし北方に出撃すれば、その作戦行動に20数万トンが必要となり、連合艦隊が動けなくなる。また、ガダルカナルの二の舞になることも懸念された。

北方軍司令官樋《ひ》口《ぐち》季《き》一郎《いちろう》中将は、この決定に従わざるを得なかった。そのかわり、キスカ島撤収を要望している。海軍はこれを了承。

もちろん守備隊はそんなことを知る由もなく、孤軍奮闘を続けていた。そしてついに29日、残存兵150名が最後の突撃を行ない玉砕。米軍も戦死傷者1800名余りを出している。30日、大本営はアッツ島守備隊全滅を発表。初めて「玉砕」の表現を使用した。

昭和18年6月5日
山本連合艦隊司令長官の国葬行なわれる

山本五十六は海兵32期。2度のアメリカ駐在経験があり、同国の国力を熟知していた。

昭和3年、空母「赤城」艦長。山本はこの頃から、海軍は将来航空主兵となること、万一対米開戦となった場合のハワイ攻撃を論じている。

5年、海軍航空本部技術部長となり、未熟だった海軍航空機の発展に尽力。同年10月には第一航空戦隊司令官。

10年、海軍航空本部長。在任中、大和型戦艦4隻の建造計画に強く反対。これを2隻とし、代わりに「翔鶴」型空母2隻の建造を加えさせた。

11年、海軍次官に就任。米内《よない》光政《みつまさ》大臣、井上成美軍務局長と共に、三国同盟に強く反対したことはよく知られている。

アッツ島に上陸した米軍部隊

14年、連合艦隊司令長官に就任。この人事は、山本の艦隊指揮能力を買ったものではなく、軍部内の同盟賛成派や右翼勢力に暗殺されることが危惧され、一時的に中央から遠ざけるためのものであった。その後、三国同盟は締結される。

16年12月8日の真珠湾攻撃については、「開戦劈頭、敵本営に斬り込み、米軍並びに米国民をして、物心共に起ち難いまでの痛撃を加えるほかなし」というのが山本の考えであったが、軍令部はもちろん、連合艦隊内でも多くの者が反対した。同じ航空主兵派で山本の信任も厚かった大西瀧治《おおにしたきじ》郎《ろう》少将でさえ、「米国民を強く刺激する作戦は避けるべき」という理由で反対している。

結果として、奇跡的に戦術面では成功であったかもしれないが、アメリカ国民を憤激させてしまったのは決定的な失敗であった。当初「騙し討ち」というのは米国政府のプロパガンダと考えていた山本であったが、17年2、3月頃から本当に最後通告が遅れたと考え始め、それがいよいよ早急な積極作戦へと駆り立てていったともいわれる。

第二段作戦策定にあたっても、真珠湾攻撃と同様、山本は軍令部と衝突している。本来軍令部が戦略を練り、それを受けて連合艦隊がその実現に向け具体的戦術を考案する、というのが本来の姿なのであるが。結果として、ミッドウェー海戦は大敗北に終わる。

ガダルカナル島戦が始まり、山本は「あと百日の間に小生の余命は全部すり減らす覚悟に御座候」と故郷へ手紙を出し、内地を出撃している。

先述のように、い号作戦後の4月18日、ブイン上空で戦死。享年59歳。

戦後、山本をよく知る人々は「戦術家よりも軍政家向きの資質」と評している。

6月5日、日比谷公園で国葬が行なわれた。葬儀委員長は米内光政が務めた。

日比谷公園に設けられた斎場に入る山本五十六連合艦隊司令長官の葬列

昭和18年6月8日
戦艦「陸奥」謎の爆沈

戦艦「陸奥」は「大和」完成までは同型艦「長門」と共に日本最大の戦艦で、排水量43439t、速力25ノット、40cm主砲8門を搭載した。

ミッドウェー海戦後、一時的に第二艦隊に配属され第二次ソロモン海戦にも出撃したが、敵と砲火を交えることはなかった。

第二、第三艦隊の空母、「金剛」型高速戦艦、巡洋艦、駆逐艦部隊はガダルカナル島を巡る戦いに獅子奮迅の活躍を見せていたが、低速力の本艦は艦隊に伍して行動することもなく、トラック島においてむなしく待機する日が続いた。

任務といえば内地から運ばれてきた燃料、弾薬、食糧を前線から戻ってきた駆逐艦などに補給してやることで、「海上倉庫」みたいなものであった。

結局、同艦は17年8月から翌年1月までトラック島に在泊していたのであるが、なんら戦局に寄与することはなかったのである。

その後内地へ戻った「陸奥」は、6月8日午後12時10分、広島県柱島《はしらじま》泊地において後部火薬庫が原因不明の爆発を起こし、開戦以来1度も敵を見ずして沈没。乗組員1474名中1121名が死亡した。

当時、国民のほとんどは「大和」、「武蔵」の存在を知らなかった。国民にとって帝国海軍の象徴は「長門」「陸奥」であった。海軍は国民の士気阻喪を危惧。この事件は一切報道されることはなかった。

戦後の昭和45年8月より引き揚げが始まり、その作業は5年に及んだ。

柱島泊地で後部火薬庫の爆発により沈没した戦艦「陸奥」

同艦の4番砲塔が、現在江田島の海上自衛隊第1術科学校、幹部候補生学校に保存されている。

昭和18年6月16日
ルンガ沖航空戦

第一一航空艦隊は5月下旬、内地で再建後ラバウルに再進出してきた部隊を加えて態勢を立て直し、ソロモン方面において積極作戦を企図していた。

諜報活動により南東方面での米軍の新たな侵攻を予知した一一航艦は、「い」号作戦のような大規模航空作戦実施の必要性を認めた。しかし空母部隊は一航戦が「い」号作戦の後部隊再建中、二航戦はマーシャル方面に備えており、結局基地航空部隊のみで実施することになった。

6月7日、ブカ、ブイン基地を出撃した零戦81機がラッセル島上空で米軍戦闘機110機と交戦。41機撃墜を報じたが、実際の戦果は6機だった。9機を喪失。

12日、7日同様両基地を出撃した零戦77機は、やはりラッセル島上空で敵70機と交戦。32機撃墜を報じたが、事実は6機。日本側も同数機を失った。

この2度の航空撃滅戦により、米軍戦闘機に相当な打撃を与えたと判断した一一航艦司令部は、ガダルカナル島周辺の米艦船に対する攻撃を命令。

16日、99艦爆24機が70機の零戦に護られて、同島ルンガ泊地の艦船群を攻撃した。

しかし米軍は、100機の戦闘機を上空にあげて待ち構えていた。

艦爆13機と零戦15機が未帰還。多数の艦船の撃沈と34機の撃墜を報じたが、輸送船2隻を損傷させ6機を撃墜しただけだった。

ブーゲンビル島南端近くにある小島、バラレの飛行場に展開した零戦隊

「い」号作戦と同じような展開で戦果を過大に判定、逆に戦闘機隊は幹部クラスのベテラン搭乗員を多く失い、後の作戦に大きな支障をきたすことになるのである。

昭和18年6月30日
連合軍中部ソロモンのレンドバ島に上陸

ガダルカナル島を完全に手中にした米軍は、同島北西にあるラッセル島を含めて航空基地を増設し、ソロモン諸島北進のため準備を進めていた。

こうしてガダルカナル島撤退後、日本軍の最前線基地であるニュージョージア島のムンダ飛行場攻略にかかるのである。

それに先立ち、対岸にあるレンドバ島にまず上陸した。その目的はムンダ占領のための砲兵部隊を配置することであった。

同日、米軍はサラモア南方のナッソー湾に上陸。つまり、ソロモン諸島とニューギニア同時進攻「カートホイール作戦」の始まりであった。

その砲撃の援護のもと、7月2日米軍2個師団がニュージョージア島に上陸。

ムンダ守備隊の南東支隊長佐々木《ささき》登《みのる》少将は、陸軍第二二九、一三連隊、海軍第八連合特別陸戦隊（司令官大田《おおた》実《みのる》少将）など約1万名を指揮して防戦。ラバウルにあった海空軍（海軍第八艦隊、第一一航空艦隊、第二航空戦隊、陸軍第四航空軍）も全力で支援した。二航戦は、その後のろ号作戦における一航戦同様、ほぼ壊滅する。

結局米軍はムンダ攻略（8月4日）に5万の兵力と、5週間の日時を要するのである。しかも守備隊は、半数以上が島伝いにコロンバンガラ島に撤退している。

本来なら次に狙うべきはコロンバンガラ島であったが、米軍はこれを避けてベララベラ島

物資を満載してレンドバ島に向かう米海軍の戦車揚陸艦

に蛙飛びしている。

米軍公刊戦史は、その後のコロンバンガラ島からの撤退も合わせて佐々木少将の指揮と、守備隊の敢闘ぶりを高く評価している。

しかしながら、中部ソロモンも確実に米軍の支配下に陥っていくのである。

昭和18年7月5日
クラ湾夜戦

7月2日、米軍はソロモン諸島中部にあるニュージョージア島に上陸。

これを受け秋山輝男少将指揮の第三水雷戦隊の駆逐艦10隻（警戒隊3隻、輸送隊7隻）が、同島とその北にあるコロンバンガラ島への増援輸送を命じられる。

この部隊と、ボールデン・エインズワース少将指揮の米第36任務部隊の軽巡3隻、駆逐艦4隻が交戦。日本側は3ヵ月前に竣工したばかりの旗艦「新月《にいづき》」が沈没。座礁事故を起こした「長月《ながつき》」は米軍機の攻撃を受け放棄される。しかし、米軽巡「ヘレナ」を撃沈。不完全ながらも輸送作戦も成功する。

米軍はこの時期、この海域で軽巡と駆逐艦からなる2つの任務部隊を行動させていた。レーダーを装備し夜戦にも長じた部隊であったが、1週間後のコロンバンガラ島沖海戦もそうであるが、まだレーダーを持たない日本海軍の夜戦能力には抗し得なかったのである。

しかし、「新月」に座乗していた第三水雷戦隊司令部幕僚が全て戦死している。

クラ湾夜戦で日本駆逐艦に沈められた米軽巡「ヘレナ」

昭和18年7月6日
オーストラリアへの最後の大規模空襲

オーストラリアへの空襲は、17年2月19日に南雲機動部隊によるポートダーウィン空襲に始まった。

機動部隊の艦載機による攻撃はこの日が最初で最後であったが、その後はケンダリー、クーパンなどの飛行場を基地として、第二三航空戦隊の陸攻と零戦により断続的に続けられた。18年11月まで、空襲の回数は延べ100回余りに上る。

ガダルカナル島戦が始まると、同戦隊から南東方面へ戦力の大幅転用が行なわれたため中断された時期もあったが、18年3月には再開される。

ポートダーウィン以外にも目標は選ばれ、6月30日と7月6日にはそれぞれ戦爆連合約50機でもって、ダーウィンのさらに南にあるブロックスクリーク飛行場を空襲した。

2日間の空襲で同飛行場施設を破壊し、スピットファイアー戦闘機14機を撃墜している。日本側は、陸攻2機未帰還。

しかしその後は、機体の補給が続かず夜間空襲に切り替えられる。

そして11月11日の空襲において幹部と熟練搭乗員の多くを失い、マーシャル方面への部隊転用もあり、この日をもってオーストラリアへの空襲は終結するのである。

昭和18年7月12日
コロンバンガラ島沖海戦

第三水雷戦隊司令部の壊滅を受け、その任務を引き継いだ伊崎俊二《いざきしゅんじ》少将指揮の第二水雷戦隊の軽巡「神通」、駆逐艦9隻と、クラ湾夜戦時の同部隊である米軍第36任務部隊が交戦。米同部隊は増強され、軽巡3隻と駆逐艦10隻からなっていた。

この海戦において、旗艦「神通」は敵艦隊に向け探照灯を照射したため集中攻撃を受ける。しかし、その犠牲的行動により麾下の駆逐艦部隊は被害を受けず、敵艦隊に対し砲雷戦を実施できた。

結果、米軍に対し軽巡「セントルイス」「ホノルル」「リアンダー」（ニュージーランド海軍）を大破、駆逐艦1隻を撃沈、2隻を大破させ、輸送作戦も成功させている。

しかし、日本側は1週間前のクラ湾夜戦と同じく旗艦が沈没したため、今度は第二水雷戦隊の司令部幕僚全員が戦死。わずか1週間のうちに2つの水雷戦隊の司令部を失ったことは大きかった。

すぐに人的補充はつかない。

また、駆逐艦の喪失はその後も相次いだ。17日に「初雪」、20日には「夕暮《ゆうぐれ》」「清波《きよなみ》」いずれも空襲によった。この海域で駆逐艦が重宝されるがために、いかに酷使もされたかを物語っている。よくソロモンの空は「搭乗員の墓場」といわれるが、ソロモンの海は「駆逐艦の墓場」だった。

このため連合艦隊司令部は、同月20日第四水雷戦隊を解隊し、その司令部（司令官高間完《たかまかん》少将）をそのまま二水戦の司令部とした。水雷戦隊の解隊は昨年3月の五水戦、7月の六水

第二水雷戦隊旗艦「神通」。コロンバンガラ島沖海戦で麾下駆逐艦のため敵艦隊を探照灯で照射、集中攻撃を受けて沈没した

戦に続くものである。

この時期ソロモン海域には、第二、第三水戦、そして第三艦隊の第一〇戦隊からも駆逐艦が派遣され、輸送任務を中心に活動していた。なお、一水戦は第五艦隊に属し北方方面に配備されていた。

昭和18年7月29日
キスカ島撤収作戦決行される

5月20日、大本営はアッツ島放棄、キスカ島撤収を決定。

キスカ島には、北海守備隊峯木十一郎少将指揮の陸軍２５００名と、第五一根拠地隊司令官秋山勝三《あきやまかつぞう》少将指揮の海軍３４００名が在島していた。

しかし、同島のすぐ東にあるアムチトカ島には米軍の航空基地があり、そこから飛び立つ米軍機によりキスカ島は連日空襲を受け、周辺海域の哨戒も厳重であった。

さらに同海域には、来るべき上陸作戦に備えて、トーマス・キンケード中将指揮の戦艦２隻を中心とする艦隊が派遣されており、キスカ島は完全に封鎖されていた。

このため、初めは第五艦隊麾下第一潜水戦隊の潜水艦による撤収が延べ13回行なわれ８００余名を引き揚げさせたが、潜水艦3隻を失い、結局水雷戦隊による一挙撤収に方針変換された。

この任に当たったのが、第五艦隊麾下木村昌福少将指揮の第一水雷戦隊軽巡「阿武隈《あぶくま》」「木曽《きそ》」と、電探、逆探を装備した最新鋭艦「島風《しまかぜ》」以下駆逐艦海防艦等12隻であった。

6月29日、キスカ島撤収作戦（「ケ」号作戦）が発動される。

気象通報任務の潜水艦部隊に続き、7月7日第一水雷戦隊が幌筵《ほろむしろ》を出港。

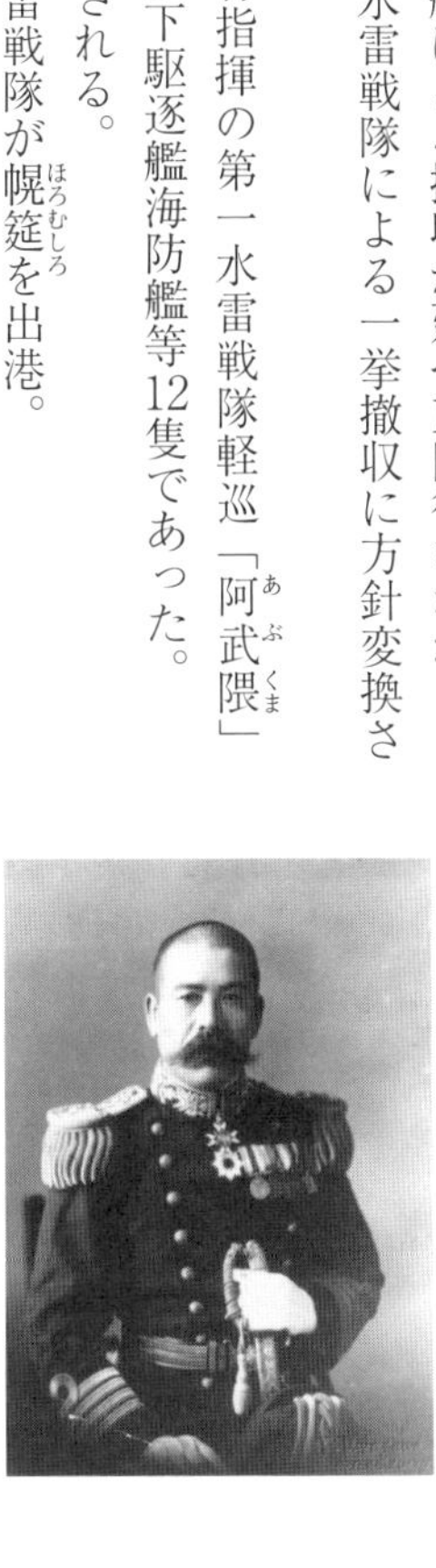
第一水雷戦隊司令官・木村昌福少将。キスカ島撤収作戦を成功させた

計画では12日にキスカ湾入港の予定であったが、同島に近づくにつれて頼みとする霧が晴れ、15日朝まで周辺海域で待機したものの、結局艦隊は引き返さざるを得なかった。

これは「ダンピールの悲劇」を経験し、制空、制海権のない海上での艦隊行動が、極めて危険であることを強く認識していた木村司令官の判断であった。

しかし、手ぶらで幌筵へ戻った木村司令官への批判は大変厳しかったことはいうまでもない。

7月22日、気象情報に基づき艦隊は再度出撃。（燃料欠乏のため、再々度の出撃はあり得なかった）この度の出撃については第五艦隊司令長官河瀬四郎《かわせしろう》中将が軽巡「多摩」に座乗して同行した。「督戦」と称した「監視」であった。

本来、第五艦隊の旗艦は重巡「那智」であるが、大型艦では燃料を多く消費するため「多摩」での同行となった。

戦争のこの段階で、それほどまでに日本海軍の燃料事情は逼迫していたのである。

26日、濃霧のため計4隻が絡む衝突事故が起こり、駆逐艦「若葉《わかば》」が引き返している。

しかし同日、キスカ島の米封鎖艦隊はレーダーに映った「幻の日本艦隊」に砲撃を加え、多量の砲弾を消費してしまう。このため弾薬不足に陥ったキンケード中将は、全艦隊を補給地点へ移動、こうして28、29日の2日間、キスカ島包囲は解かれたのである。

29日、艦隊は濃霧に紛れてキスカ湾に突入。投錨後1時間で5200名の将兵を収容した。時間短縮のため、海岸と艦隊とを往復した大発（上陸用舟艇）は処分。将兵は艦に乗り込む際、銃も投棄した。

艦隊は7月31日から8月1日にかけて無事幌筵に帰投。

米軍はこの撤収に全く気付かず、その後2週間にわたる砲爆撃の後、8月15日に約3万5000名の大軍での上陸作戦を実施した。

キスカ島に上陸する米軍部隊。日本軍の撤収に気づかなかった米部隊は、3万5000名の大群で上陸作戦を決行、同士討ちなどで200名近い戦死傷者を出す

しかし、陸上では同士討ち、海上においても駆逐艦が日本軍が敷設した機雷に触れて大破し、合わせて200名近い戦死傷者を出している。

昭和18年8月（日付は不明）
零式艦上戦闘機五二型完成

緒戦の日本軍の快進撃を支えた零戦であったが、ガダルカナル島戦の頃より米軍の零戦対策（「ゼロと格闘戦をしてはいけない」、「480km以下の速度ではゼロと戦ってはいけない」、「低空で上昇に移ったゼロを追尾してはいけない」、また、米軍戦闘機の各機種ごとに対零戦戦法が考え出された）やP38「ライトニング」等の新鋭機の出現、ベテランパイロットの戦死が続き搭乗員の全体的な技量の低下、空戦が従来の1対1ではなく、編隊空戦に移っていったこと等により、その優位は崩れ始めていた。

そういう中、零戦にも改良が施されていく。

二一型（自重1680kg、940馬力、最高速度533km、20mm機銃×2、7・7mm機銃×2）に続き、エンジンを1130馬力とし、翼端の折りたたみ部分を廃して高空性能（特に上昇力）を向上させた三二型。

しかし航続力が低下したため、翼端を元に戻した二二型。

続いて再び翼端を短くして円形に整形し、ロケット式排気管にして速度（特に急降下速度）を向上させたのが五二型（自重1876kg、1130馬力、最高速度564km、武装は同じ）である。さらに同型は、20mm機銃の弾数を増やした甲型、7・7mm機銃1挺を13mmに換装した乙型、さらに両翼に13mm機銃2挺を追加した丙型と武装を強化していっている。

零戦は三菱で3880機、中島（のちの富士重工業、現在のSUBARU）で6545機生産さ

エンジンを強化、主翼端を矩形にした零戦三二型

主翼端を丸く成形、推力式単排気管を採用、武装・防弾を強化した五二型

れたが、この五二型シリーズが最も多く作られている。

昭和18年8月2日
駆逐艦「天霧」がケネディ艇を撃沈

コロンバンガラ島への駆逐艦による兵員、物資の輸送は続いていた。17年末以降ソロモン諸島への輸送は、低速の輸送船では不可能になっていた。その後1年あまり大型艦の出番もなく、同地域の日本海軍の主力はまさに駆逐艦であった。

8月1日ブインを出撃した駆逐艦4隻（輸送隊3隻、警戒艦が「天霧《あまぎり》」）は、同日深夜、無事コロンバンガラ島に兵員、物資の揚陸を終わり、ラバウルへ向かいつつあった。

情報を察知した米軍はレンドバ島から15隻の魚雷艇を出撃させ、この「東京急行」を阻止しようとした。その中に、当時26歳のジョン・ケネディ中尉（戦後第35代アメリカ大統領となる）が艇長の「PT109」があった。

日付が変わった午前0時20分頃、「天霧」と「PT109」は至近距離でお互いを発見。「天霧」は近すぎて射撃ができず、30ノットの高速でもあったことから避けきれず、両艦は衝突。「PT109」は船体を真っ二つに切断されて沈没した。

ケネディ中尉は生き残った部下と近くの無人島に上陸、6日後に救出されている。

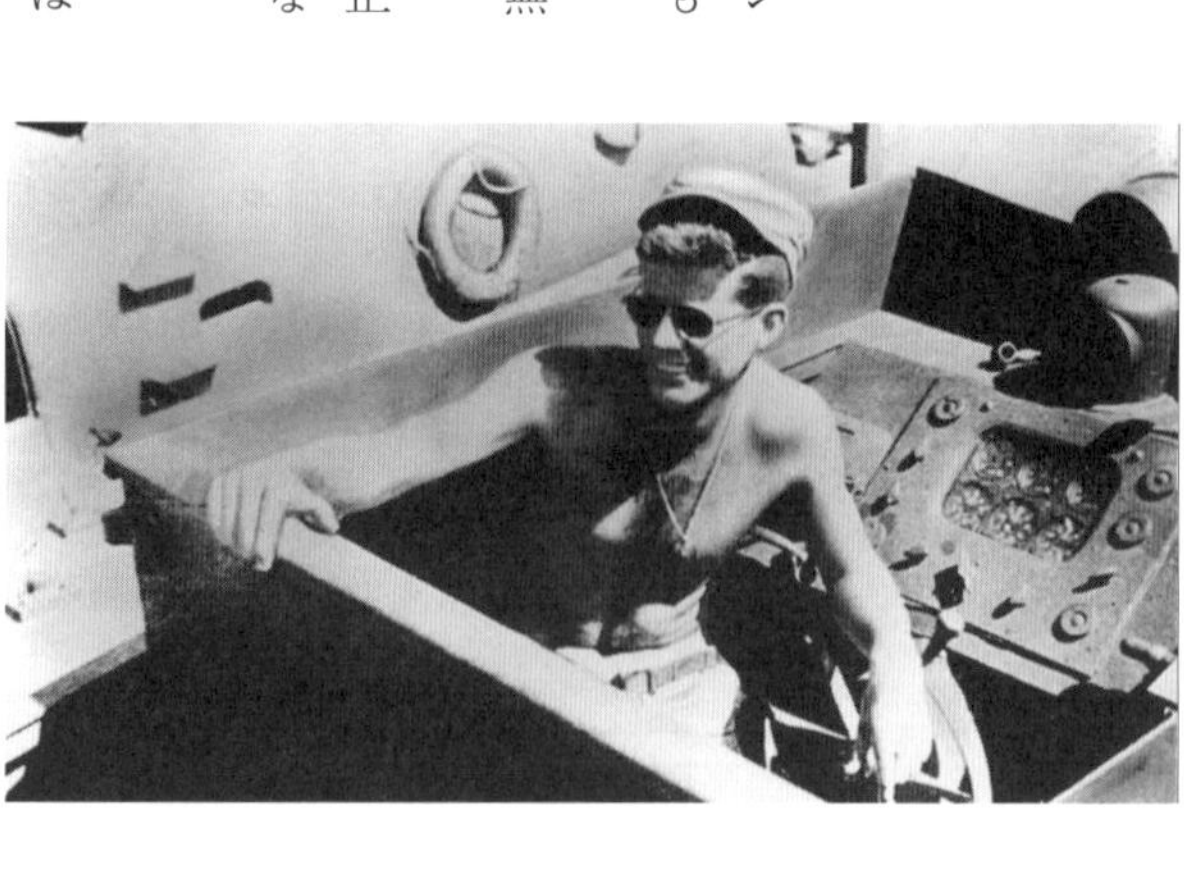

魚雷艇PT109の操舵席に座るジョン・F・ケネディ中尉（のちの第35代米大統領）

昭和18年8月6日
ベラ湾夜戦

コロンバンガラ島への増援部隊を輸送中の日本艦隊（駆逐艦4）に対して、事前にこれを察知していた米軍は駆逐艦6隻で待ち構えていた。

22時頃、レーダーにより日本艦隊を発見し、米艦隊から発射された魚雷が3隻に命中。「江風《かわかぜ》」は火薬庫の爆発により沈没、「萩風《はぎかぜ》」「嵐《あらし》」は航行不能になったところを砲撃により撃沈される。

残った「時雨《しぐれ》」が応戦するも戦果なく、日本側の完敗に終わる。

増援部隊の将兵も９４０名中、８２０名が艦と運命を共にした。

昭和18年8月17日
東部ニューギニアの第四航空軍、大打撃を受ける

もともと、太平洋正面は海軍の担当であった。

しかし、ガダルカナル島をめぐる戦いからは、陸軍の陸上部隊、そしてその末期からは航空部隊も南東方面に進出、海軍と協力して米軍と戦っていた。

最初に投入されたのは第六飛行師団で、18年6月からは第七飛行師団も加わり、7月末には合わせて第四航空軍（軍司令官寺本熊市《てらもとくまいち》中将）が編成され、東部ニューギニアの航空作戦を担当することになった。

しかしその直後の8月17日、ウエワク、ブーツ両飛行場に展開していた同部隊は米軍機の奇襲攻撃を受け、１００機以上を失ってしまう。

以後この地域の陸軍の航空兵力は70機を超えることはなく、米軍との戦力比は10：１以下で、制空権は完全にアメリカ側に奪われてしまうのである。

南方基地に展開した一式戦闘機「隼」

昭和18年9月1日
米機動部隊、南鳥島（マーカス島）を空襲

17年末より、米海軍は新鋭空母を次々と完成させていた。

こうして18年5月には、レイモンド・スプルーアンス中将指揮の中部太平洋艦隊（19年3月、第5艦隊と改称）が編成された。

この段階での兵力は正規空母6、軽空母5、護衛空母8、新式戦艦5、旧式戦艦7、重巡9、軽巡5、駆逐艦56というものであり、その中心戦力は4群からなる高速空母機動部隊であった。

その一群の機動部隊（空母「エセックス」「ヨークタウンⅡ」、軽空母「インディペンデンス」基幹）が、9月1日南鳥島（マーカス島）を空襲した。

また別の一群（空母「レキシントンⅡ」、軽空母「プリンストン」「ベロー・ウッド」基幹）が、18日から19日にかけてギルバート諸島を空襲。

さらに10月6日、7日には二群が合同し、ウエーク島を空襲している。

これらの作戦は、これから開始される中部太平洋における本格的反攻作戦のウォーミングアップともいえるものだった。

こうして11月中旬、米軍は「ガルバニック作戦」と呼んだギルバート諸島攻略に取り掛かるのである。

米第5艦隊を指揮したレイモンド・スプルーアンス中将

昭和18年9月8日
イタリア無条件降伏

イタリアは3年間にわたる戦争に疲れていた。ギリシャ、北アフリカで敗れ、本国領土であるシチリアにも連合軍が上陸、軍、国民の士気も低下していた。

7月24日ファシスト党評議会が国政を国王に返還する決議を行ない、ムッソリーニ首相は失脚。翌25日、陸軍のクーデターで首相は逮捕される。後任に陸軍の長老バドリオ元帥が就任した。

8月17日、独伊軍はシチリアから撤退。バドリオ首相の全権としてカステラーノ准将が同地を訪れ、休戦協定に調印した。

これが9月8日、全世界に公表された。

三国同盟の一角が崩れたわけで、日本国民に大きな衝撃を与えた。

9日、日本政府は、「日独伊三国同盟を裏切る行為を遺憾としながらも、帝国必勝の信念は不動」との声明を発表、国民の動揺を抑えようとした。

ドイツ軍はただちにイタリア北、中部を占領、同地域やフランス、バルカン半島にあったイタリア軍１７０万を武装解除した。

10日にはローマを占領、バドリオ政府と国王は南部に逃亡した。

ムッソリーニ失脚後に伊首相となったピエトロ・バドリオ元帥

昭和18年9月9日
輸送船「北安丸」、米潜水艦を撃沈

9月7日マニラを出港し高雄に向け航行中だった輸送船「北安丸《ほくあんまる》」が、9日ごく浅い海中を潜水航行中だった米潜水艦「グレイリング」を発見。同船はこれに体当たりを試みた。「体当たり」というほどのショックはなかったが、結局「北安丸」は米潜を「乗り越える」形となった。しかし、これが「グレイリング」にとっては致命傷となり沈没している。

輸送船が体当たりで米潜水艦を撃沈する珍しい例となった。

太平洋戦争中、対日戦で失われた連合軍の潜水艦は55隻（味方艦艇による誤爆、自ら発射した魚雷による沈没3隻を含む）であった。

そのうち、日本側が敷設した機雷による沈没が8隻あり、日本の艦艇や航空機による戦果はやはり少なかったといえる。

昭和18年9月12日
ラエの第五一師団「魔のサラワケット越え」へ

3月3日の「ダンピールの悲劇」で戦力の多くを失い、その後かろうじてニューギニアのラエに到達した中野英光中将指揮の第五一師団は、第四一師団第二三八連隊、ギルワからの撤退部隊、海軍部隊と共にラエ、サラモア地区を守備していた。

6月30日、米軍はサラモア南方のナッソー湾に上陸。第五一師団はサラモアにおいて、この敵と対峙していた。

米潜水艦「グレイリング」。日本の輸送船「北案丸」に体当たりで撃沈された

しかし、ラエに対する兵員、物資の輸送はダンピール海峡の制空権を米軍が完全に握っているため、ラバウルから駆逐艦で同じニューブリテン島の西端ツルブまで輸送、その後は船舶工兵の大発により夜間隠密裏に行なわれる（いわゆる蟻《あり》輸送）か、潜水艦がラバウルからラエまで直接輸送する方法しかなかった。

そのような点滴式の補給でさえも、ツルブへの爆撃、ラエ向けの大発に対しては魚雷艇による妨害等で困難になってきており、そのような状況下で師団は敢闘していたのである。

しかし9月4日、米軍はついにラエに上陸。さらに翌5日には、ラエ西方のナザブに空挺部隊が降下。こうして進退窮まったラエ、サラモア地区の日本軍は玉砕を覚悟したが、安達二十三司令官の命令により、キアリに向け４０００ｍ級の山々が連なるサラワケット山系を越えることになる。

これを先導したのが、北本正路《きたもとまさみち》少尉指揮の工作隊であった。北本少尉は慶應義塾大学陸上部時代、昭和7年のロサンゼルスオリンピック1万mに出場、箱根駅伝でも母校を優勝に導いた人物であった。少尉はキアリからラエへ山系越えで補給が可能かを偵察するためサラワケットを踏破してきた経験を持っていた。

9月12日、第1陣が出発。急峻な山越えであるため将兵が背負った食糧は10日分であった。北本工作隊がキアリに到着したのが10月5日。すぐに救援隊と共に取って返し、転々と落後している将兵を収容した。

しかし、目的地キアリに到着するまでに、８５００名中１１００名が飢え、寒さ、転落により命を落としている。

ニューギニアのナザブに降下する米空挺部隊

昭和18年9月22日
連合軍、フィンシュハーフェンに上陸

ダンピール海峡西岸にあるニューギニアのフィンシュハーフェンは、東岸にあるニューブリテン島のツルブと共に、ここを失うと米艦隊の中部太平洋への侵入を許すことにつながる戦略上の要衝であった。

しかし同地には、山田《やまだ》栄三《えいぞう》少将指揮の第一船舶団があって舟艇によるラエ、サラモア地区への補給任務に就いていたが、その他海軍の警備隊400名が駐屯しているだけであった。サラモア地区の戦況の逼迫により第二〇師団より第八〇連隊が到着していたが、守備隊の総兵力は4000名余りであった。

そのような中、ラエを手に入れた連合軍は9月22日、濠軍1個師団をフィンシュハーフェンに上陸させた。

山田少将は部隊を敵上陸地点近くの高地へ移動、集結させ、27日から攻撃するも兵力差甚だしく、当然のごとく失敗。後続してくる第七九連隊（第二〇師団長片桐茂《かたぎりしげる》中将直率）の来援を待つことになった。

10月10日以降到着した同連隊を主力に、17日から反撃を再開したが補給が続かず、25日攻撃は中止される。

しかしこの反撃に脅威を感じた連合軍は、今度は逆に11月16日から日本軍の籠る高地に攻撃を開始。27日、日本軍は高地から撤退、フィンシュハーフェン奪回の拠点を失うことになる。

12月19日、第一八軍司令部は第二〇師団に同地からの撤退を命令。

こうしてブナ地区に続き、ラエ、サラモア、フィンシュハーフェンを中心とする地区も制圧され、特にフィンシュハーフェンは事後、連合軍の作戦の大補給基地となるのである。

昭和18年9月28日
「セ」号作戦（コロンバンガラ島撤収作戦）始まる

ガダルカナル島を失った日本軍は、中部ソロモンで米軍を食い止めようと、コロンバンガラ島に兵力を増強していた。

しかし米軍は、同島を蛙飛びし、8月15日ベララベラ島に上陸。このため同島守備隊（佐々木登少将指揮の陸軍南東支隊、大田実少将指揮の海軍第八連合特別陸戦隊計1万2400名）は、ブーゲンビル島に退くことになった。この撤収作戦を「セ号作戦」という。

この度の作戦は、大発《だいはつ》と駆逐艦を使用。一挙にブーゲンビル島に引き揚げるのではなく、ひとまず北方のチョイセル島に渡り、その後ブーゲンビル島に撤退するというものであった。

大発部隊を指揮した第二船舶団長芳村正義《よしむらまさよし》少将は、戦後以下のように回想している。「コロンバンガラ島周辺の敵の警戒は厳重を極め、同島からチョイセル島まで60㎞の海上（大発で6時間の航程）に、敵魚雷艇、駆逐艦、巡洋艦の幾段構えの包囲網を、無武装に近いしかも定員の倍以上を満載した速度のノロい大発で突破せねばならぬことは、わざわざ海没に出て行くようなもので、悪くいけば殆ど全滅、うまくいって半分の損害があろうという見通しであった。」

チョイセル島への脱出は9月28日から4回にわたって行なわれ、さらに10月3日から4回に分かれてブーゲンビル島への撤退が実施された。この間の犠牲は、大発の乗組員を含めて400名程度であった。第三水雷戦隊司令官伊集院松治《いじゅういんまつじ》大佐指揮の駆逐艦12隻が作戦に協

大発（大発動艇）。日本陸軍が開発した上陸用舟艇の一種。艇首部の板を倒すとそのまま道板（ランプ）となる設計は、諸外国が上陸用舟艇の参考にしたという。日本海軍でも「14メートル特型運貨船」の名で採用している

力している。

当時ハルゼー大将は、この日本軍の撤退作戦について、その1万の日本軍を彼の指揮下部隊が日本軍舟艇《しゅうてい》百数十隻を撃沈、全滅させたと信じ込んでいたという。

撤収作戦といえばガダルカナル島とキスカ島からのものが有名だが、この「セ」号作戦も高く評価されなければいけない。

昭和18年9月30日
「絶対国防圏」が設定される

大本営政府連絡会議は、この日の御前会議において「今後採るべき戦争指導の大綱」を採択、従来の戦略方針を大幅に変更した。

ガダルカナル戦以来の消耗戦に終止符を打ち、戦線を一気に縮小。それは千島列島、小笠原諸島、マリアナ諸島、トラック島、西部ニューギニア、スンダ列島、ビルマを結ぶ線で、いわゆる「絶対国防圏」と呼ばれ、ここで航空兵力を中心に防衛体制を敷き、戦略的持久体制の再構築を図ることになった。

これに基づいて陸軍は、その範囲外に置かれたソロモン諸島、ビスマーク諸島、東部ニューギニア担当の第八方面軍（軍司令官今村均中将）に自活持久作戦を指示した。

しかし、連合艦隊はトラック島を根拠地とし、マーシャル諸島方面での艦隊決戦を考えていた。また、南東方面にも未練を残していた。

後述する「連合艦隊の大散歩」、「ろ号作戦」への一航戦の投入。さらに19年1月には、二航戦もラバウルに投入。

こうした「絶対国防圏」外での戦闘で、多くの母艦航空戦力を失うことになる。その再建

にさらに時間を要し、搭乗員の技量は落ちる一方となるのである。

マーシャル失陥後、古賀長官自身「マーシャル方面作戦不首尾にて遺憾である。一航戦及び二航戦の南東方面注入は誤りであった」と述べている。

それはともかく、国防圏のための準備はゼロからのスタートで、大本営が想定した以上の米軍の急速、大規模な攻勢に間に合わなかった。

昭和18年10月6日
第二次ベララベラ海戦

ベララベラ島への8月15日の米軍上陸以来、同島守備隊は寡兵よく戦い続けていたが、島の北西部に追い詰められていた。その救出命令が、第三水雷戦隊（司令官伊集院松治大佐）に下される。

この時も米軍は日本艦隊の動きを察知しており、駆逐艦3隻で待ち伏せ、さらに3隻が駆け付けることになっていた。

しかし今回は、米艦隊の出現を日本側も知るところとなり、日本側の警戒隊（駆逐艦6隻）との海戦となる。

結果、日本側は「夕雲」を失ったのに対し、米軍は駆逐艦1隻が沈没、2隻が大破（1隻は戦闘中の衝突による）した。駆け付けるはずの3隻は間に合わなかった。

なお海戦中に、輸送隊（駆逐艦3隻）が６００名余りの守備隊を無事収容している。

第二次ベララベラ海戦で損傷した米駆逐艦。左は艦首下に魚雷を受け艦首を失った「セルフリッジ」。右は「シュバリエ」と衝突して損傷した「オバノン」

昭和18年10月17日～26日
連合艦隊の大散歩

10月6、7日、空母6隻を中心とする米機動部隊がウエーク島を空襲。同島にあった航空部隊はほぼ全滅。7日には艦砲射撃も加えられた。

連合艦隊司令部は、敵信傍受により米機動部隊の新たな作戦行動開始を予測し、古賀峯一長官はZ1号作戦を発動。これを受けトラック島にあった連合艦隊主力が、10月17日に出撃した。その兵力は第1航空戦隊の空母3隻、「大和」「武蔵」以下戦艦6隻、重巡10隻、軽巡3隻、駆逐艦7隻、タンカー1隻というものであった。

艦隊はマーシャル諸島のブラウン環礁で待機後、米軍のウエーク島再空襲に備えて同島海域に向かったが、結局米機動部隊は現れず、26日むなしくトラック島に帰投した。

貴重な燃料を消費しただけで、俗に「連合艦隊の大散歩」と呼ばれている。

そして帰投直後の28日には「ろ」号作戦が発動され、一航戦の艦載機はラバウルに進出、大打撃を受けることになる。

昭和18年10月21日
出陣学徒壮行会開催される

10月2日勅令により在学徴集延期臨時特例が公布され、全国の大学、高等学校、専門学校の文科系学生、生徒の徴兵猶予が停止された。

この措置により、12月に約10万の学徒が出征することになった。いわゆる「学徒出陣」で

昭和18年秋、ブラウン環礁に進出した連合艦隊。右から重巡「羽黒」、「利根」、空母「瑞鶴」、重巡「筑摩」

ある。

全国各地で出陣行事が開催され、10月21日には明治神宮外苑競技場において、東京、神奈川、埼玉、千葉77校の出征学徒2万5000名が参加した「出陣学徒壮行大会」が挙行された。

競技場は5万名の在学生で埋まり、その壮途を見送った。

その様子を伝えるニュース映画の場面はあまりに有名である。

学徒出陣により陸海軍に入隊することになった多くの学生は、高学歴者であるという理由から陸軍では幹部候補生、海軍では予備学生などとして、不足していた下級将校や下士官の充足にあてられた。

なお、日本軍の士官（将校）養成についてであるが、海軍の場合は「海軍兵学校」（他にも「海軍機関学校」、「海軍経理学校」がある）である。現在の東京大学入学よりも難しかったともいわれる。同校で4年間在籍の後、少尉候補生として遠洋航海（練習巡洋艦「香取」、「鹿島」、「香椎《かしい》」は、そのための艦であった）を終えると少尉に任官する。

陸軍の場合かなり複雑であるが、最もポピュラーな方法は陸軍幼年学校（3年）または中学校を卒業後、陸軍予科士官学校に2年在籍。その後、自らの出身地の連隊（原隊）で約8ヵ月勤務。そして陸軍士官学校で約2年在籍の後、再び原隊で見習士官として約4ヵ月勤務した後少尉に任官した。

昭和18年10月23日
ブインの海軍航空隊、ラバウルに撤退

前年10月に完成し、実質的にソロモン諸島の日本海軍航空隊の最前線基地になっていたブ

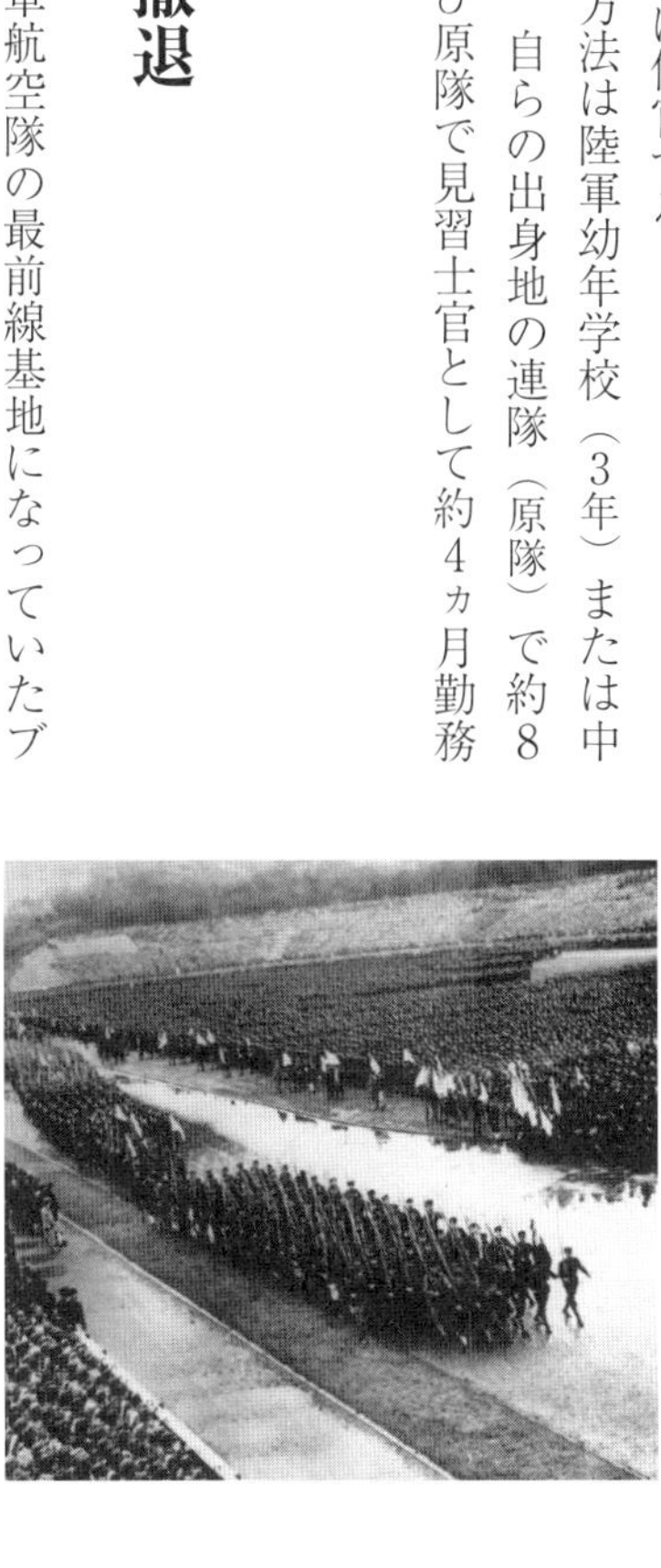
昭和18年10月21日、雨の明治神宮外苑競技場で行なわれた「出陣学徒壮行大会」。出征学徒2万5000名が参加、競技場は5万名の在校生で埋まった

イン飛行場も、同諸島における米軍の北進により、連日、数十機あるいは百数十機の空襲を受けていた。

ニュージョージア島、コロンバンガラ島にも飛行場が建設されたが米軍による空襲で機能せず、その後、ニュージョージア島ムンダ飛行場は米軍に占領されて拡張、整備され、逆にブイン飛行場空襲の拠点となっていた。

そしてその圧力に抗し得ず、ついにこの日、最後まで残っていた飛行隊もラバウルに引き揚げた。こうしてブーゲンビル島に残るのは陸上部隊だけとなる。

陸軍第一七軍（第六師団、第一七師団第八一連隊、南海第四守備隊など）と海軍第八艦隊（麾下陸戦隊、設営隊、第一根拠地隊など）で総勢約6万7000名。主力はブインにおかれた。

昭和18年10月25日　泰緬《たいめん》鉄道開通

大本営は、将来ビルマにおいて大規模な陸上戦を予想し、それに対応するには10個師団以上の兵力が必要と考えた。

当然それを支える補給が必要となるわけで、そのためにタイのバンコク西方からビルマのモールメン南方に到る泰緬鉄道の建設が決定された。

その距離415km。ほとんどが無人の大ジャングルであり、その間に数十の架橋や断崖の啓開《けいかい》を要する難工事であった。

建設に当たっては、南方軍の鉄道監部1個、鉄道連隊2個、鉄道材料廠1個を中心とし（約1万5000名）、これに現地人約10万、英・豪・蘭の捕虜約5万が動員された。

工事は昭和17年7月から始まったが、途中雨季にも入り難航した。また、マラリアと栄養

泰緬鉄道の建設作業に当たる連合軍の捕虜たち。英豪蘭の捕虜約5万名が動員され、1万名が犠牲となった

失調のため現地人3万名、捕虜1万名が犠牲となったことから、戦後、多くの日本人がB、C級戦犯として刑場の露と消えた。

しかし、その犠牲のもとに工事は驚異的なスピードで進み、10月25日泰緬鉄道は開通した。もしこの鉄道がなかったなら、19年後期以降のビルマ戦線は、さらに悲惨な状況になっていたといわれる。

なお、映画『戦場にかける橋』に出てくるクワイ河橋というのは当時は実在しないし、捕虜が技術協力したという事実もない（ただし、1960年に、映画で有名になったので「クワイ川鉄橋」と名称変更された橋がある）。

昭和18年10月28日 「ろ」号作戦発動される

南東方面を担当する第一一航空艦隊（司令長官草鹿任一中将）は、ソロモン方面とニューギニア方面の苦しい二正面作戦で戦力を消耗していた。このため再三にわたり、「い」号作戦に続き空母艦載機の同方面への進出を要請していた。

ニューギニアで苦戦中の陸軍第四航空軍も同様であった。

それまで米機動部隊が侵出してきた場合の決戦部隊であるとして、これに応じなかった連合艦隊も状況やむを得ずと判断。

10月28日、古賀峯一連合艦隊司令長官は、「ろ」号作戦を発動した。

これを受け11月1日、第三艦隊司令長官小澤治三郎中将は、第一航空戦隊の艦載機173機を率いてラバウルに進出。

またこの日の米軍のブーゲンビル島タロキナへの上陸を受け、第二艦隊（司令長官栗田健

「ろ」号作戦発動によりラバウルに集結した零戦隊

男中将）に対してもラバウル進出命令が下った。

　翌2日、基地航空部隊と協同、零戦89機、艦爆18機でタロキナ泊地を攻撃。軽巡1隻を損傷させるも、艦爆6機未帰還。

　午後には逆に、ラバウルに米陸上機の戦爆160機が来襲。115機が迎撃に上がり、17機を撃墜するも18機が未帰還となる。

昭和18年10月30日
第二方面軍を濠北に転用

　東部ニューギニアの戦況悪化を受け大本営は、17年6月に編成され満州にあった第二方面軍（軍司令官阿南維幾《あなみこれちか》大将）に西部ニューギニアを含めた濠北方面を担当させることにする。しかし、その地域は広大で、フィリピンとオーストラリアの間、つまりセレベス島、小スンダ列島、チモール島、ハルマヘラ島等を含む地域（第五、四八師団基幹の第一九軍が担当）に西部ニューギニアを加えたものであった。

　西部ニューギニアには第二軍（軍司令官豊島房太郎《てしまふさたろう》中将）をやはり転用して担当させることにし、豊島中将はマノクワリに司令部を置いた。12月25日、第三六師団がサルミに上陸。27日には、同師団の第二二二連隊を中心とする部隊がビアク島に上陸している。その後2個師団を送ろうとしたが、両師団とも輸送途上で米潜水艦の攻撃により大損害を受ける（後述する「竹輸送」）。結局、第三五師団がニューギニア最西端のソロン、第三二師団がハルマヘラ島に上陸、西部ニューギニアの戦闘に何ら寄与できなかった。また、東部ニューギニアの第一八軍を指揮下に置いた時期もあった（昭和19年3月25日〜6月20日）。

昭和18年11月1日
米軍ブーゲンビル島タロキナに上陸

ニュージョージア島、ベラベラ島と地歩を進めた米軍は、いよいよブーゲンビル島に侵攻。しかし米軍は、ニュージョージア島ムンダ飛行場の争奪戦の苦い経験からブーゲンビル島ではブイン飛行場を狙わなかった。

ブイン周辺にはムンダの数倍の日本軍が存在しており、さらにジャングル地帯での飛行場奪取は多くの日数を要し、多大な損害を生むことをムンダでの教訓で知り得たのである。

こうして米軍は11月１日、ブインから１００km余り離れジャングルで隔てられた西海岸のタロキナに第三海兵師団、ニュージーランド軍１個旅団３万４０００名を上陸させた。

そこに、新たに複数の飛行場を建設することが目的であった。

日本側にとってはタロキナに航空基地ができれば、同地からラバウルまで４００kmしかなく、当然小型機の大挙空襲を受けることになり、南東方面最大の根拠地を失うことにもつながる。

ラバウルにあった南東方面艦隊、そして連合艦隊も全力を挙げてその阻止のため行動を起こすのである。

しかし、タロキナには日本軍はほとんど守備隊を置いていなかった。

しかも上陸した敵を１個連隊程度と誤判断し、第二三連隊２２００名でもって７日から９日にかけて攻撃するも当然のことながら失敗。

その後米軍はやすやすと３つの飛行場を建設。ラバウル空襲の大きな足掛かりとするのである。

昭和18年11月1日、ブーゲンビル島タロキナに上陸する米海兵隊

昭和18年11月2日
ブーゲンビル島沖海戦

11月1日、米軍はブーゲンビル島タロキナに上陸。

しかし上陸船団を支援するのは、アーロン・メリル少将指揮の第39任務部隊（軽巡4、駆逐艦8）と第5艦隊から派遣されたフレデリック・シャーマン少将指揮の第38任務部隊（空母「サラトガ」「プリンストン」中心）であり、決して十分な兵力とは言えなかった。これは同時期、米海軍はギルバート諸島攻略を準備しており、作戦が始まれば日本艦隊は救援のためトラックから同諸島方面に進出してくるものと判断していたためである。しかし連合艦隊は先述の「大散歩」で大量の燃料を消費したため、全艦隊あげての作戦は無理であった。

さらに上陸部隊は、中部ソロモンに展開していた航空部隊の傘によって守られていた。

ガダルカナル島への米軍上陸時の三川軍一中将と同様に、南東方面艦隊司令長官草鹿任一中将は、ラバウルにあった重巡2、軽巡2、駆逐艦6で襲撃部隊を編成、第五戦隊司令官大《おお》森《もり》仙《せん》太《た》郎《ろう》少将がこれを指揮した。

夜間、日本艦隊の泊地への殴り込みに対応できる部隊は、メリル艦隊しかなかった。

メリル少将は無理をせず、日本艦隊を退かせるべく麾下の部隊を指揮した。

戦力的には重巡2隻を擁する日本艦隊が有利といえたが、米軍はレーダー射撃によって戦いを有利に展開。味方同士の衝突まで起こしてしまった日本艦隊は、軽巡「川内」と駆逐艦1隻が沈没。米軍に与えた損害は駆逐艦1隻大破だけで、泊地突入もならなかった。

それを受け古賀長官は、栗田健男中将指揮の第二艦隊主力にラバウルへの進出、再度のタロキナ泊地突入を命令するのである。

大森少将は不適切な戦闘指導の責任を問われ、第五戦隊司令官を解任されている。

昭和18年11月5日〜6日
「大東亜会議」開催される

東京において日本（東条《とうじょう》 英機《ひでき》首相）、満州国（張景恵《ちょうけいけい》国務総理）、中華民国（汪兆 銘《おうちょうめい》行政院長）、タイ（ワンワイタヤコン殿下）、ビルマ（バー・モウ首相）、フィリピン（ホセ・ラウレル大統領）6ヵ国と、オブザーバーとして自由インド仮政府（チャンドラ・ボース首班）が集まり、大東亜会議が開催された。アジアの諸民族代表が初めて一堂に会した歴史的意義は大きいといえる。

米英の大西洋憲章の論理に対抗し6日採択された共同宣言の内容（共存共栄、自主独立、人種的差別の撤廃など）は、戦後の昭和30年、インドネシアのバンドンで開かれた第1回アジア・アフリカ会議での宣言に受け継がれている。

昭和18年11月6日、大東亜会議に参加した各国代表。左からバー・モウ首相（タイ）、張景恵首相（満州）、汪兆銘行政院長（中華民国（南京）国民政府）、東条英機首相（日本）、ワンワイタヤコン殿下（タイ）、ホセ・ラウレル大統領（フィリピン）、チャンドラ・ボース首班（自由インド仮政府（オブザーバー））。帝国議事堂前での記念撮影

昭和18年11月5日
第二艦隊、ラバウルで米艦載機の空襲を受ける

ラバウルへの進出命令を受けた第二艦隊司令長官栗田健男中将は、重巡7、軽巡1、駆逐艦4を率いてトラック泊地を出撃、5日早朝ラバウルに入港した。

しかし前日、米軍に発見されており、ラバウル港でタロキナ泊地突入に向けて給油中、ハルゼー大将麾下シャーマン少将指揮の第38任務部隊（空母「サラトガ」、軽空母「プリンストン」中心）の艦載機約100機の攻撃を受けた。

ラバウルが米艦載機の攻撃を受けるのは初めてであった。零戦71機が迎撃、防戦に努めたが、重巡5隻が中小破される。5機未帰還。結局タロキナ泊地突入は断念され、第二艦隊は即日トラックへ引き返した。米軍は10機を失った。

なお、この米機動部隊に対し艦攻14機が薄暮攻撃を実施したが4機を喪失、戦果はなかった（第一次ブーゲンビル島沖航空戦）。

昭和18年11月11日
第三次ブーゲンビル島沖航空戦

11月8日、タロキナ沖の米艦船群に対し攻撃が反復される。昼間攻撃で零戦71機、艦爆26機。薄暮攻撃で艦攻13機、陸攻14機。夜間攻撃で艦攻7機、陸攻4機が出撃。

戦果は軽巡1隻と輸送艦1隻に損傷を与えただけで、29機を失った（第二次ブーゲンビル島沖航空戦）。

11日、5日のラバウル空襲の結果に満足し自信を持ったハルゼー大将は、さらなる戦果拡大を意図、新たにアルフレッド・モンゴメリー少将指揮の第50・3任務部隊（空母「エセックス」「バンカーヒル」、軽空母「インディペンデンス」中心）の増援を受け、再度ラバウルを空襲した。

185機が来襲、これを零戦107機が邀撃した。結果駆逐艦1隻が撃沈され、同1隻と軽巡「阿賀野」が大破、零戦10機を失う。

米機動部隊に対し、日本側も戦爆雷71機が出撃。しかし多数の邀撃戦闘機とVT信管内蔵

米機動部隊の艦載機による空襲を受けるラバウル港。在泊艦船が湾外に脱出を図っている

の対空砲火により、35機が未帰還となり戦果は全くなかった。

第50・3任務部隊は、ラバウル空襲と邀撃戦闘で11機を失っただけだった。

翌12日、古賀長官は「ろ」号作戦の終了を指示。一航戦飛行隊は、13日トラックに帰還した。

10日間の「ろ」号作戦で、一航戦は機体の70％、搭乗員の50％を失った。

レーダー性能の向上、ＶＴ信管の使用、戦闘情報センターからの適確な護衛戦闘機への指揮など、米機動部隊は飛躍的に防御力を向上させていた。

この度の航空戦の結果は、翌年6月のマリアナ沖海戦でさらに拡大されて現出するのである。

昭和18年11月15日
海上護衛総隊創設

開戦前、日本は海上交通路（シーレーン）の保護についての認識が低かった。

しかし、ガダルカナル争奪戦の頃から、その重要性への認識が高まる。

開戦時日本の船舶保有量は約６００万総ｔであったが、その喪失の累計が２５０万ｔに達した18年11月、ようやく護衛部隊の再編と強化が図られた。

海上護衛総隊が創設され、司令長官に及川《おいかわ》古志《こし》郎《ろう》大将が任命される。

しかし当初は、旧式駆逐艦13隻、海防艦10隻、水雷艇2隻という戦力にすぎなかった。

それでも簡易量産型の海防艦がその後次々に竣工、19年4月頃には数の上では飛躍的に拡大される。しかしその性能は低く、浮上してきた米潜水艦の砲撃で撃沈されるという例もあったという。

海上護衛総隊司令長官に任命された及川古志郎大将

海上護衛総隊の創設から終戦までに、さらに約５５０万総ｔの船舶が沈没。

日本の商船隊は、太平洋を墓場にほぼ壊滅した。

昭和18年11月19日～29日
ギルバート諸島来攻の米軍への反撃

11月19日ギルバート諸島沖に現れた米艦隊は、チャールズ・パウナル少将指揮の高速機動部隊である第50任務部隊（正規空母6、軽空母5、戦艦6、重巡3、軽巡2、駆逐艦21）、リッチモンド・ターナー少将指揮の第54任務部隊（護衛空母11、旧式戦艦7、巡洋艦12、駆逐艦75、上陸部隊とその物資を運ぶ艦船約２００隻）であった。

開戦から2年、アメリカは山本五十六が予見した通り、大艦隊を太平洋に進出させてきたのである。

総指揮官は、中部太平洋艦隊司令長官レイモンド・スプルーアンス中将。この部隊はこの後、マリアナ、フィリピン、沖縄とさらに強大になっていく。

また、米軍の指揮官と幕僚は、定期的に入れ替わった。つまりスプルーアンスとハルゼーである。19年3月以降スプルーアンスが指揮するときは第5艦隊、ハルゼーの時は第3艦隊と呼び変えた。

米軍のギルバート諸島来攻を受けた時、日本海軍は先述の「連合艦隊の大散歩」によって大量の燃料を消費したため全艦隊をあげての出撃が

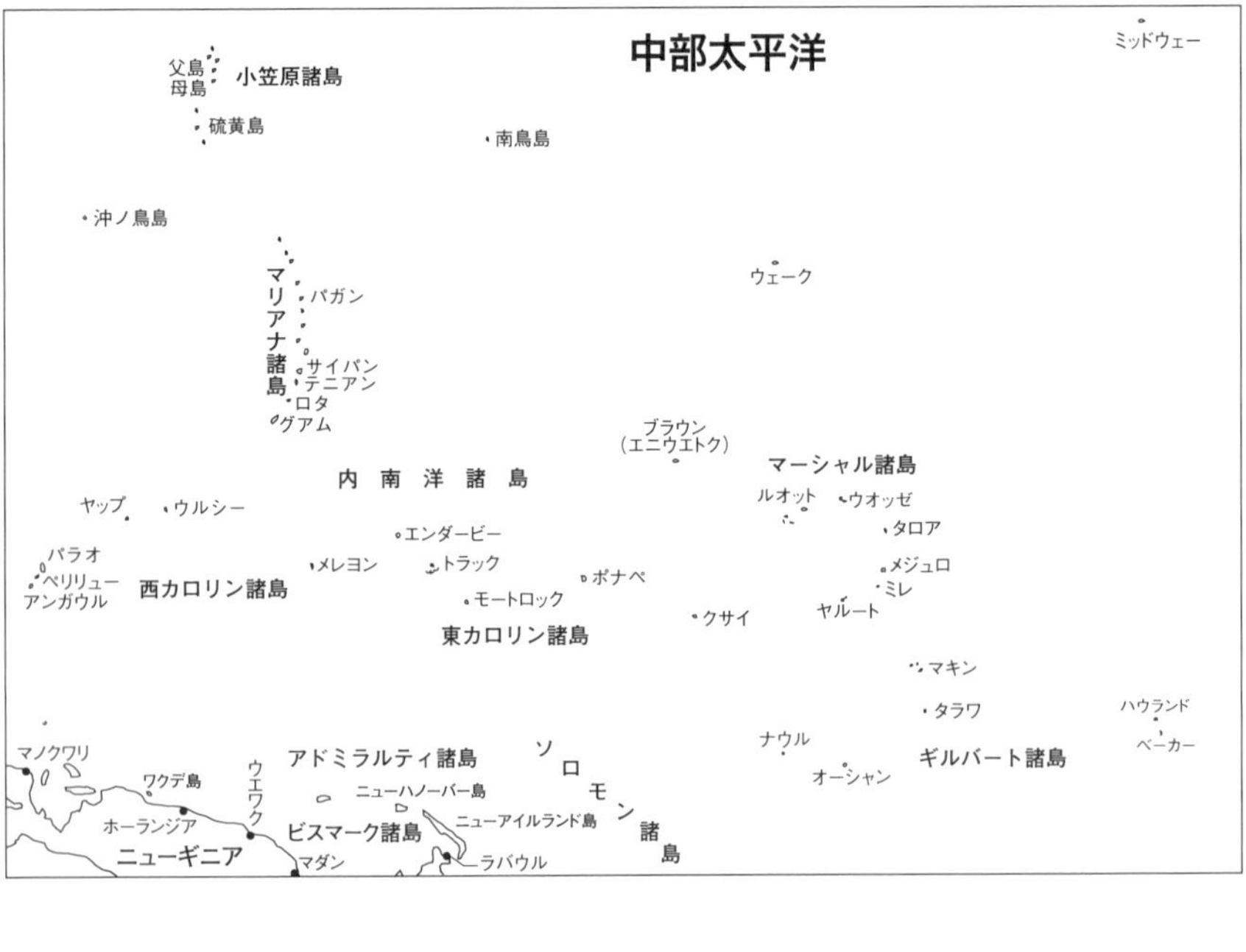

不可能であり、また「ろ」号作戦で艦載機が大損害を受けており、やはり作戦不能であった。もっとも、仮に「大散歩」や「ろ」号作戦がなくても、先述の米艦隊に対抗できる戦力ではなかった。

結局、周辺の弱小な基地航空部隊と第六艦隊の潜水艦による反撃しかできなかったのである。

基地航空部隊による攻撃［ギルバート諸島沖航空戦］

主にクェゼリン環礁のルオット、マロエラップを基地として、第二二航空戦隊司令官吉良《きら》俊一《しゅんいち》少将指揮のもと19日から29日まで、連日陸攻、零戦が出撃したものの、攻撃は五月雨式で出撃機数は延べ150機余り。約60機を失った。

そして同時期に展開されたブーゲンビル島沖航空戦同様、戦果の誇大報告がなされる。空母8隻撃沈というものであった。事実は、軽空母「インディペンデンス」に魚雷を1本命中させただけだったのである。しかし同艦は修理のため半年間、戦列復帰できなかった。

潜水艦部隊による攻撃

第六艦隊は同海域に9隻の潜水艦を派遣し、米機動部隊の攻撃を命じた。

しかし、23日から27日のわずか5日間に6隻を失っている（23日伊三五潜、24日呂三八潜、25日伊三九潜、26日伊一九、四〇潜、27日伊二一潜）。

ただ24日、伊号第一七五潜水艦だけが護衛空母「リスカム・ベイ」を撃沈している。

新編成された強力な米機動部隊に対する潜水艦による襲撃は、きわめて可能性が低いことが証明されたのであるが、続くマリアナ沖海戦（13隻沈没）、レイテ沖海戦（6隻沈没）でも同じことが繰り返されるのである。

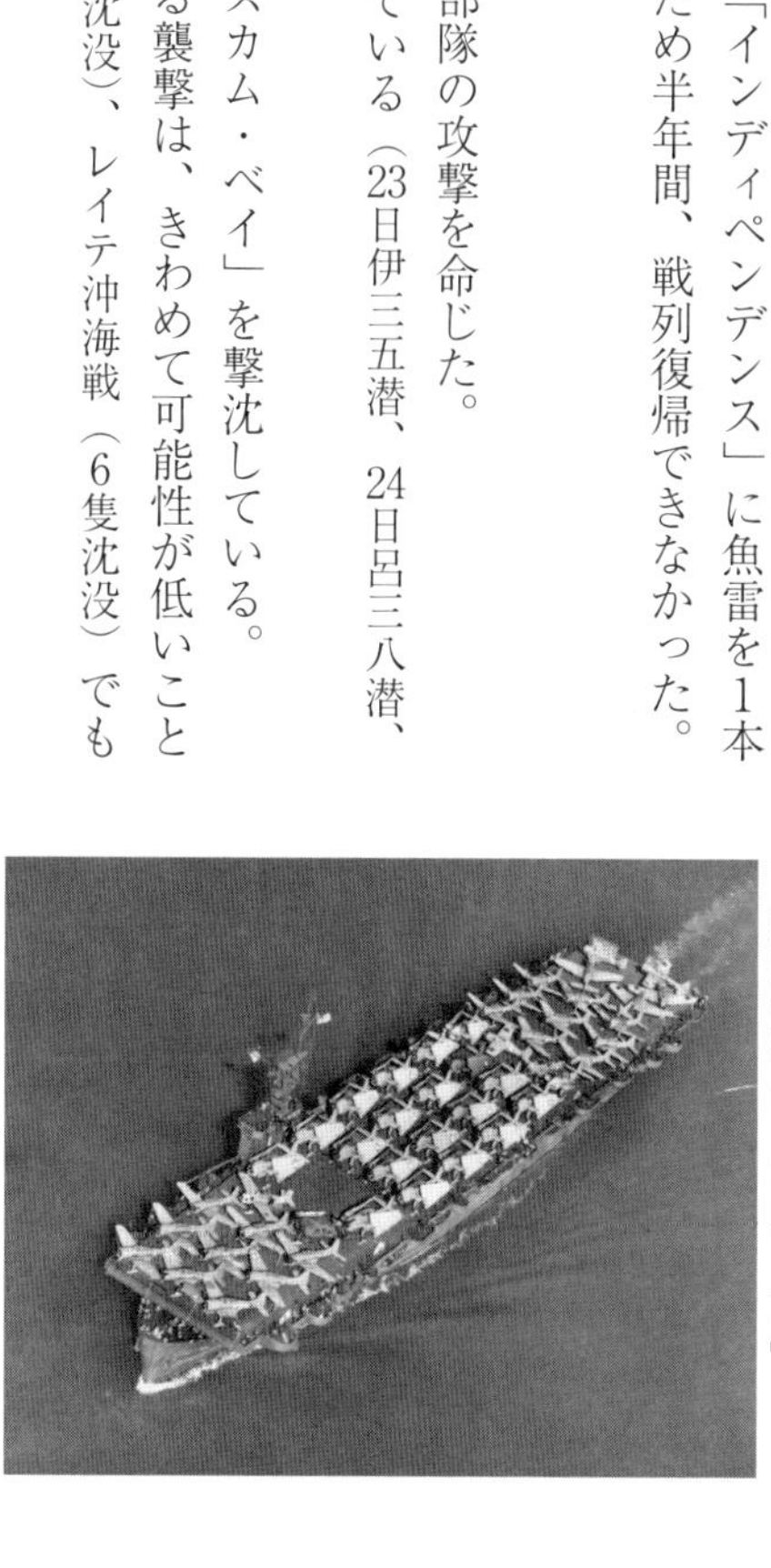
伊一七五潜がギルバート諸島沖で撃沈した米護衛空母「リスカム・ベイ」

昭和18年11月23日
タラワとマキン島の日本軍守備隊玉砕

ギルバート諸島は南北８００km、多くの環礁から構成され、開戦時はイギリス領であった。日本軍はその北部にあるタラワ環礁とマキン環礁に守備隊を配置していた。主力は、飛行場を持つタラワ環礁のベティオ島に第三特別根拠地隊司令官柴崎恵次《しばざきけいじ》少将指揮の約４６００名。水上機基地であったマキン島には、その分遣隊約７００名が置かれた（いずれも半数は設営隊員）。

ベティオ島は東西約４km、南北最大幅６００mという小島であるが、水際に半地下式の多数のトーチカを中心とする半永久陣地を構築していたこと、海岸砲14門、高角砲12門、その他18門、戦車８両等重装備であったことから、柴崎司令官は「１００万の敵が来攻しても占領は不可能」と述べたという。

11月19日より事前砲爆撃が始まり、そして21日早朝、米第2海兵師団1万８０００名が上陸を開始した。しかし守備隊の反撃により、上陸第一～三波の水陸両用車（ＬＶＴ）部隊が大損害を受ける。当時米軍は十分な数のＬＶＴを保有しておらず、後続の第四波以降は一般的な上陸用舟艇であった。それにより海岸まで５００mの地点で珊瑚礁のため艇を降り、徒歩で上陸しなければならなかった。その海兵隊員たちに、守備隊の銃砲撃が集中した。

しかし、この日上陸した米軍はわずかではあるものの橋頭保を確保。逆に日本側は、司令部が直撃弾を受け、柴崎少将以下が戦死して統一指揮が出来なくなり、各陣地ごとの戦闘になってしまう。

22日、米軍増援部隊が守備隊の反撃を受けながらも上陸。極小な島であり、内陸戦となる

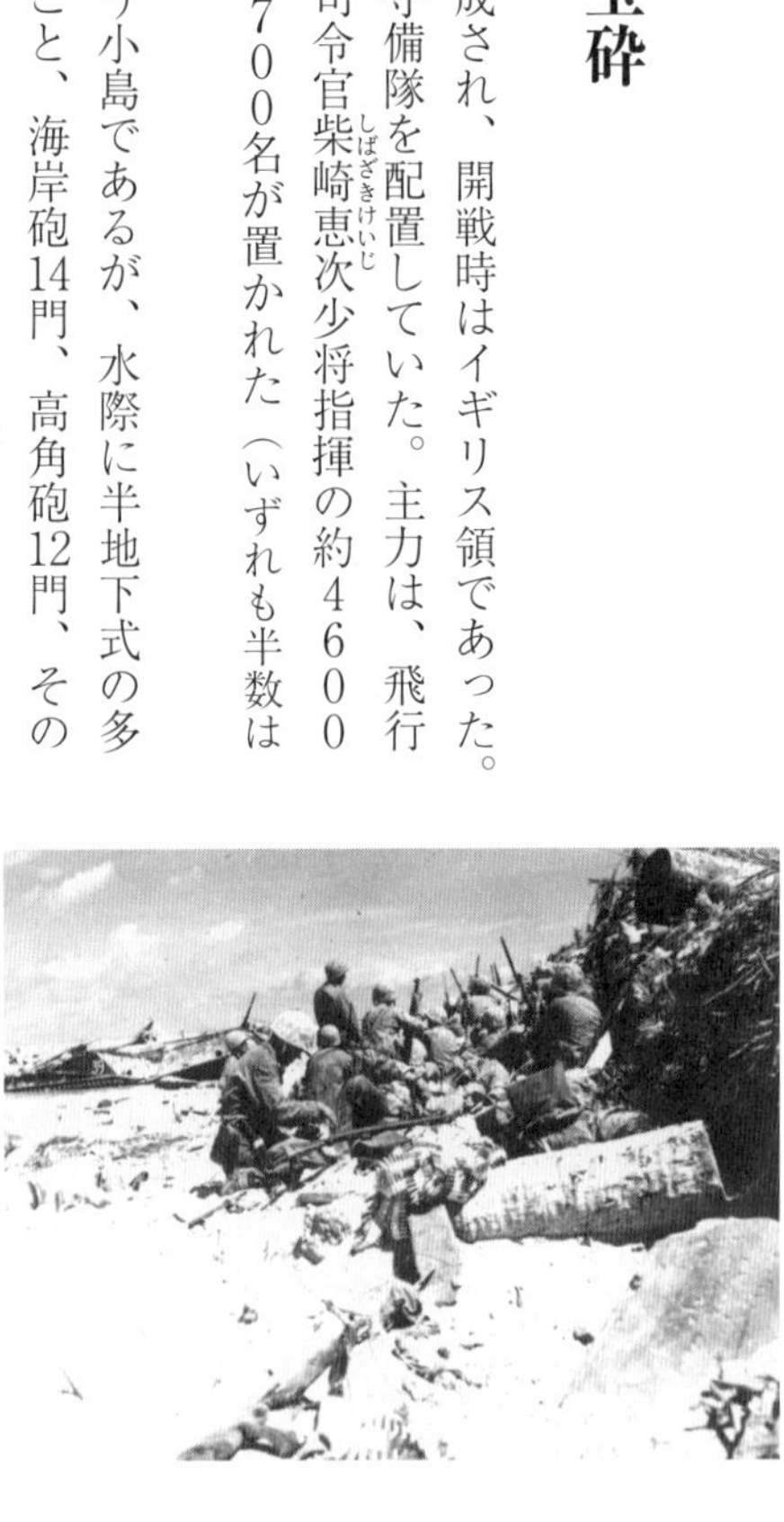

タラワ環礁に上陸した米海兵隊員。日本軍４６００名が守るタラワの占領に米軍は３３００名の戦死傷者を出している

と寡兵の守備隊に勝ち目はなかった。23日になると掃討戦となり、同日夜最後の突撃を行い、守備隊は玉砕した。

しかし、米軍も3300名の戦死傷者を出し、この戦いを「恐怖のタラワ」と呼んでいる。

マキン島には、陸軍第二七師団6500名が21日に上陸。そしてやはり、23日に玉砕している。

昭和18年11月25日
セントジョージ岬沖海戦

11月5日、11日の米機動部隊による空襲で第二艦隊、第二水雷戦隊、第十戦隊はトラックへ引き上げ、ラバウルに残るのは第三水雷戦隊（司令官伊集院松治少将）のみとなった。その任務も戦闘ではなく、ブーゲンビル島北東端のブカ島やラバウルのあるニューブリテン島中部への輸送であった。

そしていよいよブカ島への米軍の侵攻も懸念されるようになり、陸軍部隊の増強が図られる。合わせて航空戦力を消耗しきった海軍航空部隊をラバウルに後退させることになる。

この任に当たったのが三水戦であった。

ガダルカナル島戦以来、同じことの繰り返しである。制空権がないため輸送船の使用は無理であり、結局駆逐艦を中心とする高速艦艇による点滴式の輸送にならざるを得ず、輸送船団を堂々と接岸させ大部隊を上陸させる米軍に抗し得るはずがなかった。

駆逐艦5隻による11月21日の第1回目は成功した。

しかし第2回目、25日午前0時頃ブカ島からの帰路についていた日本の駆逐艦5隻に対し、セントジョージ岬南東の海面で米駆逐艦5隻がレーダーによる奇襲攻撃を加え、「大波《おおなみ》」

セントジョージ岬沖海戦で米駆逐艦部隊のレーダー射撃により撃沈された駆逐艦「夕霧」

「巻波《まきなみ》」が雷撃で、「夕霧《ゆうぎり》」が砲撃で撃沈される。

ガダルカナル島の戦いが始まって以来、ソロモンの海域では日米両艦隊による夜間水上戦闘が数多く戦われた。米軍にはレーダーがあり、この間その性能も飛躍的に進歩させてきた。対する日本海軍も逆探なども開発したが、所詮目の見える者と見えない者の戦いであったといえる。

それでも五分五分以上の勝負をし続けてきた。日本海軍の、特に水雷戦隊の夜戦能力は世界随一であったといって過言ではない。

仮に米軍にレーダーがなく、もしくは日本側にレーダーがあれば、ソロモンの海上戦闘はもっと違ったものになっていたことは間違いない。

ソロモン方面での最後の水上戦闘となったこの海戦は、日本側の完敗に終わった。

また、南東方面における駆逐艦輸送も、この日をもって実施されなくなるのである。

昭和18年12月1日 カイロ宣言発表される

太平洋戦争の推移を受け、11月22日からエジプトのカイロにおいてアメリカ大統領フランクリン・ルーズベルト、イギリス首相ウィンストン・チャーチル、中国国民政府主席蔣介石が会談。

12月1日、その合意内容が世界に発表された。

日本の無条件降伏まで戦争継続を宣言。また、満州、台湾、澎湖諸島の中国への返還、朝鮮の独立、日本が第一次世界大戦以降手に入れた領域の剝奪などを明記した。

この宣言の内容がその後の連合国の対日基本方針となり、ポツダム宣言に継承されていく。

カイロ会談の出席者たち。左から蔣介石主席（中国国民政府）、ルーズベルト大統領（米）、チャーチル首相（英）、蔣介石夫人の宋美齢

昭和18年12月3日
第六次ブーゲンビル島沖航空戦

「ろ」号作戦が終了し一航戦がトラックへ帰還した後も、基地航空部隊によるタロキナ方面への航空攻撃は継続されていた。一航戦と入れ替わりに第一二航空艦隊より、戦爆雷53機がラバウルに進出したのだ。

11月13日、陸攻12機による夜間雷撃により軽巡「デンバー」を大破、2機未帰還（第四次ブーゲンビル島沖航空戦）。

17日、陸攻9機、艦攻7機による夜間雷撃により輸送艦1隻撃沈、5機未帰還。その後零戦56機、艦爆11機で黎明攻撃するも戦果なし、10機未帰還（第五次ブーゲンビル島沖航空戦）。

そして12月3日には、陸攻6機、艦爆17機、艦攻11機が薄暮攻撃を実施するもやはり戦果なく、10機が未帰還となった。

この日をもって一連のブーゲンビル島沖航空戦は終了した。結局、タロキナにおける米軍の飛行場建設を阻止することはできず、17日から同地を基地とする米軍機によるラバウルへの空襲が始まる。

ところで第一次から第六次までの大本営発表を総合すると、米軍の空母8、戦艦5、巡洋艦13、駆逐艦4、輸送船7を撃沈したことになる。実際は先述の如くである。

その後も続く極端な戦果誤認はなぜ起こったのか。複数の理由が考えられている。

一つは艦型の誤認が挙げられる。開戦後米海軍が建造した新型艦についての資料が乏しく、たとえば大量に建造された輸送艦（ＬＳＴ等）は甲板上に構造物が少なく、空母と見間違えやすかった。

ブーゲンビル島沖航空戦においては薄暮、夜間攻撃が多かったが、その際の対空砲火の閃光や砲煙、自爆機の火災や水柱は命中弾と誤認しやすかった。

戦闘中の搭乗員は極限の精神状態であり、訓練では経験しておらず、冷静に識別することは極めて困難であった。

現地司令部が搭乗員の報告をそのまま鵜呑みにしたこと。

大本営もそれを修正する根拠がなく、そのまま発表せざるを得なかったこと等である。

当時軍令部作戦部長だった中沢佑少将は、以下のように回想している。ブーゲンビル、ギルバート航空戦での戦果に疑問を持ち、連合艦隊司令部に戦果確認について一層の配慮を求めたが、福留参謀長から「軍令部はいかなる根拠を以て連合艦隊が報告した戦果を削除しようとするのか」と強く抗議されたという（ちなみに同参謀長は台湾沖航空戦で第二航空艦隊司令長官として陣頭指揮しているが、世に有名な大誤報を報告している）。

情報担当の軍令部第五課は戦果はほとんどないと判断しており、中沢は作戦部に現地戦果の三分の一程度が実際の戦果と考えるよう指導したという。

この海軍の戦果に触発された第八方面軍司令官今村均中将は、ブーゲンビル島の第一七軍にタロキナ攻撃を命ずるのである。台湾沖航空戦後に陸軍がレイテ決戦に方針変換したのと同じ構図であった。

ブーゲンビル島沖航空戦当時の軍令部作戦部長・中沢佑少将。現地部隊の過大な戦果報告に疑問を持っていたという

昭和18年12月4日
空母「冲鷹」沈没

空母「大鷹」「雲鷹《うんよう》」「冲鷹《ちゅうよう》」はそれぞれ日本郵船の欧州航路客船「春日丸」「八幡丸」「新《にっ》田《た》丸《まる》」を改造して16年9月から17年11月にかけて就役させた護衛空母である。

排水量は1万9000t〜2万tで船体こそ大きかったが、速力は21ノットと低速であった（搭載機23〜26機）。

ガダルカナル島をめぐる戦いが始まり、ラバウルを中心として大量の航空機をソロモン方面へ送るに当たり、その輸送の任にあたったのが本級である。輸送任務であれば、戦闘機なら70機余りを搭載できた。

「大鷹」9回、「雲鷹」12回、「沖鷹」13回、それぞれ内地（主に横須賀）とトラック島間を往復している。トラック島からラバウルまでは飛行しての移動であった。

米海軍の護衛空母は日本のそれよりも小型かつ低速であるのに自艦の艦載機を持ち、船団護衛や陸上戦闘支援に大いに活躍した。それに比べ日本の場合は固有の艦載機を持つことなく、上記のようにもっぱら航空機の輸送に使用された。

これは米空母はカタパルトを使用していたのに対し、日本海軍にはそういう発想がなかったこと。また、着艦制動装置も米海軍に比べ性能が劣っていたこと。つまり、母艦への発着艦は日本の空母の方が難しかったことが理由として挙げられる。

高度な技術を必要とする母艦搭乗員の激しい消耗により、一線級空母ですら未熟な搭乗員しか配置されず、まして低速での小型の護衛空母からの発着艦はより以上の技量が求められ、結局配置できる搭乗員がいなかったのである。

海上護衛総隊が編成された後はこれに編入され、少数機を積んで本来の任務となったが、米潜水艦を駆逐するどころか、護衛艦艇の対潜能力の低さから次々と撃沈されていく。

その最初の犠牲になったのが、この日の「沖鷹」であった。

昭和18年12月4日、八丈島沖で米潜「セイルフィッシュ』雷撃を受けた空母「沖鷹」。トラックから故障機を運搬中に雷撃を受けた。写真は2本の魚雷が命中後、後進で帰投を図っているところで、このあと3本目の魚雷が命中、商船改造空母最初の喪失艦となった

昭和18年12月5日
マーシャル諸島沖航空戦

ギルバート諸島での作戦を終えた第50任務部隊に、次の攻略目標であるマーシャル諸島の日本軍航空基地攻撃が命令される。

司令官チャールズ・パウナル少将は4群の機動部隊のうち、第1、3任務群（正規空母4、軽空母2、重巡5、軽巡5、駆逐艦11）を率いて、12月5日約400機の艦載機でもってマーシャル諸島クェゼリン環礁の航空基地、艦船を攻撃した。ブーゲンビル島沖航空戦、ギルバート諸島沖航空戦での戦果を信じていた日本軍には完全な奇襲となった。

同地にあった第二四航空戦隊（司令官山田道行少将）は零戦53機で迎撃するも、空中戦と地上撃破で零戦、陸攻、水上機など約50機を失い、在泊していた輸送船など6隻が沈没、軽巡「五十鈴」「長良」も損傷した。

また、「天山《てんざん》」艦攻6機、陸攻17機で米機動部隊を攻撃したが、空母「レキシントン」に魚雷1本を命中させたものの、8機が帰還しなかった。

先月のギルバート諸島航空戦に続いたこの度の戦いで、マーシャル諸島の日本海軍航空部隊は大きくその戦力をそがれてしまうのである。

昭和18年12月15日
米軍、ニューブリテン島マーカス岬に上陸

南太平洋方面の日本軍の最大拠点ラバウルのあるニューブリテン島への米軍の侵攻が始ま

マーシャル諸島沖航空戦で、米空母「レキシントン」に肉薄するも、同艦の対空砲火に左翼を吹き飛ばされ撃墜される五三一空の艦上攻撃機「天山」

る。同島は東西に長細いバナナのような形の島であるが、米軍は東端にあるラバウルとは逆の西部に上陸してくる。

12月15日、南西岸のマーカス岬に陸軍2000名が上陸、日本軍守備隊はわずか400名であった。さらに26日には北西岸のツルブに米第1海兵師団2万名が上陸、同地では第六五旅団長松田《まつだ》巌《いわお》少将率いる第一七師団の松田支隊が抵抗を続けるも2000名以上の戦死者を出す。

両地の米軍に対しラバウルや東部ニューギニアのウエワクなどから、陸海軍航空部隊が再三攻撃をかけるも撃退することはできなかった。

翌年1月20日には、第八方面軍は松田支隊に島中部への撤退を命令。2月27日には、増援を受けマーカス岬に踏みとどまっていた守備隊にもラバウルへの撤退命令が出る。この部隊が第一七師団の殿《しんがり》を務めることになる。

しかし米軍は、陸海軍10万が立てこもっているラバウルを占領することはしなかった。2月29日、米軍はラバウルの北東にあるアドミラルティ諸島に上陸しこれを占領。同年2月17日から18日にかけての米機動部隊によるトラック空襲と合わせ、ラバウルは完全に孤立、無力化され、戦略的価値を失っていく。

昭和18年12月20日
伊号第八潜水艦、ドイツより帰還

第二次世界大戦において、同盟国であった日本とドイツが協同して戦った例は、ペナン島を基地としてインド洋における潜水艦による交通破壊戦であった。

18年秋以降10隻程度のUボートが日本の第八潜水戦隊と協力して活動した。

またそれとは別に、日本潜水艦が人員、機密兵器、希少物資の交流などを目的としてはるばるドイツを訪れている。その第2艦目が、伊号第八潜水艦（艦長内野《うちの》信二《しんじ》大佐）であった。同艦出発前に、ドイツ側から最新鋭のUボート譲渡の申し入れがあった。ドイツの希望はこの艦を参考に多数の潜水艦を建造し、日本海軍ももっと交通破壊戦に本腰を入れてもらいたいということであったのだ。

そのUボートを受け取り日本へ回航する乗員を運ぶことが、伊八潜の往路における目的であった。そのため旗艦設備のある大型の本艦が選ばれたのである。

6月1日、回航員51名を乗艦させて呉を出港。シンガポール経由7月7日ペナン発。喜望峰から大西洋に入り、8月31日ドイツ占領下フランスのブレスト港に入港した。艦長以下の幹部はベルリンに招待され、ドイツ海軍総司令官カール・デーニッツ大将と面会、乗組員たちもパリなどでドイツ側の大歓迎を受けた。

10月5日、ブレスト港を出港。シンガポール経由12月20日、無事呉に帰投している。しかし、無事に往復できたのは第2回の伊八潜だけだった。

第1回伊三〇潜は帰路シンガポールで触雷、第3回伊三四潜は往路ペナン沖で英潜水艦の雷撃、第4回伊二九潜（艦長は伊一九潜で米空母「ワスプ」を撃沈した木梨鷹一《きなしたかかず》中佐）は帰路台湾海峡で米潜水艦の雷撃、第5回伊五二潜は往路ビスケー湾で米護衛空母の艦載機により撃沈されている。

なお譲渡されたUボートは、伊八潜によって運ばれた乗組員が乗艦し19年3月30日ドイツを出発、日本を目指したが途中で消息を絶った。

昭和18年8月31日、ドイツ占領下のフランス・ブレスト港に入港、Uボート用ブンカー（鉄筋コンクリート製の防空格納施設）に入る伊八潜

昭和19年1月16日

伊号第一八一潜水艦撃沈される（東部ニューギニアへの潜水艦輸送の終わり）

潜水艦の最も愚劣な使用法、それは輸送任務である。17年11月下旬のガダルカナル島へのものからそれは始まり、12月からは東部ニューギニアにも向けられる。そしてそれは、19年1月まで続けられるのである。

18年2月上旬まではブナ地区、その後はラエ地区へ。「ダンピールの悲劇」後は水上艦艇による輸送はいよいよ困難となり、背に腹は代えられず潜水艦が駆り出された。

しかし、所詮潜水艦で運べる量は微々たるものである。最も多かった18年5月で、延べ19隻の潜水艦により、食糧、弾薬等450t、人員1100名という数字が物語っている。

連合軍の侵出、日本軍の後退により、潜水艦の接岸地も10月からはフィンシュハーフェン、キアリの東シオ、さらに西方のガリへと後退。

そして19年1月16日、ガリへ向かっていた伊一八一潜が撃沈され、これをもって東部ニューギニアへの潜水艦輸送は終わりを告げる。この間、米魚雷艇の妨害を受けながら、輸送を成功させた潜水艦は延べ140隻。伊三八潜にいたっては、23回この任務に従事している。被害は伊一八一潜と初期の伊四潜の2隻だけだったが、長期間にわたり戦果なき多大な労力を費やしたのである。

昭和19年1月17日 ラバウル防空戦の1日

18年11月1日、米軍はブーゲンビル島タロキナに上陸した。その目的は島全体を占領することではなく、ラバウル空襲の前進基地を設けることにあった。

11月中に、2ヵ所の飛行場を完成させる。そして12月中旬以降、本格的なラバウル空襲が始まった。

この頃になると米軍は、P38「ライトニング」に加え、F4U「コルセア」、F6F「ヘルキャット」など高性能戦闘機を次々と実戦配備。パイロットの技量も向上し、しかも彼らは定期的に後方にさがって十分な休養を取ることができた。

これに対して日本海軍も、「零戦」の性能向上型である五二型を使用していたが、同じ艦上戦闘機であるF6Fに比べても性能面で大きく劣っていた（エンジンを940馬力から1130馬力に増大させ、最高速度は564㎞に向上）。

しかも搭乗員たちは連日の戦闘を余儀なくされ、後方にさがって休養など望むべくもなく、ソロモンの空は「搭乗員の墓場」といわれた。

しかしこの時期、数の上でも劣勢でありながら、少なくともラバウル上空での邀撃戦については連合軍に負けてはいなかった。

年が明け1月になると、ラバウルへの来襲機は100機以上となり、200機を超える日もあった。

そのような状況下の17日、戦爆連合91機の米軍機がラバウルに来襲（この日は故障のため引き返す機が多かった）。これに対し79機の零戦が邀撃に飛び立った（この日はたまたま機体の

昭和18年から配備が始まった米新鋭戦闘機F4U「コルセア」。写真はソロモン方面で活躍した米海軍第17戦闘飛行隊のエース、アイラ・ケップフォード中尉の乗機。16個のキル・マークが分かる

整備状況がよく、多数機を出撃させることができた）。

結果、米軍機12機を撃墜、日本側は全機帰還した。

なお両軍の戦果発表は、日本側は71機、米軍側も32機の撃墜を報じている。

この日の空戦には、戦争中陸海軍を通じてナンバーワンのエースパイロットとして知られる岩本徹三《いわもとてつぞう》飛曹長も参加していて、P38を1機とF4U4機の撃墜を申告しているが、この日の空戦全体を通じて撃墜されたF4Uは1機だけであった。超ベテランの搭乗員でさえこうであったのである。

海戦における戦果確認ほどではないにしろ、空戦においても正確な戦果確認は難しく、敵味方ともお互いに誇大になってしまうのが常であった。

1月中にラバウルに来襲した連合軍機は、全機種合わせて延べ288機で、喪失機数は100機。それに対し迎撃した零戦は延べ1525機で、喪失は71機であった。

戦闘機以外の撃墜、対空砲火による戦果を考慮しても、まず、5分5分の勝負であったといえるだろう。

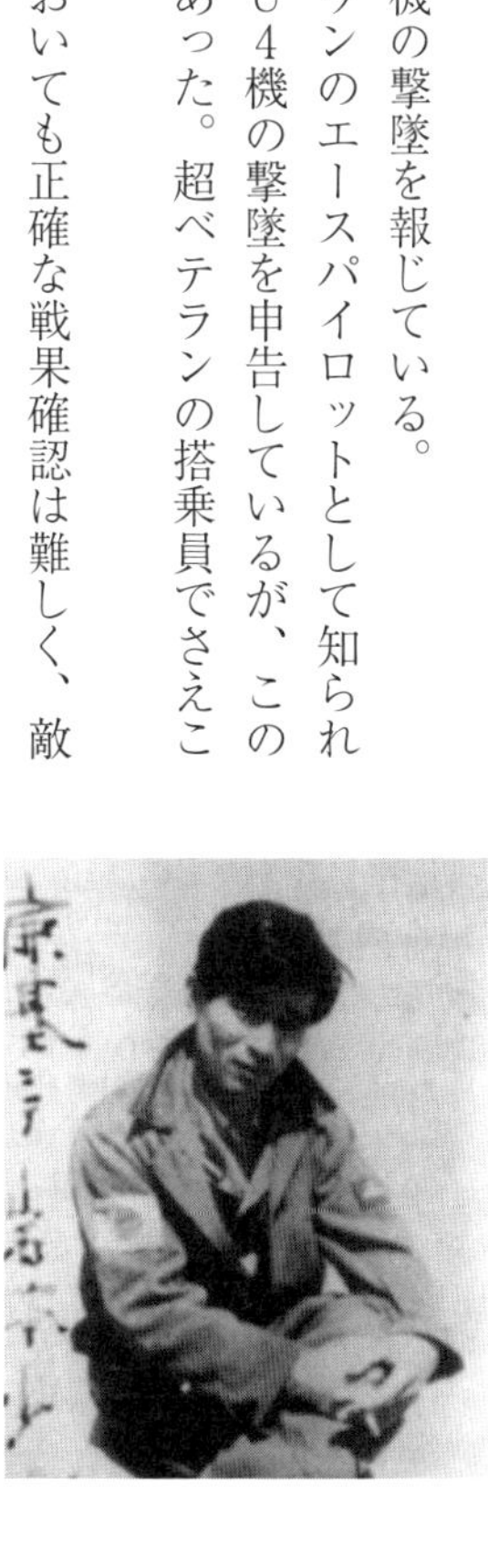

海軍のエースパイロット岩本徹三飛曹長。日本陸海軍を通じて撃墜数トップ

昭和19年1月18日
キアリの第五一、第二〇師団マダンへ向かう（ガリ転進）

東部ニューギニア戦線において、10月中旬サラワケット越えをしてきた第五一師団と、12月にはフィンシハーフェンから後退してきた第二〇師団がキアリ付近で合流。

戦力の回復を図っていたが、年が明けた1月2日、米軍はキアリとマダンの中間にあるグンビ岬に上陸。マッカーサーが初めて試みた「蛙飛び」作戦だった。それが出来たのは、絶対的な制空、制海権を持っていたからである。

このため両師団の残存兵1万3000名は、この敵を避けてフィニステル山系を縦断しマダンを目指すことになる。

サラワケット越えの経験のある五一師団を先頭に海軍部隊、四一師団がそれに続いた。当地にあった食料に、潜水艦1隻と軽爆8機が投下した食料が分配された。しかし、それは兵士1人当たり定量ならわずか2日半分でしかなかった。

部隊はそれだけの食糧をもって、1月18日キアリを出発、前人未到のジャングルに分け入った。今回もサラワケット越え同様、北本工作隊が先導した。

結局、その踏破に1ヵ月半を要し、3700名が命を落としている。

昭和19年2月6日
クェゼリン環礁の日本軍玉砕

中部太平洋においてギルバート諸島を手に入れた米軍が、次に狙ったのがマーシャル諸島であった。その中でも米軍の目標になったのがクェゼリン環礁であった。

同環礁は世界最大の環礁であり、艦隊の泊地として、またクェゼリン本島やルオット島には飛行場があり、航空基地としても戦略的価値があった。

しかし地理的にギルバート諸島からクェゼリンに至る海域には、ミレ、ヤルート、マロエラップ、ウオッゼの環礁があって日本軍はそれぞれに飛行場を擁し、ギルバートに最も近いミレには1個連隊の陸軍部隊も配置されていた。

これを一つ一つ攻略することは多くの損害と時間を費やすと考えた米軍は、これらの環礁群を空襲によって無力化し、一気にクェゼリン環礁攻略にかかったのである。

この攻略法は、マッカーサー大将がニューギニアで実施した「蛙飛び作戦」と同じ発想で

クェゼリン環礁ナムル島に上陸した米海兵隊員。タラワ戦に学んだ米軍は、クェゼリン攻略では徹底した事前砲爆撃を行ない、戦死傷者は大幅に減少した

あった。

　これに対し連合艦隊司令部はギルバート諸島沖航空戦の戦果を信じており、米軍の中部太平洋方面における侵攻作戦は相当遅れるものと判断していた。

　1月30日、チャールズ・パウナル中将に代わったマーク・ミッチャー中将に指揮された第58任務部隊の12隻の空母から７５０機が発艦、マロエラップ、ウオッゼ、クェゼリンの日本軍飛行場を空襲した。

　当時これらの基地には１００機の航空機が配備されていたが、完全な奇襲となったため、そのほとんどが地上と空中で失われた。

　クェゼリン本島には、第六根拠地隊司令官秋山門造《あきやまもんぞう》少将が海軍部隊４１００名と陸軍の第一海上機動旅団第二大隊の１０００名を合わせ指揮し守備していた。

　またルオット島とナムル島（両島は地続きの双子島）には、第二四航空戦隊司令官山田《やまだ》道《みち》行《ゆき》少将指揮の３０００名（ほとんどが航空関係者）が守備に就いていた。

　米軍はタラワ島の反省に基づき徹底した事前砲撃の後、約4万の兵力で2月2日両島に上陸。ルオット島とナムル島の守備隊は敵上陸前の砲爆撃で兵力の過半を失い、翌３日に玉砕。クェゼリン本島守備隊も善戦するも5日玉砕。他にいくつかの小島を含め、６日には環礁全体が米軍に占領された。

　米軍の戦死傷者は約１５００名で、タラワ戦に比べ著しく減少した。

　なお、米軍の上陸がなかったミレ、ヤルート、マロエラップ、ウオッゼ環礁の日本軍にはその後ほとんど補給がなく、多くの餓死者を出している。

　特にミレ島は守備隊の数が約６０００名と多かったこともあり、米機動部隊パイロットの演習目標にもされ、悲惨な状況で終戦を迎えた。

　終戦後、真っ先に復員船が向かっている。

第58任務部隊を指揮したマーク・ミッチャー中将。麾下空母12隻の搭載機でマーシャル諸島の日本軍を攻撃した

昭和19年2月12日
伊号第二七潜水艦撃沈される

伊号第二七潜水艦は日本海軍において、通商破壊戦にほぼ専念できた数少ない艦である。主にインド洋を中心に連合国商船13隻を撃沈、艦船6隻を損傷させている。撃沈数では、15隻の伊一〇潜に次ぐスコアである。

ちなみに、潜水艦といえばドイツのUボートが有名であるが、U99が27隻。また、アメリカ海軍では「トートグ」が26隻を撃沈している。さらに両国とも、二桁撃沈のスコアを持つ潜水艦は数多くあった。

18年2月以降艦長を務めた福村利明《ふくむらとしあき》中佐は、古賀峯一《こがみねいち》連合艦隊司令長官より個人感状を受けたエースであった。

イギリスはビルマ奪回作戦のため、中近東より陸軍部隊をインドへ続々と派遣していた。その輸送船団の一群（輸送船5、護衛の軽巡1、駆逐艦2）を攻撃した伊二七潜であったが、輸送船1隻を撃沈するも、2隻の駆逐艦の爆雷攻撃により損傷。浮上砲戦を試みようとしたが、駆逐艦に体当たりされる（同駆逐艦もこれにより大きく損傷している。上記損傷数には同艦も入っている）。なおも戦闘を続けたが、最終的に魚雷攻撃により撃沈される。

福村中佐は戦死後、2階級特進している。

なお、撃沈した輸送船には多くの英国兵が乗船しており、1000名以上が戦死したという。

本書のこの項以降、戦争終盤において兵員を運ぶ日本の輸送船が次々に撃沈され、多くの将兵が戦わずして海没する様子を紹介することになるが、逆の例は珍しい。

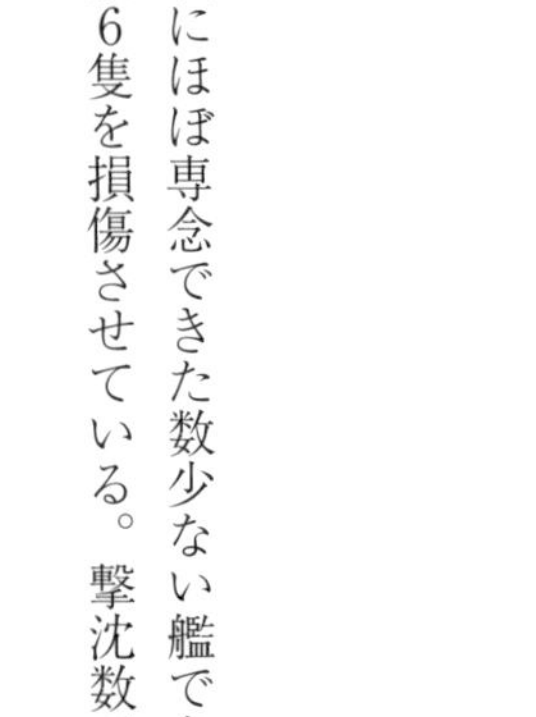

伊二七潜艦長・福村利明中佐。商船13隻を撃沈、通商破壊戦に活躍した

戦後、日本海軍の戦術的失敗だったと指摘されるのが、潜水艦の用法である。海軍は対米戦争となった場合、数の上での劣勢を、個艦の性能の優位、乗組員の技量で相手を凌駕することで補うとともに、具体的戦術として、漸減作戦を実施したうえでの艦隊決戦を想定していた。そのため、潜水艦は敵主力艦隊を目標にすることになり、戦艦同士の艦隊決戦など生起しえないと判断されるようになってからもこの方針は変更されることなく、警戒厳重な米主力艦隊への接近、攻撃が続けられた。

また、制空、制海権が失われた島々への輸送任務にも多くの潜水艦が狩り出された。この任務も危険度が高く、優秀な艦と乗組員が無為に失われていった。

潜水艦に優秀なレーダーを装備しなかったことは大きなマイナスであったが、潜水艦自体の性能や乗組員の技量は米軍と同等またはそれ以上だった。また、酸素魚雷という日本海軍以外には持ち得なかった強力な武器があっただけに、潜水艦本来の任務である通商破壊に使用されていれば、連合国にとって大きな脅威になり、先述の福村中佐のようなエースが数多く輩出したと考えられる。

昭和19年2月17日
米機動部隊によるトラック空襲（1日目）

米軍はクエゼリン環礁に続きブラウン（エニウエトク）環礁攻略にあたり、日本側からの反撃を封じるため機動部隊によるトラック諸島への空襲を計画した。

同諸島といえば、「日本の真珠湾」とか「東洋のジブラルタル」といわれた連合艦隊の一大根拠地であった。

レイモンド・スプルーアンス中将は、麾下の四群の空母群のうち一群だけをブラウンに残

昭和19年2月17日、空襲を受けるトラック在泊の艦船群。米空母「イントレピッド」搭載機の撮影

し、空母9隻を中心とする53隻の主力でもってトラックを空襲することに。

19年1月の段階でも同地はラバウル方面への兵站地として、またギルバート諸島に続き米軍の来攻が予想されるマーシャル諸島の後方基地として最重要な拠点であった。

常時多数の輸送船が在泊し、最前線へ送られる航空機も多数待機している状態であった。しかし現実には、トラックを根拠地としてマーシャル方面で米軍との艦隊決戦を行なうという作戦は、機動部隊の態勢が整っておらず不可能であった。それどころか、同地自体攻撃されることが懸念され始めていた。

1月7日には米軍機が泊地偵察に飛来。これにより、連合艦隊司令部は撤退を決断した。2月2日、米軍クエゼリン環礁に上陸。4日には再度米軍機が泊地を偵察。5日、クエゼリン玉砕。こうして10日、第二艦隊はパラオへ、古賀長官座乗の戦艦「武蔵」以下は内地へ向かった。

こうしてトラックにおける最高指揮官は第四艦隊司令長官小林《こばやし》仁《まさし》中将となったが、同中将がトラックにある全海軍を指揮できたわけではなかった。

多数在泊する輸送船や、その護衛艦艇は海上護衛総司令部の指揮下にあった。総司令部は連合艦隊司令部と同格であり、及川《おいかわ》古志郎《こしろう》司令長官は古賀大将の先輩にあたる。

航空部隊にしても、第四艦隊所属機以外にも第一一航空艦隊、第一三航空艦隊に所属する飛行隊も同地にはあった（しかしその過半は、錬成部隊であった）。また、ラバウルやマーシャルに補給される機体が２００機余りあった。小林中将には原則、これら部隊の指揮権がなかったのである。

15日、トラックを出発した哨戒機2機が未帰還となり、通信隊は米艦載機の無線電話を傍受。これを受け16日は最高度の警戒配備とし、機数を増やして哨戒したものの敵を見ず全機無事帰還。こうして警戒配備は解除される。

2月17日のトラック空襲で米艦上機の攻撃を受ける練習巡洋艦「香取」。この後さらに水上部隊の攻撃を受けて沈没。艦首を海中に没しながらも最後まで反撃を続けていたという

そのような状況下、17日を迎えたのである。早朝から夕方まで九派４５０機が来襲。環礁から脱出を図る日本の艦船に対し、スプルーアンス提督自身が戦艦２、重巡２、駆逐艦4を率いてこれらを撃沈していった。

昭和19年2月18日
米機動部隊によるトラック空襲（2日目）

この日は、午前中に3波１００機が来襲。昨日は35機の零戦が迎撃に上がったが、この日は迎え撃つ戦闘機はなかった。

2日間の日本側の損害は軽巡「香取」、「那珂」他11隻の艦艇が沈没。同11隻が損傷。他に輸送船30隻が沈没。この中には大型高速輸送船が多数含まれており、日本の船舶事情の悪化に拍車をかけた（トラックには本土の港湾のような整った揚搭設備がなく、空襲時多数の船舶が待機、在泊していた）。さらに、航空機２７０機を失う。

米軍は、テニアン島を出撃した一式陸攻の夜間雷撃により、空母「イントレピッド」が中破したが、その他の損害は航空機25機だけだった。

この空襲でトラック諸島は根拠地としての機能を失い、日米ともに戦略的価値を認めなくなり、日本は同諸島を絶対国防圏から外し、米軍はこれを占領せず素通りするのである。

この度の大失態の原因は、直前に警戒を緩めた第四艦隊司令部に責任があるとして、司令長官小林仁中将は罷免されている。しかし先述のように、艦船にしろ航空部隊にしろその所属や指揮系列がばらばらで、もちろん小林中将が在トラックの全部隊を指揮しているわけではなかった。連合艦隊司令部は米軍の来攻は必至とみていたし、直前に主力艦隊を退避させている。併せて、出来るだけ多くの艦船、航空機を避難させるべきであったとする意見があ

小林仁中将。米機動部隊によるトラック空襲の責任を問われ第四艦隊司令長官を罷免された

る。

また、この度の空襲の規模、さらにこの時捕虜にした米軍パイロットの情報として、ブーゲンビル島沖航空戦、ギルバート諸島沖航空戦での戦果は、ほとんど無かったことを認識せざるを得なくなった。

なお、米機動部隊はその後、さらにマリアナ諸島に矛先を向けるのである。

昭和19年2月20日「ラバウル航空隊」撤退

南東方面艦隊司令長官草鹿任一中将より増援を要請されていた古賀長官は、1月25日、城《じょう》島高次《じまたかつぐ》少将指揮の第二航空戦隊の戦爆雷116機をラバウルに進出させる。

空母艦載機の南東方面の陸上基地への派遣は、少数機のものを含めるとこれが12度目であった。

翌日、早速米軍機約200機が来襲。基地航空部隊と共に迎撃に上がった零戦は92機。10機未帰還。そのすべてが、二航戦のこの日が初陣の搭乗員であった。この時期になると、新しく派遣されてきた搭乗員を少しずつ戦場、空戦に慣れさせてから本格的な実戦に参加させるということは出来なくなっていた。ラバウル在任が長いパイロットたちはこのような新参の搭乗員に対し、「死にに来たようなものだ」という感慨を持っていたという。

空戦初日に生き残れるかというのが、大きなポイントであった。

その後も連日の空襲により、二航戦飛行隊も急激に戦力を消耗していく。

そのような中、2月17、18日のトラック諸島空襲により、ラバウルは後方支援基地を失うことになった。また、トラック諸島自体が危機に瀕する状況となり、周辺要地の米軍による占領と合わせラバウルは戦略的価値を失いつつあった。

以上のことに鑑み、連合艦隊はラバウルからの航空部隊の撤退を決定。20日、二航戦の稼働機（46機）をしんがりとして全機トラックに引き揚げた。

こうして昭和17年2月以降、南東方面の拠点として唄にまでなった同地を中心とする2年間に及んだ航空戦は、ここに幕を閉じたのである。

この間南東方面で失われた航空機は、陸海軍合わせて8000機に達した。

昭和19年2月21日
東條首相が参謀総長をも兼任

トラック島が空襲されマーシャル諸島を失い、いよいよ戦局は危機的な状況と判断した東《とう》條《じょう》英機《ひでき》首相（陸軍大臣、軍需大臣も兼任）は、陸軍参謀総長杉山元《すぎやまはじめ》、海軍軍令部総長永野修身《ながのおさみ》両元帥を更迭。自ら参謀総長を兼任し、また同様に嶋田《しまだ》繁太《しげた》郎《ろう》海相にも軍令部総長を兼任させ、戦争指導の一元化を図った。

また、次長については二人制とした。参謀本部においては現在の秦彦三郎《はたひこさぶろう》中将に加えて後《うしろ》宮《く》淳《じゅん》中将が、軍令部では伊《い》藤整一《とうせいいち》中将に新たに塚原《つかはら》二《に》四《し》三《ぞう》中将が加わった。

この措置は、多くの点で矛盾を露呈していた日本の戦時指導を変換させる意図からであった。しかし、明治憲法下においては統帥権は本来国務から独立したものであり、この前代未聞の東條首相の措置は軍内外から天皇の権限を侵す「東條幕府」と揶揄され、批判される。

このの ち、倒閣運動が水面下で動き出すのである。

海軍大臣・嶋田繁太郎大将。東條首相の戦争指導一元化の方針に従い、新たに軍令部総長を兼任

昭和19年2月23日
ブラウン（エニウエトク）環礁の日本軍玉砕

クエゼリン環礁を制圧した米軍は、予備の海兵、陸軍各一個連隊を使用する必要がなかったため、その兵力約1万名で同じマーシャル諸島中にあるブラウン（エニウエトク）環礁に侵攻してくる。

この環礁の守備に就いていたのは、西田《にしだ》祥実《よしみ》少将指揮の陸軍海上機動第一旅団を中心とする3600名であった。しかし、同旅団がこの環礁に到着したのは1月4日であり、それまでは航空関係者や設営隊員を中心とするわずかな海軍部隊が駐屯しているだけだった。

西田少将は、戦略上重要で比較的大きな3つの島に守備隊を配置した。

メリレン島に司令部を置き1500名、エニウエトク島に800名、飛行場のあるエンチャビ島に1300名を配備。しかし、各島ともまっ平らな島で身を隠す場所もない地形だった。

陣地構築を始めて間もなく、米軍の侵攻を受けることになってしまうのである。

さらに、この方面を援護すべきトラック基地が17日から18日にかけて米機動部隊の空襲を受けて壊滅しており、全く援軍が期待できないまま米軍の上陸を迎えることになる。

1月31日から2月5日まで米艦載機の攻撃により、満足な防空壕さえない守備隊は大きな損害を受ける。18日、トラック空襲に参加しなかった空母3隻を中心とする米艦隊による砲爆撃が始まり、そして19日、米軍はまずエンチャビ島に上陸。守備隊は同日玉砕。

エニウエトク島、20日米軍上陸、22日玉砕。メリレン島、23日米軍上陸、同日玉砕。

米軍は3島で、約700名の戦死傷者を出しただけだった。

昭和19年2月23日
米機動部隊、マリアナ諸島にも来襲

ミッドウェー海戦とそれに続いたソロモン方面での戦いで航空戦力こそ海軍の主力であると確信した海軍は、来たるべき米海空軍との決戦部隊として、昭和18年7月1日、第一航空艦隊（基地航空部隊）を編成した。

編成を立案したのは、ミッドウェー海戦まで南雲機動部隊の航空参謀であり、この時軍令部参謀であった源田《げんだ》実《みのる》大佐。司令長官には南太平洋海戦で第二航空戦隊司令官として勇猛な指揮ぶりを発揮した角田《かくた》覚治《かくじ》中将。作戦参謀にはやはりミッドウェー海戦まで南雲機動部隊の総飛行隊長であった淵田《ふちだ》美津男《みつお》中佐が任ぜられ、また所属する各飛行隊の司令、飛行隊長には航空出身のエキスパートが集められた。

構想としては、全航空隊（10個航空隊定数約７００機、後にさらに拡充され24個航空隊定数約１７００機）を集団使用する。そして、急速な移動集中により随所に圧倒的優勢を保持しようというものであった。この部隊については錬度不十分なままでの戦線投入を避けるため、軍令部直轄とされた。

しかし、ソロモン方面への機材、搭乗員の投入が続き、一航艦各部隊への機材の配備、搭乗員の補充、訓練はなかなか進まなかった。しかも搭乗員については、すべて未熟練パイロットであった。

結局は米軍の進攻の速さに間に合わず、軍令部は一航艦を連合艦隊に編入。19年2月1日、マリアナ、フィリピン方面への進出を命令した。しかし、一部の部隊以外は練度不十分、また部隊が展開するマリアナ、西カロリンの飛行場の整備も遅れていた。

昭和19年2月、一航艦の進出直後にマリアナ諸島は米機動部隊の攻撃を受けた。写真は米軍空襲下のテニアン島

やっと角田中将が第一陣（陸攻隊と偵察機隊が中心の百数十機）を率いてマリアナに進出したのが21日であったが、その直後に米機動部隊の攻撃を受ける形になった。結果、進出部隊はほぼ壊滅。戦果もほとんどなかった。

圧倒的兵力の集中使用を根本作戦としていた一航艦であったが、その後も兵力の小出しを続ける形になり、マリアナ沖海戦の前に壊滅してしまうのである。

昭和19年2月25日
第一艦隊廃止される

第一艦隊といえば、建軍以来戦艦を中心とする日本海軍の主力であった。

しかし開戦後、同艦隊に所属していた部隊は次々と他艦隊に移動していく（第三航空戦隊、第六、九戦隊、第一、三水雷戦隊など）。

主力である戦艦部隊に出番はなく艦隊泊地の柱島《はしらじま》において待機するばかりで、他艦隊（特に機動部隊）の将兵からは「柱島艦隊」と揶揄された。

2月25日第一艦隊は廃止され、第二戦隊は解隊。「長門《ながと》」は第一戦隊に加えられ第二艦隊へ、航空戦艦に改造されていた「伊勢《いせ》」「日向《ひゅうが》」は第四航空戦隊となり第三艦隊へ移された。「扶桑《ふそう》」「山城《やましろ》」は連合艦隊付属となる（捷号《しょうごう》作戦時、第二戦隊として再編成されレイテ沖海戦に参加する）。

日本海軍の戦艦。手前から「山城」「扶桑」「榛名」

昭和19年2月25日
陸軍、第三二軍を新設

先述のように、18年11月のギルバート諸島マキン、タラワ島、19年2月にはマーシャル諸島クエゼリン環礁の失陥、トラック諸島、マリアナ諸島空襲、マーシャル諸島ブラウン（エニウエトク）環礁の失陥と、米軍の中部太平洋における侵攻は急速であった。今後、米軍のマリアナ諸島、西カロリン諸島、小笠原諸島への上陸が現実味を帯びてくる。

これに対し、日本側のこれらの地域の防備態勢はきわめて貧弱なものであった。

このような状況を受け、まず陸軍は2月25日、第三一軍を新設（軍司令官小畑英良《おばたひでよし》中将）。中部太平洋の全陸軍部隊を統率させることにした。そして大急ぎで、当該方面への部隊輸送が始まる。後述する「松輸送」である。同軍は、トラック地区集団、マリアナ地区集団、パラオ地区集団、小笠原地区集団及びマーシャル諸島の残余部隊、ウエーク島守備隊等からなり、連合艦隊の指揮下に入った。

一方、海軍においては陸軍の動きと連動し、従来内南洋を担任してきた第四艦隊と新たに編成した第一四航空艦隊でもって、3月4日、中部太平洋方面艦隊を新設。司令長官に南雲忠一中将を配し、同方面の陸海軍を統括させることにした。

昭和19年2月26日
第二次アキャブ作戦失敗

1年前の英印軍によるアキャブ攻略は失敗に終わったことは先述した。しかしその後英印軍は態勢を立て直し、19年に入るとアキャブへの圧力を強めていた。

この状況を受けビルマ方面軍は、第五五師団（師団長花谷《はなや》正《ただし》中将）に対して、英印軍が本格的に侵攻してくる前に日本側から先制攻撃をかけてこれを撃破し、アキャブの維持を図ろうとした。

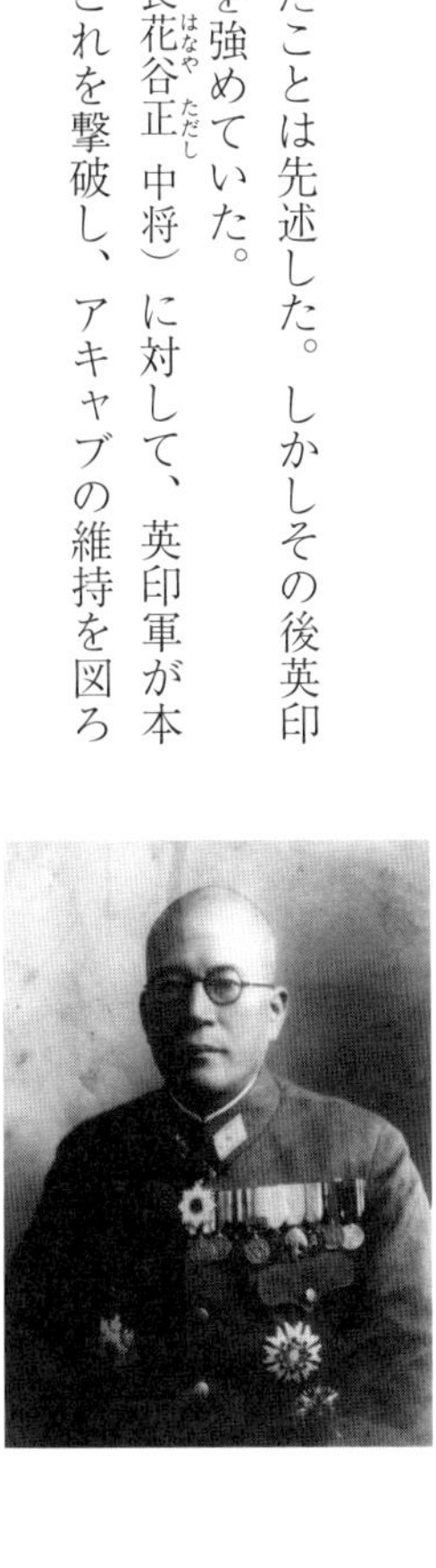

新設の第三一軍司令官となった小畑英良中将。中部太平洋の陸軍部隊を率いた

2月4日第五五師団は行動を起こし、作戦開始早々に各地で英印軍を包囲した。1年前と同様な展開になるかとも見えたが、英印軍は包囲されても日本側が円筒陣地と呼んだ陣形で対峙し、空中からの補給を受け戦闘を継続した。

それに比べ五五師団は将兵が携行している食糧、弾薬しかなく、それが尽きると当然攻撃は頓挫した。26日、作戦は中止される。この直後に開始されるインパール作戦の縮小版といえるものであった。

五五師団の戦死傷者5300名、英印軍の戦死傷は3500名であった。

昭和19年2月29日
日本の商船喪失量、太平洋戦争中の最悪を記録

この日の主な輸送船の損失としては、サイパン島へ第二九師団第一八連隊を運んでいた「埼戸丸」が大東島沖で米潜の雷撃により沈没。乗船員約2400名が戦死している。

この月の1ヵ月間の日本の商船喪失量は115隻、約52万総tに達した。

17、18日の米機動部隊によるトラック空襲による損害が大きかったことが影響しているが、それでも潜水艦による喪失が半分を占めた。

17年後半より、船団護衛のための海防艦の建造が急ピッチで進められ、択捉《えとろふ》（甲）型14隻（排水量1020t、速力19・7ノット、12cm砲×3、爆雷36）、対空、対潜兵装を強化した乙型37隻（12cm高角砲×3、爆雷120）、そしてさらに小型化、建造工程を簡素化した丙型（排水量810t、速力16・5ノット、12cm高角砲×2、爆雷120）、丙型のディーゼル機関に対しタービンを搭載した丁型（排水量900t、速力17・5ノット、兵装は丙型と同じ）が終戦までに計116隻完成した。

海防艦「択捉」。北方海域の漁業保護用の海防艦占守型を簡易化し、船団護衛用に建造された択捉型のネームシップ

しかし、数はそろえたものの対潜能力が低く、米潜水艦に太刀打ちできなかった。

特に索敵能力、つまり水中聴音機、探信儀、レーダーなどの性能は米軍に比べ著しく劣っており、米軍の作戦、戦闘能力の向上（群狼戦法など）、海防艦乗組員の質の低下と合わせて、日本海軍の海上護衛戦は完敗であった。

海防艦の喪失数77隻のうち、潜水艦によるものは39隻に達した。

昭和19年2月29日
海軍部隊がメレヨン島に上陸

ギルバート諸島の失陥、続いてマーシャル諸島への米軍の来攻が予想されるようになり、マリアナ、西カロリン諸島の防衛、新たな航空基地建設が急ピッチで行なわれるようになる。その一つにトラック諸島とパラオ諸島のちょうど中間にあるメレヨン島がある。

2月29日、宮田喜信中佐指揮の海軍第四四警備隊と設営隊が上陸、飛行場を建設していた。そしてその防備強化のため4月12日、川原健太郎大佐指揮の陸軍南洋第五支隊と第七派遣隊が上陸し、同島の守備隊は陸海合わせて6400名となった。その後陸軍部隊は、独立混成第五〇旅団（旅団長北村勝三《きたむらかつぞう》少将）に改称される。

しかし、飛行場は米軍の爆撃のためほとんど使用されなかった。米軍の上陸はなかったが、食糧も爆撃で焼失し補給もほとんどなかった。また、サンゴ礁の小島のため農耕には不適で、極度の食糧不足となり、終戦までに栄養失調による戦病死者は4500名にのぼった。帰国できたのは1600名余り。このように米軍の上陸は受けず玉砕はしなかったものの、補給がないため多くの餓死者を出した島も少なくなかったのである。

なお、ここで「独立混成旅団」について触れておく。

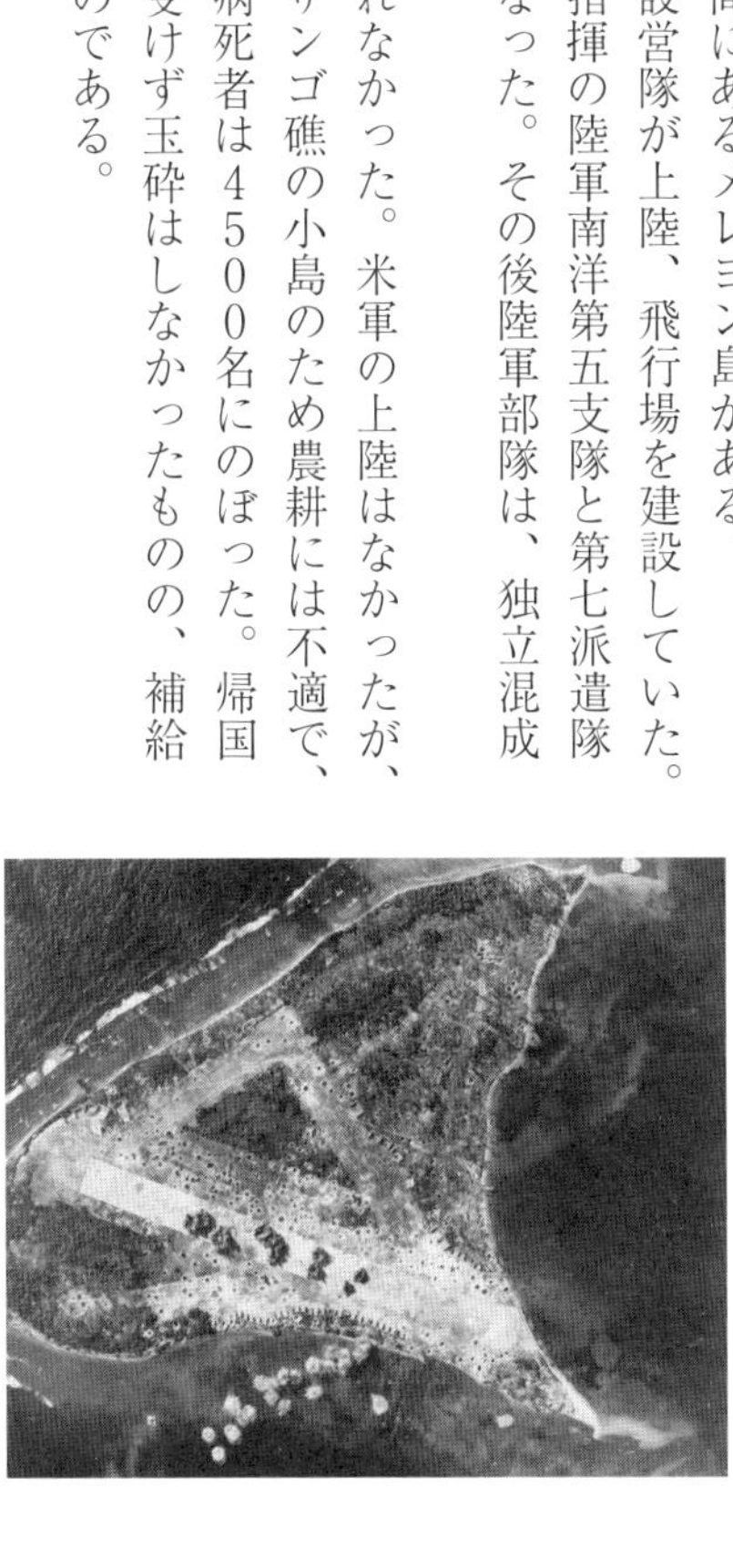

米軍空襲下のメレヨン島。この小島に陸海軍合わせて6400名の守備隊が配備されていた

先述している2個連隊で編成される「旅団」とは性質が異なる。その始まりは支那事変中からで、中国大陸における長大な兵站線と兵站地の警備が任務であった。さらに治安維持の任務も加わった。「独立」とは師団に属さず、方面軍や軍の指揮下の部隊であることを、「混成」とは歩兵、砲兵、工兵等により編成されていることを表している。歩兵については、独立歩兵大隊5個からなっていた。

太平洋戦争が始まり、マレー、フィリピン、蘭印方面では、当初独立守備隊が配置されていた。また、戦局悪化に伴い太平洋正面には南洋支隊、派遣隊が増派されるようになり、これらをもとに独立混成旅団が編成されることになる。終戦までに編成された独立混成旅団（通称「独混」）は126個にも及ぶ。

昭和19年2月29日
米軍、アドミラルティ諸島に上陸

アドミラルティ諸島はラバウルの北西にあり、日本軍はマヌス島とロスネグロス島に飛行場を建設、ラバウルとニューギニアとの中継基地として利用していた。

両島には、輜重兵第五一連隊長江崎義雄大佐指揮の陸海軍3800名が配備されていた。その攻略に当たったのは米第1騎兵師団2万6000名で、2月29日、まずロスネグロス島に上陸。同島は陸軍部隊が守備していたが3月3日までに戦力の過半を消耗、6日には飛行場も占領された。

米軍は15日にはマヌス島に上陸。海軍第八八警備隊と一部陸軍部隊も抗し得ず、18日までに飛行場は米軍の手に落ちた。

その後両島では持久戦となり、ロスネグロス島の残存部隊は3月末、マヌス島に移動して

昭和19年2月29日、ロスネグロス島に上陸する米陸軍第1騎兵師団の将兵

いる。

４月末には残兵は１５００名となり、５月１日「全員装具食糧なく、守備隊の行動に関し軍の指示を仰ぐ」の連絡を最後に通信は途絶えた。

18日、米軍はアドミラルティ諸島の占領を宣言。日本軍捕虜75名、米軍の戦死傷者１５００名。

ここに米軍が目指していた、ラバウルの孤立、無力化が完成した。同地はこの後泊地として整備され、米軍の一大根拠地となるのである。

昭和19年3月1日
松輸送（中部太平洋方面防衛強化輸送）始まる

先項で紹介したごとく、大本営は米軍はやがてマリアナ、西カロリン諸島に来攻するものと予想し、これに備えて陸軍部隊を同地域に派遣することになった。抽出されたのは満州の関東軍の精鋭部隊で、３月から５月にかけ２ヵ月半にわたって輸送が実施された。

マリアナ方面への増援船団を「東松船団」と称し、西カロリン方面に対するものは「西松船団」と呼称された。

約10万の兵員を12船団、輸送船のべ１０８隻で輸送。それを護衛する艦艇ものべ70隻にのぼった。

結果護衛の軽巡「龍田《たつた》」と輸送船３隻を失っただけで、作戦は概ね成功。

こうしてサイパンに第四三師団、グアムに第二九師団、パラオに第一四師団、トラックに第五二師団を配備することができた。

松輸送の船団護衛に当たった軽巡「龍田」。昭和19年3月13日、サイパンに向け航行中に八丈島沖で米潜「サンドランス」の雷撃を受け沈没

昭和19年3月1日
第一機動艦隊編成される

それまで戦艦と重巡中心の第二艦隊と空母中心の第三艦隊は、それぞれ別々に連合艦隊司令部の指揮下にあったものを、第三艦隊司令長官（小澤治三郎中将）が第二艦隊（司令長官栗田健男中将）をも合わせ指揮できるようにしたのが第一機動艦隊である。

第三艦隊

第一航空戦隊　空母「大鳳」「瑞鶴」「翔鶴」
第二航空戦隊　空母「隼鷹《じゅんよう》」「飛鷹《ひよう》」「龍鳳」
第三航空戦隊　空母「千歳」「千代田」「瑞鳳」
第四航空戦隊　航空戦艦「伊勢」「日向」
第十戦隊　軽巡「矢矧《やはぎ》」、駆逐艦14（付属　重巡「最上」）

第二艦隊

第一戦隊　戦艦「大和」「武蔵」「長門」
第三戦隊　戦艦「金剛」「榛名」
第四戦隊　重巡「愛宕」「高雄」「摩耶」「鳥海」
第五戦隊　重巡「妙高」「羽黒」
第七戦隊　重巡「熊野」「鈴谷」「利根」「筑摩」
第二水雷戦隊　軽巡「能代《のしろ》」、駆逐艦15

「あ号作戦」発動直前、タウイタウイ泊地に停泊中の空母「大鳳」。日本空母として初めて飛行甲板に装甲が施され、500kg爆弾の急降下爆撃にも耐えられるとされていた

航空母艦について

機動部隊としては行動できない低速の商船改造空母以外の全力。

◇「大鳳」

艦隊編成時にはまだ完成していなかった（3月27日竣工。同時に第一機動艦隊旗艦となる）。日本海軍が建造した最強といえる大型正規空母で、初めて甲板に装甲が施され500kg爆弾の急降下爆撃にも耐えられるとされていた。しかしそのため格納庫を2段にせざるを得ず、搭載機は艦体の割には少なかった（常用65機、補用10機。「翔鶴」級は常用72機、補用12機）。

◇「龍鳳」「瑞鳳」「千歳」「千代田」

「龍鳳」「瑞鳳」は潜水母艦を、「千歳」「千代田」は水上機母艦を改造したもので、ともに排水量約1万3000t、搭載機約30機の軽空母で、米海軍の「インディペンデンス」級に相当する。

戦艦について

9隻のうち、旧式低速艦の「山城」「扶桑」以外の7隻。

航空戦艦とされる「伊勢」「日向」というのは、ミッドウェー海戦の結果とられた措置で、旧式で速力の遅い両艦の後部5、6番砲塔を撤去し、飛行甲板と格納庫、カタパルトを設け22機の爆撃機を搭載した、世界に例を見ない艦であった。

結果的に、両艦が航空機を搭載して出撃することはなかった。

重巡洋艦について

北方の警備についていた「那智」「足柄」、機関損傷のため速力低下していた「青葉」以外

航空戦艦「伊勢」。ミッドウェー海戦後、後部の主砲塔2基を撤去し、飛行甲板、格納庫、カタパルトを設置、新鋭艦上爆撃機「彗星」や爆撃も可能な水上偵察機「瑞雲」を計22機搭載する計画だった。同型艦「日向」も同様に改装

の11隻。

軽巡洋艦について

「能代」「矢矧」

日本海軍が保有した25隻のうち17隻は大正時代に建造された旧式艦で、それに代わる水雷戦隊旗艦用に建造されたのが「阿賀野《あがの》」型4隻である。

排水量７７１０ｔ、速力35ノット、15cm砲6門を装備、それぞれその2番艦、3番艦で18年6月から12月にかけて完成した新鋭艦であった。

駆逐艦について

空母部隊を直衛する第一〇戦隊の駆逐艦には5隻の秋月（乙）型が含まれていた。「秋月《あきづき》」「初月《はつづき》」「若月《わかつき》」「涼月《すずつき》」「霜月《しもつき》」で、排水量３４７０ｔ、速力33ノット、高性能10cm高角砲8門を装備する大型防空駆逐艦であった。（米軍の場合はこの任務に軽巡をあてた）

航空機について

従来使用され続けてきた九九式艦上爆撃機に代わり「彗星《すいせい》」（自重２６３５kg、最高速度５７９km、７・７mm機銃×3、爆弾５００kg）、九七式艦上攻撃機に代わり「天山《てんざん》」（自重３０１０kg、最高速度４６４km、７・７mm機銃×2、爆弾又は魚雷８００kg）が搭載された。しかし新鋭機はそろえたものの、課題はそれに乗る搭乗員の技量であった。機動部隊の艦載機は17年10月の南太平洋海戦後、再建されるたびに「い」号作戦や「ろ」号作戦など飛行場を基地にしての航空戦に投入されて損耗し、この時点でも発着艦さえおぼつかない、未熟練搭乗員が多数を占めていたのである。

空母部隊の直衛艦として期待された大型防空駆逐艦「秋月」

昭和19年3月5日
英ウインゲート旅団、北部ビルマに降下

イギリス軍のオットー・ウインゲート少将指揮の3個旅団9000名が、5日から10日にかけて数百機の輸送機とグライダーで北部ビルマのカーサに降下。

カーサは、マンダレーとミートキーナの中間、北部ビルマの真ん中に位置し、フーコンで米中軍を食い止めている第一八師団、雲南で中国軍を食い止めている第五六師団の退路を遮断し、インパールに向かう第一五軍3個師団の背後をも脅かす位置にあった。

イギリス軍降下部隊は飛行場と防御陣地を構築、その後も兵力は増強され1万6000名となる。うち、6000名を陣地に残し1万名はこの地域でゲリラ戦を展開。

ビルマ方面軍はこの敵を過小評価し、少兵力を逐次投入する結果となり、大きな損害を出してしまう。

そのような状況下で、インパール作戦が開始されたのである。

昭和19年3月8日
インパール作戦開始

18年8月末、英、印、米、中国軍を統一指揮するため東南アジア連合軍司令部が創設され、総司令官にイギリスのルイス・マウントバッテン中将が就任。英印軍は第14軍（司令官ウイリアム・スミス中将）で、その配下にはインパールに第4軍団、アキャブ北方に第15軍団、アッサムに第33軍団の他、先述のウインゲート空挺部隊があった。また、ジョセフ・スチル

英陸軍のオットー・ウィンゲート少将。空挺部隊を指揮してビルマ日本軍の背後を脅かし続けた

ウエル中将指揮の米中軍10数万がアッサムからフーコンにかけて行動しており、さらに中国雲南省からは中国軍（雲南遠征軍）20万が、北部ビルマへの侵入をうかがっていた。

先述のように、日本軍も18年3月にビルマ方面軍を新設。兵力も徐々に増強され、ビルマ進攻時の4個師団から9個師団となっていた。第一五軍司令官牟田口《むたぐち》廉也《れんや》中将が強力に計画を推進してきたインパール作戦は、これに強く反対してきた稲田《いなだ》正純《まさずみ》南方軍総参謀副長が10月15日に更迭されたことで、いよいよ現実味を帯びてくる。

また東條首相としては、自由インド仮政府首班チャンドラ・ボース率いるインド国民軍に祖国の地を踏ませることにより、インド独立運動を刺激するという政治的な思惑もあった（実際に6000名のインド人兵士が日本軍と行動を共にしている）。

しかし、兵員、物資の集積が計画通り進まず（特に第一五師団は、稲田副長の指示でベトナムにおいて道路建設に使役され、わずか歩兵6個大隊で作戦開始日を迎えている）、1月から2月にかけて作戦発起予定が大幅に遅れていた。

6月から始まる雨季のことを考えれば、ぎりぎりの日程に近い3月8日、作戦は開始された。まず第三三師団（師団長柳田元三《やなぎだげんぞう》中将）がインパールに向け、チンドウイン川を渡り進撃を開始した。1週間後の15日には第一五師団（師団長山内正文《やまうちまさふみ》中将）、第三一師団（師団長佐藤幸徳《さとうこうとく》中将）も行動を開始するのである。作戦期間は3週間である。将兵は3週間分の食料と通常

の1・5倍の弾薬、その他装備類を背負うと60キロの重量があり、戦友の力を借りないとても立ち上がれなかったという。

昭和19年3月25日
第八方面軍、第一七軍にタロキナ攻撃の中止を命令

前年11月1日、米軍はブーゲンビル島タロキナに上陸。飛行場を建設し、日本軍の南方における最大拠点ラバウルの無力化を図った。

これに対し主力をブイン付近に置いていた第一七軍（軍司令官百武《ひゃくたけ》晴吉《はるよし》中将）は、この米軍の追い落としを企図した。

しかし昭和19年3月初旬の米軍占領地域は、幅24km、奥行9kmに及び、第14軍団6万2000名が守備していた。

第六師団（師団長神田《かんだ》正種《まさたね》中将）を中心にタロキナ地区に移動、展開していた日本軍は、3月8日から攻撃を開始した。

太平洋のどの戦場でも同じだが、この戦いにおいても日本軍の肉弾攻撃に対し、米軍は弾幕射撃で対抗した。

攻撃は24日まで続行されたが米軍陣地の突破はならず、この日ついに攻撃中止命令が下った。日本軍の戦死傷者は1万2500名に達した。対する米軍の戦死者は300名に満たなかったという。

この作戦の前にはトラック島空襲があり在ラバウル航空隊もその姿を消しており、作戦実施の意義について戦後議論されることになる。

その後ブーゲンビル島の日本軍はブインを中心に持久自活態勢に入るが、タロキナ攻撃で

米軍がブーゲンビル島タロキナに建設した飛行場。昭和19年1月末の撮影で、海兵隊のF4U戦闘機が配備されている

大量の糧食を使い切り自活態勢に入るのも遅れたため、昭和18年秋から終戦まで4万5000名の犠牲を出したのであるが、そのうち戦死者は9000名で、8割はマラリアや栄養失調で死亡している。かつてドイツ領だった頃の「ボーゲンビル島」から、「ボ（墓）島」と呼ばれた。終戦時ブーゲンビル島に生き残った日本兵は、約2万名に過ぎない。

昭和19年3月25日
大本営、第一八軍を第二方面軍に編入

ラエ、フィンシュハーフェンの喪失により、第一八軍と第四航空軍は、以後西部ニューギニアを担当する第二方面軍の指揮下に入れ、これと連携させることが戦術上意義が高いというのが大本営の判断であった。

これを受け、方面軍はウエワクへの連合軍の上陸を予想。第一八軍に対し、ウエワク以西への移動を命令。マダンにあった部隊は移動を開始。第五一師団からすれば「魔のサラワケット越え」、「フェニステル山系縦走」に続く3度目の移動である。しかしこの度は、今までとは違う大湿原地帯の突破であった。ウエワクの東にはセピック川、ラム川の河口があり、その周辺100kmは膝までつかる、スコールがあると首まで達する大湿原で、将兵は立ったまま眠った。移動は遅々として進まず、部隊は長く伸びきっていて、最後尾はいまだウエワクに到着しないうちに、米軍はホーランジア、アイタペに上陸してくるのである。

昭和19年3月30日
米軍、ホーランジアを空襲

ニューギニアにおける日本軍の最大根拠地はウエワクであった。第四航空軍も同地やブーツの飛行場を拠点としていた。

しかし、連合軍の北部ニューギニアの西進に伴い、それに押される形で四航軍は西方への後退を余儀なくされていた。

米軍は3月11日から大挙してウエワクを空襲。22日まで連日150機~350機で同地を集中的に攻撃。21日にはウエワクへの最後の輸送船2隻（第二一次ウエワク輸送）が入港したが、翌日撃沈されている。四航軍は為す術なく、25日ホーランジアに後退。

同地は良好な港湾と飛行場適地があったことから、18年3月に海軍が飛行場を建設、その後は陸軍により拡張され、ウエワク方面の後方基地としての役割を担っていた。

しかし、軍司令部が後退してきた矢先の30日、米軍の大空襲を受け130機余りを失う。前年8月17日に続く大損害であった。

18年後半以降、東部ニューギニアにおいて陸軍航空隊は苦戦の連続であった。

航空機の性能は米軍に劣り、量的にも絶対的に不足していた。また、航空戦力というのは、単に航空機の性能や量だけで判定できるものではない。それを維持する修理、補給能力。敵の動向を知り、迅速な対応に必要な索敵、通信能力。また、飛行場の設営、運営能力。さらには、搭乗員の給養面などが総合的に整備されてこそ戦力発揮できるものであり、日本軍は米軍に対し全ての面で劣っていたといえる。

4月15日、第四航空軍司令部は、ホーランジアからさらにメナドに撤退。その1週間後の22日には米軍の上陸を受け、同地の航空部隊は他の兵站部隊らとともにサルミを目指し退却を始めたが、そのほとんどがジャングルの中で消息を絶った（ホーランジアには戦闘部隊はほとんど配備されていなかった）。

航空機の喪失もさることながら、熟練した搭乗員もこのように無為に失われていくのである。

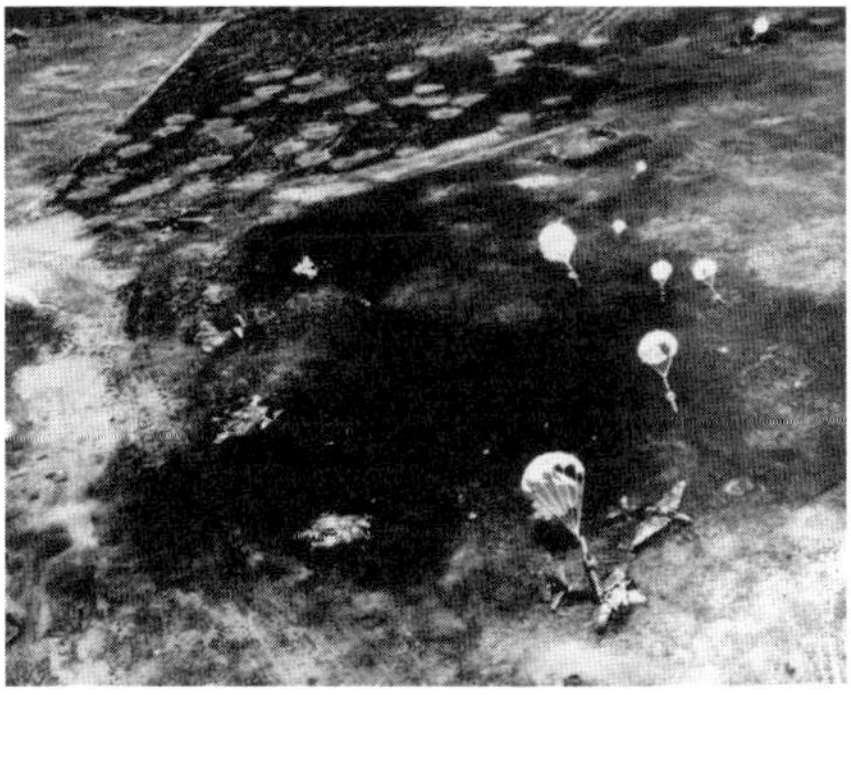

昭和19年3月30日、米軍のパラシュート爆弾による低空爆撃にさらされるホーランジア飛行場。この爆撃で第四航空軍の陸軍機130機余りが失われた

昭和19年3月30、31日
米機動部隊パラオ諸島を空襲

2月中旬のトラック諸島空襲により、連合艦隊はパラオ諸島に根拠地を移していた。同諸島にはパラオ本島に艦隊泊地、ペリリュー島に飛行場があった。

米軍は4月22日にニューギニアのホーランジア、アイタペに上陸予定で、その反撃に出てくるであろう日本海軍部隊を事前に叩いておく必要があった。

こうして、マーク・ミッチャー中将指揮の第58任務部隊（空母11、戦艦6、巡洋艦15、駆逐艦48）が30日、31日の2日間にわたりパラオ諸島を空襲する。

連合艦隊は、今回は早い段階から米機動部隊の動きを察知していた。主力艦隊こそフィリピン方面へ避退させたものの、指揮命令系統の不統一、連合艦隊司令部の認識の甘さなどの理由により、なお在泊していた艦船が空襲を受け20数隻が撃沈された。

その中で特に大きな損害は、日本海軍唯一の正式工作艦「明石《あかし》」の沈没である。同艦の応急修理により内地へ帰投でき、再び戦力となった艦艇は数知れず、その貢献度は計り知れないものがあった。米軍は開戦当初から、同艦を最重要目標の一艦としていたほどである。

また、6隻の給油艦を失ったことは、その後の連合艦隊の作戦行動に大きな支障をきたすことになる。

日本側ではさらに、ペリリューにあった航空部隊、マリアナ方面から応援に駆け付けた飛行隊もなんら戦果をあげることなく、１５０機が失われている。

米軍の損害は航空機25機だけであった。なお、米機動部隊は31日にヤップ島、4月1日にはメレヨン島も空襲している。

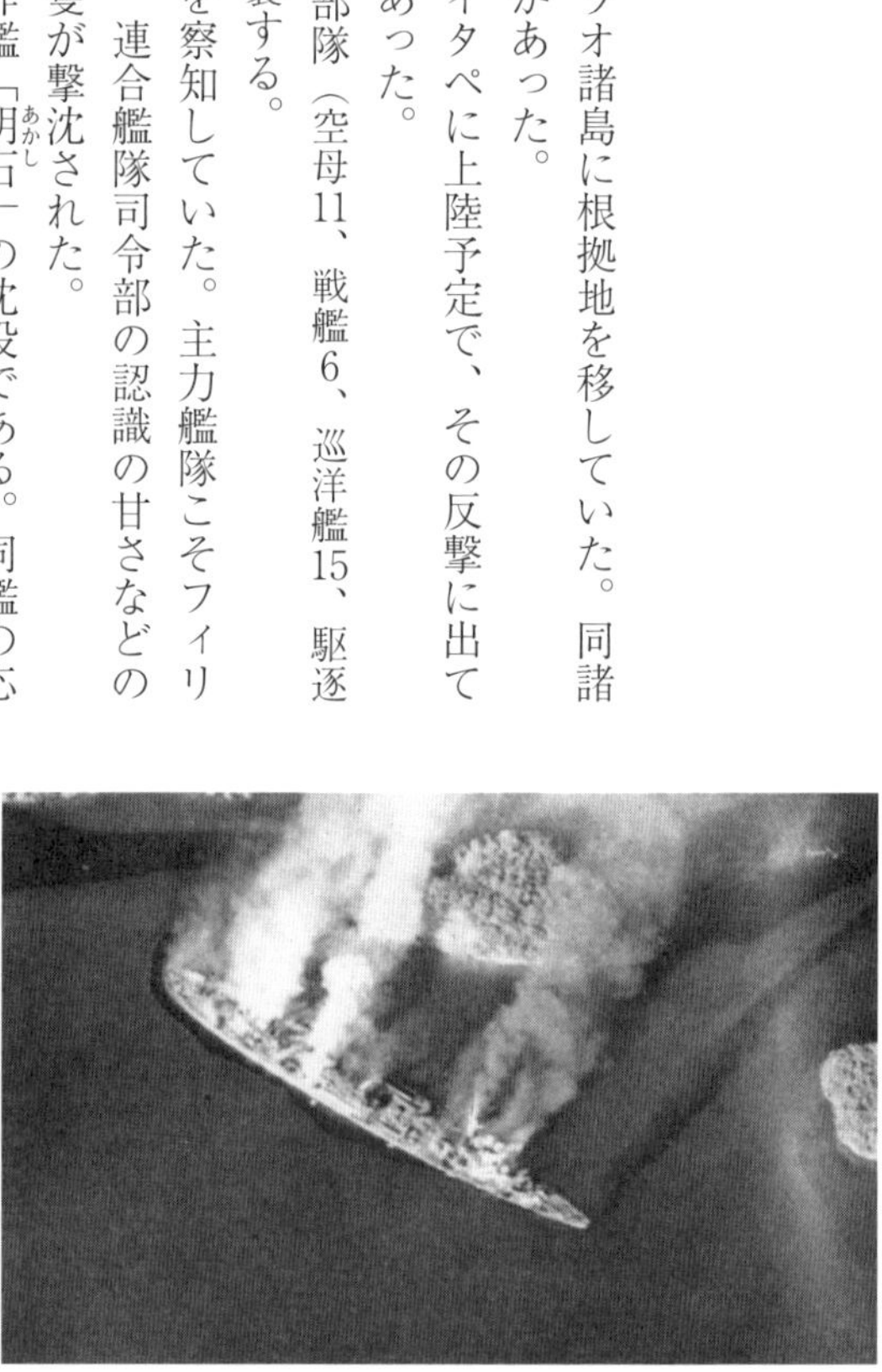

昭和19年3月30日、米機動部隊のパラオ空襲で被弾、炎上する工作艦「明石」。この爆撃で本艦は大破着底、放棄された

昭和19年4月1日
古賀峯一司令長官殉職（海軍乙事件）

米機動部隊のパラオ空襲時、旗艦「武蔵」を降りて陸上にあった古賀峯一《こがみねいち》長官、福留繁《ふくとめしげる》参謀長らは、司令部をミンダナオ島のダバオに移すことにする。

31日夜、2機の飛行艇に分乗しパラオを出発したが、途中低気圧に巻き込まれ古賀長官らは殉職、福留参謀長機はセブ島沖に不時着。現地のゲリラに捕らえられ、次期作戦計画書が米軍の手にわたってしまった。それが「新Z作戦」（後の「あ号作戦」）で、米軍はこの情報を最大限活用することになる。

このゲリラ部隊を討伐中であった陸軍部隊が、その包囲を解くことを条件に福留参謀長らを救出した。

一時的にせよ捕虜となった福留中将は軍令部で事情聴取されたが、結局不問に付され第二航空艦隊司令長官に栄転するのである。

前年の山本五十六長官戦死を「甲事件」、この事件を「乙事件」と呼んでいる。

なお、古賀長官の後任には豊田副武《とよだそえむ》大将が任命された。

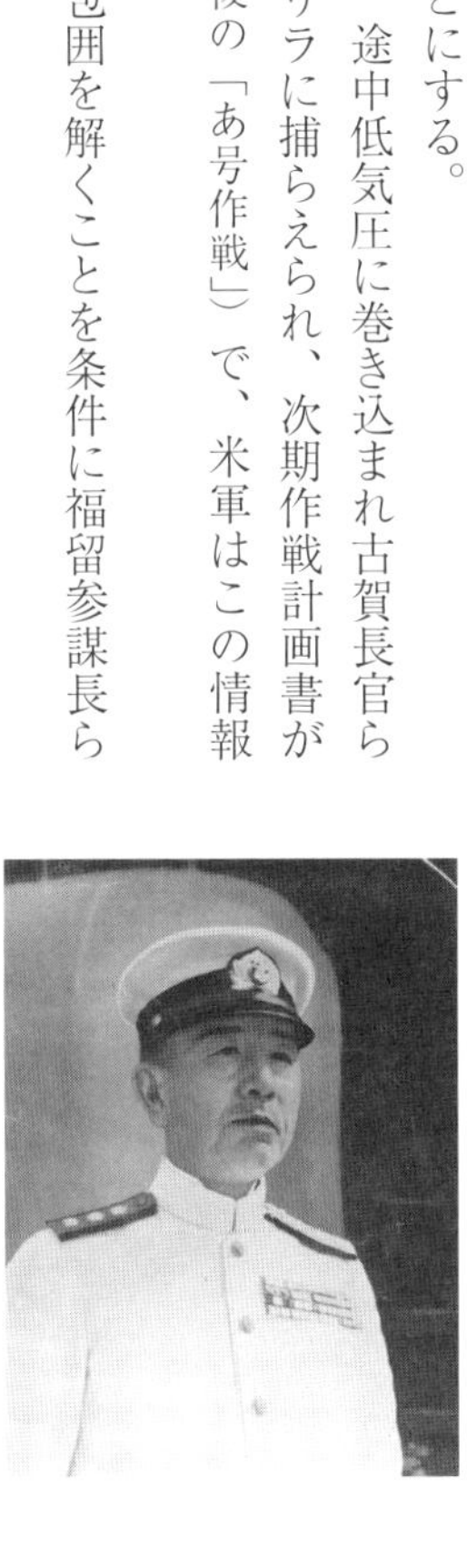

連合艦隊司令長官・古賀峯一大将。パラオからダバオに飛行艇で移動中に悪天候で消息を絶ち、殉職と認定された

連合艦隊参謀長・福留繁中将。古賀長官と別の飛行艇でダバオへ向かう途中、不時着して現地ゲリラに捕らえられる

昭和19年4月6日
第三一師団宮崎支隊、コヒマに突入

3月8日まず進撃を開始した第三三師団は、唯一の自動車道であるインパール街道を中心に北上、インパールを目指した。しかし、同地域には来たるべき日本軍への反攻作戦のため、

多くの英印軍部隊が配置されていた。その反撃のため師団の攻撃は頓挫し、25日には柳田師団長は早くも、作戦中止を意見具申している。

15日に作戦行動を開始した第一五師団は、アラカン山系を踏破し北方からインパールに攻め込むのがその任務であったが、先述のように当初の兵力は歩兵6個大隊しかなかった。しかし同師団は大きな抵抗を受けず、4月2日にはインパールの北15キロ地点まで進出できた。

同じく15日にチンドウイン川を渡河した第三一師団の任務は、やはりアラカン山系を越えインパールの北100キロにあるコヒマを占領し、英印軍の増援、補給を遮断することであった。歩兵団長宮崎繁三郎《みやざきしげさぶろう》少将指揮の第五八連隊を中心とする支隊が、4月6日コヒマに突入した。

しかし英印軍は、同地の南西高地にある陣地に後退し宮崎支隊と対峙した。この高地を制圧しないことにはコヒマを占領したことにはならない。その後続々と増援を受ける英印軍と補給皆無の宮崎支隊との戦闘は、2ヵ月間続くのである（コヒマ三叉路高地の戦い）。

なお、大量の牛を現地で調達し、物資輸送に使役した後は食用にするという牟田口司令官が「ジンギスカン作戦」と自画自賛した計画は、牛の半数がチンドウイン川渡河時に溺死、さらにその後のジャングルや険しい山岳路でほとんど脱落し、完全に破綻していた。

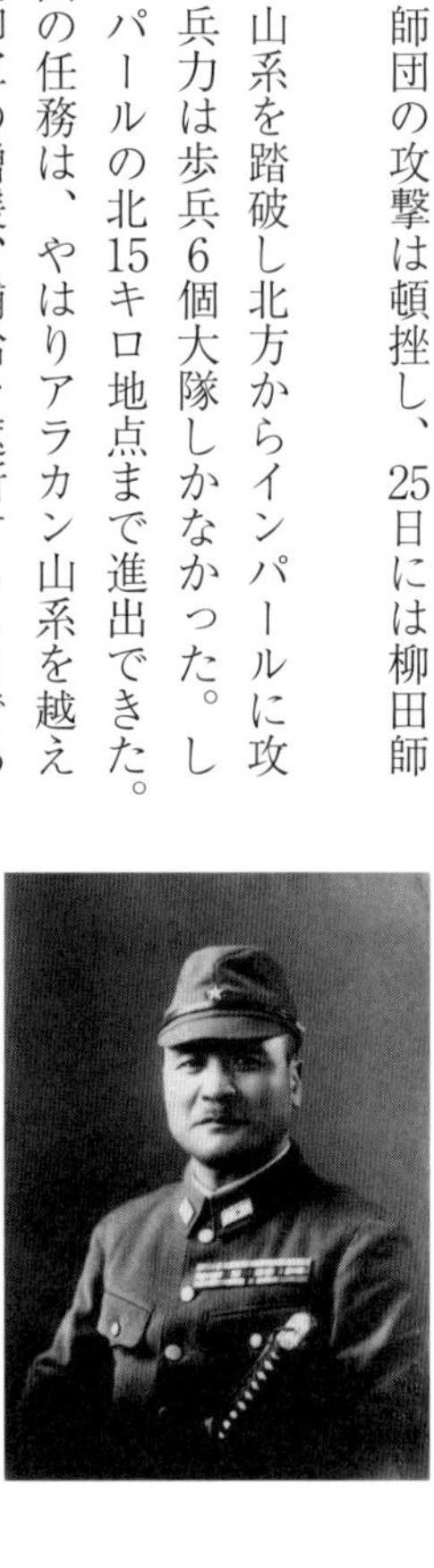

第三一師団歩兵団長・宮崎繁三郎少将。コヒマの英印軍と激闘を繰り広げた

昭和19年4月17日
大陸打通作戦始まる

大陸打通作戦は支那派遣軍総司令官畑俊六《はたしゅんろく》大将指揮のもと、17個師団、6個旅団、戦車1個師団を動員した太平洋戦争中最大のものであった。

その目的は、米軍の反攻により南方資源地帯と日本本土を結ぶシーレーンが途切れることが予想されるようになり、それに代わるものとしてシンガポールからマレー半島、仏印、中国を通る鉄道を確保、整備して物資輸送ルートを維持するとともに、周辺地域の都市を占領して、Ｂ29の発着基地を押さえ込もうとするものであった。

また大本営は敗色濃厚になりつつあったこの時期、大きな戦勝を内外に示すことが総力戦において必要であるとも考えた。

以上の理由により開始された本作戦は半年以上にも及び、12月仏印から北上してきた南方軍の部隊と握手し、ここに中国大陸を北から南に突き抜くという大作戦は成就した。

しかし米軍は飛行場をさらに奥地に建設、それらから飛び立つ米軍機により鉄道は頻繁に爆撃され、物資の輸送は思うに任せなかった。

彼我共に大きな犠牲を出した大作戦であったが、作戦行動を起こした時期も時期であり、戦争の帰趨を左右するものではなかった。

なお、本書において中国戦線についての記述はこの項だけである。というのは、中国での国民政府軍、八路軍（中国共産党軍）相手の戦闘は、この作戦以外はいわゆる治安戦と呼ばれるものだったからである。治安戦については小部隊が駐屯地において、あるいは移動途中に襲撃されて大きな被害を受けるということはあったが、大隊以上の規模の日本軍が中国軍に敗れることはほとんどなかった。

それには二つの理由があった。一つは武器の差である。師団に属する連隊には各4門、独立混成旅団に属する独立歩兵大隊には各2門の四一式山砲があった。これに対抗できる火器が中国軍にはなかったのである。もう一つは情報戦における勝利である。日本陸軍の暗号は中国軍に限らず、米軍でさえ解読できなかった。それに対し、日本軍は国民政府軍の暗号を完全に解読していた。まさに、太平洋戦線の逆の様相だったのである。

支那派遣軍総司令官・畑俊六大将。太平洋戦争中最大の作戦と言われる「大陸打通作戦」の指揮を執った

昭和19年4月17日
竹輸送（濠北方面防衛強化輸送）始まる

3月末のホーランジア、パラオへの空襲により、大本営は米軍の西部ニューギニア、南部フィリピンへの早期の侵攻を懸念した。

松輸送を優先したため、後回しにされていた竹輸送実施が決定され、中国にあった第三二師団をハルマヘラ島へ、第三五師団を西部ニューギニアのマノクワリへ輸送することになる。4月17日、陸軍2個師団その他を乗せた輸送船15隻が上海を出港。敷設艦「白鷹《しらたか》」を旗艦とし駆逐艦3隻、海防艦3隻、その他小艦艇6隻が船団を護衛したが、26日米潜水艦の攻撃により輸送船1隻が沈没、乗船していた第三二師団の1個連隊2600名が海没する。29日マニラ入港。

5月1日濠北方面に向かう輸送船8隻は、「白鷹」、駆逐艦3隻、その他小艦艇5隻に護衛されてマニラを出港したが、6日さらに米潜水艦の攻撃により、輸送船3隻が沈没。兵員の戦死は700名程度だったが、武器、弾薬、食糧を大量に喪失する。

9日ハルマヘラ島に到着。第三二師団は、そのままハルマヘラ島の守備にあたる。第三五師団は米軍の目をかすめて、海軍艦艇で5月20日までにマノクワリとソロンに到着している。ハルマヘラ島への竹輸送はその後4回、一部損害を出しながらも概ね成功している。

西部ニューギニアへの十分な輸送ができなかったことで、同地やビアク島は「絶対国防圏」から外れ、日本の防衛線は1000km後退することになるのである。

中国から濠北方面へ向かう「竹輸送」船団の護衛部隊旗艦を務めた敷設艦「白鷹」

昭和19年4月22日 米軍ホーランジア、アイタペに上陸

ラバウルから航空隊が撤退し、その後同地が孤立した結果、米軍はニューギニア北東部の海上を自由に行動できるようになった。

この状況からマッカーサー将軍はそれまでの小刻みな海上からの迂回をやめ、1月2日のグンビ岬上陸から100日余りの準備期間をおいて、一気にホーランジア、アイタペに「蛙飛び」した。ホーランジアに2個師団、アイタペに1個旅団が上陸。

マダン～ハンサ間付近か、ウエワクへの侵攻を予想していた日本軍にとって全く想定外の事態であった。

ホーランジアはニューギニアにおける日本軍の最大の兵站基地であり、ここには第一八軍の食糧のほとんどを集積してあった。同地には1万4000名余りの日本軍がいたが、ほとんどが兵站と航空部隊で、一定の抵抗はしたもののジャングルへ後退。アイタペにも2000名余りの日本軍が駐屯していたが、同様であった。

これら1万6000名の将兵は西方のサルミを目指すも、飢えと病によりジャングルの中で消滅してゆく。

両地への米軍の上陸は、ニューギニアの戦局を一気に変える決定的要因となるのである。

この結果、東部ニューギニアの第一八軍は完全に孤立してしまう。同軍は麾下3個師団（第二〇、四一、五一師団）の他、航空部隊や海軍部隊を含め、約5万5000名が安達二十三司令官の指揮下にあった。しかし、ウエワクにある食料は8月末までに底をつき、また、同地周辺は5万5000名の将兵が自活できる環境ではなかった。

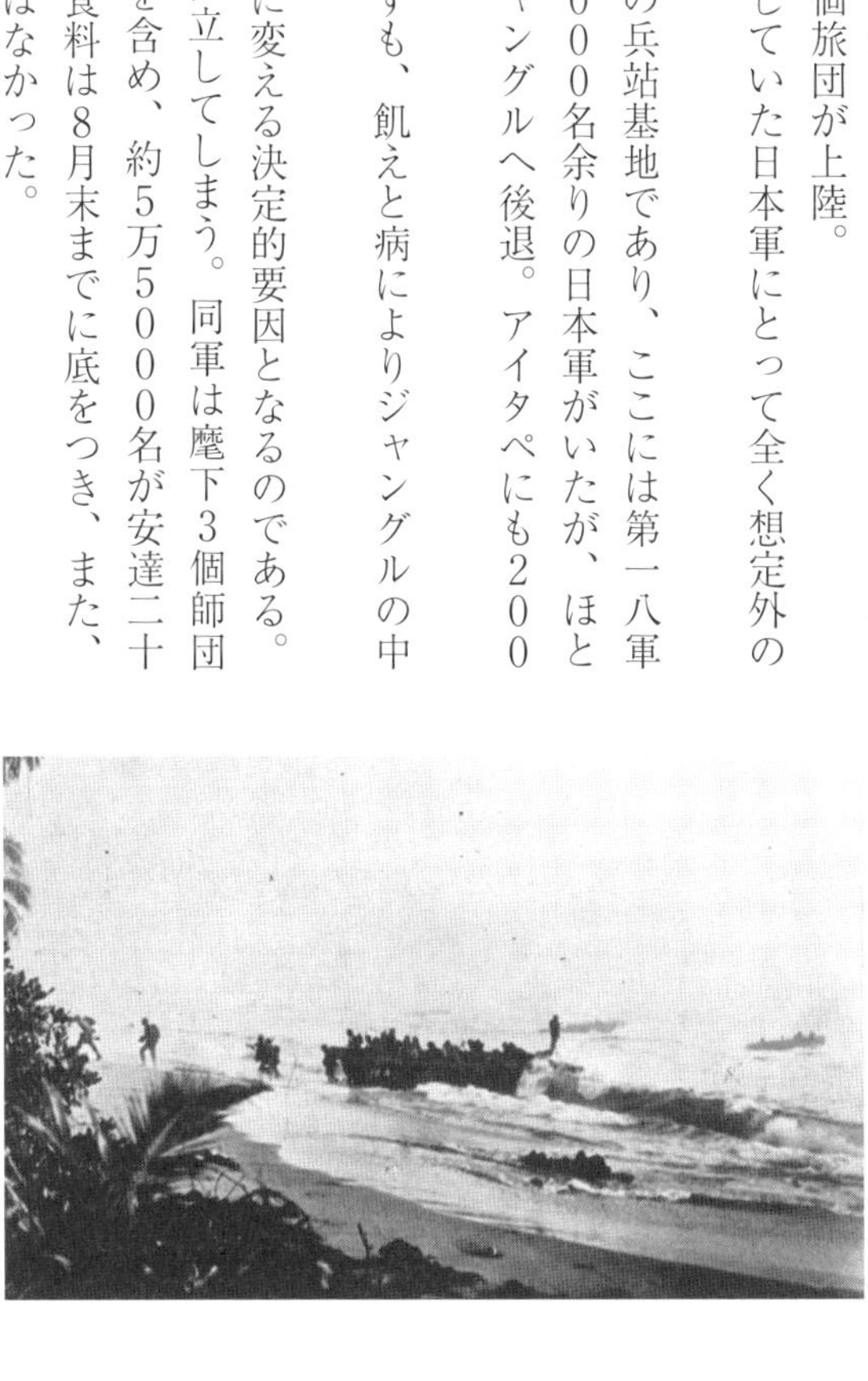

昭和19年4月22日、ニューギニア北岸ホーランジアに上陸する米軍部隊

そのような状況下、安達司令官は座して死を待つより戦うことを決断。また、ホーランジア、アイタペ両地とも第一八軍の担当地域にあり、その責任を感じた司令官は4月29日、6月上旬を目途にアイタペ攻撃準備を命令。第五一師団その他をウエワク防衛に残し、第二〇、四一師団を攻撃兵力と定めた。

しかし、その準備が最終段階に入っていた6月20日、大本営は第一八軍を第二方面軍の指揮下から除いて南方軍直轄とし、以下のように命令。「東部ニューギニア方面の要域において持久を策し、以て全般の作戦遂行を容易ならしむべし」。それから10日間、安達司令官の苦悩があったことは容易に想像できる。一八軍司令部では彼我の戦力の差、さらに補給の困難さから成功の見込みはほとんどないとして、幕僚のほぼ全員が攻勢に反対であったが、7月1日、安達司令官は予定通りアイタペ攻撃を命令するのである。

昭和19年5月3日
連合艦隊、「あ」号作戦を発令

日本は、ミッドウェー海戦で戦争の短期決着に失敗。続くガダルカナル島争奪の消耗戦で、戦力の多くを失った。「い」号作戦後、海軍は基地航空部隊として第一航空艦隊を編成。空母機動部隊の再建も図り、マーシャル諸島方面を決戦海面とする「Z号作戦」を計画するも、先述の「連合艦隊の大散歩」で不発に終わる。続く「ろ」号作戦で母艦航空戦力の過半を失ったため、ギルバート、マーシャル諸島は見殺しにせざるを得なかった。

こうして計画の変更が余儀なくされ、決戦想定海面を西カロリン諸島またはマリアナ諸島に変更して「新Z号作戦」となった。しかし、19年3月31日のパラオ空襲の際の海軍乙事件で、この作戦計画書が米軍の手に渡ってしまう。日本側は、計画書は敵の手に渡っていないという福留参謀長の証言を信じ、作戦名を「あ」号作戦と改めるなど多少の作戦変更しかしなかった。

作戦は、マリアナ諸島の兵力（航空部隊、陸上部隊）を強化して米軍を第一想定海面であるパラオ近海に誘い込み、第一機動艦隊と第一航空艦隊でこれを撃滅するというものであった。

19年5月3日、連合艦隊司令長官となった豊田副武大将は「あ」号作戦を発令。しかし、同作戦では決戦海域の一つにマリアナ近海を含んでいたが、その可能性は低いと考えられた。ニューギニアを西進するマッカーサー軍をニミッツの太平洋艦隊が支援するものとされ、太平洋正面との2本立てで来るとは想定していなかったのである。しかし、実際には1ヵ月半後に米軍はマリアナに来攻。第一航空艦隊はこの間に急激に戦力を失い、陸軍も全く準備不足の状態で米軍の上陸を迎えるのである。

昭和19年5月4日
軽巡「大淀」、連合艦隊旗艦となる

「大淀《おおよど》」は潜水戦隊の旗艦用として建造された軽巡洋艦で、18年2月竣工。排水量9980t、重巡並みの大きさであった。同型艦はない。

しかし太平洋戦争では、本艦が潜水戦隊を率いて敵艦隊と戦うという場面はあり得ず、索敵用の水偵を収容するための巨大な格納庫を利用して、連合艦隊旗艦としての改装工事が行なわれ、古賀峯一長官殉職後、豊田副武大将が連合艦隊司令長官に就任した翌日の5月4日に旗艦となった。

その後、司令部が神奈川県日吉に移る9月29日まで、東京湾で旗艦としての任務に就いた。

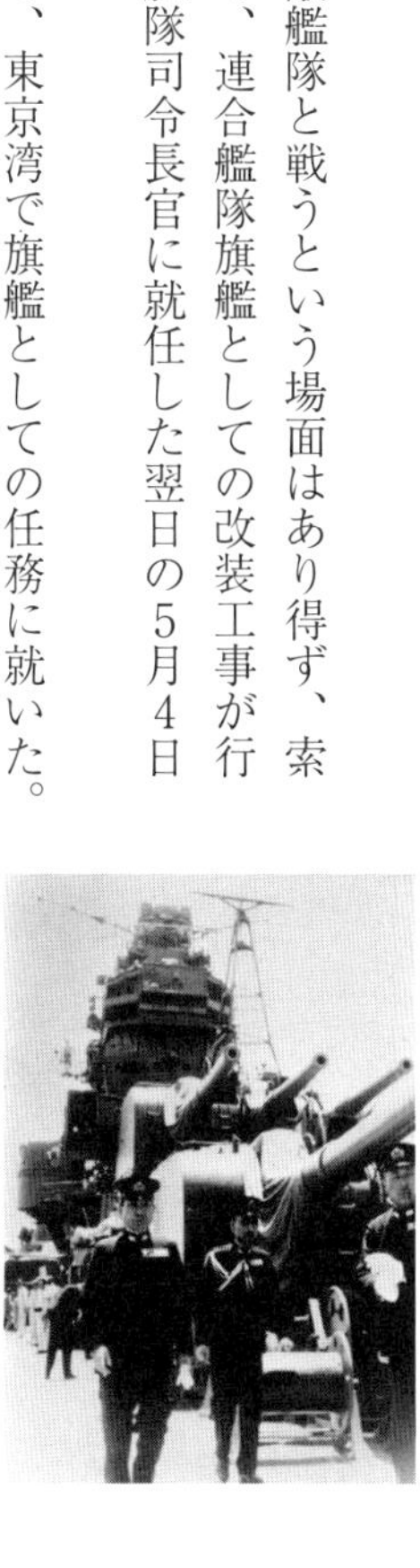
旗艦の軽巡「大淀」前甲板を歩く連合艦隊司令長官・豊田副武大将（左端）。長官後方に従うのは副官の桑原春雄中佐、右端は艦隊機関長の寺山栄少将

日本海軍の歴史では、連合艦隊旗艦はすべて主力艦が務めていた。開戦時は戦艦「長門」であり、その後「大和」、次いで「武蔵」で、本艦のような小型艦が旗艦となることは前例がなかった。なお本艦は旗艦の任務を解かれた後、レイテ沖海戦に小澤艦隊の一艦として参加している。

その後礼号作戦、北号作戦に従事し、呉に在泊していたが、20年7月24日、28日の米艦載機の空襲により、大破横転状態で終戦を迎えた。

日本海軍は太平洋戦争中、軽巡洋艦については25隻を保有した。しかし17隻は大正時代に建造された旧式艦で、残り8隻が開戦前後に竣工している（そのうち「香取《かとり》」型3隻は練習巡洋艦）。22隻が戦没。その約半数の10隻が潜水艦の雷撃により失われている。生き残ったのは「北上《きたかみ》」「鹿島《かしま》」「酒匂《さかわ》」だけだった。

昭和19年5月10日
一等輸送艦第一号竣工

米軍のガダルカナル島上陸を端緒として、ソロモン海域での輸送任務に就いた駆逐艦の喪失が相次いだが、その輸送能力は微々たるものであった。

こうして、敵の制空権下を高速で突破し、最前線の島々へ補給を行なう輸送艦の必要性が認識される。このような経緯から建造されたのが一等輸送艦である。

２６０ｔの人員、補給物資を５隻の舟艇により艦尾より発進できた。排水量１８００ｔ、速力22ノット、12・7cm高角砲2門、25mm機銃15門。さらにレーダー、水中探信儀などは最新式のものを装備した。21隻が建造されている。

また、その2ヵ月前からは二等輸送艦が次々と竣工していた。同艦は上陸地点で艦首部を

〔上〕一等輸送艦。高速の強行輸送艦で、搭載した大発等を艦尾のスロープから発進させる（写真は第一号輸送艦）
〔下〕二等輸送艦。日本版ＬＳＴ（戦車揚陸艦）で、艦首部を海岸にのし上げてランプを下ろし、戦車等を自走させて揚陸する（写真は第一五一号輸送艦）

開き、陸上部隊を揚陸させるもので、米軍のLSTに相当する。九七式中戦車であれば、9両を積載できた。排水量1020t、速力16ノット、8cm高角砲1門、25mm機銃6門。典型的な戦時急造艦で、2ヵ月で完成、69隻が竣工している。しかし、レーダーや水中探信儀等は装備されなかった。

二等輸送艦は外洋航海には適さない艦であったが、揚陸場所が極めて限られた硫黄島への輸送任務に19隻が就いている。その内6隻が接岸できるわずか250mの海岸で、米軍機の爆撃、艦艇の砲撃により、枕を並べるように擱座、撃沈されている。

昭和19年5月17日
米軍、サルミに上陸

フィリピンを目指すマッカーサー将軍は、ニューギニア北岸を航空基地を獲得しながら急速に西進する。4月22日のホーランジア、アイタペに続き、5月17日サルミに2個師団が上陸した。翌18日にはその沖に浮かぶ飛行場を有するワクデ島に1個連隊が上陸、日本軍約8000名の守備隊は1週間後に玉砕した。

サルミの第三六師団は上陸した米軍と激戦となるも徐々に後退、その後は持久体制となる。米軍も必要以上の掃討戦を行なわなかったので全滅することはなかったものの、当初配備されていた1万4000名のうち終戦後帰還できたのは2000名だけだった。

その後も米軍は5月27日にビアク島、7月2日にその西に浮かぶヌンホル島、そして7月30日にはソロンに近いニューギニア島のサンサポールに上陸する。

すべてに航空基地を建設し、こうして米軍はニューギニア西端に到り、いよいよフィリピンへと向かうのである。

米軍のニューギニア北岸サルミ上陸作戦に当たって爆撃される沖合のワクデ島日本軍飛行場

昭和19年5月19日〜31日
米駆逐艦「イングランド」日本潜水艦を次々に撃沈

第2次世界大戦の前半においてドイツのUボートの活躍はめざましく、一時イギリスを屈服寸前まで追い詰めたことはよく知られている。

太平洋戦争がはじまりアメリカが参戦した後は、アメリカ東海岸にも出撃、多数の米艦船を撃沈した。

これに対し、連合軍側もソフト、ハード両面にわたるUボート対策を急速に整備した結果、19年中頃までには大西洋においてUボートを駆逐するに至った。

米海軍はその経験と兵器を、太平洋にそのまま持ち込んだ。

それを最も具現化したのが、アドミラルティ諸島近海において5月下旬のわずか2週間の間に、日本潜水艦6隻を撃沈した「イングランド」である。

「イングランド」は大戦中１０２隻建造された「バックレイ」級護衛駆逐艦の1隻で、強力な対潜兵器として、艦の前方に爆雷を射出できるヘッジホッグ（対潜迫撃砲――1回の発射で、24発もの小型弾が水中を落下。一発でも命中爆発すると、その衝撃で他の全てが誘爆する）を搭載していた。

「イングランド」は19日、ソロモン北方海面で伊一六潜を撃沈したのを皮切りに、その後アドミラルティ諸島海域へ移動した。これは、連合艦隊が「あ」号作戦の予想海域を誤り、見当違いの海面に潜水艦の哨戒線を張り、これを察知した米海軍が同海域に対潜部隊を派遣したためである。その後は続けさまに配備についていた日本潜水艦を撃沈していく。

それは、5月22日呂一〇六潜、23日呂一〇四潜、24日呂一一六潜、1日おいた26日呂一〇

米護衛駆逐艦「イングランド」。アドミラルティ諸島近海でわずか2週間の間に6隻の日本潜水艦を撃沈した

八潜、そして31日呂一〇五潜というものであった。

昭和19年5月27日
米軍ビアク島に上陸

ニューギニア北西に位置するビアク島は、米軍にとってこれを手に入れればパラオとフィリピン南部を爆撃圏内にできる飛行場があり、戦略的要衝であった。

5月27日、米第41師団の2個連隊を中心とする2万5000名が上陸したが、日本軍の守備兵力を過小評価していた。

同島には第三六師団第二二二連隊長葛目《くずめ》直幸《なおゆき》大佐指揮の陸海軍1万2000名（戦闘部隊は4500名）が配置されていた。

守備隊は米軍の上陸海岸や飛行場を見下ろす台地に布陣。そこには頑丈な天然洞窟があり、将兵を砲爆撃から守り、眼下の米軍を狙い撃ちできた。

米軍は1個連隊を増強し、6月8日第一飛行場を占領。しかし、日本側もヌンホル島から2個大隊2500名を派遣。占領されたものの、飛行場の使用をその後半月間阻止し続けた。

このような状況により米軍はさらに1個連隊を増派し、師団長を更迭している。

4個連隊による攻撃に守備隊も抗し得ず、後方の高地に後退。7月2日、葛目大佐自決。

しかし、その後も海軍の第二八特別根拠地隊司令官千田《せんだ》貞敏《さだとし》少将指揮のもと持久戦を展開。同島にあった3つの飛行場全てが使用可能になったのは8月12日。太平洋戦争末期の島嶼戦で、これほど長く飛行場使用を許さなかった例は同島のみである。

米軍がビアク作戦の終結を宣言したのは同月20日であった。米軍の戦死傷者2900名。その他約7000名の戦病者を出している。

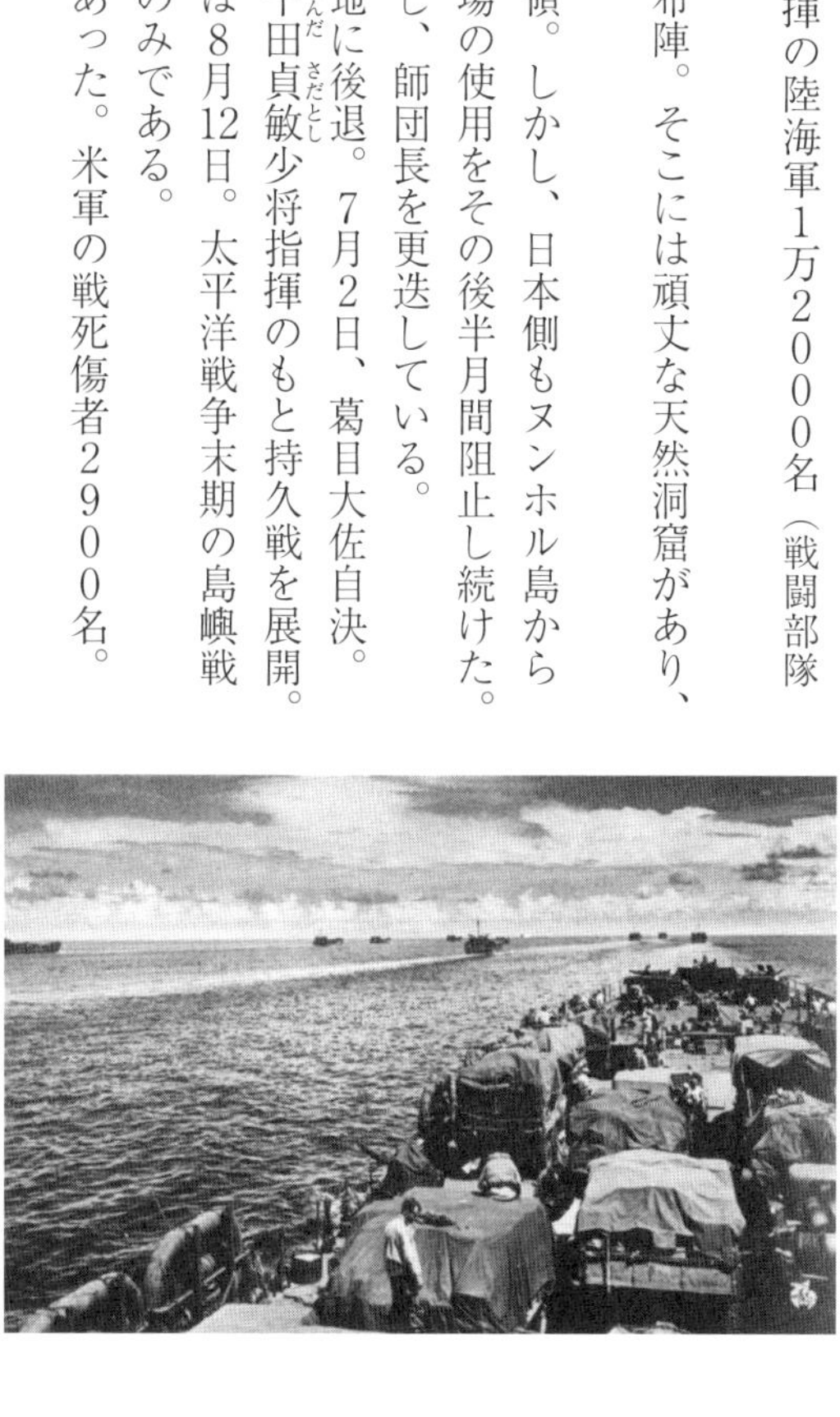
揚陸物資を満載してビアク島に向かう米海軍のＬＳＴ（戦車揚陸艦）群

昭和19年5月29日 渾作戦発動される

米軍のビアク島上陸を受けた時点でも、まだ陸海軍とも米軍の大侵攻作戦の指向方面を判断できずにいた。しかしビアク島を失えば、フィリピン南部、蘭印の油田地帯、パラオ諸島が空襲にさらされ、「あ号作戦」も成り立たないと判断した連合艦隊司令部はビアク島保持を決断、「渾作戦」を発動した。

すでに27日に、第一航空艦隊に対しヤップ島にあった第三攻撃集団（50機）をニューギニア西端のソロンへ移動が発令されており、さらに6月3日、マリアナにあった第二攻撃集団（200機）へはハルマヘラ島への移動が命令された。

その前日の2日には、増援部隊である海上機動第二旅団（逆上陸作戦専門の精鋭部隊）を運ぶ艦隊が、ミンダナオ島ダバオから出撃した。

指揮官は第一六戦隊司令官左近允《さこんじょう》尚正《なおまさ》少将で、参加艦艇は戦艦1、重巡3、軽巡1、駆逐艦8、敷設艦2、輸送艦1。そのうち、重巡1、軽巡1、駆逐艦3、敷設艦2、輸送艦1に約3000名が乗艦した。

しかし、途中米軍機に発見されたことと米機動部隊出現の報告（誤報であった）のため中止される（第一次渾作戦）。

6月8日、駆逐艦6隻によってまず600名を輸送しようとしたが、途中空襲により「春雨」が沈没、それでも突入を図ったが連合国艦隊（重巡1、軽巡2、駆逐艦14）と遭遇、退避せざるを得なかった（第二次渾作戦）。

12日、米機動部隊の誘出をも狙い、戦艦「大和」「武蔵」と重巡2、駆逐艦4を加えソロン沖に集結したものの、米軍のマリアナ来攻により、13日この作戦も取り止めとなった（第三次渾作戦）。

同様にソロンやハルマヘラに移動していた第一航空艦隊は、マリアナ来攻の米軍に対応するため西カロリンへさらに移動を命令されたが、ビアク方面での消耗、移動途中での消耗、さらにマラリアなどによる搭乗員の疲弊甚だしく、その戦力を大きく低下させてしまった。

昭和19年5月31日
ラバウル製零戦、アドミラルティ泊地を偵察

ラバウル航空隊は、米機動部隊によるトラック空襲のため後方基地を失うことになり、2月20日にトラック島に後退した。

しかし依然ラバウルには、第一七、三八師団を中心とする陸軍部隊、第八根拠地隊や航空部隊関係者、その他雑多な海軍部隊を合わせて約10万の日本軍が存在し、同地を中心とする地域を要塞化していた。

そのため米軍は当初ラバウルの占領を企図していたが、周辺の要地を奪取して航空基地を建設、同地を空襲によって無力化し素通りしていた。

しかしラバウルに残された航空部隊関係者は、損傷した機体の使用可能な部品をかき集めて新たな零戦を10機程度完成させ、最後には九七艦攻2機も作り上げてしまう。

これらの機体は迎撃、爆撃、偵察、連絡などに活躍。特にラバウル北西にあり、米軍の艦隊根拠地になっていたアドミラルティ泊地の敵情偵察の報告は、マリアナ沖海戦前における連合艦隊司令部の状況判断に大きく貢献した。

5月31日に続き、翌6月5、12、13、14、16、18日にも偵察が実施されている。

ラバウルの現地部隊が損傷した機体をもとに製作した零戦。風防を延長して本来の操縦席の後方にも座席をつけ、複座に改造されている。本機は戦後オーストラリアで修復されたもので、のちに上野の国立科学博物館で展示された

ラバウルのあるニューブリテン島の東にはブーゲンビル島、西にはニューギニアがあり、そこに残された部隊の多くの将兵が終戦までに飢えとマラリアで命を落としたが、ラバウルの10万の将兵は自活自給で何とか持ちこたえるのである。

昭和19年6月1日
第三一師団、コヒマから撤退を開始

5月下旬、第三三師団の攻撃はインパールの南50キロのビシェンプールで頓挫していた。同じ頃、当初英印軍の大きな抵抗を受けず前進できた第一五師団も、その後反撃されさらなる前進は不可能となる。

第三一師団宮崎支隊が突入したコヒマも、その南西高地制圧にあと一歩というところまで迫ったが戦力が尽き、5月12日から第三一師団は守備態勢となる。

4月の中旬頃から、牟田口廉也司令官と佐藤幸徳師団長との間の確執が深まっていた。作戦前、佐藤師団長は第一五軍司令部との間で補給について確約を取っていたこともあり、再三要請電報を打ち続けた。その都度牟田口司令官からは「あと2週間」、「あと10日」など戦闘継続を命令する返電を打ち返していたが、補給は皆無であった。

ついに6月1日、佐藤師団長は撤退を命令。最後の電文は「第一五軍参謀の戦術程度は、士官候補生のそれ以下なり」というものであった。

その後、第一五軍は総崩れ状態となる。佐藤中将の抗命は、本来ならば軍法会議で裁かれるものであったが、その責任が上層部（軍、方面軍、南方軍、大本営）に及ぶのを恐れた陸軍中枢は、結局佐藤中将を心神喪失という名目で不起訴にした。

第三三師団長・佐藤幸徳中将。補給皆無の状況下、麾下部隊に独断でコヒマからの撤退命令を発した

昭和19年6月4日～6日

第三五三〇船団の惨害

3月初めから5月中旬にかけて実施された松輸送は、概ね成功した。しかし、まだマリアナ、パラオへの増援部隊が残っていた。

これを輸送したのが第三五三〇船団で、輸送船10隻を水雷艇1隻と駆潜艇3隻で護衛した。松輸送に比べ、護衛艦艇は弱小であった。

5月29日、横浜を出港しサイパン島を目指したが、6月4日から6日にかけて米潜水艦2隻に執拗に追跡され、3日間で輸送船5隻が撃沈される。

そのうちの3隻には、第四三師団第一一八連隊など約9000名の将兵が乗船しており半数が海没、救助された将兵の半数は負傷、装備の一切を失った。

昭和19年6月6日

連合軍、ノルマンディーに上陸

独ソ開戦以来、ヨーロッパにおけるドイツ軍戦力のほとんどがソ連に向けられていた。ソ連首相ヨシフ・スターリンは、再三米英に対して第二戦線を築くことを要求していた。

18年11月28日のテヘラン会談において、三国間で正式に合意。

これを受け、連合国遠征軍最高司令官としてドワイト・アイゼンハワー米陸軍大将が、本作戦の地上部隊最高司令官としてバーナード・モントゴメリー英陸軍大将が任命される。

その指揮下にあったのは、イギリス、カナダ、自由ヨーロッパ軍26個師団、アメリカ軍21

個師団。

ドイツ軍はノルマンディーへの上陸を予想せず、その布陣は不十分であった。

上陸に先立って、イギリス軍1個、アメリカ軍2個の空挺師団が降下。そして6月6日、駆逐艦以上の艦艇約170隻、航空機約1万機に支援された上陸用舟艇約4000隻がノルマンディー海岸に殺到。

最終的に200万人近い兵員が、ドーバー海峡を渡って上陸した。現在に至るまで、歴史上最大の上陸作戦である。

これにより、連合軍は第二戦線を構築。ドイツ軍は二正面作戦を余儀なくされる。

8月25日にはパリが解放される。

昭和19年6月6日～9日
米潜水艦「ハーダー」日本駆逐艦を次々に撃沈

日本機動部隊のタウイタウイ泊地進出を知った米海軍は、同泊地周辺に6隻の潜水艦を配置した。そのうちの1隻「ハーダー」が4日間で、日本駆逐艦3隻を次々に撃沈する。

6月6日、タウイタウイ泊地へのタンカーを護衛していた駆逐艦「水無月《みなづき》」が、浮上した「ハーダー」から距離わずか1000mで魚雷攻撃を受け、2本が命中して轟沈。

7日、駆逐艦「早波《はやなみ》」（日本海軍最精鋭の艦隊型駆逐艦「夕雲《ゆうぐも》」型の8番艦）がタウイタウイ泊地の湾外を対潜哨戒中、魚雷2本を受け轟沈。

さらに9日には、駆逐艦「谷風《たにかぜ》」（「陽炎《かげろう》」型の13番艦。「夕雲」型はその発展型）が湾口で哨戒を始めたところ、やはり魚雷2本を受け轟沈している。

米、英の対潜作戦はドイツのUボート対策で相当高度化されていたのに対し、日本海軍の

米潜水艦「ハーダー」。タウイタウイ泊地近海に配備され、4日間に日本駆逐艦3隻を撃沈した

場合はあくまで艦隊決戦を至上としていたため、二の次三の次の任務であり、航空機とも連携しながら複数の艦のチームワークによる対潜行動など、訓練はもちろん研究もされていなかった。

本来潜水艦の脅威であるはずの駆逐艦（しかも旧式でもなく、劣性能の海防艦でもない一線級の駆逐艦）が、主力艦を敵潜水艦から護れないという現実は、後述のようにマリアナ沖海戦での空母「大鳳」「翔鶴」、レイテ沖海戦での重巡「愛宕」「摩耶」、11月から12月にかけて戦艦「金剛」、空母「信濃」「雲龍《うんりゅう》」と主力艦を次々と失っていくことにつながっていく。

攻撃一辺倒、防御や兵站の軽視は、陸海軍を通じて一貫していた。戦争中盤以降その欠陥が露呈していき、後半には手の施しようがない状況に陥っていくのである。

「ハーダー」は大戦中16隻、5万4000tの日本艦船を撃沈しているが、そのうち6隻（駆逐艦4、海防艦2）が対潜艦艇であった。

このような戦果を挙げた日本潜水艦は皆無である。

昭和19年6月10日
呂号第一一一潜水艦撃沈される

日本海軍の潜水艦は一等潜水艦（伊号潜水艦、基準排水量1000t以上）と二等潜水艦（呂号潜水艦500t以上1000t未満、波号潜水艦500t未満）とに大きく分けられていた。

広大な太平洋、インド洋を戦域とした日本海軍の場合、主力は当然伊号潜水艦であった。また、呂号潜水艦も旧式を除き、大戦中38隻が戦場に赴いている。しかし伊号潜水艦と同様敵主力艦隊を目標としたため、犠牲のみ多く戦果は少なかった。

その中で、それなりの戦果を挙げ得たのが呂号第一一一潜水艦（排水量525t、速力14・2ノット、発射管4門、魚雷5本）で、18年11月から19年3月までペナンを基地としてインド洋で交通破壊戦に従事し、商船3隻を撃沈している。

だが、その任務を離れ、やはり敵主力艦隊へ向かった6月10日、アドミラルティ諸島北方において米駆逐艦の攻撃により沈没している。

呂号潜水艦は、38隻中目に見える戦果を挙げ得なかった艦が4分の3余りを占め、しかも終戦時残存していたのは1隻だけというすさまじい損耗率であった。

なお波号潜水艦については、終戦間際の20年5月以降、波二〇一～二一〇潜（排水量320t、速力10・5ノット（水中では13ノット）、発射管2門、魚雷4本）が竣工しており、なお29隻が建造中であった。

これらの艦は本土決戦において、特殊潜航艇、「蛟龍《こうりゅう》」、「海龍《かいりゅう》」などの特攻兵器の作戦海域の外側を担当することになっていた。

昭和19年6月11日、12日
米機動部隊がマリアナ空襲（第一航空艦隊ほぼ壊滅）

5月3日、軍令部は西カロリンにおいて米艦隊の撃滅を図る「あ」号作戦を発令。

決戦部隊とされたのが角田覚治中将指揮の第一航空艦隊（陸上基地航空部隊）で、その定数は1700機余であった。

しかし、マリアナ、カロリン方面に進出していた同部隊は、3月以降の広範囲での航空戦で戦力を消耗。特に5月27日米軍がビアク島に上陸したことで、これを占領されると「あ」号作戦が成り立たなくなると判断した連合艦隊は、第一航空艦隊の多くの部隊を同方面に転

戦果の少なかった呂号潜水艦の中で、インド洋で交通破壊戦に従事した呂一一一潜は商船3隻撃沈を記録している（写真は同型の呂一〇一潜）

用、ここでもさらに戦力を消耗してしまう。

このような状況の中で、米軍のマリアナ侵攻を迎えることになる。6月11日から12日にかけて米機動部隊は、マリアナに対して航空撃滅戦を展開。両日で第一航空艦隊は150機を喪失。これでもはや同艦隊は、米艦隊との決戦兵力とは言えなくなり、1週間後のマリアナ沖海戦にほとんど寄与することはなかった。

昭和19年6月13日 第一機動艦隊タウイタウイ泊地を出撃

第一機動艦隊主力は、次期作戦に備えスマトラ島のリンガ泊地で訓練を続けていたが、5月3日の「あ」号作戦発令によりボルネオ島のタウイタウイ泊地へ移動、内地からの部隊も合わせ5月16日集結を完了した。

その兵力は、空母9、戦艦5、重巡11、軽巡2、駆逐艦29、搭載機約440機であった。

しかし同泊地周辺海域は米潜水艦が跳梁し、空母艦載機の搭乗員の訓練が約1ヵ月ほとんどできなかったことが、マリアナ沖海戦敗北の一要因となった。

6月13日、サイパン島への米軍上陸必至と見た連合艦隊は、「あ」号作戦用意を発令。これを受け第一機動艦隊はタウイタウイを出撃、14日にフィリピン中部のギマラス泊地で給油を終え、15日に「あ」号作戦発動に基づき同泊地を出撃。サンベルナルジノ海峡を通過、マリアナ海域へと向かった。

小澤長官は以下のように訓示している。
一、今次の艦隊決戦にあたっては、我が方の損害を顧みず戦闘を続行する。
二、大局上必要と認めたときは、一部の部隊を犠牲としてこれを死地に投じても、作戦を

昭和19年6月15日、サンベルナルジノ海峡を通過する第一機動艦隊。手前は航空巡洋艦に改装された「最上」、遠方には第一航空戦隊の空母（大鳳、翔鶴型）が望まれる。重巡「摩耶」からの撮影

強行する。
三、もし、今次の決戦でその目的を達成出来なければ、たとえ水上艦艇が残ったとしても、その存在の意味はない。

昭和19年6月15日
米軍サイパン島に上陸

絶対国防圏の要マリアナ諸島に、米軍が侵攻を開始。
6月11日から12日にかけて米艦載機による大規模空襲のため、サイパン、テニアン、グアム島に展開していた第一航空艦隊の残存部隊はほぼ壊滅。艦船15隻沈没。13日からはサイパン島は艦砲射撃を受け、そして15日、チャランカノア海岸に米軍第2、4海兵師団が上陸した。

守る日本軍は小畑英良中将指揮の第三一軍であるが、小畑中将はこの時パラオ出張中で、代わって井桁敬治《いげたけいじ》参謀長が第四三師団（師団長斉藤義次《さいとうよしつぐ》中将）、独立混成第四七旅団や戦車第九連隊、海軍部隊など総兵力4万3000名を合わせ指揮して米軍を迎え撃った。

4万3000名という数字だけ見ればいかにも大兵力と思われるが、その内1万1000名は海没部隊の生き残りで装備は極めて不十分、また他方面への補充員が多数滞留していたため指揮系統が複雑で、軍司令部は指揮、指導に苦慮している。

さらに、米軍侵攻を3ヵ月以上先と予想していたため準備は全く不十分で、守備隊としては完全に不意を突かれた形となった。しかも徹底した水際配備を敷いていたため、急造の野戦陣地は上陸前の砲爆撃で大損害を受けていた。後のペリリュー島、硫黄島、沖縄とは、全く違う状況だったのである。

日本軍の激しい砲火を冒してサイバン島に上陸した米海兵隊員。後方の車両は水陸両用戦車LVT（A）－4

それでも生き残った日本兵は頑強に抵抗を続けた。上陸当日の夜襲は昼間の戦闘と通信連絡の混乱により、部隊の態勢が整わず海岸配備部隊だけのものとなり撃退された。17日未明の戦車第九連隊も加えた総攻撃も、日本軍側は米軍上陸後の2日間で第一線兵力の多くを失っていたこと、米軍側は逆に新たな部隊を上陸させ十分な防御態勢を取っていたこと、沖合の艦隊から打ち上げられる照明弾により白昼化されており昼間の逆襲と変わらなかったこと、昼間同様の艦砲射撃支援があったこと等により失敗に終わった。

この日の夜襲によって守備隊の戦力は激減し、軍は海岸地帯から退き、海上での連合艦隊の勝利と友軍の来援を待つため、タッポーチョ山を中心に防御線を敷いた。

昭和19年6月16日
B29による日本本土初空襲

中国四川省成都を発進したボーイングB29スーパーフォートレス（超空の要塞）の編隊68機のうち、47機が北九州を夜間爆撃。目標は八幡製鉄所である。

B29は自重32・4t、最高速度643km、12・7mm機関銃×12、4500kgの爆弾を搭載し6400km飛行できた。生産機数は3970機。終戦までに14万7000t（諸説あり）の爆弾を投下。日本を降伏に追い込むにあたり大きな役割を果たした。太平洋戦争終了後も、1960年まで使用されている。

この日迎撃したのは、第一九飛行団第四戦隊の二式複座戦闘機「屠龍」（自重4000kg、最高速度540km、20mm機関砲×2、12・7mm機関砲×2、7・7mm機関銃×1）8機で、米軍側は7機が未帰還になっている。

米戦略爆撃機ボーイングB29「スーパーフォートレス」。本機による日本本土初空襲の目標は北九州の八幡製鉄所だった

昭和19年6月19日
マリアナ沖海戦1日目

サイパン島攻略部隊を支援するのはレイモンド・スプルーアンス大将指揮の第5艦隊で、その麾下にマーク・ミッチャー中将の5群からなる第58任務部隊があった。その兵力は空母15、戦艦7、重巡8、軽巡13、駆逐艦69で搭載機は約900機、その半数は戦闘機であった。日米の兵力比は1：2であった。

この劣勢な兵力で第一機動艦隊司令長官小澤治三郎中将が考えた作戦が、「アウトレンジ戦法」であった。これは航続距離の長い日本軍機の特性を生かそうとしたもので、米艦載機の届かない距離から先制攻撃をかけ、まず最低限米空母の飛行甲板を使用不能にした上でさらに痛撃を加え、最後は第二艦隊の戦艦「大和」以下の巨砲でもってこれを撃滅しようというものであった。

18日小澤長官は艦隊を二分し、第二艦隊に第三航空戦隊を付けて前衛とし100マイル先に配置した。19日索敵機からの報告を受け第一次攻撃隊241機が3波に分かれて出撃、続いて第二次攻撃隊83機も出撃した。

しかし米艦隊はレーダーによって150マイルも前で日本の攻撃隊を発見、ヘルキャット戦闘機450機を迎撃に、残った艦爆、艦攻もグアム島爆撃へと向かわせ、全空母カラの状態にして日本機の襲来を待った。

母艦からの誘導により正確にそして優位な態勢から、しかも絶対多数の米戦闘機の攻撃により、日本軍機は次々と撃ち落とされた。

からくも戦闘機を振り切ったわずかな日本機も、VT信管を内蔵した対空砲火によりこれもまたほとんどが撃墜され、戦果もほとんどなかった。

また、米艦隊を発見できなかった第二航空戦隊の99機もまた、帰還の途中や不時着に向かったグアム島上空でその多くが撃墜され、米軍はこの日の戦闘を「マリアナの七面鳥撃ち」と称した。

さらに第一次攻撃隊を発艦させた後、旗艦の新鋭空母「大鳳」に米潜水艦が放った魚雷1本が命中。これにより格納庫内に気化したガソリンが充満し、それに引火。大爆発を起こし同艦は沈没。さらに第二次攻撃隊発艦後には、今度は歴戦の「翔鶴」にも4本が命中、沈没する。

結局、第一機動艦隊の残存機は100機余になってしまう。

昭和19年6月20日
マリアナ沖海戦2日目

戦況がつかめない小澤長官であったが、それでも残存する兵力で作戦続行を考えていた。敵艦隊との間合いを保つため西進していた第一機動艦隊であったが、全力で追跡してきた米機動部隊についに発見される。

夕方日本艦隊は216機の米艦載機の攻撃を受け、空母「飛鷹」が沈没。「瑞鶴」以下4隻が中小破した。米攻撃隊は日本艦隊攻撃で20機を失った他、帰還が夜になったため着艦失敗や不時着水により87機を失っている。

このような状況においてもなお、小澤長官の戦意は衰えず、第二艦隊に対して夜戦を命じている。しかしさすがに敗北を悟った連合艦隊司令部が海戦海域からの避退を命令、こうしてマリアナ沖海戦は終わった。

マリアナ沖海戦時、米機動部隊上空での空中戦で描かれた飛行機雲。軽巡「バーミンガム」艦上からの撮影

日本側の敗因としては、先述した一航艦の海戦前の壊滅とアウトレンジ戦法と搭乗員の技量の乖離があげられる。当時の日米機動部隊の戦力差からやむを得ない作戦ともいえるが、それを実施する航空機搭乗員の質があまりに低かった。一航戦（六〇一航空隊）はリンガ泊地で1ヵ月程度訓練。タウイタウイでは2回だけ。二航戦（六五二航空隊）、三航戦（六五三航空隊）に至っては、内地で満足に訓練できないままタウイタウイに直行したため、回航中に1回、入泊後2回の訓練だけで海戦を迎えている。

通常あるいは平易な状況で、発着艦、洋上航法、空戦がやっとの搭乗員がほとんどで、400海里以上飛んで敵を発見、戦闘機の邀撃をくぐり抜け、スコールのような対空砲火の中、爆弾、魚雷を命中させることはほぼ不可能であった。

また、連合艦隊、第三艦隊司令部も、米機動部隊の防御システムが飛躍的に進歩していることについて、ほとんど認知していなかったのである。

この海戦で日本海軍は、主力空母3隻と航空機の大半を失い、機動部隊は事実上壊滅。7月7日のサイパン島陥落と合わせて、日本の敗北は決定的となった。

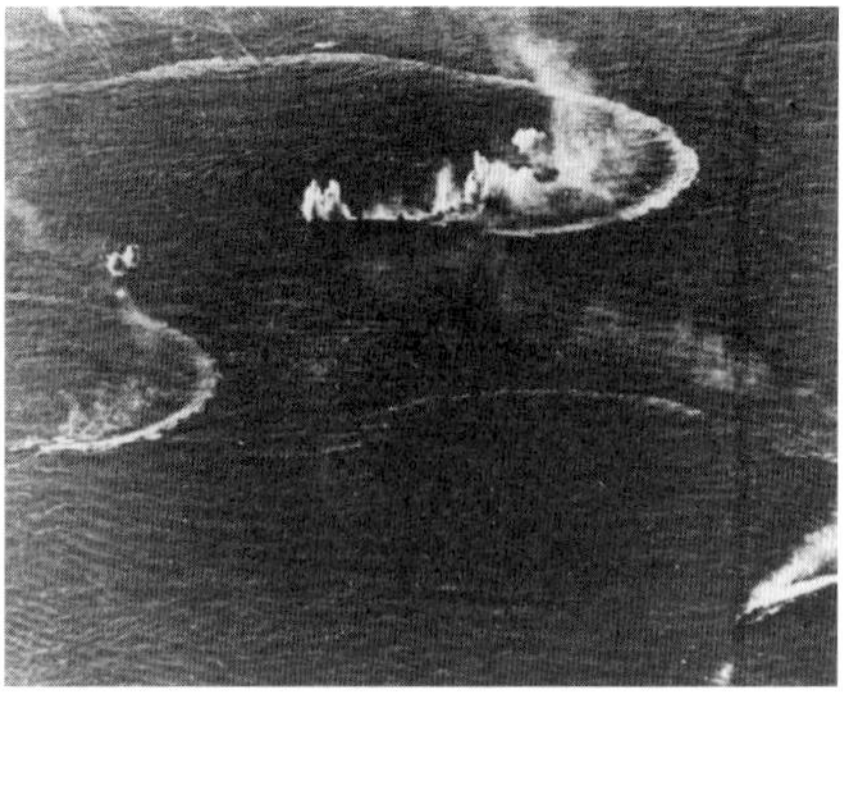

マリアナ沖海戦2日目の6月20日、米空母機の攻撃を回避する小沢艦隊。中央は1航戦の唯一の残存空母となった「瑞鶴」。手前の2隻は第一〇戦隊の駆逐艦

昭和19年6月26日
陸軍、小笠原兵団を新たに編成

6月24日、大本営はサイパン島放棄を決定。テニアン、グアム島もサイパン島と同じ運命をたどることは明白であった。となれば、太平洋正面の最前線は小笠原諸島となる。2日後の26日、それまで第三一軍の指揮下にあった小笠原諸島の部隊は大本営直轄部隊となり、小笠原兵団として新たに編成される。兵団長は栗林忠道《くりばやしただみち》中将で、第一〇九師団長と兼任した。

同中将は混成第一旅団を父島に残し、混成第二旅団とともに硫黄島に進出していたが、同

地にはサイパン島逆上陸のため準備されていた歩兵第一四五連隊（連隊長池田《いけだ》増雄《ますお》大佐）、戦車第二六連隊（連隊長西竹一《にしたけいち》中佐）、独立臼砲大隊、迫撃砲大隊、速射砲大隊、噴進砲中隊等が続々と配備されていく。

栗林中将は全島の陣地、施設を地下で結ぶ全長28kmの坑道構築を計画。硫黄島の火山岩は柔らかく円ピ等手工具で掘ることが可能だったが、硫黄ガスや50度にも及ぶ地熱のため工事は困難を極めた。さらに、米軍の砲爆撃による妨害、水（飲料水は雨水に頼るしかなく、一部に塩辛く硫黄臭い井戸があるのみ）、食料の不足による将兵の体力の衰えにより、米軍上陸までに完成したのは18kmであった。

しかし、栗林中将の思惑通り、防御戦闘では絶大な威力を発揮することになる。坑道は深い所で12～15m、地下室は少人数用のものから300～400人収容可能なものまで多種多様であった。

さらに指揮官の刷新も行なった。水際作戦にこだわる混成第二旅団長大須賀《おおすか》應《ことお》少将、第一〇九師団参謀長堀静一大佐らを更迭。替わって歩兵戦術の大家と呼ばれていた千田《せんだ》貞季《さだすえ》少将、高石正大佐を招聘。海軍では硫黄島警備隊司令和智《わち》恒蔵《つねぞう》大佐を更迭し本土へ送還。南西諸島航空隊司令の井上《いのうえ》左馬二《さまじ》大佐に警備隊司令を兼任させ、その上部に第二七航空戦隊司令官市丸利之助《いちまるりのすけ》少将を招聘して指揮をとらせた。また、以前からの指揮官であった老大隊長クラスを、新進気鋭の若手将校に交替させたりもした。結果、特に陸軍部隊において、二流以下とされていた部隊が新しい指揮官により、生まれ変わっていくのである。

小笠原兵団長・栗林忠道中将。硫黄島の各陣地・施設を地下坑道で結ぶ坑道構築を計画、各級指揮官の刷新も実施した

昭和19年6月26日
連合艦隊司令部、在マリアナ・トラックの搭乗員の救出を命令

マリアナ諸島のサイパン、テニアン、グアム島、そしてトラック島には航空機を失った第一航空艦隊の搭乗員が多数在留していた。

また、グアム島にはマリアナ沖海戦の際、米機動部隊を発見できず不時着した第二航空戦隊のパイロットもいた。

同海戦の翌日、連合艦隊司令部はトラック島の第七潜水戦隊司令官に対し、二航戦パイロットの救出を命令（第六艦隊司令長官高木《たかぎ》武雄《たけお》中将はサイパン島にあり、米軍の同島上陸により潜水艦隊の指揮を委譲していた）。これを受け、七潜戦司令官は近海にいた伊四一潜にグアム島へ向かうよう命令。同艦は24日、グアム島から二航戦、一航艦の搭乗員１０６名を救出した。

この成功を受け、連合艦隊司令部は27日以降さらに伊号潜水艦5隻、呂号潜水艦1隻を内地から救出に向かわせた。5隻が当初目指したのはサイパン、テニアン、トラック島であったが、サイパン島は玉砕寸前であり、隣接するテニアン島への接近も危険であった。

結局成功したのは、グアム島から１２０名を救出した伊二六潜とトラック島から86名を乗せた伊三六潜だけだった。伊五五潜と呂四八潜は到着までに消息を絶ち、2隻は空振りに終わっている。

サイパン、テニアン、グアム島に残された多くの搭乗員は同地で玉砕している。

マリアナ諸島やトラック島の航空機搭乗員救出に成功した伊号第二六潜水艦

昭和19年6月30日
政府「学童疎開促進要綱」を閣議決定

B29による本土空襲が始まり学童の疎開を本格的に検討していた政府は、その実施に踏み切る。

知り合いに子供を預ける「縁故《えんこ》疎《そ》開《かい》」を原則としつつ、知り合いがいない大都市の国民学校初等科（現在の小学校）3～6年生の児童を対象に「集団疎開」を行なうことを決定した。指定されたのは東京都区部、横浜、川崎、横須賀、名古屋、大阪、神戸、尼崎、北九州市で、8月から始まった。しかしあくまで強制ではなく食費の半額は保護者が負担した。

地方の旅館や寺院が宿泊先となり、結果全国で約40万人が参加することになる。

戦局がいよいよ厳しさを増した20年4月には、京都、舞鶴、広島、呉の4都市も追加指定された。

Ⅳ 戦争の帰趨が決した後の戦い

昭和19年7月〜20年9月

昭和19年7月1日
参謀本部戦争指導班、早期戦争終結を提言

参謀本部と一言でいってもその組織は多くの部、課からなり、所属する参謀だけでも100人余りいた。

その中でも特に戦争指導に関して絶大な権力を持っていたのが作戦課（第二課）で、ここに主戦派が集まっていた。戦前から課長職にあったのが服部卓四郎《はっとりたくしろう》大佐で、ガダルカナル島戦敗北の責任で一時陸相秘書官となった時期もあった。従来は更迭された場合、現地軍の参謀や実戦部隊の指揮官に回されるのが通例であるが、この場合は東條首相の意向によったという。だが、1年を経たずに復職、20年2月までその職にあり続けた。

実のところ、太平洋戦争において、陸軍の作戦を主導した人物といえる。

これに対し戦争指導班とは、参謀総長、次長の直属機関で、世界情勢にも鑑み戦争終結の方途を研究する部署であり、この時期においてはドイツ敗北に備えて戦争終結を検討していた。班長は、松谷誠《まつたにせい》大佐である。

6月6日、ヨーロッパでは連合軍がフランス・ノルマンディーに上陸。

太平洋戦線における、15日の米軍サイパン島上陸、19日から20日にかけてのマリアナ沖海戦での日本の敗北と24日サイパン島放棄の決定を受け、7月1日戦争指導班は「今後帝国ハ作戦的ニ大勢挽回ノ目途ナク而カモ独ノ様相モ帝国ト同シク、今後逐次『ジリ』貧ニ陥ルヘキヲ以テ速ニ戦争終結ヲ企図ストノ結論ニ意見一致セリ」という提言をまとめている。

これを知った東條首相により松谷大佐は支那派遣軍参謀に左遷されるが、東條首相退陣とともに陸軍中央に復帰、陸相秘書官、首相秘書官として終戦工作に従事することになる。

逆に、東條首相退陣後も作戦課を中心に在職していた主戦派は、徐々に排除されていくのである。

昭和19年7月1日
マノクワリの第二軍、イドレへ向かう

ニューギニア西端に位置するフォーヘルコップ半島には、第二軍の直轄部隊や第三五師団の将兵約3万3000名が戦線の後方に取り残される格好になっていた。西端のソロンに第三五師団を中心に1万3000名。この地の部隊は、なんとか現地自活で終戦まで持ちこたえた。

また第二軍の司令部があった東岸のマノクワリには軍直轄部隊をはじめ2万名の将兵がいた。しかしこの地で、これだけの数の将兵が自活することは不可能であった。

第二軍司令官豊嶋《てしま》房太郎《ふさたろう》中将は、1万5000名をマノクワリ南方200kmにあるイドレへ移動させることにし、そこでの自活持久を命令。

200kmとはいえ前人未開のジャングルであり、イドレ到着に1ヵ月を要し、約半数が命を落とした。イドレにおいても飢えとマラリアによりさらに将兵は半減、終戦後帰還できたのは3000名に過ぎなかった。

昭和19年7月5日
ビルマ方面軍、第一五軍にインパール作戦の中止を命令

インパールの戦いにおいて英印軍は、日本軍の補給戦が延び切った時点で反撃に転じる。

全く補給がないまま、日本軍将兵は戦いを強いられていた。

作戦は完全に頓挫していた。しかし、早期に作戦を中止し、撤退するチャンスはあった。

5月に入り、参謀次長秦彦三郎《はたひこさぶろう》中将がビルマ方面軍を訪れ戦況を視察し、インパール作戦の困難さを東條英機《とうじょうひでき》参謀総長に具申したが、南方軍からの報告を信じていた東條総長はこれを容れなかった。また、6月5日には戦況を心配した方面軍司令官河辺《かわべ》正三《まさかず》中将が一五軍司令部を訪れ、牟田口廉也司令官と面談している。この時牟田口中将は作戦失敗を認識していたが、自己のメンツのためその中止を言い出せないでいる。

22日には第三一師団の殿《しんがり》を務めていた宮崎支隊の敢闘も限界に達し、ついにコヒマ〜インパール街道が突破され、英印の大軍がインパールに入った。

万策尽きた牟田口司令官は、26日作戦中止の要請を打電。7月1日、大本営は作戦中止を認可。2日、南方軍が方面軍に作戦中止を命令。そしてやっと一五軍の将兵たちに撤退命令が出たのが7月5日。それまでに3人の師団長が解任されていた。

しかし武器、食糧が全く欠乏している中での英印軍の追撃。しかも、季節は雨季に入っていた。日本軍の撤退路になった山野には日本兵の死体が累々と横たわり、「白骨街道」と呼ばれた。死者の数も定まらず、4万人とも5万人とも言われる。

作戦中止の時機を失したため、無用の犠牲を招いたといえる。

コヒマ占領にあたった第三一師団長佐藤幸徳中将が、後に述べたという。「大本営、総軍、方面軍、第一五軍という馬鹿の四乗がインパールの悲劇を招来したのである」と。

補給の面から大きな反対があったにもかかわらず、この作戦を強行した第一五軍司令官牟田口廉也中将は、その後なんら懲罰を受けることなく陸軍予科士官学校長に就任し、終戦を迎え、昭和41年まで存命した。また、その上司で何かと牟田口司令官を庇護し、その作戦遂行を認可してきた方面軍司令官河辺中将はその後大将に昇進、終戦時航空総軍司令官の要職

戦車と共に日本軍を追撃するビルマの英印軍部隊

にあった。

昭和19年7月5日
第一八師団、フーコンから撤退

北ビルマのフーコン谷地（東西30～70キロ、南北200キロ）には、田中新一《たなかしんいち》中将指揮の第一八師団の8000名が守備に就いていた。

師団の任務は、同地で連合軍のレド公路（援蔣ルート）開通を阻止しつつ、インパール攻略まで持久し、米中の大軍を食い止めることであった。

フーコンとはよく「死の谷」と呼ばれるが、本当は「首の埋まる土地」という意味で、雨季には首まで没する泥湿地帯であった。

ここにジョセフ・スチルウェル中将指揮の10数万の米中軍が侵入してきたのは18年10月下旬からで、師団は谷地を北から南へ退きながら、敵の侵出を遅延させること8ヵ月に及んだ。

この間、日本軍の戦死者5000名、米中軍の戦死者は3万名以上だったといわれる。

昭和19年7月7日
サイパン島の日本軍玉砕

米軍上陸を受けてこれを水際で阻止できなかったサイパン島守備隊は、20日頃までに新防御陣地を構築した。

マリアナ沖海戦の勝利を知った米上陸部隊は、21日からタッポーチョ山を中心に陣を敷く日本軍に対し、中央に陸軍第27、両翼に第2、第4海兵師団を並べて大攻勢に出てきた。

雲南で日本軍と戦った米国式装備の中国軍、雲南派遣軍

しかし、日本軍守備隊は頑強に抵抗。ついに米第27師団長が戦闘中に解任される事態となった。しかしそのタッポーチョ山も26日には米軍の手に落ち、守備隊は急速に島の北部に圧迫されていく。

24日、大本営はサイパン島放棄を決定したが、もちろん守備隊には知らされなかった。

7月6日、中部太平洋方面艦隊司令長官南雲忠一中将、第四三師団長斉藤義次中将、第三一軍参謀長井桁敬治少将は自決。その他サイパン島には、第六艦隊司令長官高木武雄中将、第五根拠地隊司令官辻村武久《つじむらたけひさ》少将をはじめ陸海軍とも高級指揮官があまりにも多く、そのために命令が入り乱れ、将兵はそれぞれの最高指揮官の命令によってしか動かない事態が現出し、戦力の有効発揮が出来ず、敗戦の混乱に輪をかけることにも繋がった。

7日、残存兵力約3000名が総攻撃（いわゆるバンザイ突撃）を行ない、サイパン島の戦闘は終了。9日には島の北端に追い詰められた約4000名の一般市民の多くが「生きて虜囚の辱めを受くることなかれ」という戦陣訓の教えを守り、手榴弾を使ったり、島の北端にあるマッピ岬の断崖から身を投げたりして命を絶っていった。在留邦人2万5000名中、その半数が命を落としている。米軍の戦死傷者1万5000名。

米軍上陸必至となった時点で、参謀本部の眞田《さなだ》穣一郎《じょういちろう》作戦部長、服部卓四郎作戦課長など、その中枢にあった者は「サイパン侵攻は敵の過失」とまで言い切っていた。

しかし、水際撃滅できず上陸を許した時点となって、その自信は現地軍への批判となった。その根拠は、「第四三師団の装備は陸軍随一である。普通なら正面1キロ当たり2～3門の砲兵を、5門配備している」という程度のものであった。

しかし、第四三師団主力（第一三五、一三六連隊）がサイパン島に到着したのは5月19日であり、すぐに陣地構築にかかったものの、米軍上陸時に出来上がっていたのは急造の野戦陣地程度のものであり、とても米軍の事前砲爆撃に耐えうるものではなかった。

サイパン島内陸部で日本軍と戦闘中の米軍部隊

また、後続の第一一八連隊を乗せた船団は6月4日から6日にかけて7隻中5隻が撃沈され、資材共に海没している。

さらに第四三師団は1年前に新編成されたばかりの師団で、戦闘経験はなかった。以前からの在島部隊も守備地域の変更、部隊改編等により守備態勢は整っていなかった。以上のような状況下、米軍の上陸を迎えたのである。

それまでの島嶼戦といえば、ギルバート諸島、マーシャル諸島における戦いがあった。極めて小さな島における小部隊の守備隊による戦闘で、特に陸軍が関わったのはブラウン環礁だけでその詳細も把握できていなかった。止むを得ない要素もあるが、陸軍中枢の現場の状況、米軍の物量、実力に対する認識は極めて低かったといえる。

三一軍司令部は戦闘の状況、今後見直すべき事柄について詳細に報告している。これを受けてサイパン島の戦いの後、参謀本部は島嶼における水際撃滅一辺倒の考え方を改め、縦深、複郭陣地の重要性を認識するようになる。

昭和19年7月10日
第一八軍アイタペ攻撃開始

昭和19年7月初頭、第一八軍司令官安達二十三中将の指揮下にあったのは、第二〇、第四一、第五一師団と、航空部隊、海軍部隊など計5万5000名。内3万5000名がニューギニア北岸のアイタペ攻撃に参加することに。2万名はウエワク防衛ということだが、内実は戦闘力のない将兵の集まりであった。

7月10日、2ヵ月半の準備期間をおいた作戦が始まる。

しかし第一八軍の意図は米軍の知るところであり、堅固な陣地と大兵力でもって待ち構えていた。作戦開始後10日でアイタペ攻略は断念され、その手前にある河畔での決戦へと方針転換される。日本軍の善戦及ばず、8月3日、攻撃中止命令が下る。

しかし、後退する日本軍と追いすがる米軍との戦闘はその後も数日間続いた。

約1ヵ月に及ぶ戦いで、日本軍の戦死約1万3000名。軍はウエワクに後退、持久を策することに。

その後も、主にオーストラリア軍との戦闘は続き、終戦を迎える。

第一八軍の戦歴を振り返れば、連合軍との戦闘と共に、飢えに苦しみながらの大行軍であったといえる。人跡未踏のニューギニアの大ジャングルを東へ西へと1000km余りを移動、その中には魔のサラワケット越え、フェニステル山系の縦走、セピック大湿原渡渉という、少人数ならいざしらず、千、万単位の軍隊が移動するという、常識では考えられない出来事を含んでいた。

東部ニューギニアに送り込まれた将兵は14万人、生還者は1万人にすぎない。

なお、安達軍司令官は戦後B級戦犯として服役、その間部下の弁護や証人として裁判に立ち会い、それがすべて終了した後、22年9月に収容所で自決している。

しかし、結局アイタペ作戦は「口減らし」の作戦であったとする批判も多く、戦後その人物評価は分かれている。

ニューギニアまで軍を進めたことについては、ソロモン諸島も含めて「攻勢終末点」を超えるものであったとの意見が多い。

開戦前の陸海軍の協議で、陸軍はラバウルでさえ遠距離過ぎるとして難色を示していた。それが緒戦の勝利により、さらに米濠連絡遮断、ラバウル防衛という考えに至り、ポートモレスビー攻略作戦から日本軍はニューギニアに足を踏み入れることになる。

しかし、大本営は同地の地理的条件、自然についてほとんど無知であった。

道路はほとんどなく、軍隊の行動には全く適していなかった。他の地域では可能であった現地調達もできない。必要な物資は、全て船で運ぶしかない。しかし、その実施には制海、制空権が必要である。ニューギニア担当軍として第一八軍が編成され、本格的に同軍による作戦行動が開始された頃には、日本軍は早制空権を失っていた。制空権なくして制海権保持もあり得ない。

大本営の参謀の中にはニューギニア放棄を唱える者もいたが、大勢にはならなかった。作戦計画にあたり、極めて重要な地理的条件、自然についてほとんど知らずに踏み込んでいったツケを、第一八軍の将兵が払わされたのである。

昭和19年7月18日
東條英機内閣総辞職

「サイパンは難攻不落」と言い切っていた東條首相（陸相、軍需相、参謀総長兼任）にとって、同島のあっけない陥落は致命的であった。

それでも東條は嶋田繁太郎海相を更迭し、自らも参謀総長を辞任して内閣改造で続投を意図していた。

しかし、これを阻んだのが海軍の長老岡田《おかだ》啓介《けいすけ》大将である。岡田は連合艦隊司令長官、海軍大臣、昭和9年には首相も務めた重臣であった。

また、軍令部に長男貞《さだ》外《と》茂《も》海軍中佐、参謀本部に親族の瀬《せ》島龍三《じまりゅうぞう》陸軍少佐、政府には娘婿の迫水久常《さこみずひさつね》が大蔵官僚として勤務していたことから、日本の国力や戦力、戦況について詳しく把握できており、我国の敗戦は必至とみていたのである。

木戸《きど》幸一《こういち》内大臣、近衛《このえ》文麿《ふみまろ》前首相と連携しながら、東條を追い詰めていった。

マリアナ失陥後、東條首相の続投を阻んだ海軍の長老・岡田啓介大将

こうして18日、東條内閣は総辞職。

後継については、重臣会議において国情からして陸軍軍人であること、具体的には南方軍司令官の寺内寿一《てらうちひさいち》元帥、支那派遣軍司令官畑俊六元帥などの名前が挙がったが、現在前線で指揮を執っていて無理であった。

こうして、朝鮮総督であった小磯国昭《こいそくにあき》大将に白羽の矢が立つ。さらに近衛前首相の意向もあって、米内光政《よないみつまさ》海軍大将との連立内閣となる。

20日、小磯、米内に大命降下。22日から新内閣が始動した。

陸軍大臣杉山元、海軍大臣米内光政、統帥部では参謀総長梅津美治郎《うめづよしじろう》、軍令部総長及川古志郎という新体制となった。

東條内閣総辞職の後を受けて総理大臣となった小磯国昭大将

昭和19年7月24日
大本営、「捷号作戦」を発令

マリアナを失いつつあった日本軍は、次期反撃作戦として「捷号作戦」を策定、この日発令された。作戦は地域別に捷一号はフィリピン、捷二号は台湾・南西諸島、捷三号は本土、捷四号は北海道・千島・樺太に米軍が来攻した場合の迎撃作戦であった。

このうち、最も可能性が高いと考えられたのはフィリピンである。

陸軍は第一四軍を第一四方面軍に昇格、中南部フィリピンにあった部隊を第三五軍として方面軍の麾下に置いた。しかし、フィリピンは開戦以来南方への兵員・物資の中継基地にすぎず、その戦力はお寒い限りであった。正規師団は開戦初頭に同地攻略にあたった第一六師団だけで、同師団さえ19年4月にレイテ島に移駐していた。

参謀本部は、19年6月から7月にかけてフィリピンにあった混成旅団に増員して第一〇〇、一〇二、一〇三、一〇五師団を編成。7月から8月にかけては第八、二六、三〇師団、戦車第二師団を大急ぎで同地に送り込んだ。

また、同じ7月24日「航空作戦に関する陸海軍中央協定」が成立し、捷号作戦は「航空決戦」であるとし、初めて陸海軍航空部隊の統一運用が図られることになった。つまり、フィリピン方面に第一航空艦隊と第四航空軍、台湾・南西諸島方面には第二航空艦隊と第八飛行師団が配置された。しかし、前者はマリアナとホーランジアで壊滅しており、再建途上であった。

昭和19年8月2日 ミートキーナ陥落

ミートキーナはマンダレーから北上する鉄道の終点、イラワジ川水運の中継地、そして日本軍の飛行場もある北部ビルマの戦略的要衝であった。

ここには1500名の日本軍が駐屯していたが、戦闘部隊は第一八師団第一一四連隊長丸山房安大佐指揮の700名程度であった。

5月17日、ミートキーナ郊外の飛行場が強襲、奪取される。これをきっかけに、日本軍守備隊と約3万の米中軍との間に戦闘が始まる。

状況を憂慮した第三三軍は、守備隊を第一八師団から切り離して軍直轄とし、2個大隊を増派。さらに5月30日、第五六師団歩兵団長水上源蔵《みなかみげんぞう》少将を守将として送り込んだ。

インパール作戦はすでに失敗しており、三三軍は今後雲南省で中国軍と対峙しなくてはならなくなっていたが、ミートキーナが早期に陥落すれば背後を脅かされることを懸念したの

ミートキーナの守備隊を指揮して80日間戦い抜いた水上源蔵少将

である。

兵力3万とはいえその大部分は訓練不足の中国兵であり、水上少将、丸山大佐の指揮の下に守備隊の巧みな防戦に攻略は遅々として進まず、スチルウェル中将は指揮官を2度更迭している。しかし、7月12日から総攻撃が再開されると、守備隊も徐々に圧迫されていった。8月2日、残存将兵８００名はミートキーナを脱出。ミートキーナ死守の命令を受けていた水上少将は、脱出を見届けた後自決した。

こうして、80日間に及んだ戦闘は終わる。その戦いぶりは、後述する拉孟《らもう》、騰越《とうえつ》とならび賞されるものであった。

これにより、インドから中国の昆明に向かう航空輸送ルートは危険なヒマラヤ越えでなく、より安全なルートを取ることが出来るようになるのである。

昭和19年8月3日
テニアン島の日本軍玉砕

テニアン島は、緒方敬志大佐の率いる第二九師団歩兵第五〇連隊と第四三師団の1個大隊、海軍第五六警備隊を中心に、約８５００名が守備していた。

米軍は、サイパン島を陥落させた第2、4海兵師団を同島にも使用。24日、第2海兵師団が島の南西海岸で陽動作戦を実施。これに守備隊が引き付けられる隙に、第4海兵師団が北西海岸から上陸。同夜に実施された日本軍の夜襲も、多くの指揮官を失って失敗。25日には第2海兵師団も上陸。2個師団で南下を開始した。

守備隊はその後は防戦に終始。30日、米軍はテニアン市街を占領。

緒方連隊長は「わが兵は勇敢なり。然れども敵の装備はそれ以上なり」と打電している。

昭和19年7月24日、テニアン島に上陸する米軍部隊

同連隊長は8月2日夜、残存部隊と民間義勇隊等約1000名を率いて米軍陣地に突入、翌3日守備隊は玉砕。また、第一航空艦隊司令長官角田覚治中将も同島で戦死した。米軍の戦死傷者1900名。

昭和19年8月4日 最高戦争指導会議設置される

サイパン島失陥の責任を取って辞職した東條英機にかわって内閣総理大臣となった小磯国昭《こいそくにあき》大将は、内閣の戦争指導に対する発言力を強めるため、大本営だけが行なっていた戦争指導体制に、内閣総理大臣の参加を要請した。

「統帥権《とうすいけん》の独立」を盾《たて》に強く反対していた軍部もこれを容れざるを得なくなり、それまでの「大本営政府連絡会議」を解消し、「最高戦争指導会議」を新たに発足させた。

メンバーは、参謀総長、軍令部総長、総理大臣、外務大臣、陸軍大臣、海軍大臣の6名で、天皇陛下のご臨席を仰いで宮中において開かれた。

昭和19年8月4日 護衛駆逐艦「松」の最期

太平洋戦争において、最もめまぐるしく働いた艦種といえば駆逐艦であろう。

日本海軍は昭和に入り、排水量2000t前後、12・7cm砲5~6門、61cm魚雷発射管8~9門、速力34~38ノットという要目の特型《とくがた》、初春型《はつはる》、白露型《しらつゆ》、朝潮型《あさしお》、陽炎型《かげろう》（甲型の前期型）68隻の艦隊型駆逐艦を建造。また大正時代後半竣工の1400tクラスの峯風型《みねかぜ》、神《かみ》風《かぜ》型、睦月《むつき》型36隻でそれを補い、計100隻余りで開戦を迎えた。開戦後さらに夕雲《ゆうぐも》型（甲型の後期型）、乙《おつ》型（防空駆逐艦）、丙《へい》型（「島風《しまかぜ》」のみ）33隻を完成させ、次々と戦線に投入した。

しかしガダルカナル島戦以後の駆逐艦の急激な消耗により、戦時急造簡易型駆逐艦の大量建造が計画され、こうして誕生したのが丁《てい》型であった。

排水量は1530t、12・7cm高角砲3門、魚雷発射管4門、25mm機銃24門、爆雷投射機8基を装備する強力な護衛駆逐艦となった。

工期は6ヵ月。水雷艇「鴻《おおとり》」型のタービン2基、ボイラー2個を1つずつ組み合わせて1セットとした。このため損傷により1セットが稼働できなくなっても、もう片方で帰還することができた。速力は28ノットに落ち、燃料の積載量も減って主力艦との行動には制約があり、2本煙突になったため従来の日本駆逐艦のスマートさもなくなったが、きわめて実用的な艦であった。

俗に雑木林《ぞうきばやし》クラスと呼ばれ、漢字一文字樹木名が命名された。

「松《まつ》」はその一番艦で、19年4月に竣工したのを皮切りに18隻が就役した。

8月4日「松」は四八〇四船団の旗艦として、駆逐艦「旗風《はたかぜ》」、海防艦2隻、駆潜艇1隻で輸送船5隻を護衛して硫黄島から本土に向かっていた。しかし米第38任務部隊の攻撃を受け、輸送船4隻が撃沈されたうえに、さらに軽巡3隻、駆逐艦12隻の追撃を受ける。

船団を指揮していた「松」座乗の高橋一松《たかはしいちまつ》少将は逃げ切れないと判断、同艦は単艦反転、米艦隊に突入して他の艦を救うためその犠牲となった。

なお、「松」型をさらに改良して徹底的に工事を簡易化したものが「橘《たちばな》」型で、改丁型ともいわれる。14隻が竣工したが、その一番艦「橘」の完成は20年1月であり、ほとんど戦闘に参加することなく終戦を迎える。「松」型の生き残りとともに戦後兵装を撤去、居住区画

丁型（松型）駆逐艦。戦時急造簡易型駆逐艦として建造された（写真は「桃」）

を設けて復員船として活躍した。

「松」型より前の137隻の艦隊型駆逐艦のうち、終戦まで生き残ったのは15隻だけだった。

昭和19年8月11日 グアム島の日本軍玉砕

当初米軍のグアム島上陸は、サイパン島上陸の3日後の6月18日の予定であったが、日本機動部隊の出現によって延期。さらに、サイパン島に予備の陸軍第27師団を投入したことで、グアム島攻略部隊を予備兵力とせざるを得なくなり、さらに延期されていた。

サイパン島陥落の翌日、7月8日からグアム島への艦砲射撃が始まり、18日からは空母艦載機による爆撃も加わる。サイパン島における日本軍の抵抗ぶり、さらにグアム島はサイパン以上に堅固な陣地を構築しているとの情報から、事前砲爆撃は、より徹底された。

それは事実で、グアム島守備隊は同島進出が早かったため、サイパン島、テニアン島に比べ、水際配備ではあったが強固な陣地を築いていた。また、サイパン島での戦訓により上陸海岸地域に偽陣地を作ったり、歩兵陣地を後退させて縦深陣地にするなど改善を施し米軍の上陸を迎えた。そのため、米軍の事前砲爆撃による人的損害は極めて少なかった。

同島には陸軍第二九師団（師団長高品彪《たかしなたけし》中将）の2個連隊、独立混成第四八旅団、独立混成第一〇連隊、戦車第九連隊の2個中隊等、満州から派遣されてきた最精鋭部隊1万3000名。他に第五四警備隊、設営隊、航空部隊等海軍部隊8000名、計2万1000名が守備に就いていた。

7月21日、米第3海兵師団、第1臨時海兵旅団が2ヵ所から上陸。上陸部隊に対し守備隊は直ちに応戦し大きな損害を与えるも、海空からの支援砲爆撃は、発砲により位置を暴露し

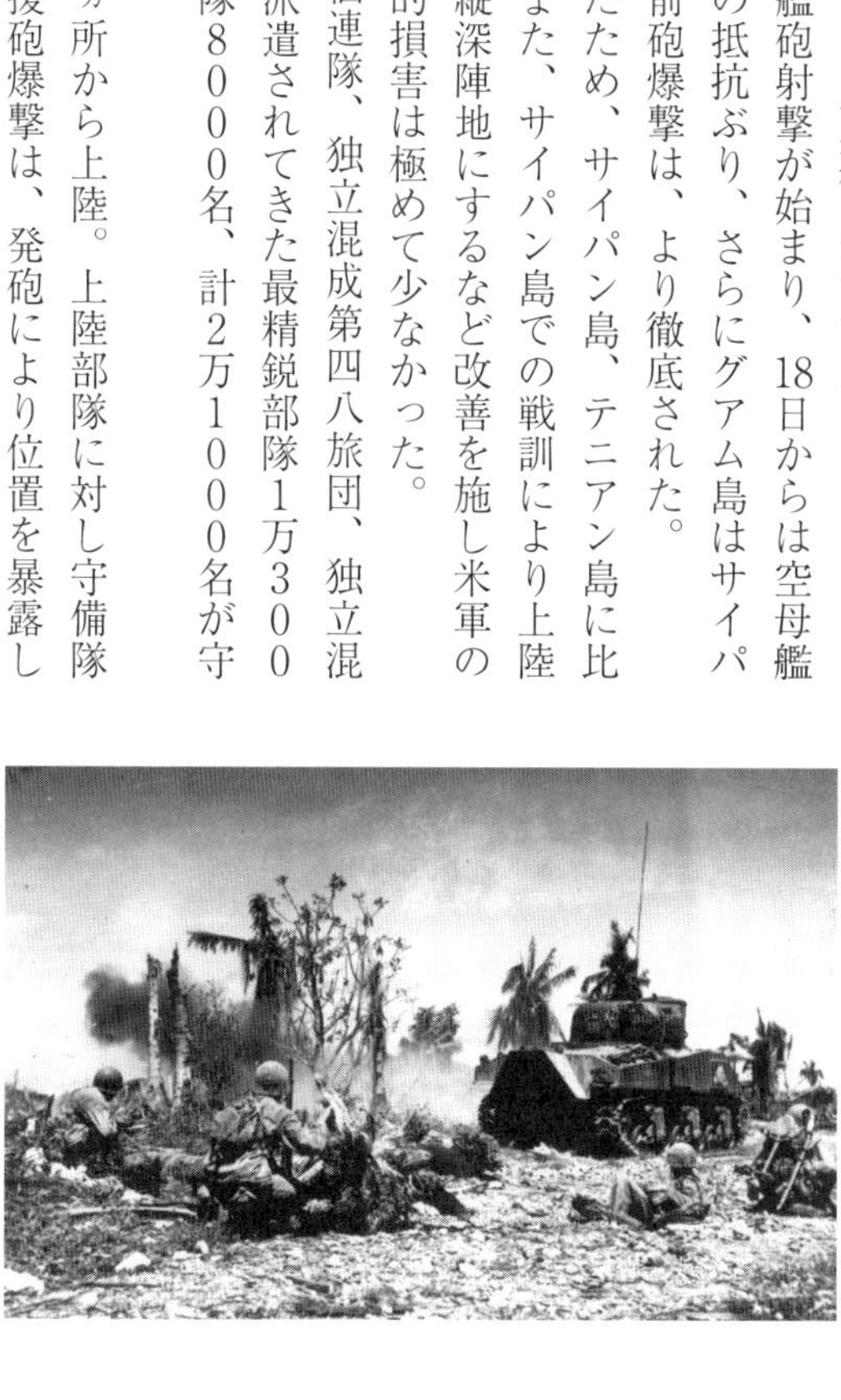
グアム島に上陸した米軍は島内で激闘を繰り広げた

た日本軍陣地を次々と沈黙させていった。両橋頭堡に対し行なわれた21日の夜襲も、それまでの上陸作戦で要領を心得ている米軍により撃退されている。21日、22日の2日間で守備隊は戦力の過半を失い、25日の総反撃でさらに戦力を消耗してしまう。米軍は予備の第77師団も上陸させ、戦闘に参加させていた。こうして26日以降は、残存兵力でもって北部密林地帯での持久戦となる。28日には、高品師団長が戦死。パラオ出張中にサイパン上陸を受けた第三一軍司令官小畑英良中将は同島に戻れず、高品師団長亡き後グアム島で指揮を執り続けたが、8月11日に自決。

決別電報で「あまりに懸け隔てせし敵物量に圧倒せられ……」と打電している。この日をもって同島における組織的抵抗は終わったとされる。日本軍戦死者1万8500名。米軍も7800名の戦死傷者を出している。

昭和19年8月11日
第三二軍司令官に牛島満中将が就任

昭和19年3月、中部太平洋における米軍の急速な反攻作戦に鑑み、陸軍は南西諸島の防衛軍として第三二軍を編成（軍司令官渡辺正夫《わたなべまさお》中将）した。しかし、その主な任務は飛行場建設であり、「軍」とは名ばかりであった。4月には海軍も沖縄方面根拠地隊（司令官新葉亭造《にっぱていぞう》少将、後に大田実《おおたみのる》少将）を編成するも、これもあくまで後方支援部隊にすぎなかった。

6月28日、本格的な陸軍部隊輸送の第一陣であった独立混成第四四旅団を乗せた輸送船「富山丸」が米潜の雷撃により撃沈される。乗船部隊4400名のうち3700名が海没。

この人数は、太平洋戦争中1隻の艦船で失われた最大数であった。旅団は第一歩兵隊と第二歩兵隊からなっていたが、第二歩兵隊は生き残った兵員を中心に現地で再建。第一歩兵隊は解散となり、代わりに独立混成第一五連隊が編入された。

7月、マリアナ諸島の失陥が明白となり、大本営は大急ぎで南西諸島の防備強化を図る。一時はサイパン島逆上陸部隊の指揮官に予定されていた長勇《ちょういさむ》少将が第三二軍参謀長に就任。長参謀長は大本営に、沖縄本島防衛に5個師団の派遣を求めている。同月、第九師団到着（宮古島に第二八師団到着）。8月には第二四、六二師団が到着した。さらに、400門以上の火砲を持ち、陸軍における砲兵の大家といわれた和田孝助《わだこうすけ》中将指揮の第五砲兵団も配備される。また同月11日、心労のため健康を損ねていた渡辺中将に替わり、陸軍士官学校長であった牛島満《うしじまみつる》中将が第三二軍司令官として赴任した。

新司令官のもと、三二軍の当初の作戦方針は豊富な砲兵力を活かした水際撃滅作戦であった。米軍の上陸地点を、嘉手納《かでな》、牧港《まちなと》、小禄《おろく》のいずれかと想定。3ヵ所の上陸予想地点にそれぞれ1個師団を配置。米軍上陸の際には上陸地点の師団が橋頭保にて阻止。その間に他の2個師団が上陸地点に移動。上陸2日後の夜に、砲兵部隊が橋頭保に集中射撃を実施。その後歩兵部隊が突撃し、上陸軍を殲滅する。以上の計画に基づき、守備隊は陣地の構築と機動訓練に励んでいた。

しかし、10月末から始まったレイテ戦のため台湾から2個師団が派遣されたことから、その穴埋めに第九師団が抽出されてしまう。これにより、第三二軍は作戦方針を転換。首里《しゅり》を中心に縦深陣地を構築して出来るだけ長く米軍を沖縄に足止めし、出血を強いることになった。

陸軍士官学校校長から第三二軍司令官に就任した牛島満中将

昭和19年8月15日
第七潜水戦隊、輸送専門部隊として再編成

日本海軍は18年1月以降、陸戦隊を隠密裏に輸送する潜水艦を建造していた。丁型と呼ばれる艦で、排水量1779t、速力13ノット（水中6．5ノット）、14cm砲×1、25mm機銃×2、輸送艦なので発射管は持たなかった。

物資を艦内に62t、甲板上に20t積載でき、人員なら110名を収容できた。

この丁型潜水艦11隻（伊361〜371）が、19年5月以降次々と竣工。この型の艦で編成され直されたのが第七潜水戦隊であった。

しかし、戦局の悪化によりその任務は中部太平洋に孤立し、飢餓に苦しむ島々への食糧輸送と傷病者の移送であった。向かった島はウエーク島、トラック島、メレヨン島、南鳥島等で、19年8月より20年2月まで出撃回数は9隻による延べ20回、4隻が失われている。

そして、潜水艦不足から2月からは備砲を撤去して「回天」を搭載、戦場に赴いている。回天作戦では3隻を喪失。

輸送任務継続の2隻が、終戦までにそれぞれウエーク島、メレヨン島を1往復している。

昭和19年8月18、19日
ヒ七一船団大損害を受ける（空母「大鷹」沈没）

フィリピン増強のため、関東軍から抽出された第二六師団を輸送中のヒ七一船団（護衛艦艇14隻、輸送船、タンカー16隻）が、2日間にわたり米潜水艦群の攻撃を受け、大型輸送船2

輸送任務に特化した潜水艦として建造された丁型潜水艦。昭和20年になって「回天」搭載艦として特攻作戦にも従事した

隻が撃沈され、約7000名の将兵が戦死。さらにタンカー2隻と、護衛の商船改造空母「大鷹《たいよう》」も撃沈される。

日本海軍は太平洋戦争中、25隻の空母を保有した。そのうち商船から改造されたものが7隻あり、艦名に「鷹」が付けられた。「隼鷹《じゅんよう》」「飛鷹《ひよう》」「大鷹」「神鷹《しんよう》」「冲鷹《ちゅうよう》」「雲鷹《うんよう》」「海鷹《かいよう》」がこれにあたる。「隼鷹」と「飛鷹」は速力と防御力は劣るものの正規空母並みの性能を持ち、ミッドウェー海戦後の機動部隊において、第二航空戦隊を編成して活躍した。

その他5隻は低速で搭載機数も少なく、機動部隊に所属しての作戦は困難であった。このため主な任務は航空機輸送であり、海上護衛総隊が編成された後はこれに編入され、船団護衛にも従事した。しかしその任務中に、米潜水艦に撃沈されることが多かった。最初の犠牲は、18年12月4日に八丈島沖で撃沈された「冲鷹」（この時は、航空機輸送任務中であったが）。この日の「大鷹」以後、9月16日には「雲鷹」、さらに11月17日には「神鷹」と短期間に次々と失われた。唯一生き残った「海鷹」も終戦時、別府湾で大破着底状態であった。

なお18日、19日の惨状を受け、護衛の海防艦3隻が現場海域に2日間にわたりとどまり、米潜水艦の掃討にあたったが、戦果はなく、逆にその後船団に追及したものの、マニラ湾口において、3艦とも米潜の雷撃により撃沈されている。米潜水艦と日本の護衛艦艇との実力の差を示した、典型的な事例といえる。

商船改造空母「大鷹」。船団護衛中に米潜水艦「ラッシャー」の雷撃で沈没

昭和19年8月19日

参謀本部、「島嶼守備要領」を通達

陸軍にとって、マリアナ諸島の陥落は大きなショックであった。アッツ島、ギルバート諸島、マーシャル諸島の玉砕は小島における小部隊のものであって、サイパン島、グアム島には師団単位の兵力を守備隊として派遣しており、東條首相兼参謀総長（陸相も兼務）は、「サイパンは難攻不落」とまで言い切っていた。それがあっけなく玉砕してしまったのである。

マリアナの各守備隊は、18年11月参謀本部より出された「島嶼《とうしょ》守備隊戦闘教令」に基づき水際撃滅戦で臨んだが、米軍の砲爆撃は参謀本部の想像をはるかに超えるものだったのである。

守備隊からの報告を受け、参謀本部は方針を変更。「島嶼守備要領」は水際撃滅主義を修正し、主抵抗線を海岸から後退して選定することを指示している。これに基づき、その後のペリリュー島、硫黄島、沖縄での防備計画が立案されるのである。

昭和19年8月20日

B29による初めての昼間空襲

本土防空は主に陸軍の担当で、戦局悪化に伴い19年3月には、関東、東北地方の防空部隊として、第一〇飛行師団が編成されていた。

その後、先述のように6月に北九州へのＢ29による初空襲があり、7月には九州地方の防空部隊として第一二飛行師団、中部地方の防空部隊として第一一飛行師団が編成された。

さらに、海軍も横須賀航空隊を第三〇二航空隊、佐世保航空隊を第三五二航空隊、呉航空隊を第三三二航空隊に改編し、防空専門部隊として編成。三〇二空では昼間《ちゅうかん》迎撃機として「雷電《らいでん》」（自重２５３９kg、最高速度６１４km、20mm機銃×４）、夜間迎撃機として「月光《げっこう》」（自重４８５２kg、最高速度５０７km、武装20mm機銃×４）等を使用した。

8月20日、Ｂ29、71機が八幡製鉄所を初めて昼間爆撃。第一二飛行師団では82機が迎撃した。初の体当たり攻撃も行なわれ（これは搭乗員の自発的なもの）、米軍は14機の未帰還機を出し、以後マリアナ諸島からの空襲で本州の大都市が壊滅するまで、北九州への空襲は行なわれなくなる。

昭和19年8月20日
第三一戦隊編成される

マリアナ諸島失陥により、内地―マリアナ―トラック間のシーレーンは消滅。その間の護衛を担当していた第二海上護衛隊司令部もサイパン島で玉砕した。

同じ頃、蘭印からマニラへの石油輸送ルートも米潜水艦の攻撃により損害甚だしいため断念せざるを得ず、その後は米軍の目をかすめて一旦シンガポールまで運び、同地からは強力な護衛の下、ヒ船団として内地を目指すようになっていた。

米潜水艦の跳梁に対抗するため、ようやく昭和19年に入り海防艦の建造に拍車がかかる。

しかし、当初は竣工して最低限の訓練を受けると1隻ずつ護衛任務に就いていて、劣性能

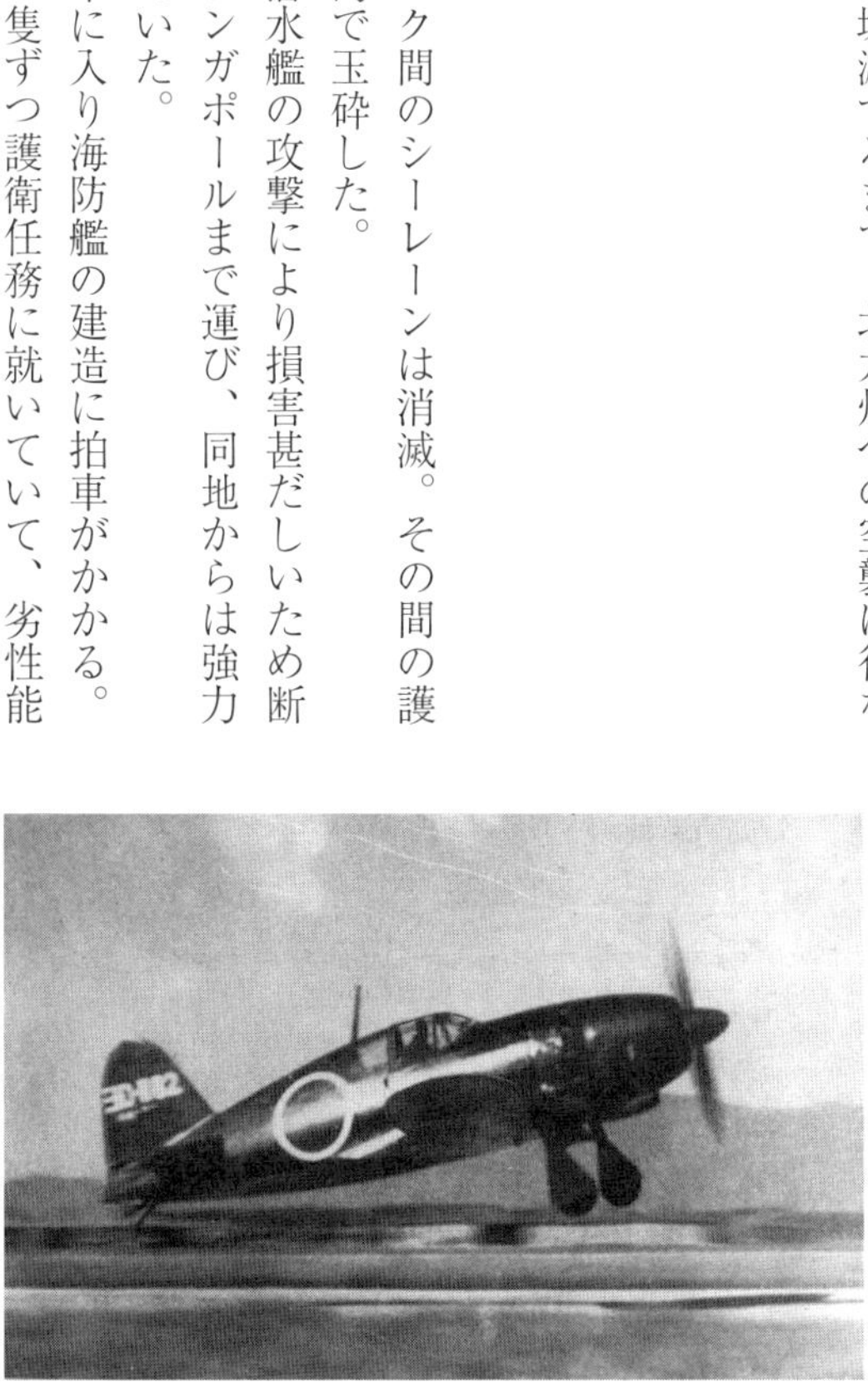

厚木基地を離陸する第三〇二航空隊の局地戦闘機「雷電」。抜群の上昇力と強力な武装でＢ29迎撃に活躍した

の海防艦は逆に米潜水艦の餌食になることが少なくなかった。

こうして7月からは、第一海上護衛隊において3～4隻で海防隊を編成、複数艦によるチームプレーで米潜水艦に対抗しようとした。終戦までに8隊編成されている。

これら海防艦のほとんどは、海上護衛総隊に所属していた。

しかし、これとは別に8月20日、連合艦隊において第三一戦隊が編成される。

サイパン島においては第三水雷戦隊司令部も玉砕していた。連合艦隊はその再建を考えていたが、従来と同様なものではなく強力な対潜部隊としてであった。

発足時の陣容は旗艦に軽巡「五十鈴《いすず》」（司令官江戸《えど》兵太《へいた》郎《ろう》少将）、三水戦の残存駆逐艦5隻、松型護衛駆逐艦3隻、それに海防艦5隻が加えられ、さらに九三三航空隊の零式水上偵察機16機も所属した。

終戦までの1年間、様々な任務に就いている。レイテ沖海戦では小澤艦隊の護衛、その後は多号作戦に参加。この間、駆逐艦部隊としては第一〇戦隊、第一水雷戦隊が解隊される。

昭和20年に入り、4月には戦艦「大和」の沖縄水上特攻の後第二水雷戦隊が、7月には新造駆逐艦の練習部隊である第一一水雷戦隊も解隊され、終戦まで唯一残ったのが同戦隊であったのである。編成されて後、新たに28隻の駆逐艦、海防艦が編入されるが、駆逐艦14隻が沈没している。（20年4月20日の編制からは、海防艦は除かれている）

昭和19年8月22日 対馬丸事件

7月7日のサイパン島玉砕の日、政府は沖縄県知事に対し沖縄本島、宮古島、石垣島から老幼婦女子の疎開を通達。3島から本土へ8万人、台湾へ2万人を疎開させることを計画。

対潜掃討部隊として編成された第三一戦隊旗艦となった軽巡「五十鈴」。主砲を連装高角砲に換装し、防空巡洋艦となっていた

これに使用する船舶は、ほとんど沖縄に兵員、物資を輸送した復航便で、「対馬丸《つしままる》」（約6700t）も数日前第六二師団を運んできた船であった。「対馬丸」（学童826名、一般人835名）、「和浦丸《かずうらまる》」（学童1514名）、「暁空丸《ぎょうくうまる》」（一般人1400名）は、駆逐艦「蓮《はす》」、砲艦「宇治《うじ》」に護衛されて8月21日18時30分那覇を出港、鹿児島を目指した。しかし、「対馬丸」は途中機関に故障を起こし、船団からしだいに遅れていった。22日22時過ぎ、トカラ列島悪石島沖で米潜水艦の放った魚雷2本が命中。10分余りで沈没し、疎開学童767名を含む約1500名が死亡した。

この事件により、沖縄からの疎開はいったん頓挫してしまう。しかし10月10日の空襲により再び機運が高まり、20年3月初旬に打ち切られるまで、大小船舶延べ187隻により本土へ約6万人、台湾へ約2万人が移送された。うち学童疎開者は約6100名で、疎開船の沈没は「対馬丸」1隻だけだった。

昭和19年8月26日
第三三軍が「断作戦」開始

インパール作戦の失敗を受け、大本営はビルマ方面軍に対し、インドと中国を結ぶ援蒋ルート（レド公路）の遮断だけは貫徹するよう命令。これがいわゆる「断作戦《だんさくせん》」と呼ばれるもので、第三三軍（軍司令官本多《ほんだ》政材《まさき》中将）がその任にあたった。軍は第五六、第一八、第二師団をもってラシオ～バーモ以東怒江《ぬこう》までの地域を確保することを基本戦略とした。

しかし中国軍は、5月中旬より怒江を渡河し総反撃に出ており、雲南省では拉孟《らもう》、騰越《とうえつ》、龍陵、平戛などで日本軍守備隊と激戦中であった。

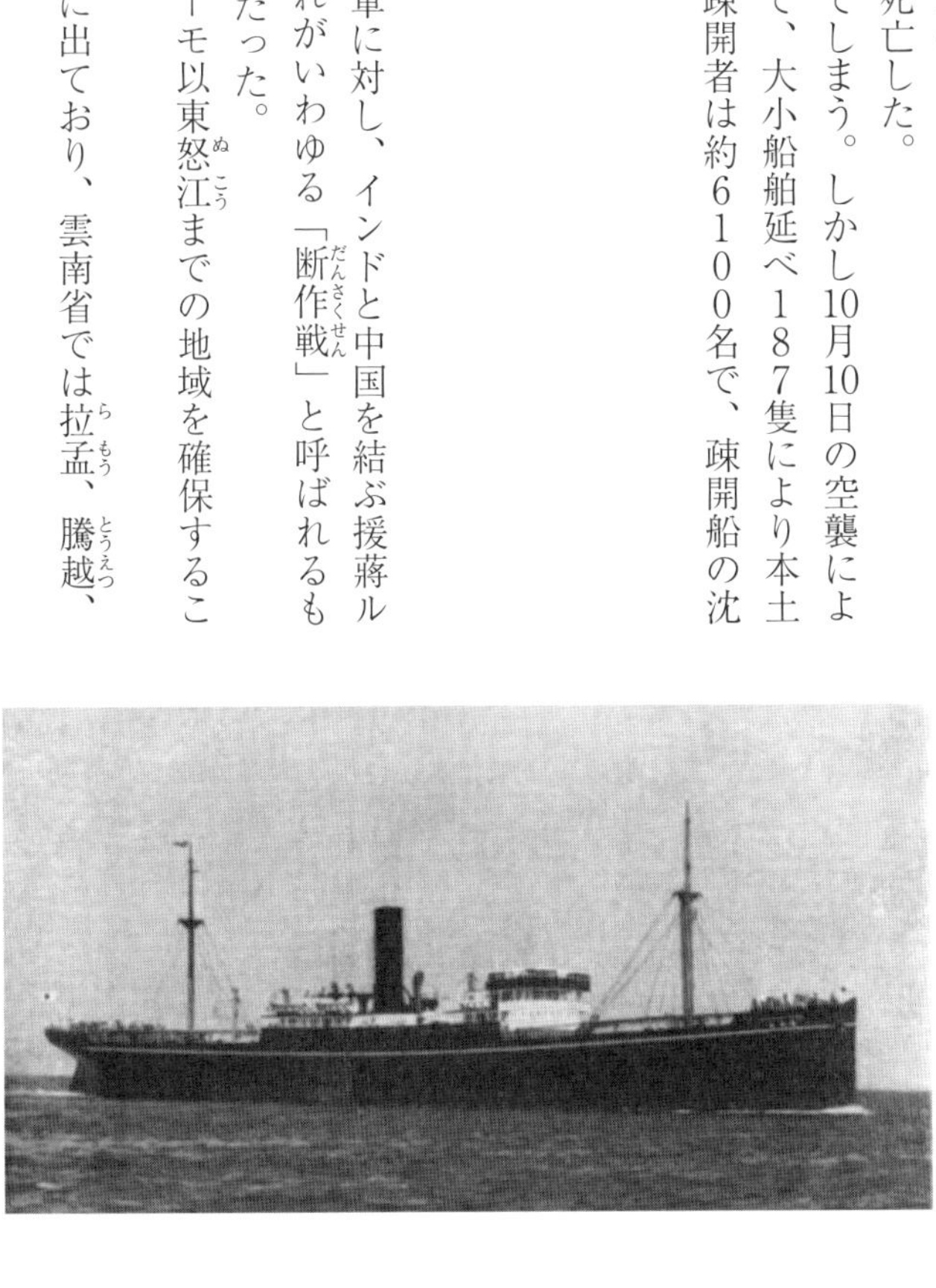

陸軍の徴用貨物船「対馬丸」。沖縄からの疎開学童、一般疎開者を乗せて鹿児島へ航行中、米潜水艦「ボーフィン」の雷撃で沈没

8月26日、まずもともと雲南省担当部隊である第五六師団主力が、龍陵を包囲中の中国軍に対し攻撃を開始。その後第二師団も加わり、同地の守備隊は収容された。

しかし、9月7日拉孟守備隊、14日には騰越守備隊が玉砕してしまう。平戛守備隊だけは22日救出に成功。

その後第三三軍は、後退しつつレド公路開通を妨害し続ける。その開通は翌20年1月29日で、もはや戦争の帰趨は決していた。

昭和19年9月2日
ジョージ・H・W・ブッシュ中尉機、撃墜される

アメリカ合衆国第四一代大統領ジョージ・H・W・ブッシュは、アベンジャー雷撃機のパイロットとして太平洋戦争に従軍したことで知られる。

昭和17年末から軽空母「サン・ジャシント」に乗り組み太平洋各地を転戦、そして2度撃墜されている。1度目は19年6月20日のマリアナ沖海戦で、直掩の零戦に撃墜されたが救助されている。

2度目がこの日で、米機動部隊は8月31日から9月2日にかけて小笠原諸島に大挙来襲、父島、硫黄島には艦砲射撃も加えている。その2日、ブッシュ中尉機は父島上空で対空砲火により撃墜され、同乗の2人の搭乗員は戦死したが、ブッシュ中尉は潜水艦に救助されている。その後も「サン・ジャシント」に戻り、フィリピン作戦にも参加している。出撃回数58回、飛行時間1228時間であったという。19年末に退役している。

アベンジャー雷撃機のコクピットにすわるジョージ・H・W・ブッシュ中尉。のちの第41代米大統領

昭和19年9月7日
拉《ら》孟《もう》守備隊玉砕

19年４月下旬、中国軍の雲南遠征軍総司令官衛立煌《えいりっこう》大将が司令部を怒江東部の保山《ほざん》へ進出させる。

雲南遠征軍とはそれまでの中国軍とは違い、米軍により指導され米式装備された部隊で、その兵力は約20万。

5月中旬行動を起こし、まずその矛先が向いたのがミートキーナであった。そして怒江を渡り、大挙して雲南から北ビルマへと攻勢に出てきた。

これに対抗する日本軍は第五六師団のみ。師団は要所に守備隊を残し、機動しながら戦っていた。その要衝の最前線が怒江にかかる恵通橋を眼下に見下ろす地、拉孟であった。

この地を守備していたのは、野砲兵第五六連隊第三大隊長金光恵次郎《かねみつけいじろう》少佐指揮の約１３００名であった。金光少佐はもともとは一兵卒として入営、その人柄と能力を認められ陸士へ進み士官となった人物で、何より兵隊の気持ちを理解できたことで部下の信任が厚かった。

守備隊は６月２日から遠征軍５個師団４万８０００名の攻撃を受け始めたが、堅固な陣地と金光隊長の巧みな指揮により、数十倍の敵を相手に１００日余りにわたって抵抗を続けこの日ついに玉砕した。

なお、金光隊長は師団への報告のため、木下昌巳《きのしたまさみ》中尉に脱出を命じた。中国語に堪能な木下中尉は地元民に変装し、藁で包んだ軍刀を天秤代わりに片方の籠には戦闘報告書、もう片方には手榴弾をしのばせ、２人の部下に前後あるいは左右を護られながら敵中を突破、10日後に師団の前哨線まで到達した。

怒江にかかる恵通橋。この橋を見下ろす拉孟が日本軍第五六師団と中国軍雲南遠征軍の最前線となった

これにより、拉孟守備隊の戦闘の全容が明らかにされたのである。

昭和19年9月10日　ダバオ誤報事件

ミンダナオ島のダバオは、南部フィリピンにおける日本軍の根拠地であり中継基地であったが、9月1日以降ビアク島などからの米陸軍機の本格的な爆撃を受け始めていた。

また9日には米機動部隊の艦載機の空襲も受け、そのような状況下の10日未明、同島南端の見張所から米軍上陸の報告が入る。

さらにダバオの見張所からも上陸用舟艇発見の報が入り、同地警備の第三二特別根拠地隊司令部は「敵ダバオに上陸」と発信。

これを受け、やはりダバオにあった第一航空艦隊（司令長官寺岡謹平《てらおかきんぺい》中将）司令部はその対応に追われる。

連合艦隊司令部も「捷一号作戦警戒」を発令するまでに至った。

結局見張り員の誤報であったのだが、ただダバオが1日パニックに陥っただけでおさまらず、侵攻してきたとされる米艦隊に対応するためセブ島、ネグロス島に集まった陸海軍機が12日、13日と米艦載機の攻撃を受け、大損害を受けるのである。

戦史叢書は「日本海軍始まって以来の不祥事件」と書いている。

なお、この作戦行動によって予想外に日本軍の抵抗が弱いことに注目したハルゼー大将は、ニミッツ司令長官にパラオ、ヤップの攻略を取り止めることを意見具申。

ニミッツ長官はヤップ島攻略中止だけに同意し、フィリピンの状況について、ケベックにおいてチャーチル首相との首脳会談に臨んでいたルーズベルト大統領に同行していた統合司

第一航空艦隊司令長官・寺岡謹平中将。「ダバオ誤報事件」で寺岡司令部は大混乱に陥った

令部に報告した。

同司令部はマッカーサー大将の同意も受け、当初11月15日ミンダナオ島上陸、12月20日レイテ島上陸であった計画を、ミンダナオ島上陸は中止（後述のように、ルソン島の戦いに目途がついた後、「残敵掃討」という意味で実施されたが）、レイテ島上陸は2ヵ月早められ、10月20日とされるのである。

昭和19年9月14日
騰越《とうえつ》守備隊玉砕

第五六師団が守備する雲南省において、最前線の拉孟から北東60㎞にある交通の要衝が騰越である。騰越は一辺約1㎞の昔からの城郭都市で、ここを守備していたのは第一四八連隊長蔵重康美《くらしげやすよし》大佐指揮の約2000名であった。

しかしその東西南北には独立した高地があり、城郭と共にそれらも守備する必要があった。

6月27日から、陣地は中国軍と米軍からなる雲南遠征軍5万の攻撃を受け始める。

8月13日、蔵重大佐が戦死。その後始まった市街戦を、後を引き継いだ太田《おおた》正人《まさと》大尉が巧みに指揮した。そして敢闘1ヵ月の後、この日守備隊は最後の突撃を行ない玉砕。

1週間前の拉孟と同様、太平洋の孤島における玉砕戦は多いが、大陸において玉砕した珍しい例となる。

後に、蔣介石が自軍の将兵に対して「ミートキーナ、拉孟、騰越の日本軍を模範とせよ」と訓示している。いわゆる逆感状ともいえるもので、日本軍の敢闘を讃えている。

昭和19年9月15日
米軍ペリリュー島に上陸

マリアナ諸島を押さえたアメリカは、いよいよフィリピンへと矛先を向ける。それに向けて米軍が狙いを付けたのが、パラオ諸島にあるペリリュー島であった。

マリアナ諸島の後方基地としてパラオ諸島の価値を認めた大本営は、19年4月に東松五号船団により第一四師団を同諸島に派遣していた。

ペリリュー島は南北9km、東西3kmの小島であるが、当時東洋一といわれた飛行場があったことから第一四師団は同島を重要視し、歩兵第二連隊を中心に歩兵6個大隊（1個大隊は米軍上陸後の増援）と師団戦車隊（九五式軽戦車17両）等を送って守備を固めた。

海軍部隊（航空部隊関係者と設営隊員が中心）を含め約1万名を指揮したのは、第二連隊長中川州男《なかがわくにお》大佐であった。中川大佐はマリアナ諸島における守備隊の失敗に鑑み、一定の水際での抵抗は実施するも、その後は、島中央部の山岳地帯の洞窟を結び付けて要塞化した陣地による長期持久戦を考えていた。

9月6日より、機動部隊艦載機による事前爆撃開始。12日からは戦艦5、重巡5、軽巡4、駆逐艦14による艦砲射撃が始まる。そして15日、まず第1海兵師団1万2000名が上陸を開始する。こうして11月24日までの2ヵ月以上にわたる戦闘が始まった。

ペリリュー島に上陸、日本軍守備隊と戦闘中の米第1海兵師団

昭和19年9月15日
米軍ハルマヘラ諸島のモロタイ島に上陸

ハルマヘラ諸島はセレベス島とニューギニア島とのほぼ中間に位置し、日本軍にとっては西部ニューギニアへの重要兵站基地になっていた。

また米軍にとってもフィリピン攻略のための航空基地を得るという意味で、戦略的価値のある島であった。

ハルマヘラ本島には第三二師団を中心に約3万5000名が配備されていた。米軍は面積も広く（四国とほぼ同じ）、多くの守備隊がいる同島の占領を回避する。9月上旬まで米軍は同島を徹底的に爆撃、その戦略的機能を停止させた。そうしておいて9月15日、ハルマヘラ本島の北30kmにあり飛行場建設適地のあるモロタイ島に、第31歩兵師団を中心とする約4万名を上陸させる。同島の日本軍守備隊は、わずか500名であった。

その後十数次にわたり、ハルマヘラ本島から日本軍約3000名が五月雨式に逆上陸したが、もちろん米軍を追い落とすことなどできず、終戦まで戦闘を継続。1700名余の戦死者を出している。

昭和19年9月21日〜24日
米機動部隊が中部フィリピン地区を空襲

9月15日、米軍はペリリュー島に上陸。これに対する日本軍によるフィリピン方面からの反撃を防ぎ、さらに次期作戦であるフィリピン攻略の準備作戦として、21日、22日、24日の3日間にわたり、マーク・ミッチャー中将指揮の第38任務部隊がマニラを中心に中部フィリピン地区を空襲した。

マリアナで壊滅した第一航空艦隊はフィリピンで再建中であったが、10日前の12日、13日のセブ島での米機動部隊来襲による損耗と合わせ、170機余を失う。

また、捷号作戦で一航艦と共同作戦を行なうことになっていた陸軍の第四航空軍も、約200機を失う。

さらに艦艇13隻、商船41隻が撃沈された。

昭和19年10月10日
沖縄十・十空襲

米軍はレイテ侵攻を前に、日本軍の後方基地である台湾、南西諸島への攻撃を開始。マーク・ミッチャー中将指揮の第38任務部隊（正規空母9、軽空母8を含む95隻、その他支援艦艇を入れると約200隻の大艦隊）がまず沖縄海域に接近し、10月10日、延べ約1400機で沖縄を中心に南西諸島の島々を空襲した。

空襲は5波にわたり、本島の各飛行場、港湾などを襲った後、集中的に那覇を焼夷弾で攻撃した。航空部隊こそ当地にあった機数自体が少なかったので損害は小さかったが、ほとんど小型ではあるが、在泊船舶はほぼ全滅状態となる。

また、那覇港には揚陸されたままになっていた大量の弾薬、食糧等が焼失。那覇市街もほとんど焼失した。沖縄では、十・十空襲と呼ばれている。

米軍の損害は21機だった。

昭和19年10月12日
台湾沖航空戦1日目

11日にルソン島北部を攻撃した米第38任務部隊は台湾の東方170kmまで接近、この日も一昨日と同様延べ1400機で台湾を襲った。

連合艦隊司令部は基地航空部隊に対し、捷一号および二号作戦を発動した。

まず、台湾防空の陸海軍戦闘機隊約120機が邀撃に飛び上がったが、48機を撃墜したもののその3分の2を失う。

続いて九州の各基地から第二航空艦隊（司令長官福留繁中将）の虎の子部隊、T部隊が出撃した。T部隊とは、悪天候または夜間に敵艦隊を雷撃するために、比較的練度の高い搭乗員によって編成された130機よりなる部隊であった。この部隊には海軍の一式陸攻、陸上爆撃機「銀河」、艦上攻撃機「天山」の他、最新鋭機四式重爆撃機「飛龍」（自重8649kg、最高速度537km、爆弾又は魚雷1000kg、20mm機関砲×1、12・7mm機関砲×4）装備の陸軍航空隊も編入されていた。

この日夜間出撃したのは約100機であったが、曇天のため照明弾が有効に使えず、また夜間戦闘機の迎撃、対空砲火により54機未帰還。戦果はなかった。

昭和19年10月13日
台湾沖航空戦2日目

米機動部隊の台湾への空襲は、この日も続いた。出撃機数は延べ約1000機。T部隊40機が迎え撃ち、18機未帰還。しかし、重巡「キャンベラ」を大破させた。

この2日間にわたるT部隊の戦果が誇大に報告される。

元々夜間の戦果確認は極めて困難であり、未熟練、未経験の搭乗員が自爆機の墜落火災を見誤ったりしたものであったといわれている。

陸軍の四式重爆撃機「飛龍」。雷撃も可能な新鋭爆撃機で、台湾沖航空戦当時、海軍のT部隊にも編入されていた

昭和19年10月14日 台湾沖航空戦3日目

この日も台湾への空襲は続いたが、早朝の第1波約250機だけだった。また、それを補うかのように中国大陸からB29、104機が来襲している。

これと前日までの戦果報告とで、米機動部隊に大きな損害を与えていると判断した連合艦隊司令部は、南九州に集結できていた三航艦と機動部隊艦載機をもって「総攻撃」を命令。第1波（158機）、第2波（220機）に分かれて沖縄の飛行場で給油の上、昼間攻撃を実施。T部隊も42機が夜間攻撃に出た。

結果、第1波は96機を失い、第2波はそのほとんどが敵を発見できず16機を失い、ともに戦果はなかった。結局、T部隊が27機の犠牲により軽巡「ヒューストン」を大破させたのが唯一の戦果だった。

昭和19年10月15日 台湾沖航空戦4日目

この日はもう米軍機による空襲はなかった。連合艦隊司令部は「残敵掃討」を命じる。昼間攻撃で約120機が出撃。未帰還33機。

また、この日はフィリピンの陸海軍航空隊からも約120機が出撃。その中に、第二六航空戦隊司令官有馬《ありま》正文《まさふみ》少将自らが乗り込み、直接指揮した一式陸攻3機、爆装零戦9機があった。有馬少将といえば空母「翔鶴」艦長として戦った南太平洋海戦で、同艦が被弾して空

第二六航空戦隊司令官・有馬正文少将。台湾沖航空戦で自ら一式陸攻に乗って出撃、戦死した

母としては戦闘不能に陥った時、「本艦にはまだ高角砲がある。戦場に残って敵機の攻撃を吸収し、僚艦「瑞鶴」に存分の働きをさせるべき」と南雲長官に意見具申したことで知られる。この頃少将は、もはや体当たり攻撃しか採るべき術はないと考えていたといわれる。

なお、この時太平洋戦争中ほとんどなかったことが起こる。有馬部隊12機を陸軍戦闘機隊が直接護衛したのである。第一六飛行団長近藤常右衛門《こんどうつねえもん》大佐指揮の「疾風」、「飛燕」を中心とする74機であった。陸軍戦闘機隊が敵戦闘機と空戦中に有馬部隊は敵空母に向かうも、全機未帰還。有馬少将も戦死。陸軍戦闘機隊も12機が還らなかった。戦果はなかった。

さらに、航空部隊とは別に、「残敵掃討」命令は第五艦隊（志摩《しま》清英《きよひで》中将指揮の重巡2、軽巡1、駆逐艦7）にも下る。同艦隊はこの日、内海西部を出撃したものの、翌日午後には連合艦隊司令部から米機動部隊健在の連絡により反転、奄美大島へ向かい危うく難を逃れている。

昭和19年10月16日
台湾沖航空戦5日目

米第3艦隊司令長官ウィリアム・ハルゼー大将は、日本側の過大報道を知り大破した2隻の巡洋艦と護衛の駆逐艦8隻でオトリ艦隊を作り、近くに機動部隊を配して日本機の来襲を待っていた。

これに対し、台湾を出撃した約１００機が攻撃。機動部隊から派遣されていた直掩隊に30機が撃墜された。「ヒューストン」にさらに魚雷を命中させたが、沈没には至らなかった。

この日索敵機が、全く無傷の米機動部隊を発見。連合艦隊司令部はこの時点で初めて、今までの報告が誤報であったことを知るのである。

こうして台湾沖航空戦は終わった。19日には現地からの報告を鵜呑みにした軍令部は、米空母11隻撃沈、8隻撃破など大戦果を報じ国民を狂喜させた。

しかし、実際は巡洋艦2隻を大破させただけだった（他に米軍は89機の航空機を喪失している）。日本側は３００数十機を失い、ほぼ同数の機体が使用不能になり、フィリピン戦に用意していた航空機の8割を失った。

海軍はこれが誤報であったことは先述のようにすぐに気付いたが、国民には当然のこと、陸軍にさえも連絡しなかった。

このため陸軍は当初計画していたルソン決戦を急きょ変更、レイテ島での決戦に乗り出してしまうことになる。

6月のマリアナ沖海戦に続き本航空戦の結果からしても、もはや強大な米機動部隊に対して日本の航空部隊は、通常の攻撃では太刀打ちできないことが証明されたのである。

昭和19年10月17日
米軍、スルアン島に上陸

台湾沖航空戦が戦われている頃、米軍のレイテ島攻略部隊はフィリピンに近づいていた。その兵力は、ダグラス・マッカーサー大将指揮の陸軍兵力26万人、船舶４２０隻。これを直接支援するトーマス・キンケード中将指揮の第7艦隊の艦艇１５０隻であった。

さらに、台湾沖航空戦でもほとんど無傷だった、ウィリアム・ハルゼー大将指揮の第3艦隊があった。4群からなる、空母16、戦艦6、重巡6、軽巡9、駆逐艦64の大機動部隊である。

米軍はまず、レイテ湾口にある小島スルアン島に上陸した。

T部隊の攻撃で損傷、日本軍の来襲を誘うオトリとなった軽巡「ヒューストン」。遠方にやはり損傷して曳航中の重巡「キャンベラ」が見える

昭和19年10月18日
捷一号作戦発動される

18日、レイテ湾に侵入した米艦隊はレイテ島に対する艦砲射撃を開始。米軍のレイテ上陸を確信した連合艦隊司令部は、同日捷一号作戦を発動した。

この作戦は、ブルネイを出撃する第二艦隊司令長官栗田健男中将指揮の第一遊撃部隊（戦艦7、重巡11、軽巡2、駆逐艦19）と、馬公《まこう》から出撃する第五艦隊司令長官志摩《しま》清英《きよひで》中将指揮の第二遊撃部隊（重巡2、軽巡1、駆逐艦7）がレイテ湾に突入、所在の米艦船群と上陸部隊を撃滅する。しかし、近海にはハルゼー機動部隊が待機しているので、内海西部を出撃する第三艦隊司令長官小澤治三郎中将指揮の機動部隊（空母4、航空戦艦2、軽巡3、駆逐艦8）が囮となってレイテ海域よりできるだけ北方へ誘出し、突入部隊を助けるというものであった。

先述のように、大本営が「捷号作戦」を発令したのは7月24日であった。

8月10日マニラにおいて、連合艦隊参謀神重徳《かみしげのり》大佐が、第二艦隊参謀長小柳冨次《こやなぎとみじ》少将に作戦概要を説明している。同参謀長はそれを艦隊に持ち帰るのであるが、作戦目的の主眼が輸送船団撃滅であることに、第二艦隊の各級指揮官からは落胆と怒りの声が上がったという。

そして従来、この作戦の主力は基地航空部隊（当初の計画では「次期決戦までに再建が容易な基地航空部隊を中心に海軍１３００機、陸軍１７００機を準備」とある）であったが、9月、10月と立て続けに敗北を重ねたため、基地航空部隊、機動部隊の艦載機共に戦力をほとんど消耗。しかも、台湾沖航空戦の直後に米軍のレイテ島侵攻が始まるという状況の激変があったにもかかわらず、作戦計画を修正する余裕もなく、航空部隊の援護のない裸の艦隊が突っ

第二艦隊司令長官・栗田健男中将。第一遊撃部隊を率いた

込むという形になってしまう。

しかし、フィリピンを失えば日本と南方を結ぶシーレーンは完全に遮断され、戦争継続は不可能と考えた海軍は、この海戦に連合艦隊をすり潰すことも覚悟の捨て身の作戦であった。

昭和19年10月19日
アンガウル島の日本軍玉砕

アンガウル島はパラオ諸島の最南端、ペリリュー島の南11kmに浮かぶ南北４km、東西３kmの小島である。同島は第一四師団歩兵第五九連隊第一大隊（大隊長後《ご》藤《とう》丑雄《うしお》少佐）を中心に１２００名が守備していた。

9月17日、陸軍第81歩兵師団中心の米軍約２万１０００名が上陸。

守備隊は水際で防戦するも圧倒的な兵力差は如何ともし難く、３日後には北部山地の鍾乳洞洞窟を利用した複郭陣地へ移動、持久戦闘に移行した。

これはサイパン、グアム、テニアン島での教訓を生かしたもので、ペリリュー島も同様の戦い方をしている。

しかし、やはりわずか2日間で守備隊の兵力は半減していた。21日には、早くもアンガウル島との通信連絡は途絶。パラオ本島の集団司令部は同島の監視所から望見して、戦況を判断するしかなかった。

守備隊の頑強な抵抗に手を焼いた米軍は、10月２日以降の10日間力押しをせず、砲火力による日本軍陣地の破壊に努めた後、13日から最後的な攻勢に転じた。

19日、１３０名まで減少していた守備隊は最後の攻撃を実施。しかし、バンザイ突撃ではなかった。この夜指揮官後藤少佐も戦死し、日本軍の組織的抵抗は終わる。

アンガウル島への米軍の上陸作戦。陸軍第81師団の上陸に先立ち、海軍艦艇が準備砲撃を実施中である

隣接するペリリュー島の戦いが有名であるが、約20倍の米軍を相手に33日間戦い続けたアンガウル島守備隊の敢闘も忘れてはならない。

日本軍戦死者１１５０名、米軍も約１６００名の戦死傷者を出している。

昭和19年10月20日
神風特別攻撃隊編成される

マリアナ沖海戦後、海軍内部では強大な米機動部隊に対しては、もはや通常攻撃では通用しないとの考えが広がっていた。

海戦直後、第三四一航空隊司令であった岡村基春《おかむらもとはる》大佐は第二航空艦隊司令長官福留繁中将に、「戦勢今日に至っては、戦局を打開する方策は飛行機による体当たり以外にはないと信ずる。隊長は自分がやる。３００機を与えられれば必ず戦勢を転換させてみせる」と意見具申。（岡村大佐はその後、特攻兵器「桜花」の部隊である第七二一航空隊司令に就任している）

18年中頃から早くも体当たり攻撃を構想していた城英一郎《じょうえいいちろう》大佐も、空母「千代田」艦長として参加したマリアナ沖海戦の敗北を経験したことでいよいよ信念を強くし、小澤治三郎機動部隊司令長官、豊田副武連合艦隊司令長官、及川古志郎軍令部総長に意見具申している。

陸軍でも、9月末には航空特攻の実施を決定していた。

また先述のように、台湾沖航空戦において第二六航空戦隊司令官有馬正文少将は、「もはや通常の手段では勝利を収めることは不可能、特攻を採用するのは搭乗員たちの士気が高い今である」と語り、自ら一式陸攻に搭乗し敵艦隊に突入している。

以上のように、特別攻撃の機運は徐々に醸成されつつあった。

さて、マリアナ沖海戦で壊滅した第一航空艦隊であるが、その後フィリピンで再建に努めていた。だが、9月の米機動部隊によるフィリピンへの空襲、10月の台湾沖航空戦、さらにレイテ上陸に先立つ航空撃滅戦により、米軍来攻時フィリピンにあった日本側の航空戦力は、一航艦40機、四航軍30機にすぎなかった。

19日、一航艦長官として着任した大西《おおにし》瀧治《たきじ》郎《ろう》中将は、この兵力ではとても水上部隊の掩護は不可能と考え、零戦に250kg爆弾を抱かせて敵空母に体当たりさせ、一時的にその飛行甲板を使用不能にすることを提案した。このような経緯から誕生したのが、神風特別攻撃隊である。なお、これはもちろん大西中将の独断ではない。現地に向かう際に海軍大臣、軍令部総長、連合艦隊司令長官の承認を得ている。

第二〇一航空隊24機（特攻機13機、直掩機11機）で4隊が編成され、「敷島隊」、「大和隊」、「朝日隊」、「山桜隊」と命名され、指揮官は関行男大尉が選任された。

なお22日には、さらに「菊水隊」、「葉桜隊」、「若桜隊」が編成されている。

昭和19年10月20日
米軍レイテ島に上陸

米軍のレイテ島攻略の目的は、首都マニラのあるルソン島奪還のための飛行場その他前進基地の確保であった。

この日、マッカーサー大将指揮の第6軍の第10軍団がタクロバンに、第24軍団がドラグに上陸。4個師団、10万の兵力であった。

同島を守備していたのは第一六師団（師団長牧野《まきの》四《し》郎《ろう》中将）で、主力はドラグ方面にあり、タクロバンにはほとんど配兵していなかった。飛行場がドラグ、タクロバンの他、ドラグの

第一航空艦隊司令長官・大西瀧治郎中将。航空機による特攻作戦を推進した

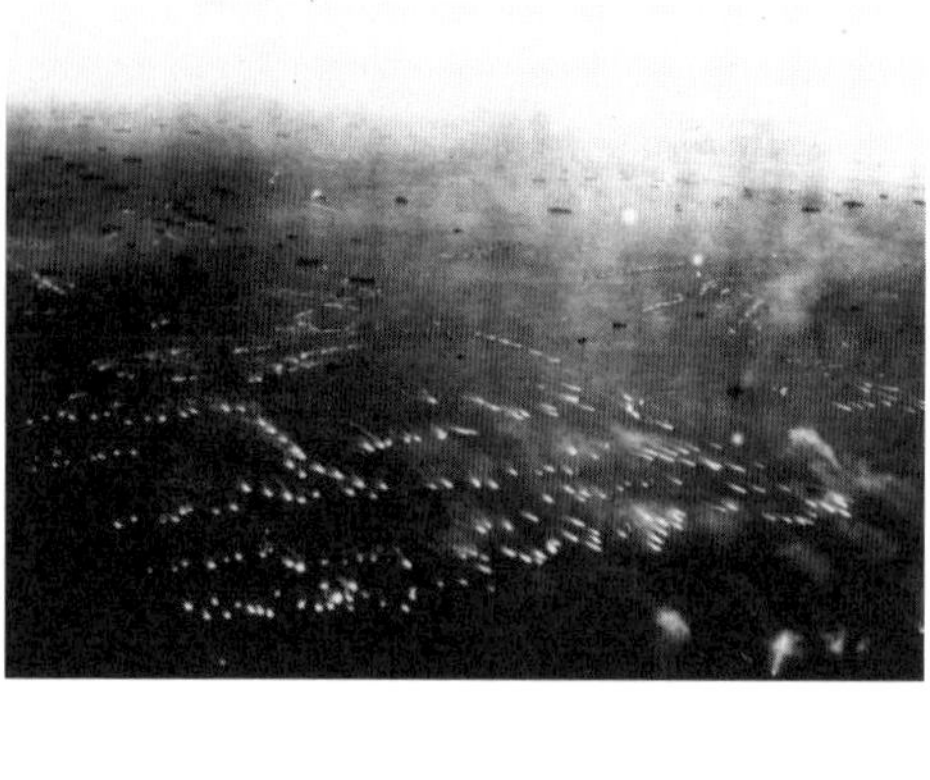
昭和19年10月20日、米軍がレイテ島への上陸作戦を開始した。写真は一斉にレイテの海岸に突進する上陸部隊

西方ブラウエン地区に三ヵ所あったことが大きな理由である。

マッカーサー大将はタクロバンに上陸。２年半前の「アイ・シャル・リターン」の約束を果たした。米軍は在島ゲリラからの情報で日本軍兵力の弱小を知っていたため、橋頭堡を築かず一気に内陸へ進撃を開始した。

参謀本部の考えはもともと「ルソン決戦」であり、フィリピン中、南部は持久戦の方針であった。第一六師団はルソン島の警備にあたっていたのだが、戦況悪化に伴う大本営の方針変換によりレイテ島に移駐。しかし、それは19年4月のことであり、さらに、当初は飛行場建設に従事させられていた。陣地構築にしてもゲリラの妨害により、なかなか進捗していなかった。

また、師団の防衛方針はマリアナ失陥後に参謀本部から出された「島嶼守備要領」に従い、上陸海岸では一定の抵抗はするものの陣地は縦深に配置され、永久陣地的なものも築城されないまま米軍の上陸を迎えたのである。

当然師団はこの強敵に抗し切れず、10月中に1万３０００名を失い（海軍部隊、周辺の島々からの増援部隊を含む）、残兵約３０００名がダガミの複郭陣地で抵抗を続けていた。

米軍も約５０００名の戦死傷者を出している。

師団は通信能力を失ったため、この戦況は第三五軍、方面軍、大本営に伝わらなかった。

台湾沖航空戦の大戦果を信じ上陸軍を過小評価した大本営は、レイテで決戦できると考え、着任したばかりの第一四方面軍司令官山下奉文《やましたともゆき》大将にレイテへの兵力増強を命じた。

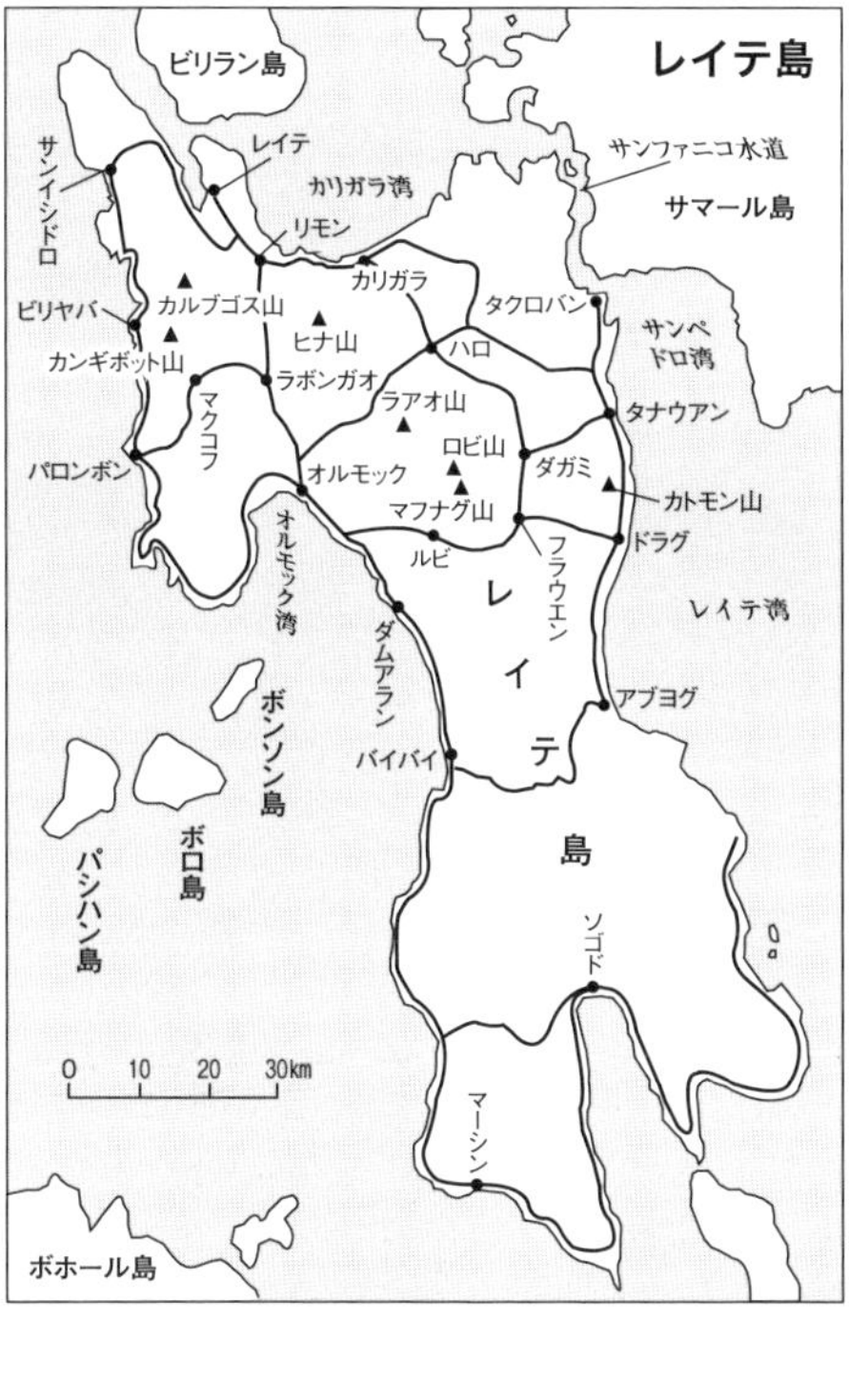

方面軍は強く反対したが、22日南方軍司令官寺内寿一《てらうちひさいち》大将はレイテ決戦を命令、作戦は実施されることになる。

昭和19年10月23日 レイテ沖海戦1日目

捷一号作戦発動を受けて、各艦隊が動き出す。まず20日、小澤機動部隊が内海西部を出撃。台湾沖航空戦に母艦航空部隊も参加を余儀なくされ、その大部を消耗したため、4隻の空母に搭載されたのはわずかに116機であった。空母は他に「隼鷹」「龍鳳」、さらに新造の正規空母「雲龍」「天城《あまぎ》」があったが、搭載する飛行機がなく作戦には参加しなかった。

またこの日、マリアナ沖海戦後スマトラのリンガ泊地で訓練を続けていた栗田艦隊が、ボルネオのブルネイに到着。

21日には、志摩艦隊が馬公を出撃した。なお、同部隊の駆逐艦3隻は、マニラへの航空部隊輸送を命じられ本隊と分離していた。

そして22日には、今回の作戦の主力である栗田艦隊がブルネイを出撃。第一遊撃部隊は栗田中将直率の主隊（戦艦5、重巡10、軽巡2、駆逐艦15）と、西村祥治《にしむらしょうじ》中将指揮の支隊（戦艦2、重巡1、駆逐艦4）とに分かれており、西村艦隊は速力の遅い戦艦「山城」「扶桑」を擁していることから、別コースでレイテ湾を目指した。

23日早朝、栗田艦隊はパラワン水道において米潜水艦2隻の雷撃により、重巡「愛宕」「摩耶」が沈没、「高雄」が大破した。同艦は駆逐艦2隻に護衛されブルネイへ引き返す。「愛宕」は第二艦隊の旗艦であった。栗田長官以下幕僚は「大和」に移乗するも、艦隊司令部通信関係員の大半と分かれてしまったことが、本海戦の成否に重大要素となった、通信能力の弱さの原因の一つとなったといわれる。

昭和19年10月24、25日
第四航空軍、レイテ島へ航空総攻撃

ニューギニアで戦力のほとんどを消耗した第四航空軍であるが、その後フィリピンに後退。満州にあった第二、四飛行師団をもって再建され、軍司令官には富永恭次《とみながきょうじ》中将が配された。

しかし米機動部隊によるフィリピン空襲は9月から始まっており、また同月18日にはモロタイ島の飛行場も完成、そこから飛び立つ陸上機も加わって第四航空軍は暫時損害を出していた。

さらに台湾沖航空戦でも大きく戦力を損耗し、同航空戦終了後の航空軍の戦力は30機まで落ち込んでいた。

しかしレイテでの決戦を決断した大本営は、航空兵力をかき集めて第四航空軍の指揮下に入れた。

この事態を受け富永司令官は、ルソン島のクラークフィールド飛行場群ではレイテ島まで距離が遠すぎるとして、第二飛行師団をネグロス島に進出させ、続々到着する増援部隊も同師団に配属したのである。

19日に師団司令部進出。23日には富永司令官自身もマニラから同地へ赴き、陣頭指揮している。ネグロス島には6ヵ所の飛行場があったが、急速に日本陸軍の大航空基地となっていく。

こうして24、25日と海軍と協同、航空総攻撃を実施。

第四航空軍は主にレイテ沖の輸送船団や上陸部隊を目標とし、両日で延べ約２６０機が出

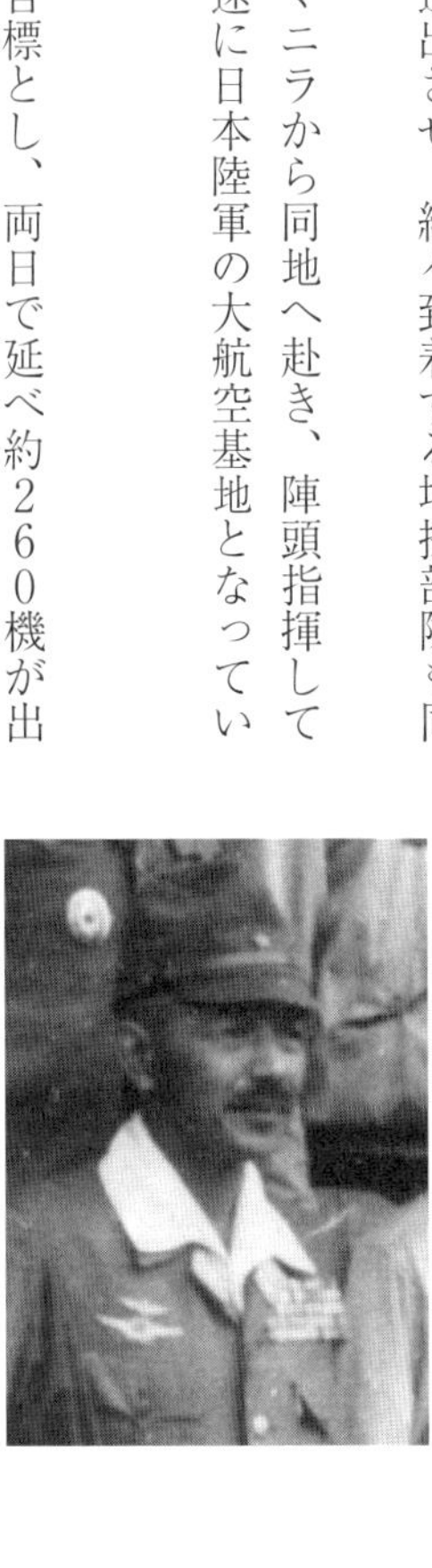

第四航空軍司令官・富永恭次中将。フィリピンでの陸軍航空作戦を指揮した

撃した。しかしもともと海上作戦に不慣れな上、ほとんど無傷の米機動部隊、上陸軍を直接援護する第7艦隊所属の護衛空母群の艦載機や、陸軍機としては初めて見参するＶＴ信管内蔵の対空砲火に多くが撃墜され、戦果は少なかった。

全くの準備不足の上に、圧倒的戦力差は如何ともしがたかった。

しかし、対陸上攻撃にはそれなりの実力を発揮した。陸軍部隊とともに上陸した米極東空軍司令官ジョージ・ケニー少将は、まずタクロバン飛行場の整備にかかり25日に完成。第５空軍が進出を始めたが、その活動を封殺した。結果、上陸部隊に十分な航空支援を出来なくさせているし、第一師団を無事上陸させている。

これは米機動部隊がレイテ沖海戦に集中していたこと、その後10月末をもって作戦の大勢は決したとの判断から、ハルゼー艦隊を引き揚げさせたのも要因であったが。

マッカーサーも「米軍の拠点がこれほど激しく継続的に、効果的な日本軍の空襲にさらされたことはかつてなかった」と述懐している。

しかし、後述するように、日本軍の逆上陸を知り再度機動部隊を呼び戻したことにより、形勢はまた一方的となる。

11月4日までは伯仲していたレイテの制空権も、その後は米軍側に帰するのである。また、ネグロス島の基地は常時モロタイ島からの米陸上機の空襲下にあった。基地の整備が追いつかない上に、そのような混乱している状況下に新しい部隊が逐次投入される形となり、稼働機の減少、地上撃破される機数が実際の戦闘で失われる機数を上回るなど、状況は困難を極めた。

海軍は戦争の全期間を通じて「零戦」を使用し続けたが、陸軍の場合開戦に何とか間に合った一式戦闘機「隼」に続き、二式戦闘機「鍾馗《しょうき》」（自重２１０６kg、最高速度６０５km、７・７mm機関銃×２、12・７mm機関砲×２、防空戦闘機）、三式戦闘機「飛燕《ひえん》」（自重２８５５kg、

四式戦闘機「疾風」。２０００馬力級エンジンを搭載し、「大東亜決戦機」として期待を集めた

最高速度610km、12・7mm機関砲×2、20mm機関砲×2、陸海軍戦闘機で唯一液冷エンジンを搭載）と新型機を完成させ実戦に投入していたが、いずれも連合軍機の性能を凌駕するものではなかった。

しかし19年4月に正式採用された四式戦闘機「疾風《はやて》」は、日本陸軍初の2000馬力エンジンを搭載した重戦闘機として登場、「大東亜決戦機」として大いに期待された。

自重2698kg、最高速度624km、12・7mm機関砲×2、20mm機関砲×2。本機は高速機でありながら、運動性、安定性に優れ、それまでの日本軍機のすべてに共通した防弾装備の貧弱さも克服していた。

戦後米軍が行なった高オクタン価の燃料を使用したテストにおいて、689kmの速度を計測、米軍側から太平洋戦争中の陸海軍を通じての最優秀機の評価を受けている。

生産機数も3400機余りと「零戦」「隼」に次ぐもので、しかも19年4月からの生産であり、いかに本機が大きな期待を担っていたかを物語る。

しかし、課題はエンジンにあった。構造が複雑なため故障がちで整備も難しく、稼働率は30％程度であったといわれる。

レイテでの戦闘に多くの「疾風」が投入されたが様々な悪条件が重なり、せっかくの高性能機でありながら、十分な成果を上げられなかったのである。

昭和19年10月24日
レイテ沖海戦2日目

ハルゼー機動部隊の状況

24日朝の時点で、ハルゼー大将指揮の4群の機動部隊の兵力と位置は次のようであった。

第3艦隊司令長官ウィリアム・F・ハルゼー・ジュニア大将。4群の機動部隊を率いた

第1群（ジョン・マッケーン中将）空母4、重巡4、軽巡2、駆逐艦21
　補給のためウルシーに向かっていた
第2群（ジェラルド・ボーガン少将）空母4、戦艦2、軽巡3、駆逐艦18
　サンベルナルジノ海峡近く
第3群（フレデリック・シャーマン少将）空母4、戦艦2、軽巡4、駆逐艦14
　ルソン島東部海域
第4群（ラルフ・デビソン少将）空母4、戦艦2、重巡2、駆逐艦11
　レイテ湾付近

日本側の動きを見たハルゼー大将は、2、3、4群にサンベルナルジノ海峡近くへの集結と、1群には補給を中止し引き返しを命令した。

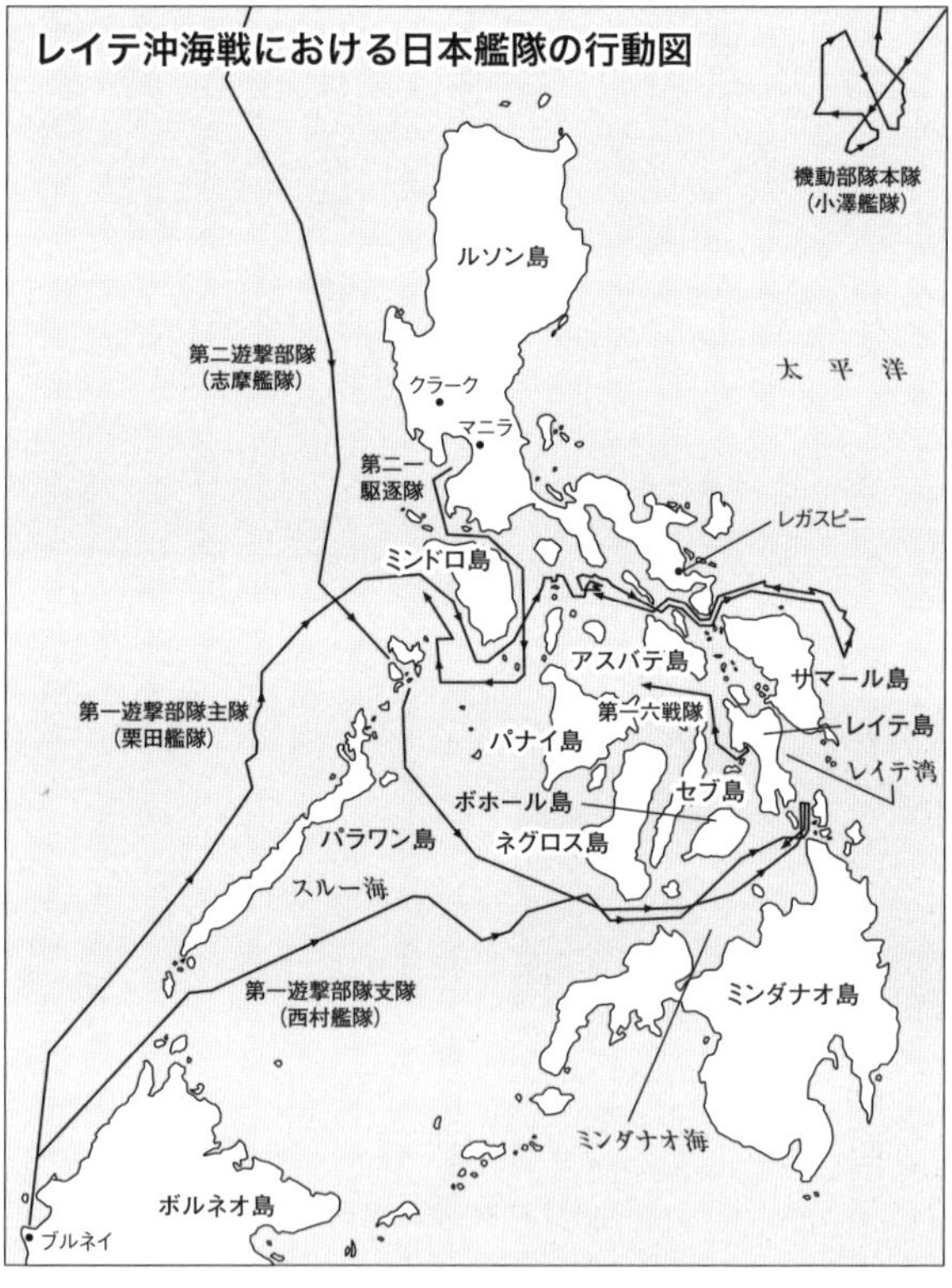

レイテ沖海戦における日本艦隊の行動図

第二航空艦隊による航空攻撃

22日から23日にかけて、第二航空艦隊がフィリピンのクラーク飛行場群に進出。司令長官の福留繁中将は、当初一航艦の大西瀧治郎中将より、二航艦も特別攻撃隊の編成を要請されたがこれを断っている。

24日早朝から、約200機でもって米機動部隊第3群を攻撃。多数が撃墜されたものの、軽空母「プリンストン」を撃沈。近接して救援活動中の軽巡「バーミンガム」も同艦の誘爆のため大破した。二航艦は午後からも攻撃隊を出撃させたが悪天候のため敵艦隊を発見できず、翌日も索敵に失敗し、水上部隊の掩護はかなわなかった。

麾下部隊の大きな損害と過小な戦果、そして25日の一航艦の特攻機による大戦果に鑑み、福留長官は二航艦においても特別攻撃隊の編成を決断するのである。

シブヤン海海戦

栗田艦隊は第一戦隊「大和」、「武蔵」、「長門」を中心とする第一部隊と、第三戦隊「金剛」、「榛名」を中心とする第二部隊とに分かれシブヤン海を航行していたが、この日、米機動部隊第2〜第4群から5波にわたり、延べ約300機の攻撃を受けた。

攻撃はほぼ第一部隊に加えられ、特に早くに被弾して速力が低下し、輪形陣から離れた「武蔵」に攻撃が集中した。

同艦は魚雷20本、直撃弾17発、至近弾多数を受けてついに沈没。しかし、その不沈性は米軍を驚嘆させた。そのため翌年4月の「大和」への攻撃の際には、魚雷攻撃を片舷に集中させている。

「武蔵」の生存者を救助した駆逐艦2隻は、コロンへ向かった。

また重巡「妙高」も魚雷を受け、単艦ブルネイに引き返す。このような状況の中、栗田司令部には味方からの敵情報告がほとんど入っていなかった。

このままサンベルナルジノ海峡に向かうことを危険と判断した栗田艦隊は、15時30分反転。

これを知ったハルゼー大将は、栗田艦隊は大損害を受けて退却中でその脅威はなくなり、それよりも北方から接近してくる小澤機動部隊こそが日本の主力艦隊であり、これの殲滅こそ最も大事であると判断した。こうしてサンベルナルジノ海峡付近にあった第2〜4群を率いて、北進を開始した。

昭和19年10月24日、シブヤン海で米空母機の猛攻にさらされる戦艦「武蔵」（手前）。奥で水柱に囲まれているのは駆逐艦「清霜」だろうか

しかし栗田艦隊は2時間後に再反転、再びサンベルナルジノ海峡に向かったのである。

昭和19年10月24日
「マタ三〇船団」ほぼ壊滅

「マタ三〇船団」というのは、マニラから高雄に向かう30番目の船団という意味である。同船団は駆逐艦3隻、駆潜艇1隻、その他1隻が輸送船12隻を護衛していた。

10月18日から米軍のレイテ作戦が始まり、反撃してくる日本艦隊と増援の兵員や物資を運ぶ輸送船攻撃のため、米軍はこの時期、南九州からフィリピンの海域に45隻の潜水艦を配置した。

その警戒網に入り込んだ艦艇や輸送船が次々に襲撃される。先述の栗田艦隊の遭難もその一つである。

米軍の潜水艦はハワイとオーストラリアを基地としていたが、この時期ハワイからの出撃部隊は、サイパン島を前進基地として利用できるようになっていた。

「マタ三〇船団」は10月23日から24日にかけルソン海峡において、2つの群狼7隻の米潜の攻撃を受ける。結果、輸送船12隻のうち10隻が次々に撃沈された。

船団には1800名の米軍捕虜も乗船していたが、ほぼ全員が死亡している。

なお、護衛隊の旗艦「春風《はるかぜ》」の反撃により、攻撃した米潜水艦のうち「シャーク」を撃沈しており、一矢は報いている。

10月24日、スル海で米空母機の攻撃を受ける西村艦隊の旗艦、戦艦「山城」

昭和19年10月25日 レイテ沖海戦3日目

スリガオ海峡海戦

西村艦隊は1度空襲を受けただけで、予定通りスリガオ海峡に到達。レイテ湾突入をめざしたが、そこにはジェス・オルデンドルフ少将指揮の第7艦隊第77任務部隊（戦艦6、重巡4、軽巡4、駆逐艦28、魚雷艇39）が待ち構えており、その大部隊に突っ込む形になった。

深夜の戦闘となり魚雷艇の攻撃はかわせたものの、駆逐艦から発射された100本以上の魚雷が西村艦隊の各艦に次々に命中。さらに、その後方に展開していた巡洋艦群、戦艦群からの砲撃により、海戦の結果はほぼ一方的な敗北で、7隻の艦隊のうち生き残ったのは駆逐艦「時雨《しぐれ》」だけだった。

米艦隊の損害は、敵味方から砲撃された駆逐艦1隻が大破したにとどまった。

志摩艦隊の反転

志摩艦隊は所属の駆逐艦3隻を、基地航空部隊の輸送のためにマニラに派遣していた。人員、機材を揚陸後マニラを出港し本隊に合流しようとしていたが、24日午前に米軍機の攻撃により「若葉」が沈没、合流は断念される。

結局同艦隊は重巡2隻、軽巡1隻、駆逐艦4隻で、西村艦隊に続きスリガオ海峡に入った。しかし軽巡「阿武隈」が魚雷艇の雷撃を受け落後、未明に西村艦隊の惨状を見、さらに旗艦である重巡「那智」が西村艦隊の一艦である重巡「最上」（同艦はまだこの時点では沈没していなかった）に衝突してしまう。

10月25日、サマール島東方で栗田艦隊の猛砲撃を受ける護衛空母「ガンビア・ベイ」。水柱の中、煙幕を展張して逃走を図っている。僚艦「キトカン・ベイ」からの撮影

「那智」は艦首を大破、敵情もわからないことから志摩艦隊は反転した。

サマール島沖海戦

24日深夜サンベルナルジノ海峡を無事通過した栗田艦隊は、25日早朝にサマール島沖で米艦隊と遭遇した。

栗田艦隊はこの艦隊をハルゼー機動部隊の一群と思い込み、攻撃を開始した。

しかし実際は、第7艦隊に所属する護衛空母部隊（トーマス・スプレイグ少将指揮の3群からなる護衛空母16、駆逐艦21）の第3群（護衛空母6、駆逐艦7）だった。

司令官クリフトン・スプレイグ少将は巧みに防戦。逆にこの部隊の他、周辺にいた第1、第2護衛空母群からの航空攻撃により、重巡「鳥海」「鈴谷」「筑摩」が沈没、「熊野」も大破した。

これに対して米艦隊は空母「ガンビア・ベイ」と駆逐艦3隻を失っただけだった。

敵艦隊追撃を打ち切り、再集合してレイテ湾に向けて進撃を再開した栗田艦隊だったが、レイテ湾まであと3時間という地点で謎の反転をしてしまう。

エンガノ岬沖海戦

栗田艦隊をレイテ湾に突入させるため囮《おとり》となった小澤機動部隊は、しきりに電波を出したり、24日昼に約60機の攻撃隊を発進させる（戦果はなかった）など、米機動部隊に発見されるよう行動していた。

しかし小澤艦隊の最も近くにあったシャーマン少将の第3群は、二航艦からの攻撃に対する迎撃で手一杯であったため、発見が遅れたのであった。

しかしついに発見され、25日終日にわたり4波の米機動部隊からの空襲を受けた。

エンガノ岬沖で米機の空襲を回避する空母「瑞鶴」。第一次攻撃の後らしく、火災による黒煙を上げている

米軍の延べ出撃機数は600機以上であったといわれる。なお第1波の攻撃後、キンケード中将からの救援要請を受けたハルゼー大将は第2群と高速戦艦部隊を率いて南下したので、第2波以降の攻撃はマーク・ミッチャー中将が指揮する第3、4群によるものであった。

結果空母「瑞鶴」「瑞鳳」「千歳」「千代田」、軽巡「多摩」、駆逐艦「秋月《あきづき》」「初月《はつづき》」が沈没した。この時の「初月」の奮戦は有名である。

大きな損害を出しながらも囮作戦を成功させたが、栗田艦隊の反転により、その犠牲は報われなかった。

神風特別攻撃隊の出撃

20日に編成された神風《しんぷう》特別攻撃隊は、21日より出撃を繰り返していたが、ようやく25日米護衛空母群と遭遇。「朝日隊」と「菊水隊」（最初編成された4隊の後に、さらに5隊が編成されていた）が、護衛空母部隊の第1群に突入。「サンティー」を大破、「スワニー」を中破させた。

さらに関行男《せきゆきお》大尉指揮の「敷島《しきしま》隊」が、サマール島沖で栗田艦隊の追撃からようやく逃れた第3群に突入。「セント・ロー」を撃沈、「キトカン・ベイ」「カリニン・ベイ」を中破させた。

昭和19年10月26日
レイテ沖海戦4日目

レイテ湾を目前にしながら反転した栗田艦隊であったが、25日午後、3波延べ150機の米艦載機の攻撃を受ける。

10月25日、神風特別攻撃隊「敷島隊」がマバラカット基地を出撃した。手前の250キロ爆弾を懸吊した零戦が隊長・関行男大尉の乗機

さらに26日、追撃に移ったハルゼー機動部隊（第1、2群）の艦載機260機と、モロタイ島からの陸上機50機の空襲により軽巡「能代《のしろ》」が沈没。志摩艦隊の一艦であった軽巡「阿武隈」も損傷を受けて避退中、やはり米陸上機の爆撃により沈没。

また、サマール島沖で傷ついた重巡に付き添っていた駆逐艦は、その沈没後単艦で避退していたが、そのうち3隻が艦載機と水上艦艇により撃沈されている（27日沈没含む）。28日栗田艦隊はブルネイに帰還したが、残った艦艇も数隻の駆逐艦以外は傷だらけの状態だった。

こうしてレイテ沖海戦は終わった。この海戦で日本海軍は、戦艦3、空母4、重巡6、軽巡3、駆逐艦9を失い、連合艦隊は事実上壊滅した。

昭和19年10月28日
レイテ決戦に関する陸海軍中央協定が定められる

先述のように、台湾沖航空戦における戦果発表が大誤報であることに海軍は気付いていた。多く見積もっても空母4隻撃破程度。これについてレイテ沖海戦に出撃する各艦隊には伝達されたが、陸軍には伝えられなかった。

この度のレイテ沖海戦についても、27日、空母8隻撃沈、7隻撃破、航空機の撃墜約500機と発表している（これが誤報とは、海軍は認識していない）。

海軍は残存する米機動部隊の空母を、大型、軽空母合わせて6隻程度と考えていた。それに加え陸軍も、24、25日を中心に実施された第四航空軍による航空攻撃により、レイテ湾内の敵船団に多大な損害を与えたという認識であった（事実は、さしたる戦果はなかった）。しかし洋上に敵を撃破するに至らず、今後はさらなる上陸の阻止、上陸を終えた敵陸上部隊の撃滅へと方針転換されていく。

その方針に基づき、28日「陸海軍中央協定」が定められた。これを受け、参謀本部は第一四方面軍に対し「今やレイテ島を中心とする国軍主決戦場は真に帝国戦争指導上の重大転機と画すべくその帰趨は国家国軍の重大視しあるところ之が必勝を期す」と通達している。

この10日間ほどにおける極端な情報誤認が、この後開始されるレイテ島をめぐる陸海の岩に卵を叩きつけるような、全く勝ち目のない悲惨な戦闘を引き起こすのである。

昭和19年10月29日
多《た》号作戦発動される（オルモック輸送作戦1）

参謀本部は第一四方面軍に対し、レイテ島への兵力の投入を命令。これを受けて連合艦隊は、第五艦隊司令長官志摩清英中将を輸送部隊護衛の総指揮官に任じ、第二、第三艦隊から駆逐艦を増援、その他残存の中小艦艇をもって輸送作戦にあたることになった。

第一次輸送は作戦として発動される前（10月24～27日）に実施され、レイテ島周辺のセブ、パナイ、ボホール、ミンダナオ各島から第三〇、第一〇二師団等から兵力が抽出され輸送された。この輸送で軽巡「鬼怒《きぬ》」、駆逐艦2、輸送艦2が沈没している。

第二次以降は全てマニラが出港地で、レイテ島の日本軍の揚陸地オルモックまでの距離は７００kmであった。

第二次輸送（10月31～11月4日）は第一師団主力約1万名が輸送船4隻に分乗、第一水雷戦隊司令官木《き》村昌福《むらまさとみ》少将指揮の駆逐艦6隻、海防艦4隻が護衛した。

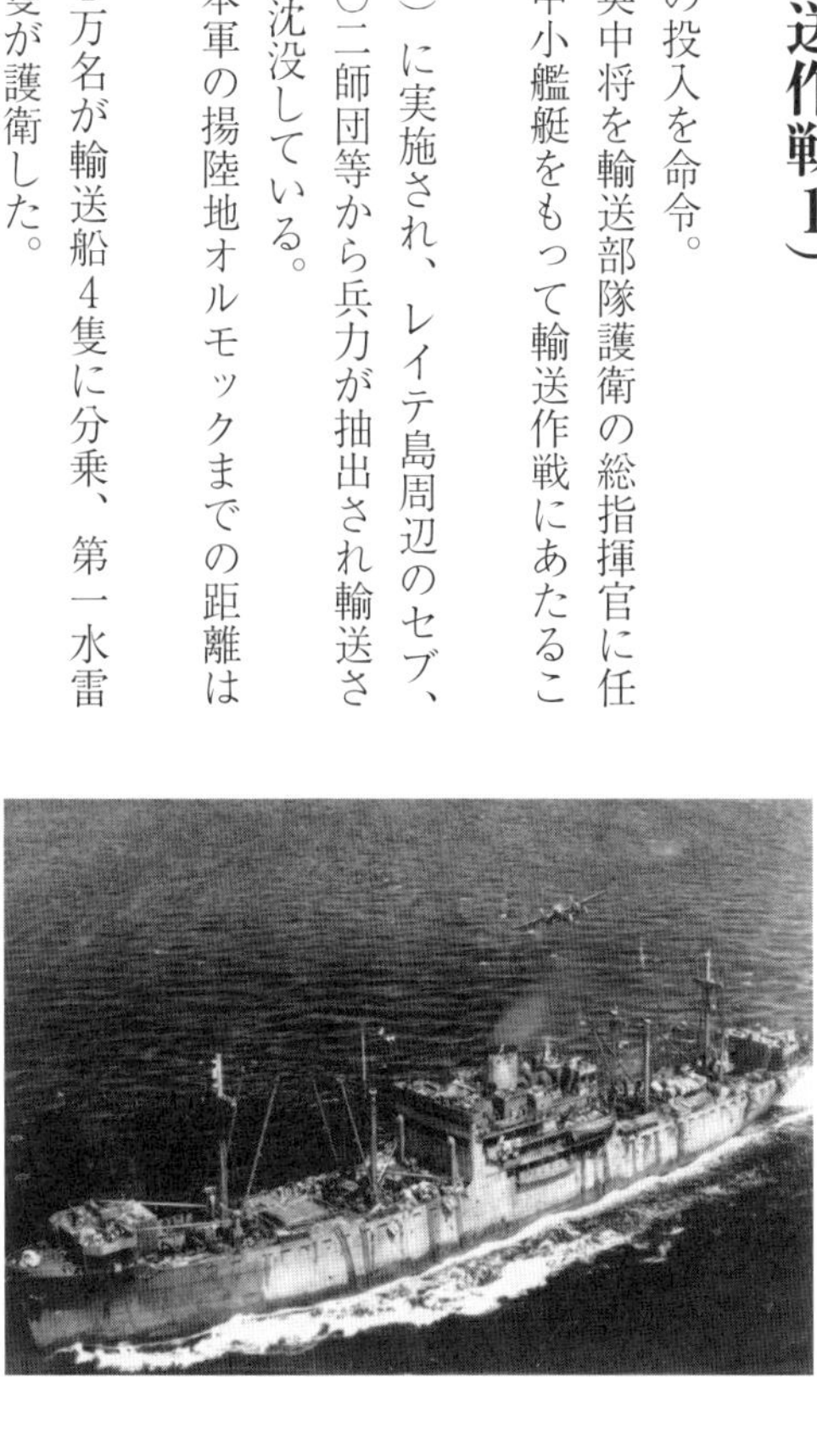

第二次多号輸送作戦でB25の攻撃を受ける「香椎丸」。本船は陸軍徴用の高速輸送船で、この時は4隻の輸送船に第一師団約1万名が乗り込んでいた

また、第二六師団先遣隊（今堀支隊1400名）を乗せた輸送艦3隻も別行動でオルモックを目指した。第四航空軍の戦闘機、爆撃機延べ140機が船団上空の護衛、レイテ島の米軍飛行場の襲撃に出撃している。

今回だけは揚陸終了後に輸送船1隻は失ったものの、ほぼ成功した。これはレイテ島上陸作戦をほぼ成功させたと判断した米海軍が、ハルゼー機動部隊をレイテ海域から一旦引き揚げさせた結果だった。

日本軍の大規模な逆上陸を知った米海軍は、再び同部隊を呼び戻す。米機動部隊は11月5日、日本側の兵站基地であるマニラ湾、クラーク飛行場群を空襲。在泊していた第五艦隊旗艦重巡「那智」が撃沈され、陸海軍機110機以上が失われる。

同部隊の再活動により、レイテの制空権は伯仲状態から再び米軍の手に帰するのである。

昭和19年10月30日
神風特別攻撃隊「葉桜隊」米高速空母部隊に突入

セブ基地を出撃した葉桜《はざくら》隊6機が、ルソン島東方海面で米第38・4任務群に突入。1機が正規空母「フランクリン」に命中、別の1機が軽空母「ベロー・ウッド」に命中、両艦を大破させた。

25日以降の敷島隊以下による護衛空母6隻の沈没・損傷に続き、前日（29日）には空母「イントレピッド」も特攻機の突入を受けており、米艦隊は神風特攻対策に本格的に取り組まなければならなくなる。

なお、この日大破した「フランクリン」は、修理後復帰した直後の九州沖航空戦で再び日本軍の攻撃で大破、戦線離脱している。

昭和19年11月３日
風船爆弾放球される

現在一般的に「風船爆弾」で知られているが、戦時中は「気球爆弾」と呼ばれていた。和紙を素材にコンニャク糊《のり》で張り合わせたもので、これに水素を詰め偏西風に乗せてアメリカ本土を攻撃しようとしたものである。

直径10ｍ、重量約２００kg、15kg１個、５kg４個の爆弾を搭載した。11月３日を皮切りに千葉、茨城、福島の海岸から20年３月まで、約９３００個が放球された。

アメリカ側で確認されたのは３６１個。実際の戦果はほとんどなかったが、オレゴン州において20年５月５日、落下していた不発弾に触れて市民６人が死亡している。

昭和19年11月５日
レイテ島リモン峠の戦い始まる

先述のように、米軍のレイテ上陸を受けて第三五軍（フィリピン中南部担当軍）は、とりあえず周辺の島々から増援部隊を送り込んだ。

ミンダナオ島等から、第三〇師団の１個連隊、第一〇二師団の２個大隊、その他１個大隊がオルモックからリモン峠を越えダガミの第一六師団に合流を図るも、米軍と衝突し各個撃破されてしまう。しかし、それが結果的に米軍の進出を遅らせることになる。

アメリカ本土攻撃を狙って開発された風船爆弾。直径10ｍの和紙製で、水素を詰め偏西風に載せて飛ばした

11月1日、第一師団（師団長片岡董中将《かたおかただす》）がオルモックに上陸（第二次多号作戦）。

翌2日には、レイテでの戦闘を直接指揮するため、第三五軍司令官鈴木宗作《すずきそうさく》中将も同地の土を踏んだ。

第三五軍司令部はレイテ湾に上陸した米軍との決戦をカリガラ平野と想定、第一師団は直ちに進撃を開始する。

ここで第一師団（というか日本軍全体ともいえる）にとって、その後の戦い方を左右するタイミングが生起する。

米軍は日本軍の予想に反して橋頭保を築かず進軍していた。しかし、先述のように第一六師団への増援部隊との交戦によりリモン峠への進出が遅れ、峠には第一師団が先に到着することになる。こういうことから、カリガラ平野の50㎞も手前の峠での「不期遭遇戦」となる。もし、第一師団が先に峠を下りていたとしても、強力な米軍に太刀打ちできなかったであろう。逆であればさらに悲惨な事態になったことが想像される。

また、峠とその周辺の限定された地形では、お互いの大軍同士が戦闘するという場面は現出しなかった。寡兵（第一師団1万3000名、米軍4万名）で、砲兵力は隔絶し、米軍戦車の侵入が難しかったという点で、日本軍に地の利があったといえる。

第一師団は当初ルソン島に配備される予定で、師団はルソン島北部で各連隊から1個大隊ずつを先に上陸させていた。

しかし、マニラに着いたところでレイテ投入が決定され、当初は連隊は2個大隊でしかなかった。その後、3個大隊は師団に追及して適所に配備される。

第一師団はこういう状況下、50日間にわたり米軍2個師団半を相手に峠を守って戦うのである。

第三五軍司令官・鈴木宗作中将。レイテ戦直接指揮のためオルモックに上陸

昭和19年11月7日
陸軍第一〇飛行師団長、B29に対する体当たり攻撃隊編成を命令

マリアナ諸島占領後、米軍は急速に飛行場を整備（サイパン島1ヵ所、テニアン島2ヵ所、グアム島2ヵ所）、B29を続々と進出させる。

総指揮官は第20航空軍司令官ヘンリー・アーノルド大将、マリアナ地区に進出した第21爆撃航空団司令官はヘイウッド・ハンセル准将。その指揮下に、最大時5個の爆撃航空群（定数108機）が5ヵ所の飛行場に展開した。

11月1日、B29が初めて東京を偵察。同機の常用高度は8000〜1万mで、日本の戦闘機はこの高度に上昇することさえ難しく、迎撃に上がったパイロットは体当たり攻撃を進言している。

7日、第一〇師団長は師団に属する各戦隊に4機ずつの体当たり攻撃隊編成を命令。特攻機は上昇力を高めるため機関砲その他不必要な機材が外されたが、体当たり後もパラシュートでの脱出は可能で、艦船に対する特攻とは違い十死零生ではなかった。

昭和19年11月9日
山下司令官、レイテ作戦中止を意見具申

山下奉文《やましたともゆき》大将といえば開戦劈頭、マレー、シンガポール作戦を指揮したが、その後第一方面軍司令官として満州にあった。

マリアナ諸島占領後、米軍はサイパン、テニアン、グアムの各島に飛行場を整備、B29を進出させた。写真はグアム島北飛行場

その山下大将が風雲急を告げるフィリピンの第一四方面軍司令官に任命されたのが、9月26日。10月8日にマニラに着任し、統帥発動。

参謀長は山下大将の強い要請により武藤章《むとうあきら》中将が任命されたが、その着任は米軍がレイテ島に上陸を開始した20日であった。

米軍のマリアナ侵攻もそうであったが、フィリピン侵攻についても判断を誤った（大本営は米軍襲来を3ヵ月以上も先と判断していた）。すべてが後手後手となる。

再三述べているように台湾沖航空戦の大戦果を信じ上陸軍を過小評価した参謀本部は、レイテ決戦を決意、山下司令官に同島への兵力増強を命令していた。

それを受けて、方面軍司令部は周辺の島々から小部隊を送り込んでいたが、27日には本格的逆上陸部隊として、第一、二六師団の派遣を命令。

しかしもともとルソン島での決戦を準備し、台湾沖航空戦の戦果にも懐疑的であった方面軍司令部は、状況が判明してくるにつれ、いよいよ作戦続行の困難さを認識するようになる。

つまり、11月5日になってタクロバン飛行場の修復が成り、多数の米軍機の進出が確認されたこと。同日、マニラは3群からなる米機動部隊の大規模空襲を受けて大きな損害を出し、同部隊の健在が確認されたこと。先述のように、レイテ島では米軍の進出が速く第一師団はリモン峠で米軍と衝突、その先のカリガラ平野、さらにその先のレイテ湾への早期の進出は極めて難しくなったこと等である。

そういう状況から6日、方面軍の西村敏雄《にしむらとしお》参謀副長が南方軍参謀部にレイテ作戦の中止を申し入れた。さらに7日には、武藤参謀長が総司令部を訪れて飯村穣《いいむらじょう》総参謀長に直談判。

そして9日には、山下司令官自ら作戦即時中止を意見具申している。

しかし、前日の最高戦争指導会議で「レイテ作戦続行」が決定されていた。

参謀本部の意を受けた南方軍司令官寺内寿一大将は方面軍の度重なる意見具申を認めず、

陸海空ともに圧倒的戦力差の中、作戦はその後1ヵ月半にわたり継続されるのである。

昭和19年11月11日
第三次輸送船団ほぼ全滅（オルモック輸送作戦2）

米機動部隊によるマニラ空襲の関係で、多号作戦第四次輸送船団は第三次より先に11月8日出港。船団は第一次輸送と同じ部隊だった（輸送船は前回沈没した1隻欠）。

輸送船3隻に、今回は第二六師団（師団長山縣栗花生《やまがたつゆお》中将）主力約1万名が乗船。やはり、第一水雷戦隊司令官木村昌福少将が指揮した。

しかし、せっかくオルモックまで到達したものの、同地にあった40隻の大発は30隻が他方面に派遣中、残っていた10隻のうち5隻は先日来の台風で破損、輸送船が積んできた大発も空襲により使用不能であった。

また、オルモックは5日から米軍長距離砲の射程に入っており、その南5kmにあるイピルに揚陸地を変更せざるを得なかった（以後のオルモック上陸とはイピルを指す）。

兵員だけは上陸させたものの重火器、弾薬、食糧はほとんど揚陸できなかった。火砲を持たない砲兵隊、重機関銃さえない歩兵部隊、これがレイテで戦った第二六師団の実態であった。

同じ頃、前回今堀支隊を運んだ輸送艦3隻は第一師団の2個大隊を無事上陸させている。しかし、第四次輸送船団はその帰途米軍機の攻撃により輸送船2隻が撃沈され物資は海没、海防艦1隻も沈んでいる。

そして最も悲惨だったのが、第四次の翌日9日に出港した第三次輸送船団だった。輸送船4隻に第二六師団2000名と弾薬、食糧を積載。第二水雷戦隊司令官早川幹夫《はやかわみきお》少将指揮の

昭和19年11月10日、オルモック湾でB25の攻撃を受ける第一一号海防艦。この直後に爆弾が命中、航行不能となる。第四次多号作戦に従事中であった

駆逐艦5、掃海艇1が護衛した。同少将は第一次ソロモン海戦時の重巡「鳥海」艦長で、三《み》川軍一《かわぐんいち》司令長官に「ルンガ泊地に引き返しましょう」と意見具申した人物であるが、この度の輸送作戦は危険過ぎるとして反対であった。

案の定、11日ハルゼー機動部隊からの３５０機もの艦載機の攻撃により、駆逐艦1隻以外が撃沈された。ほぼ全滅である。早川司令官も戦死。

米機動部隊は引き続き13日、14日と連日マニラを空襲。両日で軽巡「木曽」、駆逐艦4、輸送船10が沈没した。

昭和19年11月12日
陸軍初の特別攻撃隊「万朶隊《ばんだ》」が出撃

フィリピンの戦況風雲急を告げる中、海軍に続き陸軍も特別攻撃の実施に踏み切ることになる。海軍は現地において手持ちの兵力で特攻隊を編成したのに対し、陸軍は内地で編成して戦場に送り出す形を取った。

また海軍は空母を、陸軍は輸送船をその目標とした。

「万朶隊《ばんだ》」は茨城県にある鉾田《ほこた》飛行学校で編成され、現地の第四航空軍に編入された。

使用機は九九式双発軽爆撃機で、８００kg爆弾を搭載した。

12日、「万朶隊」第一陣4機が出撃。同じ頃四式重爆撃機「飛龍《ひりゅう》」を使用機とする「富嶽《ふがく》隊」も出撃。この2隊を皮切りに、その後12隊がフィリピン海域の米艦船に突入していった。

陸軍の九九式双発軽爆撃機。高速で運動性が良く、急降下爆撃も可能という本機を改造、８００キロ爆弾を搭載する特攻機として使用した

昭和19年11月15日
海軍、戦時編制を改訂

レイテ沖海戦の結果、連合艦隊はほぼ壊滅した。結果、第一機動艦隊、第三艦隊、第三航空戦隊、第一、第二、第四、第一〇、第一六、第二一戦隊が解隊された。

残存艦艇のうち戦艦については、「大和」は第二艦隊の独立旗艦に、「長門」は「金剛」、「榛名」の第三戦隊の3番艦となり、第四航空戦隊の「伊勢」、「日向」は第二艦隊に編入。以上6隻の戦艦は第二艦隊にまとめられた。

重巡（「妙高」、「羽黒」、「高雄」、「熊野」、「利根」）も第五戦隊として統合され、第二艦隊に所属。それに軽巡「矢矧」を旗艦とする第二水雷戦隊が付いた。（付属・軽巡「大淀」）

その他第五艦隊として、独立旗艦の重巡「足柄」、軽巡「木曽」を旗艦とする第一水雷戦隊。

そして、それまで艦隊の花形であった空母部隊（「雲龍」、「天城」、「葛城」、「隼鷹」、「龍鳳」、「信濃」）は第一航空戦隊にまとめられ、連合艦隊付属となる。

しかし、編成後まもなく戦艦「金剛」、空母「雲龍」、「信濃」、重巡「熊野」、軽巡「木曽」は次々に撃沈され、重巡「妙高」、「高雄」はシンガポールで航行不能状態であった。

なお、5日後の20日には第一水雷戦隊も解隊される。

昭和19年11月15～17日
ヒ八一船団大損害を受ける（空母「神鷹」沈没）

太平洋戦争後半、日本は蘭印からの重要資源（主に石油）を本土に輸送するため、門司～シンガポール間で大型高速タンカーを中心とする輸送船団を運行させていた。

これが「ヒ船団」と呼ばれるもので、シンガポールへの往路には奇数、門司への復路には偶数の番号が付けられていた。特に重要船団には空母も護衛に加えられた。

さらにフィリピンでの戦いが行なわれていたこの時期、「ヒ船団」に同地へ増援される陸軍部隊を運ぶ輸送船が加わることが多かった。

先述の「ヒ七一船団」（8月18日、19日）もそうであったが、今回は第二三師団を運ぶ輸送船4隻が、タンカーその他6隻に加えられた。この計10隻を空母「神鷹」と駆逐艦1隻、海防艦5隻が護衛した。

しかし、米軍は暗号解読により日本船団の行動を知っており、6隻の潜水艦にその攻撃を命じていた。

15日、まず輸送船1隻が撃沈され2０００名が海没。17日にはさらに1隻が撃沈され3２００名が海没。そして同日深夜には「神鷹」も雷撃により沈没し、乗組員1１００名が戦死している。

第二三師団は別便の部隊も乗船していた輸送船が撃沈され、結局兵力は半減してしまう。

なお、往路は無事だったタンカー5隻は石油を満載し、「ヒ八一船団」となって本土を目指したが、無事たどり着いたのは1隻だけだった。

商船改造空母「神鷹」。ドイツ客船「シャルンホルスト」からの改造艦。ヒ八一船団護衛中に米潜水艦「スペードフィッシュ」の雷撃で沈没

昭和19年11月20日
回天特別攻撃隊「菊水隊」がウルシー泊地を攻撃

レイテ沖海戦後、潜水艦作戦においても通常な攻撃はもはや困難になっていた。こうして、実戦に投入されるようになったのが「回天《かいてん》」である。

「回天」は水上艦艇に搭載された九三式酸素魚雷（直径61㎝、重量2・8t、炸薬量780kg、速力48ノット）を改造したもので、全長14・7m、直径1m、重量8t、炸薬量1500kg、30ノットで23㎞の航続力がある操縦席を付けた人間魚雷である。

伊号第三六、第三七、第四七潜水艦で編成された「菊水隊」は、各艦4基ずつの回天を搭載して出撃。伊三六、伊四七潜は米機動部隊の泊地となっていたウルシー環礁に向かい、伊三七潜はパラオ近海の在泊艦艇を狙った。しかし、伊三七潜は攻撃前日に米駆逐艦により撃沈されている。

20日、伊四七潜から4基全て、伊三六潜からは故障により1基のみが発進。大戦果（空母3隻、戦艦2隻撃沈）が報じられたが、実際は給油艦1隻を沈めただけであった。その後も超誇大「推定」戦果が報じられる。発進→大爆発音＝大型艦船の轟撃沈といった具合である。この報告を鵜呑みにした連合艦隊は作戦を続行。

その後、泊地における米軍の警戒が厳重になったため、洋上航海中の敵艦を狙うことになる。その命中はますます難しくなるのであるが、終戦までに9回の回天作戦が実施され、15隻の潜水艦が参加。延べ出撃回数は31回、発射された回天は74基に上ったが、戦果は微々たるものであった（駆逐艦1、輸送艦1撃沈）。逆に8隻の潜水艦を失っている。

「回天」を搭載して大津島を出撃する伊四七潜。写真は「菊水隊」のあと、「金剛隊」として12月25日に出撃時の撮影

昭和19年11月21日
戦艦「金剛」沈没

レイテ沖海戦の結果、日本海軍で生き残った戦艦は6隻となった。

このうちブルネイにあった「大和」、「長門」、「金剛」は軽巡「矢矧」、駆逐艦6隻に護衛されて、11月16日内地へ向け出港した（「榛名」はほとんど無傷であったのでその後の作戦に備えるべくリンガ泊地に残ったが、結局触礁して12月9日に内地に戻っている）。

しかし、21日台湾海峡において、米潜水艦が放った9本の魚雷のうち2本が「金剛」に命中、1本が「浦風《うらかぜ》」に命中した。「浦風」は轟沈、「金剛」も被雷2時間半後に、火薬庫が大爆発を起こして沈没した。

第三戦隊司令官鈴木《すずき》義尾《よしお》中将以下、1300名が艦と運命を共にした。

「金剛」といえば太平洋戦争中、出番の少なかった戦艦部隊の中で最も活躍した艦であったといえる。皮肉にも、最も艦齢の古い英国製の戦艦であった。

同艦が、戦争中潜水艦の雷撃で撃沈された唯一の戦艦である。

ちなみに、レイテ沖海戦でも生き残ったもうあと2隻、航空戦艦「伊勢」と「日向」は内地から軍需物資をシンガポールへ輸送後、同地やリンガ泊地、カムラン湾で米英艦隊に備えていたが、目立った活動の場はなく後述する北号作戦で内地に帰還するのである。

昭和19年11月24日
ペリリュー島守備隊玉砕

9月15日、10日間に及ぶ事前砲爆撃の後、米第1海兵師団1万2000名が上陸を開始。しかし、コンクリートをふんだんに使った守備隊の水際陣地は大きな損害を受けず、上陸部隊を迎え撃った。結果、水陸両用戦車等60両以上を失い、上陸第1波は退却を余儀なくされる。しかし、1000名以上の死傷者を出しながらも、米軍はその後橋頭保を確保。米軍の上陸混乱時に乗じて出撃した師団戦車隊の攻撃も成功しなかった。

16日、飛行場が占領される。2日間で受けた守備隊の打撃も大きく、この夜中川州男《なかがわくにお》大佐は、部隊の山岳地帯への移動を命令。上陸正面の南地区隊は、18日にはほぼ全滅。19日には守備隊の兵力は三分の一まで減少する。しかし、戦史に残るペリリュー島守備隊の真骨頂はここから発揮される。山岳地帯には無数の天然洞窟、燐鉱石採掘坑があり、これらを結び付けての陣地が構築されており、そこにこもっての持久戦が始まった。山岳陣地には戦車は侵入できず、砲撃も洞窟内までは及ばない。米軍は地道に日本軍陣地を一つずつ破壊していくしか手がなかった。

25日以降、随時第1海兵師団は連隊ごとに陸軍第81師団と交替していき、上陸からちょうど1ヵ月の10月15日までに全連隊がペリリュー島を去っている。米軍は両師団で4万2000名を同島に上陸させている。

しかし同じ頃、守備隊の兵力も1割を残すだけとなる。

海兵隊から戦闘を引き継いだ陸軍第81師団は、包囲網を時間をかけて慎重に縮めていくことで、兵員の消耗を避ける戦術で臨んだ。

17日には島で唯一の水源である井戸を奪われたことにより、その後の守備隊は極度の水不足に苦しめられる。

10月末時点で、中川大佐が掌握していた将兵は500名となる。東京の大本営では、「ペリリューはどうなっている?」というのが朝の挨拶がわりとなったという。

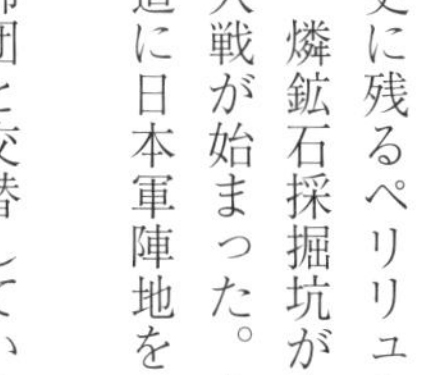

ペリリュー島守備隊長・中川州男大佐。山岳地帯の陣地での70日間の持久戦を指揮した

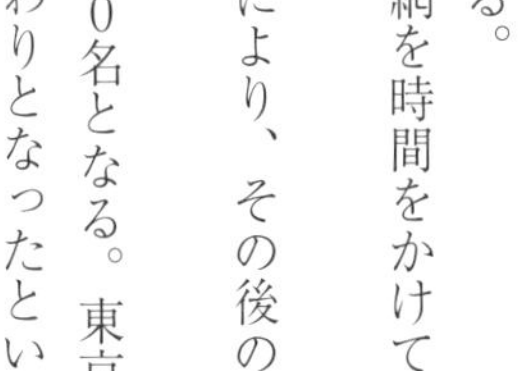

第1海兵師団長ウイリアム・リュパータス少将。ペリリュー島攻略前、3日間で陥落させると豪語した

結局、攻略開始前に第1海兵師団長ウイリアム・リュパータス少将が、３日間で陥落させるといったペリリュー島の戦いは70日間続いたのである。

11月24日、中川大佐自決。玉砕を伝える「サクラ」が連送される。ペリリュー島守備隊の奮戦に対し、天皇から出された御嘉賞は11度に及んだ。

米軍の戦死傷者は約９０００名。その９割以上は第1海兵師団であった。また、脳症患者も数千名といわれ、同師団はほぼ「全滅」ともいえる損害を出したのである。

またその背景には、絶対国防圏におけるパラオ諸島の戦略的価値を重視した大本営が大量の武器、食糧、資材などを送り込んだこと、マリアナの島々とは違い準備期間が十分にあったこと、先述のように同諸島での戦訓を取り入れることが出来たことなどが挙げられる。

昭和19年11月24日
マリアナからのB29による東京初空襲（「震天《しんてん》制空隊」が体当たり攻撃開始）

この日、米第21爆撃航空団のＢ29、１１１機がマリアナ基地を出撃、中島飛行機武蔵野工場を狙った。陸軍第一〇飛行師団と海軍第三〇二航空隊は全力で迎撃に上がったが、ほとんどの機が高度８０００ｍ以上を飛行し偏西風（風速約２２０㎞／ｈ）に乗ったＢ29を捕捉することは出来なかった。しかし、銚子沖で飛行第四七戦隊の二式戦闘機「鍾馗」と独立飛行第一七中隊の一〇〇式司令部偵察機が体当たりし、２機を撃墜している。

その後、翌年1月27日にはＢ29、76機による空襲があったが、体当たり攻撃により９機を撃墜、パラシュートで脱出できたパイロットも多く、戦死者は３名だけだった。

当初は、米軍側も偏西風の影響や悪天候に阻まれたりで思ったほどの成果をあげられず、

帝都防空を担当した飛行第四七戦隊の二式戦闘機「鍾馗」。調布飛行場で撮影

日本側の迎撃も巧みになったことにより、20年2月までに約80機を失っている。

なお、帝都防空を担当した第一〇飛行師団の震天《しんてん》制空隊が一般的に有名であるが、北九州防空にあたった第一二飛行師団の体当たり部隊、「回天隊」の存在も忘れてはならない。

昭和19年11月25日
米第3艦隊、フィリピン海域での作戦を一時中止

フィリピン作戦支援の米第38任務部隊は、この日ルソン島東方海面に接近、午前から同島一帯を空襲していた。これを発見した海軍航空隊は、ルソン島の5つの飛行場から特攻隊5隊（第三高徳隊、笠置隊、吉野隊、強風隊、疾風隊）、特攻機24機、直掩機17機を出撃させた。特に第2群（正規空母「イントレピッド」、「ハンコック」、軽空母「キャボット」、「インディペンデンス」基幹）が的になり、「イントレピッド」に2機が命中、「キャボット」にも2機命中、「ハンコック」も至近弾により損傷を受けた。さらに第3群の「エセックス」にも1機が命中した（しかし、この機は直掩機らしく爆弾を抱いていなかった）。

この状況を見たハルゼー大将は、「今後、少なくとも、より良い防御戦術が完成されるまでは、高速空母群を日本機の特攻攻撃の危険にさらすのは避けるべきである」とし、この日をもって一時的にフィリピン海域での作戦は中止された。

昭和19年11月26日
「薫《かおる》空挺隊」ブラウエン飛行場に突入（義号作戦）

レイテ島オルモックへの輸送作戦は、制空権のない中で強行され続けており大きな損害を

レイテ島ブラウエン飛行場に突入した薫空挺隊の隊員たち。台湾からマニラに向かうときの撮影。中央通路上は加来少尉

出していた。このためレイテ島の日本軍は補給を受けられず、苦戦を余儀なくされていた。

その責任を重く受け止めていた第四航空軍は、「薫《かおる》空挺隊」に対しブラウエン北、南飛行場への突入を命令。

「薫空挺隊」とは、遊撃第一中隊の一部と輸送機4機の搭乗員で編成された68名の部隊であった。ほぼ特攻隊と考えてよい。

遊撃第一中隊（第二中隊もあった）とは指揮官と通信兵、衛生兵以外は高砂《たかさご》義勇兵で編成されたもので、本来はジャングルで遊撃戦を行なう特殊部隊であった。

高砂族は台湾の山岳地域に住む人々で、日本の台湾統治が始まって以降、日本に対する信頼や忠誠心が特に強かった。

太平洋戦争がはじまり、その志願兵で編成されたのが高砂義勇隊で、数千名といわれるだけで明確な人員数は定かではない。

彼らのジャングルにおける能力は卓越したもので、ソロモン、ニューギニア、フィリピンなどで日本軍と行動を共にし活躍している。

なお、中重男中尉指揮の薫空挺隊の行動は、残念ながら明らかではない。

硫黄島飛行場で出撃を待つ第一御楯隊の零戦。出撃した各機は白昼、サイパン島アスリート飛行場を銃撃、自爆した

昭和19年11月27日
海軍第一御楯《みたて》隊、サイパン島に突入

マリアナ諸島が米軍の手に落ち、ここを基地としてB29による本土空襲が始まっていた頃、陸海軍航空隊によるサイパン、テニアン島の米軍飛行場への攻撃が繰り返された。

その一つが、海軍第一御楯《みたて》隊によるサイパン島アスリート飛行場襲撃である。

26日、第二五二航空隊三一七飛行隊の零戦12機と艦上偵察機「彩雲《さいうん》」2機が一式陸攻に誘導された千葉県館山基地を飛び立ち、中継基地である硫黄島に進出。

翌27日、同島を出撃した攻撃隊は、白昼サイパン島アスリート飛行場を銃撃、自爆。10機のB29を使用不能にし、23機に損害を与えた。

零戦11機と彩雲1機が還らなかった。

艦船攻撃ではなく飛行場を目標にした、珍しい特別攻撃であった。

昭和19年11月29日
空母「信濃《しなの》」沈没

「信濃《しなの》」は大和型戦艦の3番艦として建造中であったが、ミッドウェー海戦の結果空母に改造され、突貫作業で工事が急がれていた。

同艦は従来の空母の使用法を大きく変えて建造されていた。つまり、その強力な防御力（500kgの急降下爆撃にも耐えられる装甲を飛行甲板全てに施していた）を生かして、空母部隊の前衛となり、後方からの味方機の前進基地になることであった。

後方から飛んでくる友軍機に燃料、弾薬を補給したり、帰還してくる機の不時着艦になったり、燃料、弾薬を再補給して出撃させたりという構想であったのである。

こうして11月11日横須賀で完成したのであるが、当時B29による東京空襲が始まっており、それを避け最終整備を行なうため、11月28日駆逐艦3隻に護衛され呉へ向かった。

その途中米潜水艦の雷撃を受け、魚雷4本が命中。本来大和型戦艦なので大きな支障はないはずであったが、捷号作戦に参加させるため（結果的に間に合わなかった）、工期を4ヵ月短縮していた。そのため、水密試験を省略するなど水密性の確保が十分でなく、さらに乗組員の錬度不十分もあって適切な応急処置もできず、29日潮岬《しおのみさき》沖で沈没。

航空母艦「信濃」。大和型戦艦の3番艦として建造中に空母に改造された。昭和19年11月29日、米潜水艦「アーチャーフィッシュ」の雷撃で沈没

５年の歳月と莫大な費用を使ったものの、何ら戦局に寄与することなく終わった。

昭和19年12月6日
高千穂空挺隊レイテ島ブラウエン飛行場に降下

11月10日、第二六師団（師団長山縣栗花生中将）主力（といっても歩兵は3個大隊）がレイテ島オルモックに上陸（第四次多号作戦）したが、先述のように人員だけの上陸で重装備は持っていなかった。

同師団は第一師団と連携し、別方向からカリガラ平野を目指す計画であった。

この頃には、米軍はレイテ島の５つの飛行場を整備して３５０機の陸上機を使用していた。（しかし、この年の降水量は例年の2倍ほどあったといわれ、日本軍が建設したブラウエンにあった3つの飛行場は泥沼化して鋼板も敷けず、米軍は11月25日をもって一部（観測機等）以外使用しなくなっていた）

しかし、参謀本部はいまだにカリガラ平野における決戦を考えており、カリガラ湾（レイテ島北岸）へのさらなる増援部隊（第六八旅団、第二三、第一〇師団等）の増援を検討していた。

このため、第一四方面軍はその障害となるレイテ島の飛行場のうち、とりあえずブラウエン飛行場群の奪回を考えたのである。

その任務が第二六師団に与えられる。しかし、部隊は師団といっても4つの梯団に分かれてバラバラに上陸した7個大隊だけであり、またレイテ島上陸までの度重なる海難により大隊によっては人員が半減しているものもあった。

さらに、日本軍の揚陸、補給拠点であるオルモックのあるカモテス海（レイテ島西岸、東

出撃前に模型地図を使って作戦を練る高千穂降下部隊の隊員たち。同隊は高千穂山をひかえた宮崎県で編成された

岸にレイテ湾がある）側にも米軍が浸出しオルモック方面に向かっており、この敵にも備えなければいけなかった。

結局山縣師団長は、4個大隊２０００名を率いて山越えでブラウエンを目指した。同地には、第一六師団の残兵１０００名も向かっていた。

これらの部隊と連携し、同地を占領するために降下したのが第二挺進団（高千《たかち》穂《ほ》空挺隊）の第三連隊だった。いわゆる落下傘部隊である。

連隊は歩兵3個中隊、作業中隊、重火器中隊計７００名で、全軍より志願者を選抜、厳しい訓練を重ねてきた精強部隊で、その半数が輸送機に乗り込み、6日午後3時30分にルソン島のアンフェレス飛行場を離陸した。

重爆撃機、戦闘機、襲撃機が同行し、その数１００機以上。17年2月のパレンバン以来の空挺作戦となった。

午後7時30分降下、翌日にかけて飛行場地帯を蹂躙した（先述のように、米軍は同飛行場群をほとんど使用しておらず、駐屯していたのはごく少数で、戦闘部隊はほとんどいなかった）。第一六師団の一部が参加したが、第二六師団はこれに間に合わなかった。結局、降下部隊は米軍の増援部隊に駆逐されてしまう。

この時、米陸軍航空隊が使用していたのはタクロバン、ドラグの飛行場であった（両飛行場にも強行着陸の重爆4機、降下部隊を乗せた輸送機9機が向かったが、そのほとんどが直前に対空砲火により撃墜されている）。

近海にはトーマス・キンケード中将指揮の第7艦隊に属する護衛空母群、さらにハルゼー機動部隊4群中の1群が遊弋し、その艦載機でもって制空権を握っていたのであり、ほとんど意味のない作戦であった。

7日、新たに米軍1個師団がオルモックに上陸。ブラウエン作戦は立ち消えになってしまうと同時に、レイテにおける日本軍の作戦は立ち行かなくなるのである。

昭和19年12月13日
多号作戦打ち切り（オルモック輸送作戦3）

第四次までの輸送作戦と、米軍によるマニラ湾空襲のため艦船を多数失ったことにより、連合艦隊は残った水雷戦隊をフィリピンから撤退させた。

しかし輸送作戦は、軍需物資中心の輸送に切り替えたものの続行された。

動員されたのは海軍の一等・二等輸送艦、陸軍のＳＳ艇（８００～１０００ｔクラスの揚陸艦）で、それを一部残された駆逐艦と小艦艇（哨戒艇、駆潜艇など）が護衛した。

第五次、駆逐艦1隻、駆潜艇1隻、輸送艦6隻が出撃。オルモックへはたどり着けず、駆潜艇1、輸送艦5沈没。

第六次、哨戒艇1隻、駆潜艇2隻、輸送船2隻が出撃。輸送はほぼ成功したものの、その揚陸中と帰途米軍の魚雷艇と航空機の攻撃により全滅。

第七次は駆逐艦2隻、駆潜艇1隻、輸送艦3隻、ＳＳ艇5隻。輸送はおおむね成功するも、駆逐艦1、ＳＳ艇2沈没。しかし、もう1隻の駆逐艦「竹」が魚雷戦で、米駆逐艦「クーパー」を撃沈している。

第八次は第六八旅団４０００名とその装備、食糧を運ぶため、久しぶりに本格的な船団が編成された。輸送船4隻、輸送艦1隻、ＳＳ艇3隻を駆逐艦3隻と駆潜艇2隻が護衛。

しかし12月7日、船団が目指していたオルモックに米第77師団が上陸。しかたなく船団は、主戦場から遠く離れたサンイシドロに擱座して第六八旅団を揚陸したが、やはり今回も兵員だけで、装備、食糧は失われた。輸送艦船で帰還できたのは、ＳＳ艇1隻だけだった。

オルモック港近くで炎上する第一五九号輸送艦（二等輸送艦）。第九次多号作戦で揚陸には成功するも、攻撃で船体は破壊された

そして9日、この作戦最後となる第九次輸送船団がマニラを出港。第八師団第五連隊を中心とする4000名を乗せた輸送船3隻、オルモックに逆上陸する海軍陸戦隊400名を乗せた輸送艦2隻を駆逐艦3隻、駆潜艇2隻が護衛した。人員の多くは上陸したものの、装備の陸揚げは3分の1程度であった。駆逐艦2、輸送艦1、輸送船2沈没。

残った艦船がマニラ湾に帰投したのは13日、この日をもって多号作戦は打ち切られた。

昭和19年12月18日
米第3艦隊台風に遭遇し大損害

12月14〜16日にかけてルソン島攻撃を終えた米第3艦隊は、接近していた大型台風の進路予測を誤り、その真っただ中に入り込んでしまう。

結果、駆逐艦3沈没、軽空母4、護衛空母4、軽巡1、駆逐艦10が被害を受け、146機の航空機を失う。

これは、先のレイテ沖海戦で受けた損害を上回るものであった。ハルゼー長官は、19日から予定していたルソン島への再攻撃を中止した。

昭和19年12月19日
空母「雲龍」沈没

雲龍型空母は、ミッドウェー海戦における空母喪失を補うための戦時建造計画で誕生した空母で、建造を急ぐため「飛龍」の図面に若干の修正を加えた、改飛龍型とも呼べる空母であった。〈排水量2万400t、速力34ノット、搭載機57機〈補用機8機〉〉

台風に翻弄される米第3艦隊の軽空母「ラングレー」。この台風で米艦隊は駆逐艦3隻が沈没するなど、レイテ沖海戦を上回る被害を受けた

昭和16年(1941)
昭和17年(1942)
昭和18年(1943)
昭和19年(1944)
昭和20年(1945)

戦時中に完成した数少ない正規空母で、その1番艦「雲龍《うんりゅう》」は19年8月6日に竣工。建造を急いだため、起工から2年で竣工している。その後相次いで竣工した2番艦「天城《あまぎ》」、3番艦「葛城《かつらぎ》」で、10月15日第一航空戦隊が再編される。

しかし、搭載する航空機がなく、戦隊としての訓練も行なわれておらず、四航戦の「隼《じゅん》鷹《よう》」、「龍鳳《りゅうほう》」同様、レイテ沖海戦には参加していない。

同海戦で三航戦が全滅。11月15日、第一機動艦隊及び第三艦隊は解隊される。「隼鷹」、「龍鳳」は一航戦に加えられ、同戦隊は連合艦隊付属となる。

そしてその後、空母部隊として使用されることはなく、「雲龍」の初任務は特攻兵器「桜花」や陸軍空挺部隊等のマニラへの緊急輸送であった。

12月17日、駆逐艦3隻に護衛され呉を出港するも、19日、東シナ海で米潜水艦に襲撃され魚雷2本が命中。火薬庫が誘爆、魚雷命中から20分で沈没した。乗組員、乗船部隊員約2800名が海没している。

ちなみに同型艦2隻はまったく作戦任務に就くことなく、終戦時「天城」は呉で横転状態、「葛城」は飛行甲板が空襲により中破状態であったが健在で、戦後、最大の復員船として多くの人々を日本に帰している。

戦時中に完成した数少ない正規空母の1番艦「雲龍」。竣工以来、航空機を搭載する機会はなく、初任務は「桜花」のマニラへの輸送だったが、その途上、米潜水艦「レッドフィッシュ」の雷撃で沈没

昭和19年12月25日
第一四方面軍、第三五軍にレイテ島において自活持久を命令

もともとレイテ島にあった第一六師団は、10月中に戦力の大半を失い、ダガミの複郭陣地で戦った後ブラウエン方面に向かうもほとんど戦力を消耗。

リモン峠の第一師団は米軍3個師団を相手に、カリガラ平野進出どころか峠を守るだけで精一杯の状況。

ブラウエン方面で活路を見出そうとし、第二六師団——といっても兵力わずか2000名——や高千穂空挺隊をさし向けた方面軍の企図も、12月7日レイテ島における日本軍の兵站基地であるオルモックに、新たに米軍1個師団が上陸したことで立ち消えになってしまう。

同日、第六八旅団（旅団長栗栖《くりす》猛夫《たけお》少将、人員は4000名だが装備優秀で逆上陸をも想定して訓練をつんだ精強部隊。実力は1個師団に相当するとも言われる）は空襲のため、主戦場からはるか離れたサンイシドロに上陸（第八次多号作戦）。やはりその際重装備を失い、ほとんどレイテ島の戦局に寄与することはなかった。

21日、ついに米軍の攻撃を支え切れず、第一師団がリモン峠から撤退。残存兵力は2000名にまで減少していた。

24日、大本営はレイテ作戦を断念。25日、方面軍は第三五軍にレイテ持久を命令した。軍はカンギポット山一帯の複郭陣地に、19年末から20年初めにかけて1万数千名の残存兵を集結させ自活抗戦の態勢を作ろうとした。

また、可能な限りセブ島への撤退も試みられたが、用意された大発は極めて少なく、撤退の都度その大発も失われていった。結局、第一師団約1000名が撤退できただけである。

そのような中、第一〇二師団長福栄《ふくえ》真平《しんぺい》中将は司令部の一部を連れ、軍司令部の許可のないままセブ島へ脱出している（同中将は戦後、シンガポールにおける捕虜虐殺に関わったとして処刑されている）。

三五軍司令官鈴木宗作中将は残存部隊の指揮を第六八旅団来長栖猛夫少将に任せ、20年3月24日セブ島に移り、その後ミンダナオ島に向かうも4月19日戦死している。

レイテ島の日本軍兵力7万6000名（当初からの配置兵力2万6000名、増援兵力5万名）、米軍兵力25万4000名（当初上陸兵力17万4000名、増援兵力8万名）、これほどの彼我大兵力が日本の一つの県ほどの面積の島で戦ったのである。

終戦時、日本軍の生存者はわずか1700名。これは米軍との本格的戦闘終了後も、飢えとフィリピン人ゲリラとの戦いが続いたためである。

昭和19年12月26日
ミンドロ島突入作戦（礼号作戦）実施される

19年12月15日、米軍はミンドロ島に上陸。ミンドロ島はルソン島のすぐ南、マニラから400㎞の距離で四国の半分ほどの大きさの島であるが、日本軍は少数の警備隊以外ほとんど配兵していなかった。米軍としては飛行場を進出させることによる、ルソン島上陸に向けての布石であった。

この事態を受け第五艦隊司令長官志摩清英中将は、第二水雷戦隊（司令官木村昌福少将）に対し米軍上陸泊地への突入を命令。兵力は重巡「足柄」、軽巡「大淀《おおよど》」、駆逐艦6隻であった。艦隊は24日、カムラン湾を出撃。

26日夜、早くも整備されていた飛行場を飛び立った米軍機の攻撃により、駆逐艦「清霜《きよしも》」が撃沈されるも7隻の艦隊は泊地に突入。輸送船1隻を撃沈（この日はたまたまミンドロ島行きの第二船団と第三船団入泊の間の日で、輸送船4隻しか在泊していなかった）、その後20分間にわたり敵飛行場と物資集積場を砲撃し、28日カムラン湾に帰投している。

この戦闘自体は戦局に影響を与えるようなものではなかったが、連戦連敗の日本海軍にとって久しぶりに溜飲を下げる戦いであった。

この礼号作戦を指揮した木村昌福少将は、18年2月より第三水雷戦隊司令官。「ダンピールの悲劇」を経験、自身も負傷している。

ミンドロ島への上陸作戦中の米揚陸部隊。同島には米陸軍部隊が上陸した

傷が癒えた後は、第一水雷戦隊司令官として「キスカ島撤収作戦」を指揮した。レイテ沖海戦後、第二、四次オルモック輸送作戦を指揮。その後は同作戦で戦死した早川幹夫少将に代わり第二水雷戦隊司令官になっていたのである。

海兵四一期、ハンモックナンバー（兵学校での席次）も下から数えた方が早く、出世コースとは無縁の人物だったが、この後その戦歴を評価され連合艦隊司令部に招聘されている。

さらに、終戦後の20年11月1日付で中将に進級している。異例の人事であった。

昭和20年1月4日
ルソン島来攻の米艦隊に陸海軍航空隊が特攻攻撃を開始

1月4日から13日まで、約160機の陸海軍特攻機が、フィリピンのルソン島西方海面やリンガエン湾の米艦隊に突入。護衛空母「オマニー・ベイ」、駆逐艦1、その他3を撃沈、護衛空母3、重巡2（そのうちの1隻はオーストラリア重巡「オーストラリア」で、4度の命中を受けている）、軽巡1、駆逐艦2を大破、その他大小艦艇多数に損傷を与えた。

この間、8日に第二航空艦隊が戦力を消耗して解隊され、第一航空艦隊に編入され、10日一航艦司令部は台湾へ移動。この日で海軍のフィリピンでの航空作戦は終了。

作戦続行の陸軍も、13日にはピリオドを打った。海軍は19年10月21日以降、フィリピン方面で特攻機447機、陸軍は11月12日以降253機を出撃させた。米軍はこの間、121機の命中、53機が至近弾となって損害を受けたとしている。特攻攻撃の最初の3ヵ月間の成功率は、25％であったということになる。

昭和16年(1941)
昭和17年(1942)
昭和18年(1943)
昭和19年(1944)
昭和20年(1945)

昭和20年1月9日
米軍リンガエン湾に上陸

フィリピン防衛に当たっていたのは第一四方面軍（軍司令官山下奉文《やましたともゆき》大将）で、その主力はルソン島にあった。

従来ルソン島での決戦を準備してきたが、前年10～12月のレイテ島での戦いに兵力を抽出され、もはや決戦能力はなかった。

そこで山下大将は、中部ルソン平原にできるだけ長く米軍の大兵力を留め置こうとする戦略持久へと作戦変更した。

在島日本軍は、山下大将直率の尚武《しょうぶ》集団（第一〇、第一九、第二三、第一〇三、第一〇五師団、戦車第二師団、独立混成第五八旅団など約15万）が北部ルソンの山地に布陣。

第四一軍司令官横山静雄《よこやましずお》中将指揮の振武《しんぶ》集団（第八師団、第八一、八二旅団、マニラ防衛隊など約8万）がマニラ東方高地に布陣。

第一挺進集団長塚田理喜智《つかだりきち》中将指揮の建武《けんぶ》集団（航空関係者が中心の約3万）がクラーク西方高地に布陣した。

1月9日、米軍は3日間の砲爆撃の後にリンガエン湾に上陸。

第1陣だけでも約20万の大兵力であった。

在比日本軍航空部隊は1月4～13日、全航空機を艦船攻撃に投入し全滅している。

リンガエン湾には第二三師団・独混五八旅団が布陣し、米軍を迎撃。その後方には第一〇師団があって支援した。16日から戦車第三旅団が加わり攻勢に出るも敗退している。

3日間の砲爆撃の後、昭和20年1月9日、リンガエンに上陸する米第6軍

昭和20年1月10日
陸軍海上挺進戦隊、リンガエン湾の米艦艇に突入

陸軍海上挺進戦隊とは、㋹《マルレ》（連絡艇の頭文字レに○の秘匿名称）艇で編成された特攻部隊のこと。同艇は長さ5・6m、幅1・8mのベニヤ板製の1人乗りモーターボートで、自動車用エンジンを搭載し、約40kmのスピードを出せた。120kgの爆雷2個を装備し、敵艦の舷側で投下または体当たりする特攻兵器であった。

19年9月より終戦まで、42個戦隊が編成されている。1個戦隊は100隻の特攻艇からなっており、沖縄に8個戦隊、台湾に5個戦隊、フィリピンに14個戦隊が配備された。

1月10日の深夜から未明にかけて、リンガエン湾に停泊する米艦船群に第一二戦隊66艇が突入。駆逐艦以下4隻を損傷させた。

しかし、このように戦果を挙げた例は少なく、米軍の事前砲爆撃により破壊されたり、出撃のタイミングがなく日本軍自らの手で破壊されたりするものが多かった。

なお海軍においても、ほぼ同様の性能、装備をもった「震洋《しんよう》」約6200隻が生産され、主に本土決戦に備えていた。

昭和20年1月12日
南シナ海にハルゼー台風吹き荒れる

1月9日ルソン島リンガエン湾上陸に合わせ、これに対する仏印方面からの日本海軍の反撃を阻止するため、ウィリアム・ハルゼー大将指揮の第3艦隊麾下第38任務部隊が南シナ海

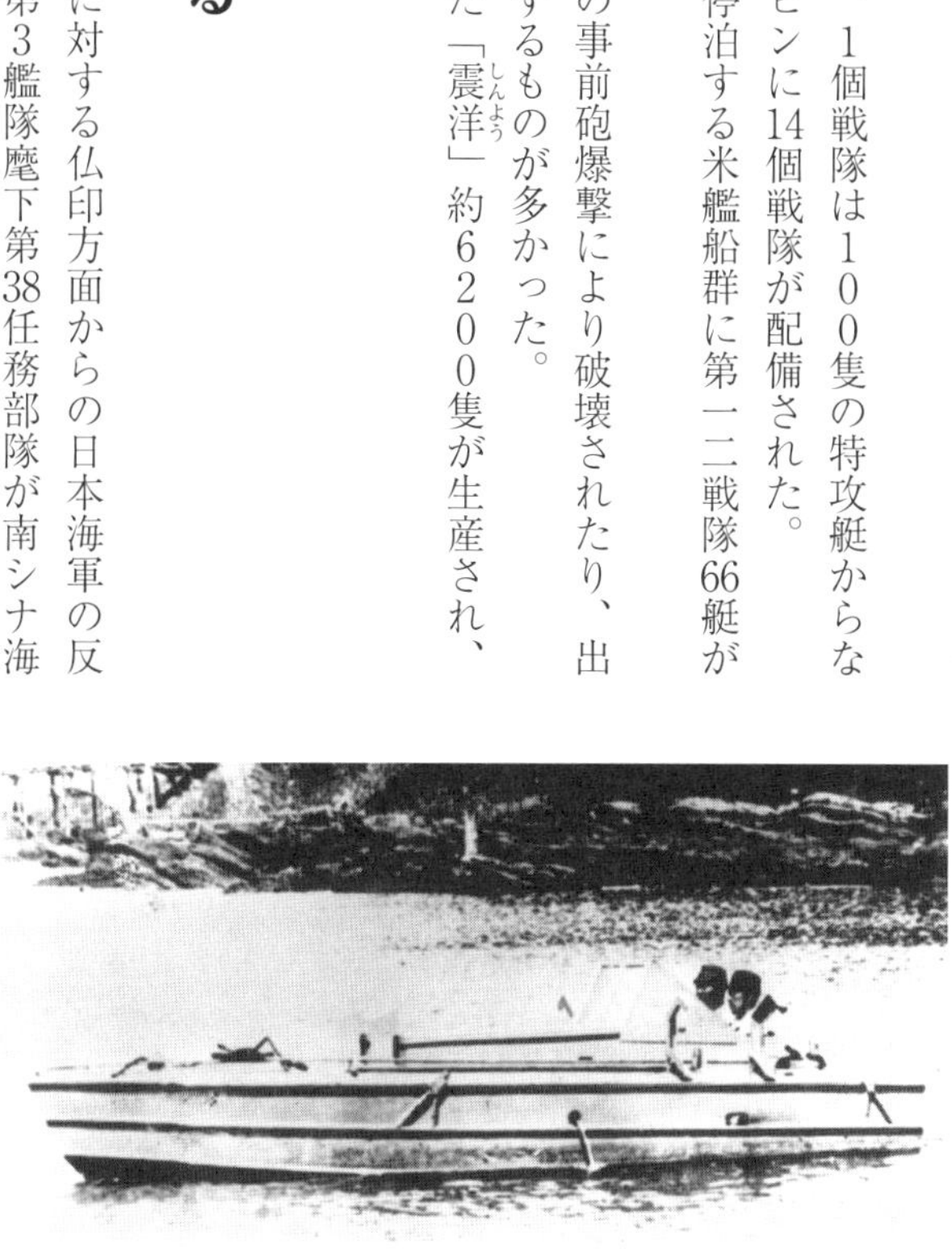

陸軍の特攻兵器○レ艇（連絡艇）。自動車用エンジンを搭載したベニヤ板製のモーターボートで、120kgの爆雷2個を搭載

に侵入。仏印一帯の日本艦船に襲いかかった。実際は連合艦隊はレイテ沖海戦とその後の海空戦で事実上壊滅しており、そのような戦力はなかったのであるが。

その時、南方の重要資源を本土へ輸送中のヒ八六船団が標的となる。輸送船、タンカーなど10隻と護衛の軽巡「香椎《かしい》」、海防艦5隻が攻撃され、海防艦3隻以外が沈没。また、この海域の港湾に避難中のその他の数船団も同様に攻撃を受け、22隻が撃沈されており、この日だけで35隻の艦船が失われている。

これにより、日本の生命線である南方からの資源輸送ルートはほぼ遮断された。

昭和20年1月16日
ビルマ方面軍「盤（イラワジ）作戦」発動

インパール作戦の失敗後、大本営はビルマ方面軍の人事を刷新した。方面軍司令官には河辺正三中将に代わり木村兵太郎中将、参謀長にはフーコン谷地で米中軍を8ヵ月間にわたり食い止めた第一八師団長田中新一中将、第一五軍司令官には牟田口廉也中将に代わり第五四師団長であった片村《かたむら》四八《しはち》中将を配した。

第一五軍はインパールの戦いで壊滅的打撃を受けた第一五、三一、三三師団の戦力の回復を図りながらも、マンダレー以北の地域で英印軍の南下をできるだけ遅延させる作戦行動をとっていた。それに第五三師団、戦車第一四連隊が加えられたが、実質的な戦力は1個師団程度だった。

この第一五軍が守備に就いたのが、ビルマを南北に貫流するイラワジ川が中部のマンダレー付近で直角に曲がる、その東西の地域であった。ここで攻勢にも出つつ、戦略的には持久するというのが盤作戦であったのである。

仏印沖で船団護衛中に空母機の攻撃を受け沈没寸前の練習巡洋艦「香椎」

しかし、その正面の距離約200km、とても1個師団の戦力で守りきれるものではなかった。

1月14日、英第33軍の第19インド師団がマンダレー北方で渡河したことを受け、方面軍は第一五軍に対し盤作戦を発動したのである。

昭和20年1月16日
第四航空軍司令官、独断台湾へ脱出

レイテ島をめぐる陸海空の戦いは、日本軍の完敗で終わった。当然の結果ともいえる。それにしても台湾沖航空戦の戦果が誤報であったことを、陸軍に伝えなかった連合艦隊や軍令部の罪は重い。

航空戦については一航艦に続き二航艦も、そして海軍に続き陸軍も特別攻撃を開始。大西中将はあくまで一時的な作戦として始めたものだが、もはやこの方法しか有効な手段はなくなっていた。

その後、戦いの舞台はルソン島へと移る。ルソン島に残存していた陸海軍航空隊は、米軍のリンガエン湾上陸の前後10日間にわたり、米艦船群に突入しほぼ壊滅。その後フィリピンに残された航空部隊は、陸上兵力とならざるを得なかった。搭乗員も操縦桿を小銃や手榴弾に持ち替えるしかなかった。海軍も同様であった。

第四航空軍はニューギニアでも多くの搭乗員を置き去りにせざるを得なかったが、フィリピンでも同じことが繰り返される。

そのような状況の中、軍司令官富永恭次中将はクラークフィールド飛行場群の守備を第一挺進集団長塚田《つかだ》理《り》喜智《きち》中将に任せ、残存する航空部隊の指揮は第三〇戦闘飛行集団長青木《あおき》武《たけ》三少将《ぞう》に任せ、7日マニラから北部のエチアゲへ移動。

さらに16日には山下軍司令官（第四航空軍は第一四方面軍の指揮下にあった）に無断で、ごく一部の幕僚だけを連れ台湾へ脱出したのである。

後述するビルマ方面軍司令部のモールメンへの後退もあるが、この事件については敵前逃亡のそしりは免れない。

富永中将は即待命、5月には予備役に編入されている。しかし7月に再召集され、満州において根こそぎ動員で編成された第一三九師団長となって終戦を迎えた。

その後シベリアに抑留され、昭和30年帰国している。

昭和20年1月20日
連合艦隊「南号《なんごう》作戦」を発令

ルソン島の飛行場が米軍の手に落ち敵機が自由かつ大規模に活動するようになれば、蘭印からシンガポールを経由して日本本土へ物資を運ぶシーレーンは遮断されることになる。

それも時間の問題となり、大本営はその前にできる限りの資源（主に石油）を内地へ運ぼうとした。この時期、南シナ海、東シナ海を低速の輸送船が航行することは極めて危険であり、「特攻輸送」とも呼ばれた。先述のヒ八六船団の戦訓に鑑み、大船団ではなく小船団を多数編成し被害を限定しようとした。

1月下旬から3月中旬にかけて艦艇延べ60隻、船舶46隻、15船団（ヒ八八A船団〜J船団、ヒ九〇〜九八船団）で実施されたが、日本までたどり着けたのはタンカー11隻と輸送船2隻だけで、逆に24隻が撃沈され護衛艦艇も12隻が失われている。

3月16日、以後の輸送成功の見込みがほとんど立たないこと、日本海における艦船確保のため作戦は中止される。

なお紹介した艦船数には、作戦中止後にシンガポールを出港した最後の船団（ヒ八八J船団）も含まれている。

ここで、戦時標準船について触れておく。

戦時においては資源、軍需物資、兵員等の輸送のため大量の船舶が必要であり、また、敵国の通商破壊活動により輸送船舶の喪失を当然覚悟しなくてはいけない。

こうして、短期間に建造可能な規格、構造が簡略化された戦時標準船が大量に生産された。量産性と資材節約を優先し、工程、構造を大幅に簡素化したため、速力や耐久性は犠牲にされた。一次、二次と計約６００隻が建造されたが、特に二次計画で建造された船舶はすぐに消耗されるという想定から、その耐用年数は「機関1年、船体3年」とされた。

南号作戦において多く使用された２ＴＬ型とされるタンカーは、排水量1万ｔ、速力13ノット（標準船の中では最も優速な部類）であった。

昭和20年1月21日
ハルゼー機動部隊に一矢

台湾の台南基地を出撃した新高隊の彗星8機、一航艦零戦隊2機と、ルソン島ツゲガラオ基地を出撃した第三新高隊の零戦４機が、米第38任務部隊第3任務群に突入。

空母「タイコンデロガ」に2機が命中、駆逐艦「マドックス」にも1機が命中し、両艦とも大破した。また、軽空母「ラングレー」に爆弾1発が命中、さらに第2任務群の空母「ハンコック」は、甲板上で自艦の艦載機の爆弾が爆発し損傷している。

それまでハルゼー機動部隊は、南シナ海において1週間にわたり作戦。日本の大小艦船40

戦時標準船の一種、2E型貨物船

隻を撃沈、航空機100機以上を撃墜破していたが、最後に日本側が一矢を報いた。

昭和20年1月31日
在比陸海軍パイロット救出作戦失敗

フィリピンには海軍の第一、第二航空艦隊、陸軍の第四航空軍が配備されていたが、残存していた航空機も米軍のリンガエン湾来攻時にすべて失われた。

しかし、機体はなくなったが多くの搭乗員が残されていた。海軍だけでも約1000名がいたという。内地では、搭乗員不足が深刻であった。そこで、駆逐艦による救出が計画される。搭乗員達にはルソン島北端のアパリへの移動が命じられた。

そして1月31日、台湾の高雄を3隻の駆逐艦が出港した。

これにより各艦250名、計750名の救出を図ったが、ルソン海峡において米軍機の空襲を受ける。

結果、3隻中1隻が沈没、他の2隻も損傷し救出作戦は断念される。

結局、陸海軍の搭乗員達はパイロットとしての腕を発揮することなく、その多くがフィリピンの土となるのである。

昭和20年2月3日
マニラ市街戦始まる

第一四方面軍司令官山下奉文大将は、マニラを非武装都市とし戦闘を避ける方針であった。

この意向を受けてマニラ地区を管轄する振武集団の横山静雄中将は、マニラ防衛隊（司令官小林隆《こばやしたかし》少将）を一部の部隊（野口勝三《のぐちしょうぞう》大佐指揮の2個大隊1800名）を除き、自らが布陣するマニラ東方高地へ移動させた。

しかし、海軍はマニラ放棄に反対であった。同地には岩淵三次《いわぶちさんじ》少将指揮の第三一特別根拠地隊があったが、沈没艦艇の乗員などが編入され、米軍来攻時約1万名の兵力になっており、マニラ海軍防衛隊と称していた。

しかも参謀本部や第四航空軍も反対で、山下軍司令官の意向は反映されなかった。現地の在留邦人も陸軍部隊に組み込まれ、野口部隊は4300名となっていた。

米軍はリンガエン湾から南下してきた2個師団に加え、マニラ南方のナスグブにも空挺師団を上陸、降下させ日本軍を挟撃する態勢を取った。

2月3日、米軍はマニラを奇襲。これは抑留アメリカ人や捕虜を救出するためであった。こうして市街戦が始まってしまう。

一時は岩淵司令官も撤退命令を承諾し、14日から振武集団が6個大隊でマニラを攻撃、守備隊を収容しようとしたが失敗に終わった。

当時マニラ市内には約70万の市民が残っていたとされるが、多くの市民がゲリラ化したことから一般市民に対する日本軍の無差別殺傷を招いたり、さらに米軍による無差別砲撃も重なり、その犠牲は約10万人とも言われる。

25日、野口大佐指揮の陸軍部隊は脱出を図るも失敗、同大佐も戦死。26日岩淵司令官が自決。しかし、その後も脱出できず各所に孤立した日本軍と米軍との戦闘は続き、米軍が市内を完全に制圧したのは3月3日のことであった。

太平洋戦争中、最大最悪の市街戦となってしまった。この責任を問われ、山下大将は戦後、処刑されている。

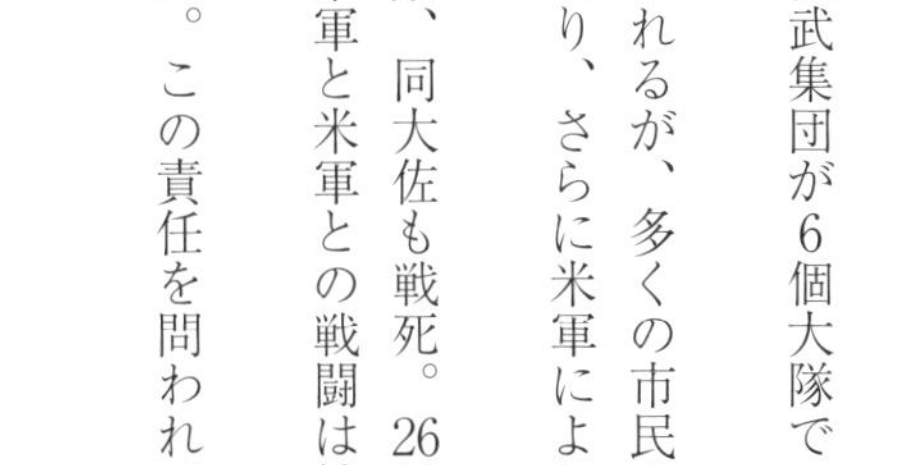

マニラ市街に入った米軍部隊。昭和20年2月3日に始まったマニラ市街戦は、太平洋戦争中、最大最悪の市街戦となった

昭和20年2月4～11日
ヤルタ会談

黒海沿岸のヤルタにおいて、米大統領フランクリン・ルーズベルト、英首相ウインストン・チャーチル、ソビエト首相ヨシフ・スターリンの三巨頭が会談。

アメリカのソ連に対する対日参戦要請は早く、日米開戦翌日から表明されている。この時期に至ってもルーズベルト大統領の考えは変わっておらず、ドイツ降伏の3ヵ月後を目途に、ソ連が対日参戦することが約される。（ヤルタ秘密協定）

その条件の中の「千島列島はソビエト連邦に引き渡さるべし」の文言が、現在の日露間の北方領土問題の原点となった。

なお、昭和26年のサンフランシスコ講和条約批准を承認するにあたり、アメリカ上院は「この承認は、アメリカとしてヤルタ協定に含まれているソ連に有利な規定の承認を意味しない」との宣言を行なっている。

さらに31年、アイゼンハワー大統領は「ヤルタ協定はルーズベルト個人の文書であり、アメリカ政府の公式文書ではなく無効である」としている。

ヤルタ会談に出席した3ヵ国首脳。前列左からチャーチル英首相、ルーズベルト米大統領、スターリンソ連首相

昭和20年2月5日
ルソン島の戦車第二師団、全ての戦車を失う

ルソン島北部の防衛を担当した尚武集団（第一四方面軍司令官山下奉文大将直率）の兵力は約15万。その中で山下司令官が最も期待を寄せた戦力が、戦車第二師団（師団長岩仲《いわなか》義治《よしはる》中

将）であった。戦車２００両、自動車１０００台、火砲（速射砲中心）80門、兵員８０００名という兵力が、リンガエン湾近くに展開していた。

師団のうち、戦車第三旅団長重見《しげみ》伊三雄《いさお》少将が戦車第七連隊を中心に支隊を編成、第二三師団に配属され、1月16日から13日間にわたり米軍と戦闘を交えた。

この戦闘が太平洋戦争中最大の戦車戦といわれているが、日本軍戦車は米軍戦車には全く歯が立たなかった。

1月28日未明、重見旅団長、前田孝夫連隊長は残存戦車を率いて米軍前線に突入、両名とも戦死。支隊は戦車65両を失いほぼ壊滅した。

その後さらに後方に陣地を構築し、米軍を迎え撃った岩仲中将直率の第六、一〇連隊は、1月29日より戦車を半分土中に埋め、トーチカの代用として抗戦を続けること8日、その戦車の全てを失った。

しかし、この20日間にわたる同師団の抗戦により、サンホセに集積されていた軍需品のカガヤン河谷への搬送（これにより尚武集団のその後の戦闘が可能になった）と、同地域を守るための要衝バレテ峠の陣地構築の時間を稼ぐことができたのである。

その後師団は歩兵部隊として再編成され、サラクサク峠で2ヵ月以上米軍の進攻を食い止めることになる。

太平洋戦争中の日米の兵器を比較した場合、艦艇や航空機については大きな差はなかった。しかし、明らかに優劣がはっきりしていたのが戦車であった。

日本陸軍の場合、開戦時においても戦車はあくまで歩兵支援用であり、対戦車戦闘は念頭になかった。故に太平洋戦争中でも、戦車はもちろん対戦車兵器を持たない中国軍が相手の大陸での戦いでは、日本軍戦車は無敵であった。

戦争中の日本軍の主力戦車は九七式中戦車（自重14・3t、57㎜砲×1、7・7㎜機関銃×

九七式中戦車の前に立つ重見伊三雄（のちの戦車第三旅団長）

2、最高速度38km／h、乗員4名）であったが、緒戦において米英軍の軽戦車にさえ苦戦したため、その後、戦車砲を57mm榴弾砲から47mmカノン砲に換装して威力を高め、九七式中戦車改とされた。両車計18年までに約2100両が生産されている。

しかし戦争後半、米軍の主力戦車M4シャーマンには全く歯が立たなかった。

九七式改は車体前面の装甲でさえわずか25mm、M4戦車の75mm砲の弾丸はいとも簡単に貫通し内部で炸裂した。逆に47mm砲の弾丸は、3倍の装甲を持つM4には命中してもはじき返されるだけだった。

また、日本軍の速射砲（対戦車砲）も同様で、相当近距離でなければM4戦車の進撃を阻止することは出来なかった。しかも量的にも絶対的に少なかった。

こうして太平洋の各戦域では、米軍戦車に対しては爆薬を抱いて突っ込む肉薄攻撃しかなく、多くの日本軍将兵が米軍戦車の前に死体の山を築いたのである。

なお、以上のような状況を受け、九七式の車体をベースにしながら前面装甲を50mmに強化した一式中戦車が170両、さらに75mm戦車砲に換装した三式中戦車が166両生産され、本土決戦に備えていた。しかし、三式中戦車であれM4戦車と互角に戦えるものではなかった。

本格的な対戦車用戦車として四式中戦車がほぼ完成していたが、資材不足のため量産されず終戦を迎えている。

第五航空艦隊司令長官・宇垣纒中将。沖縄航空特攻作戦を指揮した

昭和20年2月10日
第五航空艦隊編成される

ここでは、航空艦隊と呼ばれた基地航空部隊について整理しておく。

先述のように、18年7月1日に基地航空部隊の決戦部隊として第一航空艦隊が編成されたが、西カロリン、マリアナ方面で、ほとんど戦果を挙げることなく壊滅。司令長官角田覚治中将は、テニアン島で戦死。

その後、新司令長官に寺岡謹平中将が任命されフィリピンで再建中に、ダバオ誤報事件、その後の米機動部隊によるフィリピン侵攻作戦に先立つ航空撃滅戦、台湾沖航空戦でやはりほぼ壊滅。後を継いだ大西瀧治郎中将が、残存機で航空特攻を開始。最後は台湾に移動し、沖縄戦に参加。20年6月15日解隊。

米軍サイパン上陸の19年6月15日、第二航空艦隊が編成される。司令長官は福留繁中将。台湾沖航空戦、フィリピンでの航空戦で戦力を消耗し、20年1月8日解隊。

マリアナ沖海戦で敗れた日本海軍は、機動部隊の再建より容易な基地航空部隊の育成に力を入れる。こうした中19年7月10日に編成されたのが第三航空艦隊で、司令長官は初め吉良《きら》俊一《しゅんいち》中将から11月より寺岡謹平中将。硫黄島戦、沖縄戦に参加。

そして20年2月10日、それまで航空特攻は「黙認」という形であったのが、軍令部、連合艦隊の意向により特攻を主体とする航空部隊として、第五航空艦隊が編成される。司令長官は宇垣纏《うがきまとめ》中将。この部隊が、沖縄航空特攻作戦の主力となるのである。

さらに3月1日には、海軍練習連合航空部隊も実戦部隊として統一指揮するために、第一〇航空艦隊が編成されるのである。

昭和20年2月16、17日
米艦載機が日本本土初空襲

2月19日から始まる硫黄島攻略を前にして、予想される日本軍航空部隊の反撃を事前に抑

昭和20年2月16日午前、東京・調布飛行場を襲う米空母「バンカーヒル」のSB2Cヘルダイバー

え込み、合わせてB29では困難な航空機工場のピンポイント爆撃のため、マーク・ミッチャー中将指揮の第58任務部隊（空母16隻を中心とする5群からなる機動部隊、1群は夜間戦闘機を搭載）は16日、房総半島沖100km～200kmまで接近、翌17日の2日間に延べ2000機でもって関東地方を空襲した。

艦載機による初めての空襲であり、日本軍の激しい迎撃を予想し、各空母は搭載機の4分の3は戦闘機とした。

これに対して日本側は海軍が第三航空艦隊（司令長官寺岡謹平中将）、陸軍は第一〇飛行師団（師団長吉田《よしだ》喜《き》八郎《はちろう》中将）が迎撃。

日本の陸海軍ともフィリピンでの航空戦で大きく戦力を消耗して再建途上であったが、米軍側も先述のように戦闘機による攻撃に重点を置いたため、実戦経験のないパイロットも多数投入せざるを得なかった。

結果、日本側は被撃墜80機、地上で60機を失った。特に海軍では硫黄島戦に備えていた第六〇一空が大きな損害を出し、同島海域の米艦隊に大規模な攻撃ができなくなる。

また、中島飛行機太田工場、武蔵野工場に大きな被害が出ている。

米軍側も圧倒的な兵力で攻撃しながら、パイロットの経験不足から被撃墜60機、他事故などで30機を失った。

しかし、日本側からの艦船への攻撃はなく、全艦無事硫黄島海域に戻っている。

昭和20年2月19日
米軍硫黄島に上陸

硫黄島は東西4km、南北8kmの小島であるが、マリアナ諸島と日本本土の中間に位置し、

硫黄島に上陸した米海兵隊員。日本軍の激しい反撃に砂浜で釘付けになっている

日本側としては本土へ向かうB29を見張って連絡する早期警戒システムの防衛監視拠点として機能。さらに、友軍機が同島を中継基地として、マリアナ諸島の敵飛行場の襲撃もできた。米軍にとってもB29の不時着基地、護衛戦闘機の発着基地として戦略上重要な島であった。小笠原諸島には、他に飛行場適地のある島はなかった。

19日、3日間の事前砲爆撃（海兵隊は10日間の砲爆撃を要求したが、沖縄戦を控えている海軍が承知しなかった）の後、ホーランド・スミス中将麾下の第5水陸両用軍団第3〜5海兵師団7万5000名が上陸。同中将は日本軍の堅固な守備態勢を深く認識しており、1万5000名の死傷と5日間の日数を想定していた。しかし、実際はその2倍の死傷者を出し、7倍の日数を要することになるのである。

同島を守備するのは、小笠原兵団長栗林忠道《くりばやしただみち》中将指揮の陸海軍2万1000名であった。栗林中将は、従来の水際撃滅作戦を取らず、縦深陣地による持久作戦を採用。全島を18kmにも及ぶ坑道陣地で結び、小部隊による夜襲以外は突撃を許さず、「一人十殺」を合言葉に徹底抗戦を行なった。

同島には混成第二旅団砲兵隊、ロサンゼルスオリンピック馬術競技金メダリスト西竹一《にしたけいち》中佐指揮の戦車第二六連隊、速射砲大隊5個、迫撃砲大隊2個、機関銃大隊2個など充実した砲兵力が配備されており（その火力は4個師団分に相当する）、上陸はしたものの、米軍はこれらの部隊の砲撃に甚大な損害を出すことになる。

昭和20年2月20日
「北号《ほくごう》作戦」成功する

南号作戦が行き詰っていた頃、まだその時点でもシンガポールにあった戦艦「伊勢」、「日

対空戦闘中の航空戦艦「日向」。巨大な格納庫と飛行甲板は、物資輸送に最適であった

向」、軽巡「大淀」、駆逐艦3隻に対して、連合艦隊司令部は、本土決戦に備えて内地への帰投を命令。その際、各艦は可能な限りの石油を中心とする物資を積載することになる。これが北号《ほくごう》作戦と呼ばれるもので、南号《なんごう》作戦の艦艇版といえる。

指揮を執ったのは第四航空戦隊司令官松田《まつだ》千秋《ちあき》少将。航空戦艦に改造され広大な格納庫や飛行甲板を持つ「伊勢」、「日向」はこの任務に打って付けの艦といえた。また、「大淀」も格納庫を燃料倉庫としていた。しかし、攻撃を受けた場合のことが大きな心配であった。

航行する海域はほとんど米軍の制空、制海権下であり、極めて危険な作戦で、最悪部隊の全滅も覚悟されていた。

2月10日、6隻はシンガポールを出港。最初、フィリピンのマニラ方面に突入すると見せかけた後、北上して本土に向かった。

途中何度も米軍機や米潜水艦に発見され攻撃も受けたが、1隻も損傷することなく20日無事呉に入港した。

日本海軍が成功を収めた事実上最後の作戦ともいわれるが、所詮艦艇6隻分であり、本土へ持ち帰った物資は中型輸送船1隻分程度のものであった。

昭和20年2月21日
海軍第二御楯隊、硫黄島沖の米艦隊に突入

先日の米機動部隊の艦載機に対する迎撃で戦力を消耗した第三航空艦隊は、米軍の硫黄島侵攻を受けても、同島までの距離的な問題もあり大規模な航空戦の実施は困難であった。

しかし、第六〇一航空隊において「第二御楯隊」が彗星艦爆12機、天山艦攻8機、零戦12機でもって編成された。

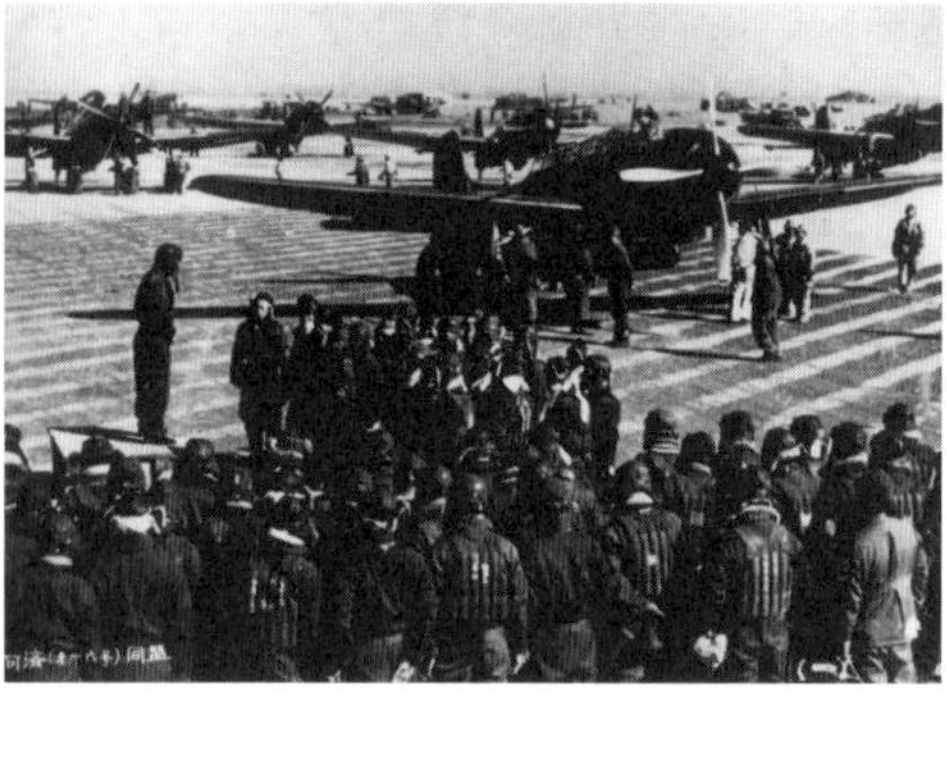

2月21日朝、香取基地で指揮官の訓示を聞く第二御楯隊隊員たち。後方には雷装の艦上攻撃機「天山」が見える

同隊は21日、木更津の香取基地を発進。八丈島で給油後数機ずつ第一次〜第五次に分かれて硫黄島海域に向かった（八丈島で事故、故障などにより、4機は出撃できず）。

そして夕方、硫黄島に対する爆撃任務中の護衛空母群、高速空母部隊から分離してやはり陸上戦闘を支援していた空母「サラトガ」に突入。

護衛空母「ビスマーク・シー」を撃沈、空母「サラトガ」を大破、護衛空母「ルンガ・ポイント」その他3隻に損傷を与えた。22機が未帰還。

硫黄島海域の米艦隊に対する特攻攻撃はこの日だけで、その後は海軍の中攻、陸軍の重爆による夜間爆撃が散発的に実施されただけだった。

昭和20年2月28日
米軍コレヒドール島奪回

マニラ湾口にあるコレヒドール島は、海軍第三一特別根拠地隊参謀の板垣昂《いたがきあきら》大佐指揮の陸海軍4500名が守備していた。

米軍は2月16日、同島に上陸。同時に空挺部隊も降下した。空挺部隊に不意を突かれた守備隊は東西から分断され、翌日には板垣司令官も戦死したことから組織的抵抗ができなくなり、一部将兵がバターン半島に逃れた他は月末までにほぼ全滅した。

3月2日、マッカーサー将軍は因縁深い同島にわたり国旗掲揚式を行なった。

こうして、翌日のマニラ完全制圧と合わせ、マニラ湾は日本への最終的攻撃の兵站拠点として使用され始めるのである。

奪回作戦のためコレヒドール島にパラシュート降下した米空挺部隊

昭和20年3月3日
メイクテーラ陥落

2月12日、英第33軍団主力がイラワジ川を渡河。第一五軍は、第五三、三一、三三師団、戦車第一四連隊で反撃するも抗しえなかった。

そんな中、英第4軍団は日本軍のすきを突き、一気にメイクテーラに向かった。

メイクテーラはマンダレーの南130㎞、交通の要衝でビルマ最大の飛行場もあった。マンダレーは第一五、三三軍の戦略的本拠地であり、メイクテーラを失えばこの2つの軍は敵中に孤立し、退路を断たれることになる。

28日、メイクテーラに到着した英第4軍団は攻撃を開始。当地には兵站部隊や野戦病院の患者が4000名ほどいただけで、第四九師団から1個連隊が派遣されたが壊滅してしまう。3月3日、メイクテーラは英軍の手に落ちた。第一五軍の盤作戦は守勢に転じ、メイクテーラ奪回を図ることになる。

3月9日、その奪回のため第一八師団が攻勢を開始。その後第四九師団主力も攻撃に加わる。方面軍はこの2個師団を、第三三軍司令部に指揮させた。

22日総攻撃を実施し、一部地域を占領し28日まで固守し続けたが、両師団は戦力の過半を損耗、29日メイクテーラ奪回は断念された。

昭和20年3月10日
東京大空襲

日本本土を爆撃するB29の編隊（昭和20年5月29日の横浜空襲時の撮影）

Ｂ29による日本本土空襲は19年6月から始まっていたが、当初米軍は9000m～1万mの高高度からの軍需工場を目標にした精密爆撃を行なっていた。

昼間高高度爆撃に対しては、日本軍の戦闘機も高射砲も無力であった。しかし偏西風の影響などにより目標を捕捉することが難しく、高度を下げると日本軍の迎撃により撃墜される機も続出した。

こうしてアメリカは「民間人攻撃は国際法に反する」との反対の声も強かったが、日本の継戦能力を断つという目的で、都市への焼夷弾による無差別爆撃へと方針転換する。

それまで指揮を執っていたヘイウッド・ハンセル准将を更迭、ヨーロッパ戦線で実績をあげていたカーチス・ルメイ少将がその後任となる。

ルメイ少将は日本側の夜間の防空システムの貧弱さに着目、高度3000m前後での爆撃を指示した。爆撃による火災で照らし出されるＢ29を、海軍では夜間戦闘機「月光」、陸軍では二式複座戦闘機「屠龍《とりゅう》」がかろうじて迎撃できる程度で、機数も来襲するＢ29に対して圧倒的に少なかった。

第1回目の大規模空襲が、3月10日、東京の下町に対して行なわれた。

10日午前0時過ぎ、約300機のＢ29が東京上空に侵入、大量の焼夷弾を隅田川流域の下町に投下した。当日北西からの強い季節風が吹いていたこともあり、町は火の海となり、死者約10万人、ほぼ同数の負傷者を出し、被災者は100万人以上に上った。

同様に12日に名古屋、13日に大阪、17日に神戸、19日に再び名古屋というように、次々と大規模空襲が続いた。

ちなみにルメイ少将は戦後、航空自衛隊の創設、育成に貢献したとして、日本政府から勲章を授与されている。

第21爆撃集団司令官カーチス・ルメイ少将。日本空襲の方法を、軍需工場などへの昼間高高度精密爆撃から、都市への焼夷弾による夜間低高度無差別爆撃に切り替えた（写真は戦後の空軍大将時代）

昭和20年3月10日
米軍、ミンダナオ島に上陸

ミンダナオ島には第三〇、一〇〇師団、独立混成第五四旅団、第二飛行師団、海軍第三二特別根拠地隊など、4万3000名が配備されていた。

これは、次々と増援部隊が送り込まれたレイテ島を別とすれば、フィリピン方面ではルソン島に次ぐ兵力であった。

大本営はレイテ戦に見切りをつけた後、同島で指揮をとっていた第三五軍司令官鈴木宗作中将をミンダナオ島に派遣し、前記部隊を統率させるつもりだったが、鈴木中将は移動中に戦死していた。

3月10日、米軍2個連隊がミンダナオ西端のサンボアンガに上陸。独混第五四旅団との戦闘になるが、3週間の戦いで同旅団は戦力を失う。

4月17日には、米軍は南部にあるミンダナオの中心ダバオ攻略に動き出す。しかし、海岸に向けては堅固に守られているダバオに直接上陸はせず、距離にして100km も離れているイラナに1個師団が上陸。そこから前進、5月3日ダバオを占領した。

同地にあった第一〇〇師団を中心とする日本軍守備隊2万3000名は、市郊外に兵力を展開、米軍との間に1ヵ月以上戦闘を継続するも6月中旬には同地域を撤し、その後は自活態勢となり終戦を迎える。

4月22日には、さらに2個連隊がイラナに上陸、島の中央へと侵攻を始める。この敵には第三〇師団が対抗したがレイテ作戦に2個連隊を抽出されており、内実は1個連隊の兵力であった。

ミンダナオ島海岸に向かう米揚陸艇群。米軍部隊は5月3日に島都ダバオを占領した

5月10日には、島北岸のカガヤンに新たに米軍1個連隊が上陸。第三〇師団は南北から挟撃される形になり、ほぼ壊滅状態で終戦を迎えた。

ミンダナオ島の日本軍守備隊は4万３０００名といえども、統一して作戦指導する指揮官なく、第三〇師団は先述したように実質1個連隊。第一〇〇師団、独混第五四旅団にしても装備の整った精強な部隊ではなく、それに航空部隊員や設営隊員を加えた兵力であった。

戦死約3万名。米軍は上陸部隊3万５０００名、それにやはりここでもフィリピン人ゲリラ（約2万５０００名といわれる）が米軍に協力した。戦死傷者は３７００名を出している。

昭和20年3月11日
梓特別攻撃隊ウルシー泊地に突入

連合艦隊は硫黄島で作戦中の米機動部隊が、補給整備のため西カロリン諸島ウルシー泊地に戻るタイミングをとらえて攻撃しようと計画。これが、「第二次丹《たん》作戦」と呼ばれるものである。

2月10日、沖縄への米軍来攻に備え第五航空艦隊が編成され、司令長官には宇垣纏中将が配された。五航艦にとって初めての作戦が、この度の丹作戦であった。

使用する機体は陸上爆撃機「銀河」（自重７２６５kg、１８２５馬力×2、最高速度５４６km、20mm機銃×1、13mm機銃×1、爆弾８００kg）で、航続距離が長く、高速の新鋭機であった。これに2機の二式大型飛行艇（自重1万６７００kg、１８６０馬力×4、最高速度４５５km、20mm機銃×5、７・７mm機銃×4）が気象観測、誘導機として協力。

ウルシーまでの距離は２５００kmもあり、泊地突入は日没直後が条件であった。早過ぎれば敵戦闘機の迎撃を受けるし、遅すぎれば敵艦の確認が出来なくなる。

ウルシー環礁の米機動部隊攻撃のため鹿屋基地を発進する梓特別攻撃隊の陸上爆撃機「銀河」。８００キロ爆弾と増槽を搭載しての離陸は危険がともなった

そのような難しい条件のもと、11日午前9時、第七六二航空隊の「銀河」24機がそれぞれ800kg爆弾を搭載し鹿屋基地を出撃。しかし、途中で故障機（「銀河」はエンジンの不調が常であった）が続出、8機が引き返した。

様々な事由で予定時刻にウルシーを発見できず、日没後になってようやく突入したのは12機。しかし、目標を視認できず、戦果は空母「ランドルフ」に1機が命中、中破させただけだった。攻撃不能と判断した4機はヤップ島に不時着している。

昭和20年3月15日
芙蓉部隊、編成を完了

2月下旬、第三航空艦隊司令部は麾下9個航空隊の幹部を招集、沖縄戦の研究会を実施した。軍令部の方針を受け三航艦は攻撃の主体を特攻とし、練習機も大量に動員する旨の説明がなされた。

これに対し会議に出席していた美濃部《みのべ》正《ただし》少佐が、以下のように反論したという。

「練習機で特攻しても幾重にも待ち受けるグラマンに撃墜され、戦果をあげることなど不可能。どうしても実施といわれるのなら、司令部の皆さんがそれに乗って攻撃されてみるとよい。私が零戦1機で全て撃ち落としてみせます」

その美濃部少佐によって編成、指揮されたのが第一三一航空隊（通称、芙蓉《ふよう》部隊）であった。

同航空隊は第八〇四、八一二、九〇一の3個飛行隊からなり、夜間黎明時の飛行場襲撃と敵機動部隊の索敵を任務とする部隊で、機種は彗星一二型（高速の優秀機であったが整備が難しく稼働率が低かった）と零戦を使用した。

芙蓉部隊を編成・指揮した美濃部正少佐。同隊は夜間攻撃に特化した部隊だった

熟練搭乗員が激減していた中でも夜間飛行ができる水上機搭乗員は生き残りが多く、彼らを再訓練するとともに整備員も熟練者が集められた。そのため稼働率は常に80％以上を維持していた。

藤枝《ふじえだ》飛行場を訓練、後方基地として部隊編成が急がれ、こうして3月15日、第八〇四飛行隊の配備が完了し編成を終えた。

沖縄戦においては鹿屋《かのや》基地に進出し、菊水一号から一〇号まですべての作戦に参加。その後も終戦まで沖縄の北、中、伊江島などの飛行場に対する攻撃は続けられた。

4月以降、同部隊の出撃回数は81回、延べ786機が出撃、未帰還43機、戦死者89名であった。

他の陸海軍航空隊の多くが特攻を繰り返す中、夜間攻撃専門という特殊性もあったが、最後まで1機の特攻も出さなかった珍しい部隊である。

昭和20年3月18日
九州沖航空戦1日目

3月14日、沖縄上陸作戦に先立ち、マーク・ミッチャー中将指揮の第58任務部隊（空母10、軽空母6、戦艦10、重巡3、軽巡11、駆逐艦64）がウルシー泊地を出撃。

同部隊は4群に分かれ、18日その艦載機延べ1000機以上が、まず南九州の日本軍航空基地を空襲。

これに対して、沖縄戦に備えて九州各地に展開していた宇垣纏中将指揮の第五航空艦隊が迎撃。黎明前の夜間雷撃に「銀河」、「天山」、陸軍重爆47機。昼間特攻に「零戦」、「彗星」、「銀河」43機。夜間雷撃に「銀河」、陸軍重爆23機。そして基地上空の邀撃に零戦140機が出撃。

結果は、58・4任務群の空母3隻に軽微な損傷を与えただけだった。

昭和20年3月19日
九州沖航空戦2日目

18日に引き続き米機動部隊は四国沖50海里まで接近、やはり延べ1000機以上でもって、この日は阪神地区、呉軍港、北九州を空襲。

これに対し、黎明前の夜間雷撃に出た23機は戦果を挙げえなかったが、昼間特攻の「銀河」4機のうちの1機が、58・2任務群の空母「フランクリン」に爆弾2発を命中させる。同艦には発艦直前の第二次攻撃隊31機が甲板上にあり、次々に誘爆。一時は放棄も考えられる大損傷を受ける。戦死傷者は1000名にのぼった。

また、同じく昼間特攻の「彗星」23機のうち1機が58・1任務群の空母「ワスプ」に1発を命中させ中破させている。

両機とも特攻機であったが、体当たりではなく爆弾を投下し退避を図っている。この段階での五航艦は、それが出来る高性能機と技量を持つ搭乗員を有していたのである。

またこの日、松山基地にあった第三四三航空隊（通称「剣《つるぎ》」部隊、司令源田実大佐）も邀撃に参加した。

三四三空は局地戦闘機「紫電改《しでんかい》」（海軍初の2000馬力エンジンを搭載、自重2897kg、最高速度583km、20mm機銃×4）を装備、編隊空戦を基本とし、区隊長（4機で1区隊を編成）クラスには熟練搭乗員を充てた、当時海軍最強の戦闘機隊であった。

「紫電」を含む57機が出撃。呉、松山方面に来襲した米軍戦闘機はその3倍以上であった。

昭和20年3月19日、日本海軍の陸上爆撃機「銀河」の攻撃で大破炎上中の米空母「フランクリン」

結果は「剣」部隊の未帰還16機。敵戦闘機52機撃墜を報じたが、実際の戦果は8機であった（米軍側も、日本機50機撃墜と記録している）。

最強の戦闘機隊をもってしてもこの結果であり、当時の日米の航空部隊の実力の差を物語っている。

昭和20年3月19日
ヒ八八J船団、シンガポールを出港

先述のように、南号作戦は3月16日中止された。

しかしその時点でも、シンガポール方面に残っていた輸送船と海防艦等が集結、待機していた。

こうして、その3日後の19日、シンガポールからの最後の船団として同地を出港。船団はタンカー4隻、輸送船3隻、護衛の海防艦5隻、それに損傷して内地へ回航の駆逐艦「天津《あまつ》風《かぜ》」からなっていた。

しかし、出港直後にタンカー1隻が触雷沈没。船団は米潜水艦の攻撃を避けるため、沿岸ギリギリを航行。

23日、仏印のサンジャックへ向かう輸送船3隻を分離。同時に駆潜艇1隻が合流。

27日には、さらに海防艦2隻と駆潜艇1隻が合流した。

こうしてタンカー3隻と護衛艦10隻となった船団であったが、28日、空襲と潜水艦の攻撃によりタンカー2隻が沈没。

29日にはやはり潜水艦と空襲により、残ったタンカー1隻と海防艦3隻が撃沈される。

護るべき船を失った護衛部隊は4月2日、香港に到着。

局地戦闘機「紫電改」。当時海軍最強の戦闘機として本土防空に活躍した

在泊中の3日、空襲により海防艦1隻が沈没。

4日、部隊はホモ〇三船団（香港から門司へ向かう3番目の船団）の輸送船2隻を護衛して香港を出港。しかし、翌日に空襲のため2隻とも沈没。生存者を駆潜艇2隻が救助し、香港へ引き返す。

6日、残った3隻も空襲により海防艦2隻が沈没、「天津風」は中国の厦門までなんとかたどり着き、自ら擱座している。

危険を承知の上であえて本土へ向かったヒ八八J船団であったが、護衛艦までほぼ全滅するという悲惨な結果に終わった。

昭和20年3月20日　マンダレー陥落

ビルマのマンダレーの北方地域では1月初めより、第一五師団が英印軍を相手にその南下をできるだけ遅らせるべく作戦行動していた。

しかし3月に入り、いよいよマンダレーまで後退。そして9日、ついに英印軍は同地に突入してきた。その後市街戦となり19日まで激戦が続いたが、同夜第一五軍司令部からの撤退命令により夜襲をかけて包囲を突破、南へ向け撤退した。

同じ頃、第三一、三三、五三師団の残存部隊もバラバラの状態でイラワジ河畔からマンダレー街道（ラングーン〜マンダレー間の主要道）の東側のシャン高原を南へ撤退していた。

第二八軍参謀長岩畔豪雄《いわくろひでお》少将が「マンダレーはビルマの人心変換線である」と常々語っていたが、その言葉通りビルマの民心は日本軍から急速に離れ、27日にはアウンサン将軍率いるビルマ国軍が対日蜂起した。

ヒ八八J船団を護衛中、対空戦闘を行なう駆逐艦「天津風」。同艦は1月16日に米潜の雷撃で第一煙突から前の船体を失い、シンガポールで仮艦首と仮艦橋を装着して船団に参加していた

昭和20年3月20日
九州沖航空戦3日目

2日間にわたる西日本地方への攻撃を終えた米機動部隊は、補給を行ないつつ、九州沖から南西諸島沖へと移動していた。

五航艦は45機（特攻機20機）を出撃させただけで、戦果も駆逐艦1隻損傷だけだった。

昭和20年3月21日
九州沖航空戦4日目

米機動部隊は、この日も南西諸島方面に移動していた。この状況をみた宇垣長官は、敵艦隊は大きな損害を受け避退中であると判断、これまで温存していた「神雷部隊《じんらい》」の投入を決断した。

「神雷部隊」とは「桜花《おうか》」を装着した一式陸攻と直掩の戦闘機からなる部隊である。「桜花」は機体前部に1・2tの爆弾を装備した1人乗りグライダーで、一式陸攻により目標近くまで運ばれ、母機から切り離された後は10数秒間ロケットエンジンの噴射で滑空し、敵艦に体当たりするという特攻兵器であった。

しかしこの攻撃の成功には、一式陸攻の飛行空域の制空権を確保することが絶対条件であった。よって、出撃する陸攻の4倍の数の戦闘機が用意されていた。

しかし、その戦闘機隊90機は18日の基地上空の邀撃戦で多数を失い、この日の稼働機は32機に過ぎなかった。それでもなんとか23機をかき集め、55機とした。

この部隊を指揮したのは第七二一航空隊の野《の》中五《なかご》郎《ろう》少佐であった。野中少佐は、「桜花」の使用については、否定的であったといわれる。

第一神雷攻撃隊の一式陸攻18機（「桜花」搭載は15機）は、55機の零戦に護衛されて鹿屋基地を出撃。野中少佐は「湊川《みなとがわ》だよ」という言葉を残して機上の人となった。

しかし、55機の零戦のうち整備不良で25機が引き返し、結局わずか30機の護衛による突入となった。

「桜花」は2140kgの重量があり、ただでさえ低速、低防御力の一式陸攻は、途中で米戦闘機の迎撃を受け全機未帰還。直掩隊も11機が撃墜されている。

米軍は「桜花」をその非科学性から、「バカ爆弾」と呼んだ。

なお、この4日間の航空戦で五航艦は、空母5、戦艦2、重巡1、軽巡2撃沈と報告している。事実は先述のごとくで、宇垣長官は台湾沖航空戦の誤報を自著『戦藻録』で批判しているが、それほどではないにしろ同様の誤りを犯していたのである。損害は211機。米軍も航空機116機を失っている。（帰着後、修理不能のため投棄された機体を含む）

26日、米軍の沖縄上陸を必至とみた連合艦隊司令部は、天《てん》一号作戦を発動。

残存する戦力で31日まで敵艦船への攻撃を続行し、大小艦艇20隻余りに損傷を与えるも5航艦の損害も大きく、沖縄戦の前に戦力の大部分を失う。

このため米軍の沖縄本島上陸時、航空攻撃ができない状態になってしまう。

鹿屋基地で発進準備中の神雷部隊の一式陸攻。胴体下に人間爆弾「桜花」が懸吊されている

昭和20年3月26日
天一号作戦発動される

「天号作戦」とは、米軍の侵攻が予想される東シナ海周辺での陸海軍の航空兵力を集中する

大規模な航空作戦のことで、天一号が沖縄、天二号が台湾、天三号が東南支、天四号が海南島以西に区分されていた。

沖縄への侵攻が必至となって、この日天一号作戦が発動される。

しかし、陸海軍の作戦目的は大きく違っていた。海軍は乾坤一擲《けんこんいってき》の最後の「決戦」と位置付けたのに対し、陸軍はあくまで本土決戦を主とし、沖縄での戦闘はその準備のための時間を稼ぐ「持久戦」としており、兵力の温存を図っている。

また、第三二軍と大本営との間にも戦略が統一されていなかった。南西諸島を一大航空基地化しようとする大本営と、構想倒れになることを予想する第三二軍との考え方の違いである。

しかし、同軍は前年9月から10月にかけて陣地構築を放棄し飛行場建設にあたった。こうして出来上がったのが、沖縄本島の北、中、南、そして伊江島の飛行場であった。

しかし、結局これらの飛行場は、レイテ決戦のためにフィリピンに向かう飛行隊の中継基地として使用されただけだった。同地を経由してフィリピンに向かった航空機2000機以上は壊滅。その後、陸海軍とも航空部隊の再建を図っていた。

米軍沖縄来攻時に、九州、南西諸島、台湾の航空基地を有機的に利用して、これを撃滅しようとする作戦であったが、再建が間に合わなかったのである（三二軍も、沖縄の飛行場に500機の特攻機を張り付けて突入させる構想を持っていた）。

そして3月、いよいよ米軍上陸が懸念される段階となり、三二軍は沖縄にある全飛行場を破壊することを意見具申。伊江島のみは許可されるが、その後その存在が問題となる北、中飛行場はそのままであった。軍は、第九師団を抽出されたことで、北、中、伊江島飛行場の防衛については、それを維持することには戦力過少であるとして、ほぼ放棄していた。

27日、台湾の第八飛行師団所属の誠第三二飛行隊（武克隊）の9機、その他2機が中飛行場を出撃、嘉手納沖の米艦隊に突入。その様子は陸岸から視認されており、大型艦5隻撃沈と報告されている（実際には沈没艦はない）。翌28日には4機、29日にも9機が突入している。

これが沖縄戦において、同地の飛行場が使用された唯一の例であった。

昭和20年3月26日 米軍セブ島に上陸

セブ島には海軍の飛行場があり、第三三特別根拠地隊が駐留していた。また、第一〇二師団第七八旅団中心の陸軍部隊と合わせ、1万5000名の日本軍が在島していた。

しかしその実態は、ほとんどが航空関係者や後方要員であり、実際の戦力は極めて心もとないものであった。

3月26日、米軍1個師団が上陸。これに現地のゲリラ部隊1万が協力した。マッカーサーにとっては、もはや「残敵掃討」的な作戦であった。

やはりこの島でも圧倒的な戦力差であったが、日本軍は七八旅団長万城目《まんじょうめ》武雄《たけお》少将指揮のもと、玉砕せず終戦まで戦闘を継続した。

また、セブ上陸3日後の3月29日には、米軍1個師団がネグロス島にも上陸。同島はレイテ戦時、陸軍の大航空基地になった島であり、陸軍部隊1万4000名が守備に就いていた。

しかし、やはりその3分の2以上は航空関係者であった。

第一〇二師団第七七旅団の4000名が中心となり、それら部隊を支えながら、上陸米軍、フィリピン人ゲリラ部隊と終戦まで戦い続けている。

昭和20年3月26日、セブ島のタリサイ海岸に殺到する米軍の水陸両用車両群

昭和20年3月26日
米軍慶良間諸島に上陸

米軍は沖縄本島への上陸に先立ち、那覇の西25kmの沖合にある慶良間《けらま》諸島に上陸した。大小の島々に囲まれた穏やかな内海を、泊地として利用するのが目的であった。

日本軍は山がちなこれらの島々に米軍が上陸するとは予想せず、座間味《ざまみ》島・阿嘉《あか》島・渡嘉《とか》敷《しき》島に、モーターボートに爆弾を装備し敵艦に体当たりするという特攻挺部隊（海上挺進第一～三戦隊300隻）を配備していた。

これら部隊は、米軍の沖縄本島上陸の際敵船団に突入する予定だったが、その前に全滅してしまった。

昭和20年3月26日
硫黄島守備隊玉砕

2月19日、米軍は南海岸から上陸を開始。日本軍陣地は米軍による事前の砲爆撃に対して、水際に配置したトーチカ陣地にはそれなりの損害が出たのと、17、18日に上陸地点の偵察のため接近した米軍舟艇に対し摺鉢山の海岸砲が発砲、陣地の位置が露見し大きな損害を受けたが、それ以外はほぼ無事で米軍の上陸を迎えた。

米軍の上陸第1波が内陸へ前進を始めると、今まで沈黙を守っていた日本軍の砲火が一斉に火ぶたを切った。揚陸地点は崩れやすい火山灰のため海兵隊員はタコ壺を掘ることが出来ず、戦車も動きがままならない。そこへ秒刻みで次々と後続が上陸し、ごった返しているところへ日本軍の砲火が集中、米軍にとって地獄絵のような状況になる。

しかし米軍は、この日6個連隊3万名が上陸。戦死傷者２３００名、Ｍ４戦車28両、水陸両用車両１６０両等を失うも、幅３・５㎞、深さ１㎞の橋頭保を確保する。

こうしてこの日を皮切りに、１ヵ月以上にわたる文字通り寸土を争う日米軍の戦いが始まった。

栗林中将は、島を東、西、南、北、中、摺鉢山《すりばちやま》の６つの地区に分けていた。日本軍陣地は巧みに偽装された陣地が地下坑道で結ばれており、地上においてもお互いに支援し合え十字砲火を形成できるように構築されており、米軍はそれら無数の日本軍陣地を一つ一つ潰していく以外に方法がなかった。

また米軍は、過去の先例から、日本軍は夜になると必ず大兵力で突撃してくるものと信じ、それを阻止することで日本軍の戦力を大きく削ぐことが出来ると考えていたが、その期待は裏切られた。

しかし、兵力・火力とも圧倒的な米軍は少しずつ日本軍陣地に浸透、23日午前中には摺鉢山が陥落した。頂上に星条旗を掲げようとする海兵隊員の写真はあまりに有名である。

こうしてその後は北部台地での戦いとなるが、日本軍の主力はここにあったのである。

まず米軍は、島中央部に位置する元山飛行場周辺の攻略にあたる。

その北部を西地区隊、南部を南地区隊が守備していた。特に南地区隊は混成第二旅団長千《せん》田《だ》貞季《さだすえ》少将指揮のもと、米軍の上陸地点の近くにありながら玉名山を中心にして激しい抵抗を続けた。

しかし26日、元山飛行場陥落。27日には守備隊の兵力は２分の１、弾薬は３分の１に。

硫黄島部隊配置図

西地区隊の拠点である大阪山が3月2日に陥落。この日、初めてＢ29が千鳥飛行場に不時着している。また6日には、米軍戦闘機隊が同飛行場に進出。

７日、米軍としては異例の払暁攻撃を実施。これにより守備隊は北部と東部に分断される形となり、孤立した東部の千田少将も８日夜に最後の突撃を行ない、玉名山での組織的抵抗は終わる。同じ頃、東地区隊もほぼ壊滅。これで残すは、兵団司令部がある北地区隊だけとなる。

その拠点である天山地区の守備隊も13日までには全滅し、16日栗林中将は、大本営に決別電報を打っている。

しかし玉砕突撃を認めない栗林中将（17日に大将）はチャンスをうかがい続け、こうして3月26日、米軍の油断をついて最後の突撃が行なわれた。これに従ったのは、「ルーズベルトに与ふる書」を残した海軍第二七航空戦隊司令官市丸利《いちまるり》之《の》助《すけ》少将、第一四五連隊長池田《いけだ》増《ます》雄《お》大佐以下４００名であった。

こうして硫黄島における戦闘は終了したのであるが、生存者の証言から、なお相当多数の日本軍将兵が地下坑道内に生き残っていたらしい。その数、最大推定1万名ともいわれる。それら生き残りの将兵は、米軍の降伏勧告に応ぜず、ある者は壕ごと爆薬により吹き飛ばされ、ある者はガソリンを流し込まれて焼死し、またある者は出入り口をふさがれて餓死していった。

硫黄島における、米軍の戦死傷者約2万８０００名。太平洋戦争において、日本軍のそれを上回った唯一の戦場となった。

しかし、終戦までに延べ２２５１機のＢ29が硫黄島に不時着、延べ2万５０００名の搭乗員が同島の恩恵を受ける。米戦略調査団報告書は、「硫黄島はＢ29搭乗員の士気と自信を計り知れないほど増大するのに役立った」と記している。

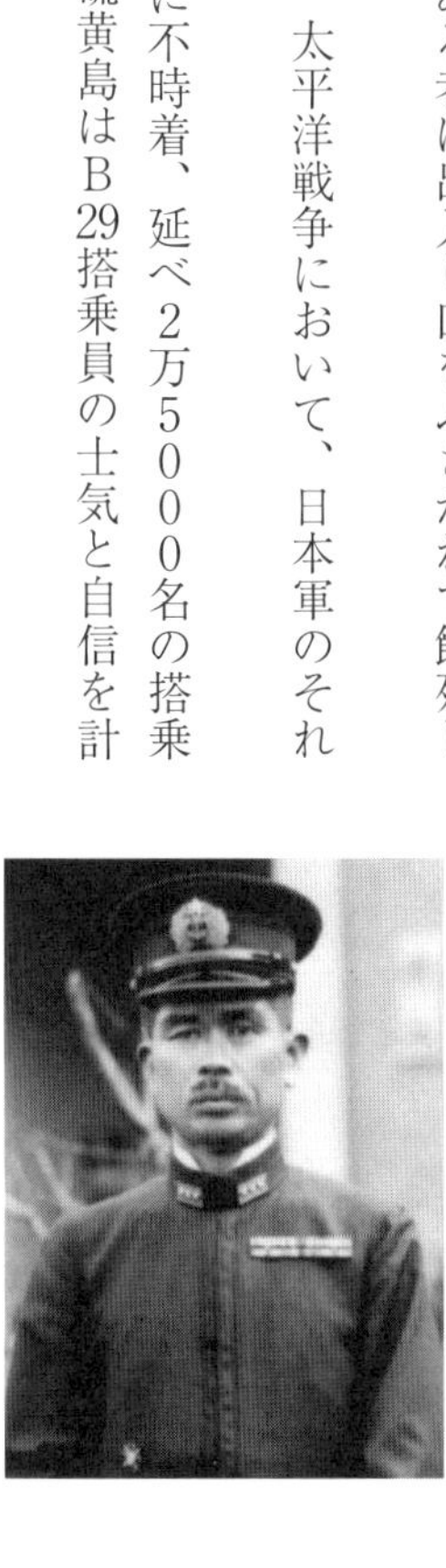

海軍第二七航空戦隊司令官・市丸利之助少将。硫黄島の海軍最高位の指揮官

昭和20年3月27日
B29が初めて関門海峡に機雷投下

東シナ海、日本海と瀬戸内海をつなぐ海上交通の要、関門海峡に機雷が投下される。初めは沖縄戦に向けて、日本艦船の動きを封じる目的から始まった（戦艦「大和」の沖縄への突入も、佐世保に進出しておいての出撃の予定だった）が、後には日本沿岸、内海の海上封鎖が目的となった。

4月1日の輸送船「第二雁川丸」の関門海峡での触雷沈没に始まり、終戦までのわずか4ヵ月半で、日本近海における船舶の機雷による沈没は170隻にのぼった。そのほぼ半数は、同海峡及びその周辺での沈没であった。

また終戦後の遭難も相次ぎ、8月末までにさらに14隻が沈没している。

米海軍の高官が、戦後次のように述べている。「日本を降伏させるのに、原爆もソ連の参戦も必要なかった。航空機による爆撃と、潜水艦や機雷による海上封鎖で十分だった」と。

昭和20年4月1日
米軍沖縄本島に上陸

米軍の沖縄侵攻作戦（アイスバーグ作戦）の目的は、日本本土攻略のためのマリアナ基地と連携できる対日爆撃のための航空基地と、日本本土侵攻の補給基地の確保にあった。

地上部隊はサイモン・バックナー中将指揮の第10軍（陸軍4個師団、海兵2個師団を中心とする約18万名）、予備の陸軍、海兵各1個師団。攻略部隊の艦船は1213隻、護衛空母が

昭和20年4月1日、沖縄の海岸を目指す米水陸両用兵員輸送車群。後方で支援射撃を行なうのは戦艦「テネシー」

搭載する支援艦載機564機、これを高速空母機動部隊82隻、艦載機919機が支援。総兵力は58400名に及ぶ、米軍史上最大の攻略部隊であった。

これに対し沖縄本島を守備するのは、牛島満中将指揮の第三二軍で、第二四師団、第六二師団、独立混成第四四旅団、軍砲兵隊、それに大田実少将指揮の海軍部隊など約10万であった。しかし内実は、戦闘部隊といえるのはその半数で、他の半数は後方部隊、現地召集兵であった。現地召集の中には旧制中学校や女学校の生徒により編成された鉄血勤王隊《てっけつきんのうたい》やひめゆり部隊と呼ばれた若者達も含まれていた。

航空部隊としては九州に宇垣纏中将指揮の海軍第五、第三航空艦隊、陸軍第六航空軍（軍司令官菅原道大《すがわらみちおお》中将）、台湾に陸軍第八飛行師団（師団長山本健児《やまもとけんじ》中将）があった。

3月23日、九州沖航空戦から戻った高速機動部隊が延べ2000機で沖縄を空襲。24日には水上部隊による艦砲射撃が加えられる。それまで、台湾への上陸の可能性も視野に入れていた大本営と第三二軍は沖縄への上陸を確実視する。

米軍は3日間ほとんど日本軍のいない嘉手納海岸に事前砲爆撃後、4月1日上陸。日本軍の抵抗はほとんどなく無血上陸であった。米軍将兵は「ウシジマは偉大な戦略家か、よほどの馬鹿である」と評したという。

先述のように、第三二軍は第九師団の抽出によって長期持久戦に作戦転換しており、最も上陸の可能性が高いと考えられた北（読谷《よみたん》）、中（嘉手《かで》納《な》）飛行場近くの嘉手納海岸には、ほとんど配兵していなかった。大本営からの指示による飛行場建設や、第九師団の抽出による作戦方針の変更による陣地変換で、第六二師団、独陸混成第四四旅団は昨年夏以来沖縄本島に到達していないながら、確定した陣地配備についたのは米軍上陸の2ヵ月前ということになってしまっていた。

沖縄での航空決戦を想定していた大本営と、それには期待できないと考える第三二軍との間では、これまでのそういったいきさつによる感情のもつれもあり、意思統一が不十分なまま米軍の上陸を迎えることになる。

米軍は中央部から島を南北に分断。それぞれに侵攻を開始した。北部はジャングルに覆われた山岳地帯であることから戦略的価値は低く、本部半島とその沖合に浮かぶ伊江島に日本軍が少数配備されていたが、米軍の攻撃により短時日で壊滅した。南部の日本軍複郭陣地に米軍が進出し、本格的な日米軍の戦闘が始まったのは上陸1週間後である。

日本軍はこの地域の丘陵地形を最大限活用した。沖縄戦において、第三二軍が採用したのが「反斜面陣地」と呼ばれるものである。これは陣地となる高地、丘陵の稜線をはさんで敵側から反対の斜面に陣地を設けるもので、当然敵側から見えない構造となる。さらに、沖縄の地質は極めて強度な隆起珊瑚礁であった。つまり、日本軍陣地は敵から見えず、砲弾も効かない。守備隊はこの陣地で敵の砲爆撃をやり過ごし、敵歩兵が前進してくると配置につき迎撃するという方法をとった。また、各陣地の連携も徹底されていた。

まず米軍を迎え撃った第六二師団は、中国戦線で編成された砲兵部隊を持たない治安任務が主体の師団（17年から18年にかけて在中国の独立混成旅団を基幹として編成された、10個師団のうちの一つである。5個歩兵中隊と機関銃中隊、それに連隊砲2門、大隊砲2門を装備する歩兵砲中隊で独立歩兵大隊を編成。4個大隊で歩兵旅団とし、それを2個持っていた）であったが、実戦経験豊富な部隊であり、後方の軍砲兵隊の援護射撃を受けながら米第24軍団の3個師団を食い止めていた。西から牧港《まちなと》、嘉数《かかず》、我如古《がねこ》、和宇慶《わうけ》を結ぶ線である。

軍砲兵の射撃は正確を極め、また、フィリピンに送られなかった軽機関銃、重機関銃、擲弾筒（小型の迫撃砲）が歩兵部隊に多く配分され、これらにより敵戦車と歩兵を分離させる戦法が多用された。特に19日の嘉数における対戦車戦闘が有名である。この日だけで米軍は

沖縄の海岸で揚陸作業中の米軍米軍部隊。沖合には多数の米艦艇が蝟集している

22両の戦車を失っている。

　そのような鉄壁な防御戦闘により、米軍将兵に「日本軍陣地は永久に落ちないのではないか」と思わせるほどで、米軍の中には脳症患者が続出した。

　しかし第六二師団の損害も著しく、軍は23日夜、第一線を宮城《みやぎ》、仲間、前田、幸地《こうち》、小波《こは》津《つ》の線に後退整理した。そして、それまで首里の背後を守っていた第二四師団、独立混成第四四旅団に首里前面への北上を命令した。

　特に前田高地では、六二師団の2個大隊、二四師団第三二連隊と米第96師団との争奪戦が26日から始まり、沖縄戦の中でも有数の激戦となる。途中、米第96師団は予備隊である第77師団と交替せざるを得ない損害を出している。同地での戦闘は、三二軍による総反撃の翌日5月6日まで続くのである。同じころ、宮城方面でも第27師団に替わり第1海兵師団が進出している。

昭和20年4月1日
空母「笠置」工事中止命令

　空母「笠置《かさぎ》」は「雲龍」型の4番艦。5番艦「阿蘇《あそ》」、6番艦「生駒《いこま》」は進水後工程60％で工事中止となったが、本艦だけは佐世保工廠で艤装工事を続けていた。

　しかし作戦使用の目途もなく、4月1日工程84％、完成まであと一息というところで工事中止となった。

　3月には、「最上」型重巡を改造して航空機27機搭載の軽空母として完成させる予定だった「伊吹《いぶき》」も、工程80％で中止されている。

マリアナ沖海戦の結果次第では、当時の第三艦隊の空母と共にこれら「雲龍」型空母6隻、「信濃」そして「伊吹」が、日本機動部隊の主力となっていたことだろう。

この時期竣工する艦艇といえば海防艦が主で、あとは特攻兵器（「海龍」、「蛟龍《こうりゅう》」、「震洋」など）の生産が急ピッチで進められていた。

昭和20年4月5日
建武集団の組織的抵抗終わる

1月9日米軍はリンガエン湾に上陸し、その主力はマニラを目指し南下を開始。先述のように第二三師団、独混五八旅団、第一〇師団、戦車第三旅団の反撃を排除しながら、順調に進撃を続けていた。

次に米軍が遭遇したのが、クラーク西方高地に布陣した塚田理喜智《りきち》中将指揮の建武集団であった。塚田中将の任務はマニラ北西１００kmのクラーク地区にある13の飛行場群の防衛、奪取されてもできるだけ長くその使用を妨害することであった。

しかし、その兵力3万というのは、クラーク地区の陸海軍航空部隊を中心にその他雑多な部隊の寄せ集めで、有力な戦闘部隊といえるのはその1割程度であった。

1月25日から戦闘が始まったが、第一線陣地は30日には崩壊、日本軍は第二線陣地へ後退。これを見届けたマッカーサーは2個師団を残し、主力を率いてマニラへと急いだ。

第二線陣地も突破され、2月9日から最終防衛線である複郭陣地での戦闘が始まる。

また米軍は、別の部隊を建武集団の後方にあるサンアントニオに上陸させ、日本軍を挟撃する態勢をとる。

抗戦を続けていた建武集団であったが、4月5日に塚田中将は各部隊に山岳地帯への後退

雲龍型空母の4番艦「笠置」。佐世保工廠で艤装中だったが、工程84％で工事は中止された

とそこでの自活を命令。4月中旬以降残存将兵1万数千名（諸説あり、3600名とも）が、戦火を避けてサンパレス山系へ後退、組織的抵抗は終わる。

終戦まで生き残った将兵は1000名余り、2万9000名が命を落とした。

昭和20年4月5日
ソ連、日ソ中立条約の廃棄を通告

日ソ両国の相互の思惑から昭和16年4月に締結された日ソ中立条約であったが、第二次世界大戦の趨勢がソ連側にその必要性を失わせた。

昭和18年11月のテヘラン会談で、ソ連は対日参戦の意向を表明。

そして昭和20年2月のヤルタ会談でソ連の参戦が決定され、これを受けて4月5日ヴァチェスラフ・モロトフ外相は佐《さ》藤《とう》尚武《なおたけ》駐ソ大使に対し、21年4月に期限が切れる日ソ中立条約を延長せず廃棄することを通告。

ソ連と国境を接する満州には精鋭を誇る関東軍（総司令官梅津《うめづ》美治《よしじ》郎《ろう》大将、兵力約70万）が駐留していたが、太平洋の戦局悪化により昭和19年2月から次々に兵力を抽出されていった。第一四師団（パラオ）、第二九師団（グアム）、第九、第二四師団（沖縄）、第一、第八、第一〇、第二三師団、戦車第二師団、第六八旅団（フィリピン）などである。

さらに昭和20年3月には、本土や朝鮮に戦車第一師団と歩兵6個師団が抽出され、開戦時の20個師団全てが満州を離れていったのである。

そのような状態の時に条約廃棄の通告を受けたわけで、その後1年間は条約は有効とされていたが、これを信用し難いと考えた関東軍司令部はすぐに新防衛体制の整備に着手した。

在満日本人に対して、いわゆる「根こそぎ動員」をかけた。

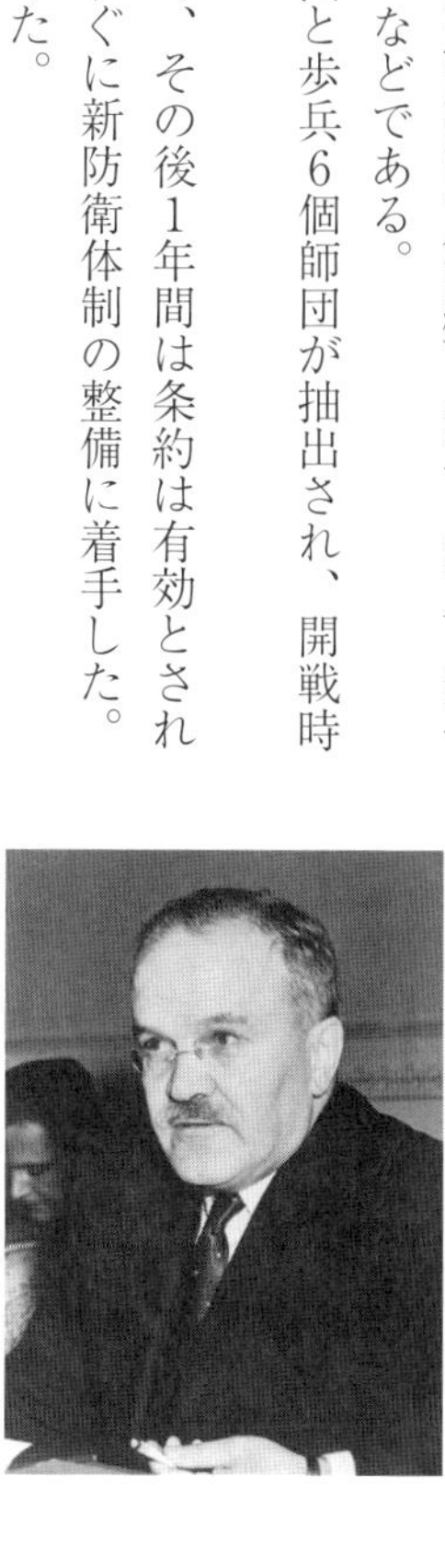
ソ連のヴァチェスラフ・モロトフ外相

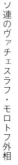

昭和20年7月には24個師団75万と数だけはそろえたが、銃を持たない兵隊が10万以上いたと言われるほどで、実際の戦力は5個師団程度であったとも言われる。

さらに戦車は80両、航空機は１６０機という有様であった。

昭和20年4月6、7日
海軍菊水一号作戦、陸軍第一次航空総攻撃

沖縄戦の期間中、大規模な特攻作戦が繰り広げられ、海軍の場合これを菊水《きくすい》作戦と呼んだが、その第1回目が4月6、7日に実施された。最初で最大のものであった。

6日は、陸海軍５２４機が参加。海軍戦闘機隊が沖縄上空の制空にあたり、陸軍戦闘機隊は奄美大島上空を飛行し米軍を幻惑した。（陸軍機は航続距離が短かったため、沖縄本島海域までの往復は難しかった）

そして、10時過ぎから12時過ぎにかけて九州各地の飛行場を出撃した特攻機（約３００機）が沖縄近海の米艦艇群に次々に突入。その多くは敵戦闘機や対空砲火によって撃墜されたが、波状攻撃により米軍を大混乱に陥れた。

戦果は艦船6隻撃沈、22隻大中破。日本側は２１２機が未帰還。

7日は特攻機75機を含む２１１機が出撃。この日戦艦「大和」以下を攻撃した空母「ハンコック」、駆逐艦2隻を大破、戦艦「メリーランド」、駆逐艦1、その他1に損傷を与えている。「ハンコック」は修理のため本土に回航している。日本側の未帰還は56機だった。

菊水作戦、航空総攻撃は、これを皮切りに6月22日の一〇号まで行なわれ、その間の少数機によるものを含め、陸海軍約１９００機の特攻機が突入。

通常攻撃によるものも含め、米軍の損害は艦船沈没26隻、損傷３６８隻。巡洋艦以上の大

昭和20年4月7日、特攻機の突入で炎上する米空母「ハンコック」

型艦の沈没はなかったものの、本国での大規模修理を要したものは空母13隻、戦艦10隻、巡洋艦5隻、駆逐艦67隻にのぼった。

昭和20年4月7日
戦艦「大和」沖縄特攻（坊《ぼう》ノ岬《みさき》沖海戦）

レイテ沖海戦後の戦艦「大和」は、11月15日第二艦隊の独立旗艦となった。

翌16日には「長門」「金剛」らとともにブルネイを出港、24日呉に帰投した（その途中、「金剛」が米潜の雷撃を受けて沈没）。

即日ドッグ入りし、翌年1月3日まで修理、整備が行われる。その後さらに25㎜機銃の増設も行われ、その数156門、まさにハリネズミのような状態になった。

その間、12月23日に第二艦隊司令長官は、栗田《くりた》健男《たけお》中将から伊藤《いとう》整一《せいいち》中将に交代。

しかし第二艦隊といっても、独立旗艦の「大和」と第二水雷戦隊だけの戦力だった。

その他の大型艦の使用は燃料不足のため諦め、唯一の作戦艦隊として残されていたのであるが、本土決戦となればもはや使用機会はなくなる。

3月26日の天一号作戦発動により、菊水作戦に呼応する形で、第二艦隊の沖縄周辺海域への出撃が検討され始める。

30日、及川《おいかわ》古志郎《こしろう》軍令部総長が沖縄の戦いにおいては、特攻を中心とする航空総攻撃を実施する旨上奏した際、天皇から「航空部隊だけの攻撃か。海軍には艦はもうないのか」とのご下問があった。天皇は参謀総長、軍令部総長から実施される作戦について上奏を受けるが、その際先述のような質問や、時に意見を述べることがあった。その言葉に対する忖度が陸海軍ともあったことは事実である。

第二艦隊司令長官・伊藤整一中将。戦艦「大和」に座乗、水上特攻艦隊を指揮

4月3日、第五航空艦隊からの菊水作戦実施決定を受けて、連合艦隊司令部も第二艦隊の出撃を決定する。陸軍からも、8日夜から第三二軍が総攻撃を行なうとの連絡が入る。

特に第二艦隊の沖縄突入を積極的に主導したのは連合艦隊参謀の神重徳大佐で、神参謀は豊田副武司令長官を説得して同意を取り付け（草鹿龍之介参謀長は作戦指導のため九州の鹿屋基地にいて不在）、軍令部に出向く。結局小澤治三郎次長も同意、及川総長は黙認という形だった。

鹿屋にあった草鹿参謀長は命令伝達と説得のため「大和」へ。伊藤整一長官はなかなか納得しなかったが、「一億総特攻の魁になって頂きたい」という言葉で、「それなら分かった」と述べたといわれている。まさに急転直下の出撃であったといえる。

また、連合艦隊司令部の命令では片道分の燃料での出撃となるはずであったが（全艦隊で2000t）、機関参謀の計らいで「大和」で4000t、駆逐艦はほぼ満載された。

6日15時20分、「大和」と第二水雷戦隊（軽巡「矢矧」、駆逐艦8隻）が日本海軍最後の水上部隊として徳山沖を出撃。沖縄海域に向け豊後《ぶんご》水道を南下した。7日早朝大隅《おおすみ》半島を通過し、沖縄突入は8日黎明を予定。

しかし、米軍は暗号解読により第二艦隊の出撃を把握していた。哨戒任務の潜水艦に日本艦隊が被害を出して引き返すことがないよう、攻撃を禁じていたほどである。

豊後水道通過後、艦隊は米潜水艦に発見される。

7日7時、機関故障を起こした駆逐艦「朝霜《あさしも》」が落伍。

上空直掩として、第五航空艦隊から10数機の零戦が2隊に分かれて10時頃まで艦隊上空に現われた他、陸軍第六航空軍から派遣された「疾風」41機が、12時から14時まで奄美大島付近上空で制空戦闘を行なっている。（10機未帰還）

8時頃から米軍機の接触を受け始め、それまで欺瞞航路をとっていたが、この後沖縄に艦

最後の戦闘中の戦艦「大和」。後部指揮所付近に被弾、煙が上がっており、船体はすでに左舷に傾きはじめている

首を向けた。

12時30分から、約2時間にわたり約300機の攻撃を受け、「大和」には爆弾5発、魚雷10本が命中。転覆後大爆発を起こして沈没。その他「矢矧」、駆逐艦4隻が沈没した。

米軍の損害は10機だけだった。

第二水雷戦隊司令官古村啓蔵《こむらけいぞう》少将は、戦後「特攻の指令も突然で、関連する指示などもない。これでは作戦が成功するはずがない」と述べている。

また、9日から11日までの沖縄周辺は低気圧に覆われて悪天候であり、「大和」が突入するならこの時期であったとする意見もある。

昭和20年4月7日
鈴木貫太郎内閣成立

4月5日、小磯国昭《こいそくにあき》内閣が総辞職する。これを受けて戦争終結内閣として、7日鈴木《すずき》貫太郎《かんたろう》内閣が成立。

鈴木は海軍軍人で、海軍次官、連合艦隊司令長官、軍令部総長を歴任。予備役編入後に侍従長に就任。在任中、二・二六事件で陸軍青年将校に襲われ重傷を負っている。

天皇の信任が厚く、この時枢密院《すうみついん》議長の職にあった。和平派でもあったことから重臣会議で推挙されたのである。鈴木は「軍人は政治に関与せざるべし」という信念を持っていたこと、高齢（77歳2ヵ月）であることから固辞したが、天皇から「どうか曲げて承知してもらいたい」という言葉に従ったといわれる。

主な閣僚としては、外務大臣東郷茂徳《とうごうしげのり》、陸軍大臣阿南惟幾《あなみこれちか》、海軍大臣米内光政《よないみつまさ》などである。

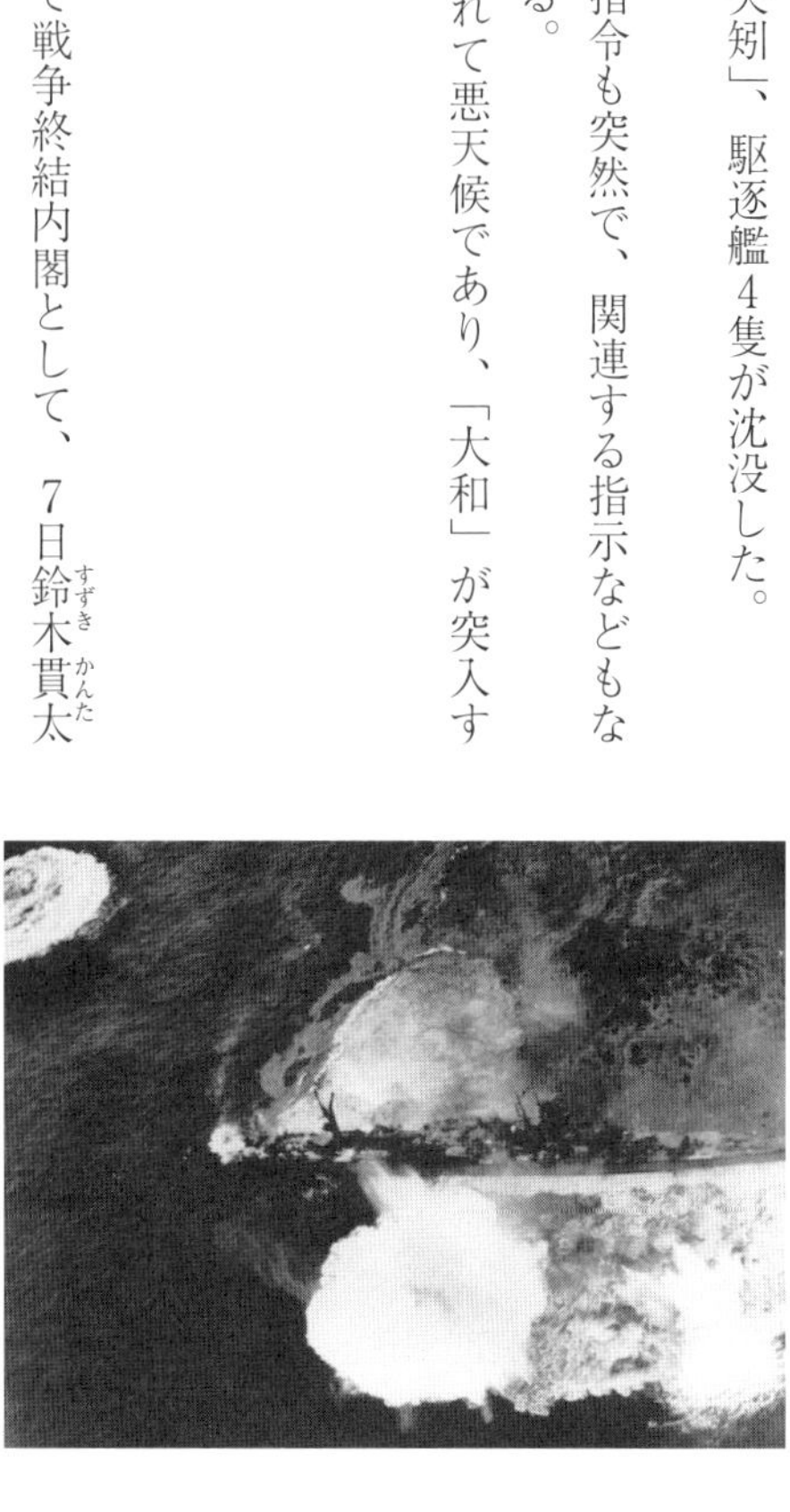

軽巡「矢矧」の最後。すでに艦は被弾、停止しており、周囲の海面は投下された爆弾の炸裂で沸き立っている

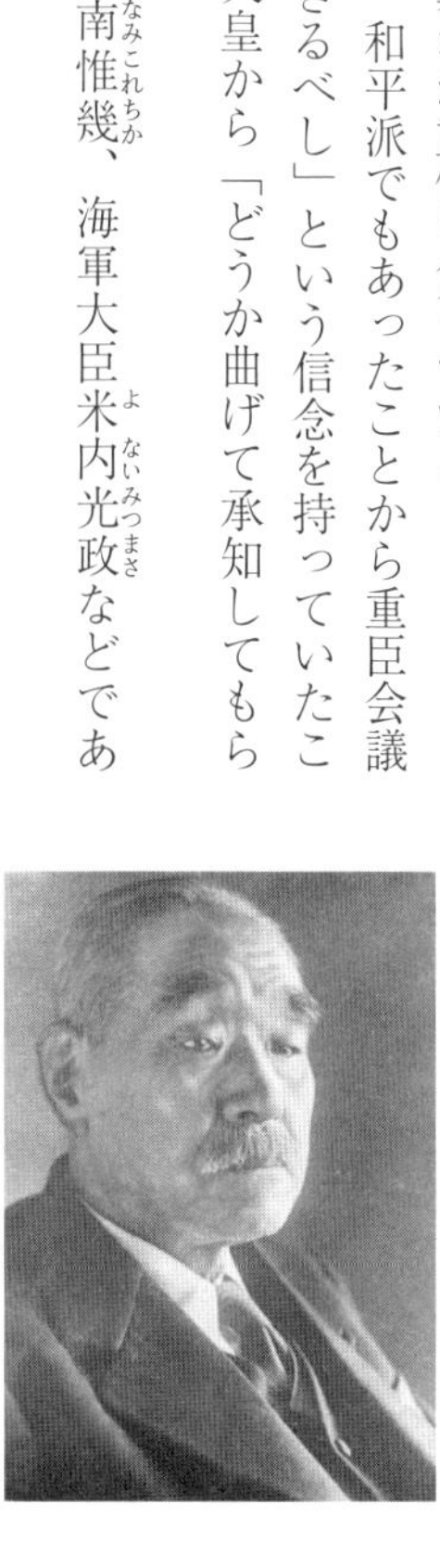

昭和20年4月7日、首相となった鈴木貫太郎。このとき77歳の高齢であった

この内閣でもって終戦工作が本格化していく。

昭和20年4月12日
アメリカ大統領フランクリン・ルーズベルト死去

昭和19年11月7日、ルーズベルト大統領は先例のない4選を果たした。その任期中に大戦の勝利は確実視されていたが、20年4月12日に急死。鈴木貫太郎首相は弔電を送っている。替わって大統領に就任したのが、副大統領のハリー・トルーマンであった。トルーマンはソ連への不信、硫黄島や沖縄戦で見せつけられた日本軍の抵抗、そして原爆の完成などにより、ルーズベルトがこだわった日本に対する全面的無条件降伏を修正していくのである。

昭和20年4月12日
海軍菊水二号作戦、陸軍第二次航空総攻撃

日本軍は続けて米軍への打撃を与えるべく、9日を予定していたが天候不良のため順延され、この日実施される。

しかし、米軍は6日に捕虜にした日本軍搭乗員から、11日に6日同様の攻撃が行なわれるという情報を得ており、雷、爆撃機からはガソリンを抜き取り、戦闘機は地上支援を取りやめ特攻機迎撃のため待機させていた。

この日の総出撃機数478機。うち特攻機は海軍98機、陸軍75機。

この攻撃で戦艦「アイダホ」、「テネシー」、「ニューメキシコ」が中破、駆逐艦1隻、その

他1隻を撃沈、駆逐艦8隻を大破させた。

なお、去る3月21日の九州沖航空戦において「桜花」を搭載した神雷攻撃隊が全滅した教訓により、その後は少数機による攻撃に変更されており、この日撃沈した駆逐艦「エーブル」は、第三神雷攻撃隊の一式陸攻8機から発進した1機の命中によるものである。

また、大破した「スタンリー」は艦首部に命中を受けたが、装甲が薄いため「桜花」はそのまま貫通し水中で爆発しての損傷であった。

昭和20年4月16日
海軍菊水三号作戦、陸軍第三次航空総攻撃

沖縄戦開始以来、特攻機による甚大な損害を憂慮したスプルーアンス大将は、ミッチャー中将指揮の第58任務部隊に15日、16日と南九州の日本軍飛行場の攻撃を命令。

日本側もこれに反撃、16日海軍菊水三号作戦、陸軍第三次航空総攻撃が実施される。未明に南九州に接近している米機動部隊を索敵機が発見。零戦76機が制空に任じ、零戦、彗星、銀河等約100機の特攻機が機動部隊に突入。空母「イントレピッド」を大破、同艦は本土に回航され戦列復帰は終戦直前となる。

これとは別に、前日の夜間からこの日の黎明にかけて、沖縄の北、中飛行場に陸海軍44機が銃爆撃を加え、その後零戦52機、紫電改32機が特攻機の突入空域を確保する中、陸海軍222機が沖縄近海の米艦艇に突入。駆逐艦1隻撃沈、5隻を大破させた。

沖縄海域での特攻作戦において米艦隊の損害で多かったのは、この日もそうであるが駆逐艦である。その多くはレーダーピケット艦（艦隊、船団の周囲100海里の地点に配置され、日本機の接近をいち早く探知する）で、米軍の防空システムでの大きな役割を担ったが、攻撃

4月16日、特攻機6機が命中した米駆逐艦「ラフェイ」。大被害を受けながらも沈没は免れた

目標にもなることが多かったためである。特攻機は未熟練から目先の目標に向かいがちで、同じ艦に多数機が執拗に突入することが多く、無駄に戦力を消耗することにもなった。「一機一艦」と叫ばれたが、この日大破したうちの1隻「ラフェイ」には22機が突入、8機の命中を受けたが同艦は沈没を免れている。

この日の日本側の未帰還機は190機であった。

昭和20年4月21日
沖縄　伊江島守備隊玉砕

沖縄には陸軍の北（読谷）、中（嘉手納）、南、伊江島飛行場、海軍の小禄《おろく》飛行場があった。19年5月から軍民を動員、その建設と整備に力を注ぎ、いわば沖縄を巨大航空母艦に仕立てようとしたのである。

しかし実際の沖縄戦において、なんら使用されることはなかった。それどころか伊江島飛行場は米軍の沖縄来攻直前に日本軍自らが破壊、北、中飛行場の存在は第三二軍、大本営にとって足かせとなった。

沖縄本島北部の本部《もとぶ》半島の沖7キロに浮かぶ伊江島の飛行場は当時東洋一とも言われたもので、その利用を考えた米軍は16日、陸軍第77歩兵師団の2個連隊をもって上陸。

同島は井川正少佐指揮の部隊（独混四四旅団の1個大隊、飛行場設営隊、住民の義勇兵など約2000名）が守備、最後には女子義勇兵さえも剃髪男装して米軍陣地に突入し、21日玉砕した。民間人を入れると死者4700名。

米軍も圧倒的な兵力にもかかわらず占領に6日間を要し、1100名の戦死傷者を出している。

昭和20年4月22日
陸軍第四次航空総攻撃

4月6日から始まった海軍の菊水作戦に合わせて、陸軍も航空総攻撃を実施してきた。

陸軍は九州に菅原道大《みちおお》中将指揮の第六航空軍（本来は教育部隊であった）、台湾に山本健児中将指揮の第八飛行師団があった。

六航軍は知覧《ちらん》、万世《ばんせい》、新田原《にゅうたばる》、都城《みやこのじょう》、大刀《たち》洗《あらい》、熊本などの飛行場を使用、同軍の特攻隊はすべて「振武隊」と名付けられた。

八師団の方は台湾から直接沖縄海域に向かう場合もあったが、より沖縄に近い石垣島や宮古島を中継基地として、それらの飛行場から出撃する部隊もあった。

同師団の特攻隊は「誠第○特攻隊」と呼称された。

先述のように、六航軍はもともと教育部隊であった。離着陸と編隊飛行がなんとかできる程度の搭乗員に施された訓練（飛行）時間は15時間であったという。燃料不足のためである。米軍戦闘機パイロットがよく「特攻機はいくら撃たれても直線飛行を続けていた」と証言しているが、敵弾を回避する術を知らなかったのである。

沖縄戦中、陸軍の特攻機の出撃は９３２機。

この日は、陸軍のみの特攻作戦となった（海軍も少数機を出撃させている）。

総出撃機数２２０機、うち特攻機は56機。機種は九九式高等練習機、九七式戦闘機などやはり練習機、旧式機が中心であった。

九七式戦といえば一式戦「隼」の前の陸軍の主力戦闘機であり、爆装については25kg爆弾4個搭載までであったが、海軍の零戦（60kg爆弾2個）同様、２５０kg爆弾を搭載した。

陸軍特攻隊の出陣式。写真は第二一三、二一四振武隊で、岐阜から知覧への移動時に別杯を交わす隊員たち。使用機は九七式戦闘機

戦果は駆逐艦以下の艦艇8隻を撃沈破、未帰還は61機であった。

昭和20年4月23日
ビルマ方面軍司令部、ラングーン脱出

3月29日、メイクテーラの奪回は断念された。これによりビルマの日本軍の敗北は決定的となり、中部の第一五、三三軍と、南西部の第二八軍は分断された。

また、首都ラングーンも危うくなってきた。方面軍司令部は第三三軍に対し、ピンマナにおいて英印軍の南下を食い止めるよう命令。

しかし壊滅状態に近い同軍にはそのような力はなく、4月19日には後退が許可される。英印軍は22日、メイクテーラとラングーンの中間に位置するトングーを占領。その後方はラングーンまで、日本軍は配兵していなかった。

この知らせを受けた方面軍司令部（軍司令官木《き》村《むら》兵太《へいた》郎《ろう》中将）は、翌23日、ラングーンを脱出、南東部のモールメンへ撤退した。

この事件はその後、「方面軍司令部の敵前逃亡」として批判されることになる。

こうしてビルマ方面軍は、末期的状況に陥っていくのである。

ビルマ方面軍司令官・木村兵太郎中将。英印軍の進攻に司令部を撤退させ「方面軍司令部の敵前逃亡」と批判を受けた

昭和20年4月25日
海軍総隊司令部創設

海軍の組織は、大きくは連合艦隊、海上護衛総隊、各地の鎮守府、警備府に分かれていたが、それら全部隊を統括するものとして、海軍総隊司令部が創設される。

総司令長官には連合艦隊司令長官豊田《とよだ》副武《そえむ》大将がそのまま就任、また海上護衛総司令長官も兼任した。これは、本土決戦に備える措置であった。

しかしこの段階での海軍には、作戦部隊として使用可能なものは、航空部隊と潜水艦部隊だけであった。

水上艦艇としては空母6隻（「天城《あまぎ》」「葛城《かつらぎ》」「隼鷹《じゅんよう》」「龍鳳《りゅうほう》」「海鷹《かいよう》」「鳳翔《ほうしょう》」）、戦艦4隻（「長《なが》門《と》」「榛名《はるな》」「伊勢《いせ》」「日向《ひゅうが》」）、重巡2隻（「利根《とね》」「青葉《あおば》」、その他シンガポールに「妙高《みょうこう》」「羽黒《はぐろ》」「足柄《あしがら》」「高雄《たかお》」）、軽巡4隻（「酒匂《さかわ》」「大淀《おおよど》」「鹿島《かしま》」「大井《おおい》」）などが残存していたが、これら大型艦を動かす燃料がなかった。

昭和20年4月28日
海軍菊水四号作戦、陸軍第五次航空総攻撃

4月6日から16日にわたる陸海軍の三次にわたる航空総攻撃、菊水作戦、その合間にも連日の航空攻撃により、米艦隊は沈没艦こそ駆逐艦以下の9隻だったが、大小艦艇80隻余りが損傷を受けた。

この状況に鑑み17日、第五艦隊司令長官レイモンド・スプルーアンス大将は、太平洋艦隊司令長官チェスター・ニミッツ元帥に九州の日本軍航空基地の攻撃を進言した。

これを受けニミッツ長官は、マリアナのＢ29部隊司令官カーチス・ルメイ少将に九州各地の飛行場の制圧を命令した。

Ｂ29による空襲は21日から始まって5月11日まで続き、参加機数延べ１０００機以上。日本側は地上での損害、邀撃のための戦闘機の出動、その他の機体の後方退避などのため、この間沖縄方面への攻撃に大きな支障をきたした。

この米軍側の動きとはうらはらに、スプルーアンス大将が意見具申を行なった同じ17日、連合艦隊司令部は沖縄航空作戦担当の第五航空艦隊の後詰である、第一〇航空艦隊の以後の進出を中止する命令を出す。日本は16日までに陸海軍合わせて約１２００機を失っており、本土決戦に兵力を温存する必要があったためである。

こうして五航艦（陸軍では第六航空軍）は、その後は手持ちの兵力（三航艦は五航艦の指揮下にあった）で戦いを続けなければならなくなる。

結果、出撃機数の減少、数をそろえても旧式機が中心になっていくのである。

そのような状況になって第3回から11日をおいて、第4回目の大規模攻撃が28日実施された。参加機数は３７３機、うち特攻機１０７機。

海軍では初めて、下駄ばきの水上機が出撃した。

駆逐艦以下の艦船9隻を損傷させたが、１００機が帰還しなかった。

昭和20年5月3日
英印軍ラングーン奪回（ビルマ方面軍崩壊）

ビルマ方面軍はインパール作戦前、同方面で攻勢に出てその他の地域では持久というのが基本戦略であった。

しかしインパール作戦は大敗北に終わり、方面軍の戦力は大幅に減少。逆に英、印、中、米の連合軍には日本軍に対する自信を与え、攻勢を激化させる結果となった。

北部、西部から70万以上の連合軍が押し寄せてきた。

それに対するビルマ方面軍のうち、インパール作戦で壊滅的打撃を受けた第一五軍（第一五、第三一、第三三師団）は、一定再建されイラワジ会戦で反撃するも敗退。

第三三軍は、第一八師団が18年10月下旬から北ビルマにおいて米中軍と8ヵ月間、第五六師団が19年6月頃から中国雲南省において中国軍と半年間戦い続け戦力の大部を損耗、途中から編入された第五三師団も含めてメイクテーラ、ピンマナの戦いでほぼ壊滅。

第二八軍（第二、第五四、第五五師団）はインパール作戦前から、ビルマ西部の要衝アキャブを中心に戦闘を続けてきたが、第二師団は東部ビルマ、第五五師団は中部ビルマに転用され、徐々に後退。

5月3日のラングーン陥落後、ペグー山系で孤立、終戦直前にシッタン河を渡河し後退。

ビルマ方面軍約30万。内戦死18万5000名といわれる。

昭和20年5月4日、5日
沖縄において第三二軍が総反撃

軍の方針により持久作戦を続行していた第三二軍であったが、再三にわたる大本営や台湾軍（第三二軍は台湾軍に属する）からの反撃要請、また、1ヵ月にわたる戦闘で司令部のある首里の前面を守っていた第六二師団は戦力の過半を失い、ついに米軍は首里まで3kmの地点まで進出してきた。

このような状況下、司令部内では第二四師団、独立混成第四四旅団をもって攻勢に出る作戦が長勇《ちょういさむ》参謀長を中心に提案された。作戦主任八《や》原博通《はらひろみち》高級参謀はこれに強く反対したが、総反撃は実施された。

5月4日早朝より、それまで温存されていた軍砲兵隊は砲撃を開始。午前中に約1万発を敵陣に撃ち込んだ。米軍側もこの砲撃を、太平洋戦争中日本軍から受けた最大のものと称している。その援護射撃のもと、大煙幕の遮蔽下に第二四師団が前進した。

第三二軍参謀長・長勇中将。沖縄に上陸した米軍への攻勢作戦を主張した

第三二軍高級参謀・八原博通大佐。長参謀長の攻勢作戦に反対した

これに対して米軍は、日本軍の進撃方向を予想し弾幕射撃で応じた。これにはまり込んだ部隊はまさに「蒸発」していった。

左翼を担った第三二連隊第一大隊（大隊長伊東孝一《いとうこういち》大尉）だけは要衝棚原《たなばる》高地を占領したが、その他では前進は見られず、5日夜牛島司令官は攻勢を中止した。

戦死傷者は約7000名、第二四師団は戦力の3分の2を失い、軍砲兵隊は砲弾の7割を撃ち尽くした。軍は独立混成第四四旅団を左翼の那覇地区に配備して米軍の突破に対処し、海軍の陸戦隊を第一線兵団に増援して戦線の維持に努めた。

総反撃の失敗により、沖縄戦は2週間以上短縮されたと分析されている。

昭和20年5月4日
海軍菊水五号作戦、陸軍第六次航空総攻撃

沖縄における第三二軍の総反撃に合わせて実施された。海軍10隊93機、陸軍17隊44機の特攻機が参加。通常攻撃機、直掩機など総出撃機数は494機。

駆逐艦2隻撃沈、護衛空母「サンガモン」、軽巡「バーミンガム」、駆逐艦2隻大破などの戦果を挙げた。

この日の海軍特攻隊の中には、水上偵察機28機で編成された「琴平水心隊《ことひらすいしんたい》」が含まれていた。そのうちの1機（最も型の古い九四式水上偵察機）は、すでに1機の命中を受けていた駆逐艦「モリソン」の航跡上に一旦着水、滑走しながら追尾し、離水して同艦に体当たりするという離れ業をやってのけた。「モリソン」は火薬庫に誘爆、轟沈している。

また、英空母「フォーミダブル」、「インドミタブル」も特攻機の突入を受けたが、英空母

詫間空で編成された水上機特攻隊、琴平水心隊の隊員たち。後方に九四式水偵が並んでいる

は飛行甲板の装甲が厚く、体当たり攻撃には強かった。英機動部隊は両艦を含め5隻の空母を沖縄戦に参加させているが、全艦特攻機の命中を受けており、「フォーミダブル」は8日にも体当たりを受け大破、英本土に後退している。

4日の日本側の未帰還は127機。

昭和20年5月7日 ドイツ無条件降伏

4月25日、ソ連軍はベルリンに突入。30日、ヒトラー総統は自決。ヒトラーから後継に指名された海軍総司令官デーニッツ元帥はヨードル陸軍大将と協力し、ソ連軍への降伏を避けながら、ドイツ軍将兵を西へ移動させる時間稼ぎをしたうえで、5月7日、連合軍最高司令部があったフランスのランスで降伏文書に調印した。

こうして日本は全世界を相手に、唯一国で戦争を継続することになる。

9日、鈴木首相は、「ドイツが降伏しても日本の戦争継続決意は不変」との声明を出すが、政府内部では秘密裡に、終戦工作が始まっていた。

昭和20年5月10日 振武集団の組織的抵抗終わる

フィリピンでは、マニラ市街戦に目途をつけた米軍が2月下旬、マニラ東方高地にあった横山静男《よこやましずお》中将指揮の振武集団に攻撃を開始した。

振武集団は第八師団（第五連隊欠）を中心に第八一、八二旅団、マニラ防衛隊など約8万

護衛空母「サンガモン」に突入をはかる特攻機。この機は25フィート外れて海面に突入した

の兵力であった。

北から集団右翼に第八二旅団長河嶋修《かわしまおさむ》少将指揮の河嶋兵団、中央にマニラ防衛司令官小《こ》林隆《ばやしたかし》少将指揮の小林兵団、左翼に第八一旅団長野口進《のぐちすすむ》少将指揮の野口兵団が布陣。

また、もともと第八師団主力が配置されていたマニラ南部には第一七連隊（連隊長藤重正《ふじしげまさ》従《より》大佐）だけが残留し、藤兵団と称していた。

2月23日、米軍2個師団が野口兵団と小林兵団の境界付近に攻撃を開始。

しかし米軍は、日本軍、特に中迫撃砲第四連隊の砲撃により、第6師団長が重傷を負うなど大きな損害を出す。この状況に、米軍はさらに1個師団を投入。このため、野口兵団は4月中旬には戦力をほぼ消耗してしまう。

小林兵団の陣地にも4月に入って米軍2個師団による攻撃が始まったが、やはり日本軍の頑強な抵抗により、米軍はここでも1個師団を増援。しかし、この攻撃にも日本軍守備隊はよく耐えていた。

4月下旬、野口兵団を壊滅寸前まで追い込んでいた米軍部隊から2個連隊が河嶋兵団攻撃のため移動するのを見た振武集団司令部は、これを同集団を圧迫していた米軍主力のルソン島北部への移動と判断してしまう。こうして、河嶋兵団と小林兵団は陣地を出撃。

再攻撃のため準備を整えていた米軍に突っ込む形になり、戦力を大きく損耗し敗退。

5月10日、攻撃中止命令が下りる。結果、その後の組織的抵抗は不可能となり、日本軍は山岳地帯に分け入り、各隊分散しての自活態勢に入った。

終戦まで生き残った将兵は6000名余りで、7万4000名が命を落とした。

ルソン島で戦闘中の米陸軍第1騎兵師団の隊員たち

昭和20年5月11日
海軍菊水六号作戦、陸軍第七次航空総攻撃

海軍11隊47機、陸軍15隊35機が、沖縄海域の米艦隊を攻撃。このうち、マーク・ミッチャー中将指揮の第58任務部隊の旗艦、空母「バンカーヒル」に2機の特攻機が突入。両機とも爆弾を投下後に体当たりしている。同艦艦上には発艦直前の艦載機30数機が並んでおり、次々と誘爆、ミッドウェー海戦における「赤城」以下と同じ状況となる。

ミッチャー中将は無事だったが、幕僚13名を含む770名が戦死傷。沈没こそ免れたが、回航されたアメリカ本土の造船所で、「史上最悪の損傷」と判断された。

ミッチャー中将は旗艦を「エンタープライズ」に変更したが、3日後には同艦も特攻機の突入を受け、本国へ回航せざるを得なくなる。九州沖航空戦での「フランクリン」に始まり、米機動部隊は5隻の正規大型空母を大破させられたことになる。(英空母も1隻)

ミッチャー中将は再度旗艦の変更(「ランドルフ」)を余儀なくされた。

またこの日の攻撃で、駆逐艦2、輸送船1も大破している。

昭和20年5月14日
名古屋大空襲

B29による日本本土空襲といえば東京に対して最も激しく行なわれたが、それに次いで多かったのが名古屋への空襲である。

東京、大阪に次ぐ第3の都市であること、そして三菱重工業の航空機工場があったことが

5月11日、特攻機の突入を受け炎上する米空母「バンカーヒル」。沈没は免れたがミッチャー中将は第58任務部隊の旗艦を「エンタープライズ」に移した

その大きな理由である。

名古屋への空襲は2月から始まっていたが、この日は最も多い472機が来襲。約2700tの焼夷弾を三菱工場や名古屋中心部に投下した。

結果、約2万戸が焼失、B29は2機が撃墜された（米軍の記録によれば、事故その他でさらに9機が失われている）。この時、パラシュートで脱出した搭乗員11名が東海軍管区、第一三方面軍により軍律会議にかけられ処刑される。さらに終戦までに、同様に27名が処刑された。

戦後、当時の軍司令官であった岡田《おかだ》資《たすく》中将をはじめ軍関係者がB、C級戦犯として起訴される。

岡田中将は、「無差別爆撃という残虐行為を行なった搭乗員は、ジュネーブ条約でいう捕虜ではない。重罪容疑者であって処刑は妥当であった」と主張。また、「命令を下したのは自分であって部下には責任はない」として責任を一身に受け、24年9月17日絞首刑台に上った。

なお、名古屋には17日にも457機が来襲、さらに2万4000戸が焼失。同市はほぼ壊滅状態となる。

昭和20年5月16日
ペナン沖海戦

2月10日、北号作戦で航空戦艦「伊勢」「日向」、軽巡「大淀」がシンガポールを出港して以降、南西方面に残る大型艦は重巡4隻だけとなった。

しかしそのうち、「高雄」「妙高」は損傷により航行不能で、両艦とも終戦までシンガポールで防空砲台として使用された。

「羽黒」と「足柄」は健在でやはりシンガポールを基地として、輸送任務に就いていた。5月16日、駆逐艦「神風《かみかぜ》」とともにアンダマン諸島へ向かっていた「羽黒」は、途中ペナン沖で英駆逐艦5隻と交戦、撃沈される。

この海戦が第二次世界大戦最後の水上戦闘となった。

「足柄」もその後の6月8日、やはり「神風」を伴ってジャカルタからシンガポールへ戻る途中、英潜水艦の雷撃によりバンカ海峡で沈没している。

日本海軍は重巡洋艦については18隻で太平洋戦争を戦ったが、14隻が戦没。残った4隻は呉で大破着底の「利根」「青葉」、そして先述の「高雄」「妙高」であった。

昭和20年5月23～26日
B29の爆撃により、東京が壊滅的被害

3月10日の大空襲以後も、東京はB29による空襲を受け続けていた。

そして5月23日から24日にかけてと、25日から26日にかけての夜間、それぞれ約500機、延べ約1000機の空襲を受ける。

これにより、まだ健在だった地域もほぼ壊滅。東京は都市機能を失ってしまう。

米軍は以後、東京を主な爆撃対象から外すことになる。

しかし両日来襲したB29に対して、陸軍第一〇飛行師団、海軍では厚木飛行場を基地とする小園安名《こぞのやすな》大佐が司令を務める第三〇二航空隊、さらに高射砲による迎撃により、43機を撃墜し100機以上に損害を与えた。

米軍も過去に例のない損害に驚き、硫黄島からのP51戦闘機の護衛を強化していった。

シンガポールのセレター軍港で終戦を迎えた重巡「妙高」。損傷して行動不能のまま、防空砲台となっていた

昭和20年5月24日
「義烈空挺隊」が沖縄北・中飛行場に突入（義《ぎ》号《ごう》作戦）

菊水七号作戦、第八次航空総攻撃にあたり、一時的にも米軍飛行場を制圧し、米軍戦闘機の行動を封殺するため、諏訪部《すわべ》忠一《ちゅういち》大尉指揮の第三独立飛行隊（九七式重爆12機・隊員32名）に分乗した奥山道郎《おくやまみちお》大尉以下136名（攻撃後のゲリラ活動のため中野学校出身者を含む）は、24日18時40分熊本健軍飛行場を出撃。

米軍のレーダーを避けるため、海面すれすれの超低空を3時間飛行。途中4機が不時着。残った8機中5機が北（読谷《よみたん》）・中（嘉手納《かでな》）飛行場に進入するも、4機は炎上しながら飛行場に突入。実際に胴体着陸に成功したのは、北（読谷）飛行場の1機だけだった。

米軍機約40機を破壊、両飛行場を大混乱に陥れた。

米軍が確認した遺体は69名だった。

昭和20年5月24、25日
海軍菊水七号作戦、陸軍第八次航空総攻撃

「義号作戦」に呼応して実施された作戦であるが、特に海軍においては特攻に使用できる航空機が底をつきつつあった。

2日間にわたった作戦で出撃した機数は500機以上。うち特攻機は約160機だったが、そのうちの40機余は、機上作業練習機「白菊《しらぎく》」であった。250kg爆弾2個を装備した同機

熊本県軍飛行場から出撃直前の義烈空挺隊員。各自、故郷に向かい遥拝を行なっている。後方の機体は乗機の九七式重爆

の最高速度は１７０㎞を超えなかった。これを目撃した米駆逐艦が、「我、低速の日本機を追跡中」と電話で会話していたという。

しかし、エンジン不調で引き返す機が半分に達した。

その他の機体も「白菊」ほどではないにしろ同様で、引き返したり途中の島々に不時着するものが多かった。先に出撃機数５００機以上と述べたが、実際に沖縄空域まで達し戦闘に参加した機数は、相当割り引いて考えなくてはならない。

しかし陸軍については海軍ほどではなく、今回の航空総攻撃でも三式戦「飛燕」や四式戦「疾風」などが、多数出撃している。

駆逐艦２隻を撃沈、同４隻大破。未帰還機１４４機。

昭和20年5月27、28日
海軍菊水八号作戦、陸軍第九次航空総攻撃

総出撃機数３０１機。うち特攻機１０１機。

第七号から出撃を開始した「白菊」であるが、昼間攻撃はほとんど不可能と判断した第五航空艦隊は、黎明、夜間攻撃に変更。乗り組んだ搭乗員は、それが出来る技量を持っていた。

駆逐艦２隻撃沈、同２隻大破（１隻は放棄処分）、その他９隻に損傷を与えている。

撃沈された駆逐艦の１隻、放棄処分された駆逐艦は「白菊」の戦果であった。２５０kg爆弾２発の威力は大きかったのである。未帰還１２０機。

その後も、６月３日から７日にかけて菊水九号作戦、第一〇次航空総攻撃。６月22日には菊水一〇号作戦が実施されている。いずれも損害多く、戦果は少なかった。

特攻のための低空飛行訓練を行なう徳島空の機上作業練習機「白菊」

昭和20年5月28日
スプルーアンスとハルゼーが交替

米軍は当初、沖縄攻略の期間を1ヵ月と想定していた。しかし、結果としてその約3倍の日数を要することになる。

連日のように日本軍の航空攻撃を受ける海軍将兵の身体的、精神的負担は大きかった。特に、その指揮を執る第5艦隊司令部の疲労は限界に達していた。このためニミッツ長官は、司令官以下幕僚の交替を命令。

28日、沖縄海域に到着したハルゼー大将は、スプルーアンス大将から艦隊の指揮を引き継いだ。作戦途中に両者が交替することは、過去になかった。

同時に、高速機動部隊指揮官であったミッチャー中将も交替。同中将はそれまで、両大将が交替しても機動部隊の指揮を執り続けていた。

しかしこの時期、沖縄の陸海の戦闘は最終段階に入りつつあった。同日、日本側では本土決戦準備のため、陸軍第六航空軍が連合艦隊の指揮下から離れている。

スプルーアンスは後に、「沖縄北方にあるいくつかの島を占領し、そこにレーダーと戦闘機を配置していれば、あのような大きな損害は受けなかったであろう。しかし、沖縄作戦計画を練っていた時、日本軍の特攻機がこれほど脅威になろうとはだれも考えなかった」と述べている。

交替早々、ハルゼー大将は6月2日、3日と九州方面に空襲をかけたが、5日九州沖縄間の海域で強力な台風に遭遇。これにより、空母2、軽空母2、護衛空母4、戦艦4、重巡3、軽巡4、駆逐艦17が損傷。航空機142機を失っている。

ハルゼーは前年12月にもフィリピン沖で同様な被害を出していたが、今回はそれを上回る規模であった。

2度目の失策で査問委員会が設置され、フォレスタル海軍長官はハルゼーの更迭を考えたが、キング作戦部長の「ハルゼー更迭は日本軍を喜ばせるだけ」という意見具申により不問に付されている。

昭和20年5月29日 海軍、最後の首脳部異動

太平洋戦争中、連合艦隊首脳部の交代は18年4月18日の山本五十六《やまもといそろく》大将の戦死、19年4月1日の古賀峯一《こがみねいち》大将の殉職と長官の死去に伴うものであったが、この日軍令部も合わせての人事異動が行なわれる。

軍令部総長には及川古志郎大将に代わり海軍総隊司令長官であった豊田副武大将、次長には小澤治三郎中将に代わり第一航空艦隊司令長官であった大西瀧治郎中将が就任。後任の海軍総隊司令長官には小澤治三郎中将が任命される。小澤長官は「多くの部下を死なせているので」という理由で中将のまま就任している。

しかし、海軍上層部には小澤中将より先任者がいた。当時はほとんど戦力なく形骸化し名のみになっていた、南東方面艦隊司令長官草鹿任一《くさかじんいち》中将と南西方面艦隊司令長官大川内傳七《おおこうちでんしち》中将である。このままでは二人は小澤中将の指揮下に入ることになるため、両艦隊は大本営直轄とされる。最後の最後まで、「先任順序」の伝統は引き継がれるのである。

昭和20年6月1日
ルソン島バレテ峠の戦い終わる

ルソン島での持久戦で最も長く持ちこたえ最も多くの損害を与えたのは、第一四方面軍司令官山下奉文大将直率の尚武集団約15万であった。

山下大将は、北部に広がるルソン島第一の穀倉地帯であるカガヤン河流域にこもっての長期持久の策に出た。

米軍が上陸したルソン西方平野からカガヤン地方へ通ずる道は２本しかなく、それぞれの要衝がバレテ峠とサラクサク峠で、特にバレテ峠は唯一の自動車道を制する地点にあった。しかし、司令部の予想以上に米軍の侵攻は速く、バレテ峠の陣地構築とサンホセに集積していた軍需品のカガヤンへの移送が大きな課題となった。

結局、その時間を稼ぐため、尚武集団の名実共に主戦力である岩仲義治《いわなかよしはる》中将指揮の戦車第二師団が持っていた戦車全てを、犠牲にせざるを得なかった。

こうしてバレテ峠では2月中旬から、サラクサク峠では3月上旬から戦闘が始まった。

サラクサク峠では戦車を失った戦車第二師団が中心になり約70日間、バレテ峠では第一〇師団長岡本保之《おかもとやすゆき》中将が守将となり、第一〇五師団、バレル岬守備隊も注ぎ込み、さらにはカガヤンに集まったあらゆる部隊を５００人単位の大隊に分けて44個編成し、次々に戦線に投入。約１００日間の戦闘が行なわれたが、６月１日ついに峠は米軍の手に落ちた。

こうして米軍はカガヤン地方になだれ込み、日本軍は最後の拠点プログ山へ。

6月28日、米軍はルソン島制圧を宣言するが、その後も終戦まで戦闘は続く。

10万の兵力を失ったが、約５万の将兵が生き残った。

戦車第二師団長・岩仲義治中将。同師団は尚武集団の主戦力であった

ルソン島での日本軍の戦死者約22万、フィリピン全土では約50万といわれる。

昭和20年6月1日
第二回大阪大空襲

Ｂ29による大阪への空襲は、３月13日から８月14日まで８回にのぼった。一般市民の死者は１万人以上といわれている。

そのうち特に大規模であったのが、６月１日（４５８機）と15日（４４４機）である。

１日の空襲では、市街北西部８平方kmが焼失した。

しかし同日、米軍も護衛についたＰ51戦闘機48機のうち、27機が悪天候のため未帰還。さらに、日本軍の迎撃によりＢ29も10機が撃墜され、81機が損傷により硫黄島に不時着している。

日本側の被撃墜は２機だけであった。

昭和20年6月5日
米潜水艦部隊、日本海に侵入

この時期、日本本土と南方を結ぶシーレーンは完全に遮断されていた。

しかし、米潜水艦乗組員が「裕仁天皇の池」と呼んだ日本海については、18年10月にそれへの侵入を試みた「ワフー」が未帰還になって以来、米潜水艦にとって近寄り難い海であった。日本側が対馬、宗谷、津軽海峡に厳重に対潜機雷を敷設していたからである。

しかし、米軍はＦＭソナーと呼ばれる周波数測定式探知機を開発、これは機雷をも探知で

硫黄島を占領後、米軍は戦闘機部隊を進出させ、以後Ｂ29の爆撃にはＰ51戦闘機の護衛がつけられるようになった

きるものであった。終戦間際になってようやく実用化にこぎつけ、6月5日から6日にかけて、これを装備した米潜水艦9隻が対馬海峡から日本海に侵入した。そして、9日から通商破壊作戦を開始。25日に宗谷海峡からオホーツク海へ抜けるまでに、27隻の商船と伊122潜を撃沈している。損害は、「ボーンフィッシュ」1隻だけだった。

米軍は終戦までに、さらに6隻を日本海に侵入させている。

昭和20年6月15日
沖縄の行政機関機能停止

沖縄県知事は島田叡《しまだあきら》。大阪の内務部長から沖縄戦が始まるわずか2ヵ月前の1月31日に赴任してきた。

米軍上陸まで北部地域への老幼婦女子の疎開や食糧の確保に尽力している。

また、第三二軍の南部撤退について、多くの住民を戦渦に巻き込むことになると強く抗議している。

県庁も首里の壕から南部糸満の轟の壕に移動していたが、この日知事は従ってきた県職員に、県としての活動停止と爾後の各自の自由行動を指示した。

その後摩文仁へ移動、牛島司令官と面会しているが、さらにその後の消息は不明である。

島田知事は学生時代野球に熱中し、旧制神戸二中時代に第一回全国中等学校優勝野球大会に出場している。

知事の献身的な働きは沖縄県民に高く評価されており、野球を愛し甲子園近くの出身ということから、夏の全国高校野球大会の県代表には「島田杯」が授与されている。

昭和20年6月17日
B29による無差別爆撃、中小都市へ移る

B29による都市への無差別爆撃は東京、名古屋に始まり、神戸、大阪、川崎、横浜と大都市を次々と焼け野原にしていった。

しかし、これらの大都市への空襲は、6月15日の大阪空襲（４４０機来襲）でほぼ終了した。その後、目標は中小都市へと移る。

17日から18日にかけて４５０機が鹿児島、大牟田、浜松、四日市を夜間空襲した。これを皮切りに終戦までに2ヵ月間で、多くの中小都市が焼き払われる。

また6月中旬以降になると、本土決戦に備え戦力の温存が図られるようになり、迎撃にあがる戦闘機も減少。17日から18日にかけての空襲で、米軍が失ったのは1機だけだった。

昭和20年6月23日
沖縄戦終結

5月4日から5日にかけての第三二軍の総反撃は失敗。大きく戦力喪失した日本軍に対して米軍は陸軍3個師団、海兵2個師団計8万５０００名でもって、11日から首里防衛線への総攻撃を開始した。

三二軍の防衛線は西岸の那覇、中央の首里《しゅり》、東岸の運玉森《うんたまむい》を結ぶ線であったが、米軍は西岸、東岸を突破して首里を包囲する作戦であった。

西岸での首里防衛の要衛安里《あさと》五二高地（米軍は「シュガーローフ・ヒル」と呼んだ）の独立

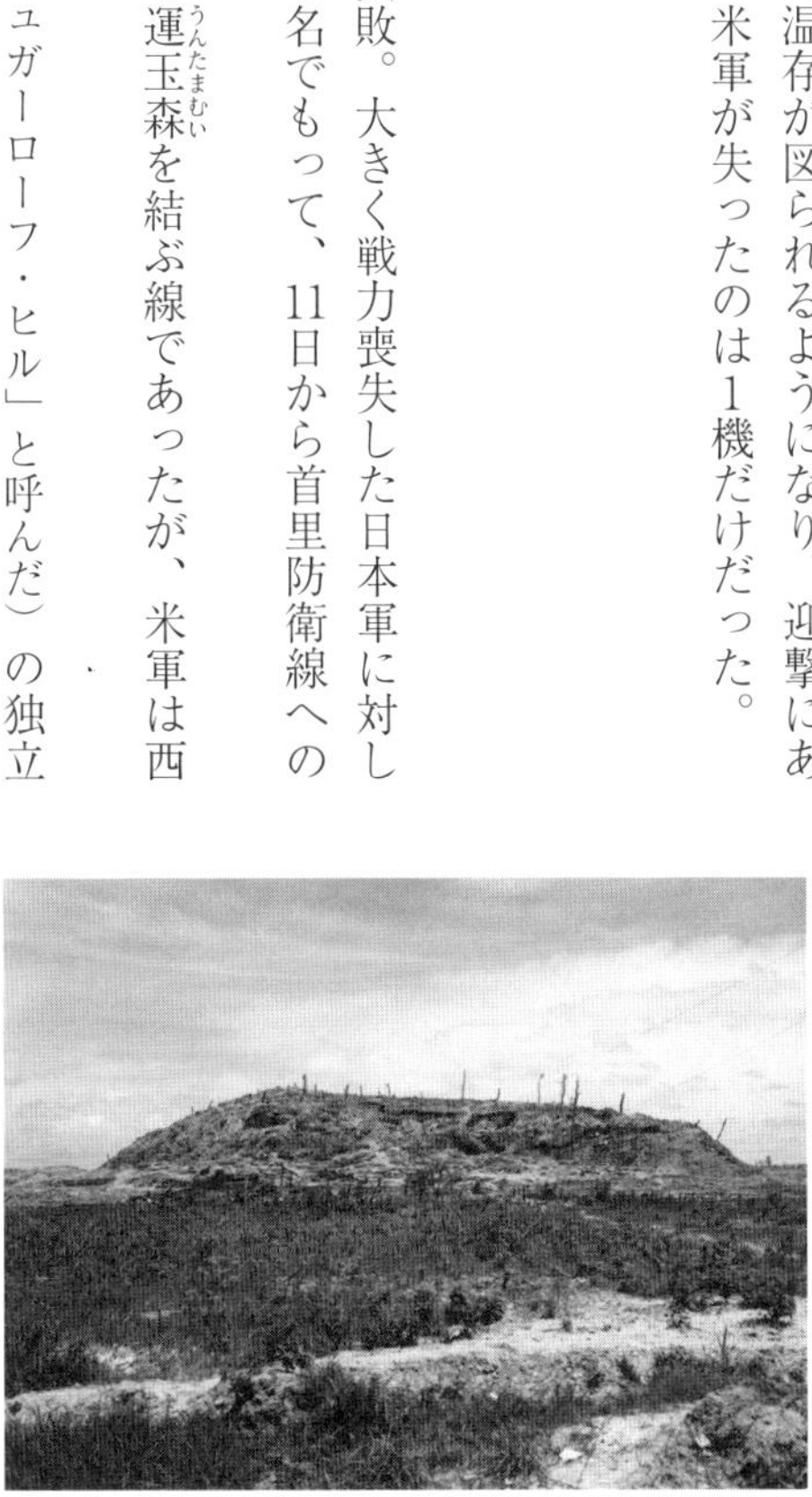

首里防衛の要衛、安里五二高地（米側呼称「シュガーローフ・ヒル」）。日本陸軍と米海兵隊の間で、凄惨な争奪戦が繰り広げられた

混成第四四旅団と米第6海兵師団との争奪戦は凄惨を極めた。しかし、同高地も18日には米軍が占領。東岸の運玉森も、20日米軍の手に落ちた。

この戦況を見て22日、三二軍司令部は喜屋《きゃん》武半島への撤退を決定した。首里周辺にはいまだに5万は残る兵力を収容する陣地がないこと、喜屋武半島は以前第二四師団が配備されていたため洞窟陣地や天然のガマも多数あり、残存将兵を収容でき、物資もかなり備蓄されているのがその理由であった。

こうして26日から、梅雨の豪雨を利用して移動を開始した。自力で移動できない5000名が自決。途中でさらに1万5000名が砲爆撃で失われたが、米軍の包囲のわずかの隙間から3万名が脱出し、新たな配置に付けたのは奇跡的ともいえる。

6月4日、米軍は小禄地区に進出。同地を守備していた海軍部隊は首里での戦闘に2500名の陸戦隊を派遣しており、残った兵員は航空関係者や設営隊であった。小銃が数人に1挺、同部隊が「槍部隊」と呼ばれるゆえんである。そのような状況でも10日間抵抗を続けたが、13日に沖縄方面根拠地隊司令官大田実少将が自決し、組織的抵抗は終わる。大田少将が打電した「沖縄県民斯く戦えり。県民に対し後世特別のご高配を賜らんことを」という電文は有名である。

同じ頃、喜屋武半島に撤退した第三二軍に対しても、米軍の攻撃が開始されていた。先述のように3万の兵が撤退できたが、戦闘部隊といえるのはその3分の1程度で、それ以外は火砲を失った砲兵や設営隊、現地召集の防衛隊等で、戦力は著しく低下していた。三二軍は八重瀬《やえせ》岳《だけ》、与座《よざ》岳《だけ》、国吉《くによし》台地を結ぶ線を防衛線としていたが、14日に八重瀬岳、16日には与座岳が米軍の手に落ち、日本軍は急速に島の南端に追い詰められていった。

この地域には戦火を逃れて避難していた多数の沖縄県民がいたことで、軍民混在しての地獄絵のような戦闘になる。沖縄戦における住民の戦没者の6割がこの地域で亡くなっている。

沖縄方面根拠地隊・大田実少将。沖縄守備の海軍部隊トップだった

沖縄で戦死した米第10軍司令官サイモン・バックナー中将（右端）。この写真は彼が砲撃で戦死する直前に撮影された

18日には軍司令部と各部隊との通信は途絶し、軍としての組織的抵抗は不可能となる。

こうして23日、牛島満軍司令官と長勇参謀長が摩文仁《まぶに》の司令部洞窟で自決。これにより日本軍の組織的抵抗は終わり、この日が沖縄戦終結の日となっている。しかし、その段階でもまだ多くの将兵が生き残っており、6月末までの米軍による掃討戦で9000名が戦死している。7月2日、米軍は沖縄作戦終了を宣言した。

日本軍戦死者9万4000名。ほぼ同数の住民が死亡している（諸説あり、正確な数は不明）。

航空機の喪失3000機（うち特攻機1900機）。

米軍も、第10軍司令官サイモン・バックナー中将を含む戦死1万2000名、戦傷5万5000名、脳症患者2万6000名。海軍も艦艇36隻沈没、368隻損傷、航空機768機を失っている。

硫黄島に続き、勝者であるアメリカには勝利感というものはなかった。沖縄戦においても、1ヵ月で攻略予定が現実にはその3倍の日数を要し、想定以上の大損害を被った。

日本本土上陸作戦を準備するも、硫黄島、沖縄での日本軍の抵抗ぶりからして、その実施には膨大な損害が出ることが予想されるようになり（最大の推定で死傷者400万名）、アメリカの姿勢は、あくまで日本を全面的に屈服させる方針から、妥協を含む対日講和へと方針変換されていく。しかし、原爆投下もその延長線上にあったのである。

昭和20年6月23日
「義勇兵役法」公布される

この法律により15歳以上60歳以下の男子と、17歳以上40歳以下の女子が国民義勇兵となっ

沖縄戦のさなか、米軍に保護された老人や子供たち

た。

沖縄での戦いは陸軍にとって、本土決戦準備のための時間稼ぎでしかなかった。

4月8日、参謀本部は滋賀県と岐阜県を境に本土を二分し、東に第一総軍（司令官杉山元《すぎやまはじめ》大将）、西に第二総軍（司令官畑俊六《はたしゅんろく》大将）を置き、また陸軍航空部隊は航空総軍にまとめられた（北海道以北については、第五方面軍）。

同時に各総軍に対し「決号《けつごう》作戦準備要綱」を指示。「決号」とは本土決戦を意味する。根こそぎ動員により200万の数だけは揃えたが、武器は行き渡らず指揮官の不足も深刻であった。海軍は、軍事的には崩壊していた。

陸軍は、ほぼ正確に米軍の上陸地点を予想していた。そのため九州と関東にその主力を配備、そこで米軍に痛撃を加え、少しでも有利な条件で講和に持ち込む目論見であったのである。

開戦時、51個師団でスタートした陸軍はその後膨張を続け、終戦時173個師団にまで達していた。

昭和20年6月29日
トルーマン大統領「オリンピック」作戦の実施を承認

連合軍による日本本土上陸作戦は、「ダウンフォール」作戦と呼ばれる。

全陸軍部隊をマッカーサー元帥、全海軍部隊をニミッツ元帥が指揮。

作戦は2本立てで、本州進攻にあたりその前哨基地、不沈空母として南九州を占領する「オリンピック」作戦（20年11月1日開始予定）。

そして、首都東京をはじめ本州への侵攻である「コロネット」作戦（21年3月1日開始予定）である。

5月10日に米統合参謀本部が正式決定、15日には作戦準備が発令されていた。しかし、本当に実施するかは、統合参謀本部内でも慎重論が少なくなかった。「空襲と海上封鎖で日本を屈服させることができる」「作戦実施による被害の大きさ」がその理由であった。

6月29日、トルーマン大統領は「オリンピック」作戦についてその実施を承認したが、広島、長崎への原爆とソ連の参戦により日本がポツダム宣言を受け入れたことによって、結局作戦は実施されることはなかった。

しかし、もし作戦が実施されていたらどうなっていたか。

戦後、米参謀総長ジョージ・マーシャルは次のように述べている。

「沖縄と同様な損害を出すことは出来ないと判断していた。原爆製造責任者からは、原爆の完成は9月までに3個。その後は毎月3個ずつ完成するとの報告を受けていた。オリンピック作戦においては、それに任ずる第6軍の3個軍団にそれぞれ3個の使用を考えていた。上陸地点に1個、直ちに応援に来る日本軍に1個、さらに山越えで加勢してくる日本軍に1個というものであった」と。

それでも日本が降伏しなかった場合、その後のコロネット作戦においても同様の事態が現出した可能性が考えられる。

昭和20年7月1日
オーストラリア軍、バリクパパンに上陸

ボルネオ島のタラカンやバリクパパンには油田があり、緒戦において日本軍が占領、日本にとって重要な石油資源地帯であった。

日本本土上陸作戦を承認したハリー・S・トルーマン米大統領

しかしフィリピンが米軍の手に落ちたことで日本と蘭印とのシーレーンは遮断され、戦略的な価値はなくなっていた。

同島には陸軍第三七軍（司令官馬場《ばば》正郎《まさお》中将）と海軍第二二特別根拠地隊（司令官鎌田《かまた》道章《みちあき》中将）、約2万2000名が配備されていた。

連合軍はブルネイ湾をイギリス艦隊の泊地とし油田を奪回するという目的で、ボルネオ攻略に乗り出す。上陸軍はオーストラリア軍第7、9師団であった。

5月1日、東岸のタラカン島に第9師団第26旅団が上陸。日本側は2200名の陸海軍部隊が、6月中旬まで抵抗を続ける。

6月10日には、第9師団主力がブルネイに上陸。日本の陸軍独立混成第五六旅団の組織的抵抗は、1週間で終わった。

そして7月1日、第7師団がバリクパパンに上陸。第二次大戦最後の大規模上陸作戦といわれる。

同地の日本側は海軍第二二特別根拠地隊を中心に1万1000名が守備に就いていたが、防空部隊や石油技術者などが多く、戦闘部隊は3分の1程度であった。

ここでも飛行場を守るための組織的抵抗は9日間で終了、その後は終戦まで散発的な戦闘が続いた。

こうして連合軍はボルネオ島を奪回したのであるが、間もなく終戦となり戦略的意義はほとんどなかった。

日本軍は約5000名が戦死、オーストラリア軍も約2000名の戦死傷者を出している。

ボルネオ島タラカンに上陸したオーストラリア陸軍のマチルダ歩兵戦車

昭和20年7月10日
米機動部隊、日本本土への本格的攻撃開始

先述のようにニミッツ長官は、5月末沖縄作戦中であったが、その指揮官をスプルーアンスからハルゼーに交替させた。しかし、その後の日本軍からの航空攻撃の衰退、沖縄の基地航空兵力の充実により、ハルゼー艦隊は6月13日レイテ湾に帰投。今度は日本本土上陸作戦に先立つ航空作戦に備えるため、補給、準備を整えた後、再度出撃した。

こうして7月10日、艦隊は日本近海に接近。この日を皮切りに第38任務部隊は日本近海にとどまり続け、17日には第37任務部隊と呼ばれた英艦隊も合流。この史上最大、最強の機動部隊が日本本土を空襲、時には随伴の戦艦部隊は分離されて沿岸都市を艦砲射撃した。日本側は本土決戦に備え航空兵力を温存したため、ほとんど損害もなかった。

以下、時系列で紹介する。

7月10日　延べ1200機が関東地方を空襲
14日　延べ1100機が東北、北海道地方を空襲
　戦艦4、巡洋艦2、駆逐艦8が釜石を砲撃
15日　延べ1000機が東北、北海道地方を空襲
　戦艦4、巡洋艦2、駆逐艦8が室蘭を艦砲射撃
17日　戦艦2を中心とする艦隊が日立を艦砲射撃
　英戦艦1を中心とする艦隊が小樽を艦砲射撃
18日　延べ1200機が関東地方を空襲

第37任務部隊と呼ばれた英海軍機動部隊の空母群

米艦隊が房総半島を艦砲射撃
24日 延べ1450機が西日本を空襲
25日 延べ1000機が東海地方を空襲
米艦隊が串本を艦砲射撃
28日 延べ2600機が西日本を空襲
29日 駆逐艦8が浜松を艦砲射撃
30日 延べ2000機が関東、東海、関西地方を空襲
米艦隊が浜松を艦砲射撃
31日 米艦隊が清水を艦砲射撃
8月1日 延べ1600機が東北地方を空襲
米艦隊が釜石を艦砲射撃
10日 延べ2000機が関東地方を空襲
12日 米艦隊が松島を艦砲射撃
13日 延べ900機が関東、東北地方を空襲
米艦隊が下田を艦砲射撃
15日 早朝に関東地方に空襲があったが、マッカーサー元帥の中止命令で午後からの攻撃は停止される

昭和20年7月14、15日
米機動部隊が北海道、東北地方を攻撃

B29による本土空襲は、6月中旬頃から大都市から中小都市へ移行、地方都市も次々と焼

け野原と化していった。

しかし航続距離の問題から、特に北海道はＢ29による空襲を免れていた。

そのような中、米機動部隊の艦載機がＢ29に替わって同地方を空襲。

14日、15日の2日間にわたり、両日とも１０００機以上で北海道の主な都市、東北では青森、八戸、秋田、大湊、釜石、そして両地方を結ぶ青函連絡船が狙われる。さらに機動部隊から分離した戦艦4、巡洋艦2、駆逐艦8の艦隊が、14日釜石、15日には室蘭の製鉄所に艦砲射撃を加えている。

両日で艦艇6隻、輸送船25隻、青函連絡船8隻（他に4隻が大中破）が撃沈され、本州と北海道の交通は遮断される。

昭和20年7月16日
アメリカ、原爆実験に成功

アメリカは昭和17年6月から、巨費を投じて「マンハッタン計画」に基づき、原子爆弾の開発、製造に着手していた。

それから約3年後のこの日、ニューメキシコ州において爆発実験が行なわれ成功をみた。

その結果は、すぐにポツダム会談に臨んでいたトルーマンに伝えられる。

トルーマンは日本への投下を決断、スターリンにも伝えられた。

これを受け、目標設定委員会が広島（日本の海運の中心地）、小倉（大量の弾薬を生産している造兵廠がある）、京都（都市の規模、盆地という地勢が原爆の威力確認に最適）、新潟（大陸との繋がりがあり、工業地帯も持つ）を候補に挙げた。

しかし、スチムソン陸軍長官が京都の歴史的、文化的価値の重要性を指摘、結局候補から

7月15日、北海道函館に雲上からレーダー照準爆撃を行なう空母「ヨークタウン」搭載のアベンジャー艦攻

外れ、代わりに長崎（造船所を中心とする工場施設があり、京都同様地勢的に適している）が加えられた。

昭和20年7月20日
ビルマ方面軍第二八軍、ペグー山系から撤退開始

　ビルマ南西地域の防衛に当たっていたのは、桜井省三《さくらいしょうぞう》中将指揮の第二八軍であった。その担当正面は７００kmにも及ぶ。その麾下には、インパール作戦の際コヒマを占領、その後師団の撤退の殿《しんがり》を務めた第三一師団歩兵団長宮崎繁三郎《みやざきしげさぶろう》少将が中将に進級し指揮を執っていた第五四師団、独立混成第七二旅団、軍直轄部隊があった（もともと二八軍の中核兵団であった第五五師団は、中部ビルマの防衛に引き抜かれていた）。

　インパール作戦失敗後、この方面でも英印軍の攻勢が本格化してきた。

　この年の1月3日、英印軍がアキャブに上陸。第五四師団との間に戦闘が始まる。

　しかしその後、ビルマ中南部の日本軍が崩壊寸前になっていく状況に鑑み、桜井軍司令官は全軍に対しラングーン北東にあるペグー山系への移動を命令。

　第五四師団は英印軍3個師団を振り切りながらの３００kmに及ぶ撤退を開始、6月15日にペグー山系に到着した。同地に集結した第二八軍将兵は3万５０００名。

　季節は雨季に入っていたが、その雨を利用して戦史に前例を見ない大撤退作戦が7月20日開始された。幅５００mのシッタン河と、その東西に広がる所によっては首まで没する数十kmの水田地帯の突破であった。

　周囲は全て敵軍の制圧下にあり、その砲爆撃にほとんど応戦できなかった。将兵は各自2、3本の竹を携行していた。これを組んで筏を作り、装具を乗せ兵隊はその周りに取り付いて

第二八軍司令官・桜井省三中将。ビルマ南西地域の防衛に当たっていた

泳ぐという方法でシッタン河を渡河。渡河後も西側と同様の泥湿地をさらに東を目指した。8月上旬、生きて友軍地域までたどり着いたのは1万7000名。半数が命を落とした。

昭和20年7月26日
米・英・中によるポツダム宣言発表される

7月17日から8月2日にかけて、米大統領ハリー・トルーマン、英首相ウィンストン・チャーチル、ソ連ヨシフ・スターリンの三巨頭が、ベルリン郊外のポツダムで会談。その途中の26日、日本の無条件降伏を求めるポツダム宣言を発表する。ソ連はまだ対日参戦前で国名は連ねず、中国に対してはほぼ事後承諾に近かった。宣言文は、ほとんどアメリカ政府の起草だった。これに対して日本政府はソ連を通じての終戦工作を模索中であったことから、鈴木貫太郎首相が「カイロ宣言の焼き直しであり重視せず」と発言したことが「黙殺」「拒否」と受け止められ、アメリカは態度を硬化させる。ソ連の対日参戦が迫っていることから原爆投下を急ぐ。この様子を見たソ連も対日参戦を急ぎ、8月6日広島に原爆、9日にソ連の対日参戦、同日長崎に原爆と、日本に対する決定的な出来事が続き、15日の終戦へと向かっていった。

ポツダム会談時の三巨頭。左から英首相ウィンストンチャーチル、米大統領ハリー・トルーマン、ソ連首相ヨシフ・スターリン

昭和20年7月28日
呉軍港に残存していた海軍艦艇壊滅

7月24日、米機動部隊から発艦した戦爆連合1450機が中国地区に来襲。うち670機が呉軍港を空襲。在泊艦艇のほとんどが被害を受ける。

さらに28日、再度米艦載機650機が来襲。先日の空襲で相当な被害を受けていた各艦は海上砲台となって応戦するも、ほとんどの艦艇が大破着底、横転沈没という状態になった。主な艦艇として、戦艦「榛名」「伊勢」「日向」、空母「天城」、重巡「青葉」「利根」、軽巡「大淀」「北上」などがある。

7月28日、呉港外の江田島小用沖で米空母搭載機の爆撃を受ける戦艦「榛名」

昭和20年7月29日
神風特別攻撃隊「第三龍虎隊」、沖縄海域に突入

神風特別攻撃隊といえば、初めは零戦に250kg爆弾を抱かせて敵艦に体当たりすることから始まったが、その後様々な機種が様々な爆弾を抱いて出撃していった。沖縄戦の頃になると、陸軍では旧式の九七式戦闘機、海軍では下駄ばきの水上偵察機も機体不足から使用されるようになった。

さらにその末期になると、機上作業練習機「白菊」のような、およそ戦闘に使用する機体ではないものまでも登場。

そして終戦まぎわの7月29日には、「赤とんぼ」の愛称で親しまれた九三式中間練習機で編成された第三龍虎《りゅうこ》隊7機が宮古島を出撃、沖縄海域の米艦隊に突入している。出撃してもほとんど戦果がなかったこの頃、同隊は駆逐艦1隻を撃沈、同2隻と輸送艦1隻に損傷を与えている。

昭和20年7月30日
伊号第五八潜水艦が米重巡「インディアナポリス」を撃沈

米重巡「インディアナポリス」は、広島、長崎に投下された原爆の起爆装置とウラン235をテニアン島に運ぶ任務を与えられ、7月16日サンフランシスコを出港。26日にテニアン島に到着し物件を揚陸した後、グアム島経由レイテ島へ向かっていた。

7月30日、単艦で航行していた同艦を、回天特別攻撃隊「多聞隊《たもんたい》」として出撃していた伊号第五八潜水艦（艦長橋本以行《はしもともちつら》少佐）が発見。回天は使用せず魚雷6本を発射、うち3本が命中した。「インディアナポリス」は10分余りで沈没。

太平洋戦争で米軍が失った最後の艦となる。

また、日本潜水艦が撃沈した最初で最後の重巡洋艦であった。

昭和20年7月30日
駆逐艦「雪風」最後の戦闘

駆逐艦「雪風《ゆきかぜ》」は「陽炎」型の8番艦で、開戦時より幾多の作戦、海戦に参加してきた。海戦で言えば、スラバヤ沖海戦、ミッドウェー海戦、第二次ソロモン海戦、南太平洋海戦、第三次ソロモン海戦、コロンバンガラ島沖海戦、マリアナ沖海戦、レイテ沖海戦。

また、ガダルカナル島撤収作戦に3回とも参加。

「ダンピールの悲劇」といわれたラエ輸送作戦においても、護衛にあたった8隻のうち4隻までが撃沈されたが「雪風」は無傷だった。

そして20年4月7日には、戦艦「大和」の沖縄突入作戦でも第二水雷戦隊の一艦として随伴し、やはり無傷で帰還している。

その後二水戦も解隊され、「雪風」はやはり無傷で戻った「初霜」とともに舞鶴へ回航、砲術学校の練習艦となった。

陽炎型駆逐艦「雪風」。日本海軍で最も武勲に恵まれた艦といわれる

沖縄戦が終結し7月に入ると、米軍はＢ29だけでなく、硫黄島を基地とするＰ51戦闘機、沖縄を基地とする陸軍機、機動部隊の艦載機をフル動員して日本各地を空襲。さらに太平洋沿岸の都市には艦砲射撃まで加えるようになる。

そのような中の30日、米艦載機約２０００機が関東から関西までの広範囲の地域を空襲。舞鶴港にも数十機が来襲した。「雪風」と「初霜」はその時、宮津湾におり対空戦闘を行なうも、「初霜」は触雷して大破着底、「雪風」はこの日も無事だった。

大戦を戦い抜いた艦隊型駆逐艦（特型、「初春」型、「白露」型、「朝潮」型、甲型）88隻のうち、終戦まで生き残ったのは3隻だけで、無傷であったのは「雪風」だけだった。日本海軍で最も武運に恵まれた艦といわれるゆえんである。

「雪風」は戦後特別輸送艦となり、復員輸送に従事。

その後は賠償艦として中華民国海軍に引き渡されて「丹陽」と改名され、一時期同海軍の旗艦を務めたこともあった。その後解体され、その舵輪と錨が日本に返還されている。

現在、江田島の旧海軍兵学校教育参考館に保存、展示されている。

昭和20年8月6日
広島に原子爆弾投下される

テニアン島を出撃したＢ29「エノラ・ゲイ」号が「リトルボーイ」と名付けられたウラニウム型原爆を投下。その破壊力は、ＴＮＴ火薬1万５０００ｔ相当に上る。

午前8時15分、市街地上空６００ｍで爆発。爆心地の地表温度は３０００～４０００度に達し、衝撃波と熱線、放射線が市内を襲った。キノコ雲は1万６０００ｍの高度に達し、その後黒い雨を降らせた。当時広島の人口は約35万人、20年末までに約14万人が死亡した。

広島に原子爆弾を投下したＢ29「エノラ・ゲイ」号

8月6日、広島に投下された原爆のキノコ雲

翌７日未明、トルーマン大統領は原爆投下を声明。

これに対し日本政府は10日、スイス政府を通して、３月から始まったＢ29による無差別爆撃も含めて、抗議文をアメリカ政府に提出している。

昭和20年8月9日
ソ連が対日参戦

戦争の終結を模索していた日本政府は、ソ連を仲介としてできるだけ好条件での和平を望んでいた。そのようなことなど不可能であると、駐ソ大使佐藤尚武は現地にあって冷静に認識していたが、ヤルタ会談のことなど知る由もない政府は近衛《このえ》文麿《ふみまろ》を特使として派遣しようとするが、ソ連はこれを拒否。

スターリンはヤルタ会談で、ドイツ降伏3ヵ月余りをおいて日本に宣戦する旨をルーズベルトと約束していた。ドイツが5月に降伏するとヨーロッパにあった兵力を急速に極東に移動させ、ソ満国境に配備していた。

しかし、アメリカの原爆の完成、7月26日のポツダム宣言の発表によって日本の降伏が現実味を帯びる状況に至り、スターリンは対日参戦を可能な限り急ぐことを命令。

こうして、もともと8月20日から25日頃と予定していた参戦日は9日に変更、決定された。

8日午後11時、ヴァチェスラフ・モロトフ外相は佐藤大使に宣戦布告文を手交。

日ソ中立条約がいまだ有効であるため、その理由として「ポツダム宣言を拒否した日本に対して、連合国の要請に基づき参戦する」という内容が記されていた。

こうして8月9日午前0時、ソ連は対日参戦し、同時に作戦行動を開始。

兵員約１５７万、戦車・自走砲約５５００両、航空機約５０００機をもって3方向から満

国境を越え、満州に侵攻してきたソ連軍戦車部隊

州に攻め込んできた。

これを予期していた関東軍（総司令官山田《やまだ》乙三《おとぞう》大将）は、満州のほとんどを放棄して南満州の通化に総司令部を移し、大連―新京―図們《ともん》を結ぶ線で持久戦を行なう予定だった。

しかし、予想より1ヵ月以上も早いソ連の参戦に、完全に準備不足の状態でソ連軍を迎えることになる。それでも満州各地で圧倒的なソ連軍に対し関東軍は敢闘し、一部局地戦においては勝利を得ることもあったが、所詮焼石に水であった。

また、150万の在満邦人が置き去りにされる結果となってしまう。

8月15日、日本が降伏した後もソ連は攻撃を続行。日本側も停戦交渉成立までの自衛戦闘は認めたので、終戦後も戦闘は続いた。

昭和20年8月9日
長崎に原子爆弾投下される

B29「ボックスカー」号が、「ファットマン」と名付けられたプルトニウム型原爆を搭載してテニアン島を離陸。同原爆は6日、広島に投下されたウラニウム型の1・5倍の威力をもっていた。

「ボックスカー」号は初め福岡県小倉市（現北九州市）を目標としており、45分間同市上空にあったが天候不良のため視認投下することができず、第2目標であった長崎市に移動する。長崎市上空も厚い雲に覆われていたが、一瞬雲の切れ間から市街を確認して投下。

午前11時2分、市街地上空500mで爆発した。

3日前の広島同様に市街は壊滅。死者約8万人、負傷者約8万人を出した。

なお、テニアン島にはさらなる原子爆弾の部品が準備されており、プルトニウムさえ搬入

8月9日、2発目の原爆が長崎に投下された

されればすぐに組み立てられる状況であった。8月20日前後には第3の原爆が投下可能であったという。

昭和20年8月12日
「天山」艦攻隊、米戦艦「ペンシルバニア」を雷撃

米戦艦「ペンシルバニア」といえば、開戦の日、真珠湾において日本軍機の奇襲を受けた米戦艦群の1隻であった。爆弾1発が命中、中破した。

その後修理、改装され、米軍の対日反攻が始まると、アッツ島奪回作戦に始まり、ギルバート、マーシャル、マリアナ、ペリリュー、レイテ、ルソンと、その艦砲射撃により上陸作戦を支援した。

そしてさらに改装されたうえで、日本本土上陸作戦に備え沖縄に進出してきた。

しかし中城湾《なかぐすくわん》に到着した8月12日の夜、串良《くしら》基地を出撃した海軍第九三一航空隊の「天山」艦攻4機の雷撃を受ける。命中魚雷は1本であったが、同艦は中破した。

これが、日本航空部隊が艦船攻撃であげた最後の戦果となった。

同艦は開戦直後の第1弾と、終戦直前の最終弾を受けたことになる。

戦後、「ペンシルバニア」は旧式艦であること、損傷していたことから、日本海軍の戦艦「長門」などと共に、原爆実験に使用された。

日本海軍の艦上攻撃機「天山」

昭和20年8月15日 終戦の日

広島の原爆、ソ連の対日参戦、長崎の原爆と、日本にとってたて続けに決定的な出来事が続いた。しかし、それでもなお陸軍を中心に戦争継続が主張されていた。

わが国の皇室は、イギリス皇室の影響を強く受けていた。つまり、統帥部と政府の間で意見の一致を見たものはそのまま裁可する（英国の場合は、軍の上に政府があったので政府が決定したものを裁可する）というしきたりを順守していたので、戦争の動向について質問することはあっても、天皇自身が決定、指導することはなかった。

しかし、唯一の例外が戦争終結の際に現出した。

統帥部と政府は、戦争継続か否か方針をまとめることができなかった（最高戦争指導会議において鈴木貫太郎首相、東郷茂徳《とうごうしげのり》外相、米内光政海相が戦争終結を、阿南惟幾陸相、梅津美治郎参謀総長、豊田副武軍令部総長が戦争継続を主張していた）。

9日の御前会議で、ポツダム宣言を受け入れる旨の聖断が下された。

それを受けて日本政府が照会したものに対する連合国側の回答に、「天皇および日本政府の国家統治の権限は、連合国軍最高司令官にｓｕｂｊｅｃｔ ｔｏされる」という文言があり、これを「隷属」と解釈する継戦派が反発した。

態度を決めかねた政府は、9日に続いて14日にも御前会議を開き、天皇のご聖断を仰いだ。最終的に、国体護持のみを条件としてポツダム宣言を受け入れることを連合国に通知。

陸軍省幕僚と近衛師団参謀が近衛師団長を殺害し、兵を動員して宮城を占拠、天皇を重臣から隔離し玉音盤《ぎょくおんばん》を奪おうとする事件（宮城《きゅうじょう》事件）があったが、結局は鎮圧され、15日正午

昭和20年8月15日、街頭のラジオで天皇が終戦を知らせる「玉音放送」を聞く人々

玉音放送により終戦が国民に伝えられた。

未明に陸軍大臣阿南惟幾大将が官邸で自決、翌16日には「特攻」の生みの親とされる海軍軍令部次長大西瀧治郎中将も自決（その他、終戦を知った多くの軍人が国の内外で自決している）。

また、玉音放送を聞いた後、第五航空艦隊司令長官宇垣纏中将は、彗星11機を率いて沖縄海域の米艦隊に突入、戦死。

鈴木貫太郎内閣総辞職。17日、東久邇宮《ひがしくにのみや》内閣が成立する。

昭和20年8月18日
ソ連軍、占守島《しゅむしゅとう》に上陸

15日以降もソ連軍による満州侵攻は続き、関東軍との戦闘は継続されていた。

ソ連も対日参戦を急いだため準備不足であり、また戦力著しく衰えたりといえど関東軍の必死の抵抗もあり、ソ連軍の進撃は予定より遅れていた。

8月15日、トルーマン大統領は日本の降伏を受けて、スターリン首相に対し南樺太は認めたものの、千島列島についてはその占領をソ連の分担としなかった。

これに対しスターリンは、千島列島に加え北海道東北部まで求めてきた。結局トルーマンは、17日付で千島列島については同意している。

これを受け18日未明、ソ連軍は千島列島最北端にある占守島《しゅむしゅとう》に上陸した。

南樺太、千島列島、北海道を担当していたのは第五方面軍（軍司令官樋口《ひぐち》季一郎《きいちろう》中将）で、南樺太に第八八師団（師団長峯木《みねき》十一郎《といちろう》中将）、北千島に第九一師団（師団長堤《つつみ》不夾貴《ふさき》中将）など、南千島に第八七師団が配備されていた。

第五方面軍司令官・樋口季一郎中将。終戦後の対ソ戦闘を指揮した

占守島には第九一師団第七三旅団、戦車第一一連隊など8500名が守備に就いていた。守備隊はポツダム宣言受諾に従い武装解除中であったが、ソ連軍の上陸を受けて反撃。特に池田《いけだ》末男《すえお》大佐指揮の戦車連隊（九七式中戦車39両、九五式軽戦車25両）の攻撃により、上陸したソ連軍は大きな損害を出している。

夜までに南に隣接する幌筵島《ほろむしろとう》にあった第七四旅団も同島に進出、日本側にとって有利な態勢であったが、マッカーサーの要求に従って大本営が全軍に停戦命令を出したことを受け、第五方面軍も積極的戦闘の停止（自衛行動は24日まで認める）を命令。守備隊は無用な衝突を避けるため後退した。

こうして21日、停戦が成立。23日、日本軍は武装解除された。

その後ソ連軍は日本軍の抵抗を受けずに、千島列島の島々に北から南へと次々に上陸。つまり、26日に松輪島の独立混成第四連隊を、そして31日には得撫《うるっぷ》島の独立混成第一二九旅団を、2日前の29日には南千島にも侵攻し択捉島の第八九師団を武装解除させている。さらに9月5日までに色丹《しこたん》島や歯舞《はぼまい》諸島まで、つまり千島列島全てを占領してしまう。

南樺太では8月11日から侵攻が始まっていた。停戦交渉のため日本側が派遣した軍使一行を射殺、戦闘状態となる。日本軍の武装解除は28日。

また、満州においては8月18日にハルビン、19日に新京、奉天、22日には大連に空挺部隊を降下させ、主要都市の奪取を図った。これらについては、関東軍は大きな抵抗を示さなかった。

こうして満州、南樺太、千島列島での戦闘は概《おおむ》ね8月中に終了したのだが、その後新たな悲劇が起こる。ソ連の軍門に下った関東軍、第五方面軍の将兵を待っていたのが、スターリンの指示によるシベリア抑留であった。その数約60万。

昭和25年5月にソ連からの引き揚げは一応終わるが、極寒と粗食と過労により7万人以上

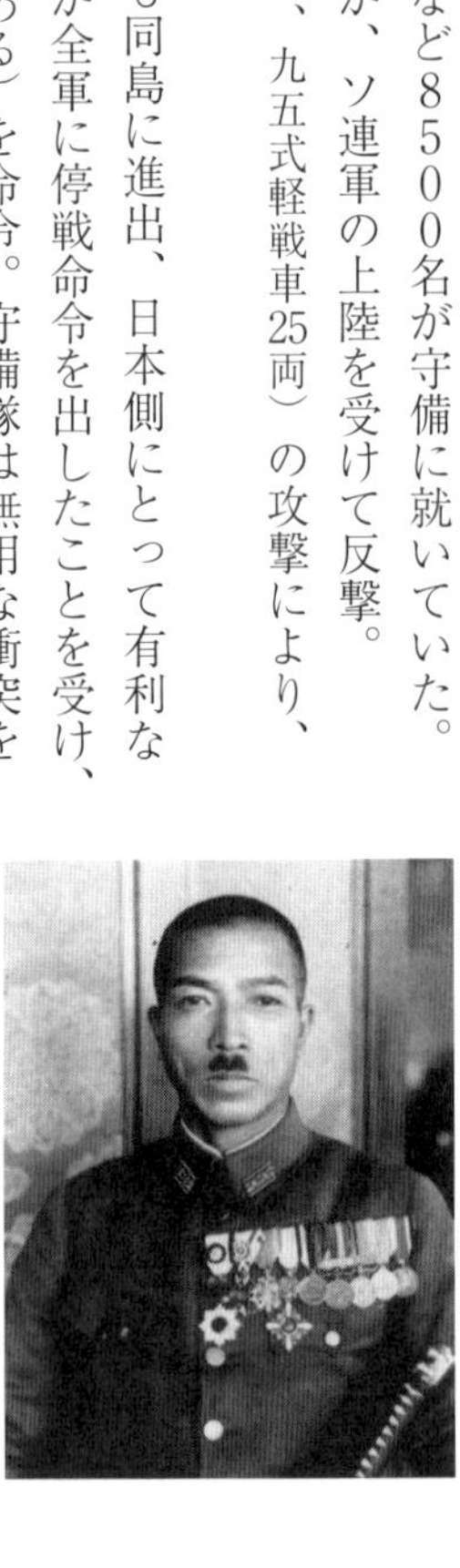
戦車第一一連隊長・池田末男大佐。8月18日、占守島に上陸してきたソ連軍に大損害をあたえた

が犠牲となった。しかし一部はソ連から中共に引き渡され、それら全ての人々が日本の土を踏んだのは、昭和31年のことだった。

昭和20年8月19日
「神州不滅特別攻撃隊」ソ連軍戦車部隊に突入

ソ連の裏切り行為といえる対日参戦、在留邦人に対する残虐行為、15日以降も続ける侵略行動に憤激した関東軍第五練習飛行隊の士官11名が「神州不滅特別攻撃隊」を編成。九八式直協偵察機、二式高等練習機でもって、ソ連軍戦車部隊に体当たり攻撃を実施。11機のうちの2機には、妻と婚約者が同乗していた。戦果のほどは不明である。

昭和20年8月23日
下村定大将、最後の陸軍大臣となる

8月15日未明、陸軍大臣阿南惟幾大将自決。その後、鈴木内閣に代わって誕生した東久邇宮《ひがしくにのみや》内閣では首相が陸相を兼任していたが、23日北支那方面軍司令官であった下村定《しもむらさだむ》大将が、陸軍大臣兼教育総監に任命される。これは旧知の間柄で、下村を信頼していた東久邇宮による人事であった。その後を受けた幣原《しではら》内閣においても留任し、復員業務に取り組んでいる。陸海軍省は11月30日に廃止されることになっていたが、その前々日の28日、帝国議会において下村陸相が答弁している。敗戦直後で軍部への批判が強い中、下村は陸軍の過ちを率直に認め、特に軍による不当な

最後の陸軍大臣・下村定大将。陸海軍省廃止2日前の帝国議会で、陸軍の過ちを国民に謝罪した

政治干渉を猛省し国民に謝罪している。

しかし、その上で最後に「純忠なる軍人の功績を抹消し去らないこと、ことに幾多戦没の英霊に対して、深き同情を賜らんことを切にお願い致します」という言葉で結んでいる。

この演説には批判の声はなくなり、議会を静粛にさせたといわれている。

下村はその後参議院議員を1期務めたが、昭和43年3月交通事故死している。

昭和20年8月29日
伊号第四〇〇、四〇一潜水艦、米軍に接収される

伊号四〇〇型潜水艦は戦争末期に完成した「特型」と呼ばれる潜水艦で、排水量5223t、速力18・7ノット（水上）、航続距離は最大7万kmにも及ぶ。魚雷発射管8門、14cm砲×1、25mm機銃×10。そしてその最大の特徴は特殊攻撃機「晴《せい》嵐《らん》」3機を搭載していることで、潜水空母とも呼ばれた。

戦艦「大和」、「武蔵」が空前絶後の巨大戦艦であったことは広く知られているが、伊号四〇〇型潜水艦も空前絶後の巨大潜水空母であったのである。

計画当初は18隻建造が予定されたが戦局の推移で5隻とされ、さらに完成したのは3隻だけだった。

同型建造の目的は、アメリカ本土攻撃にあったといわれる。アメリカ東海岸のワシントンやニューヨーク、または大西洋と太平洋を結ぶパナマ運河の攻撃計画があったとされる。

しかし1、2番艦である伊四〇〇、四〇一潜が完成した20年1月にはもはやその意義はなく、また「晴嵐」の完成が遅れ、結果攻撃目標はウルシー泊地に変更された。

やはり「晴嵐」を2機搭載できるように改造された甲型改の2隻（伊一三、一四潜）が、

ウルシー泊地攻撃の途上で米軍に接収された伊四〇一潜。昭和20年9月15日、横須賀沖で撮影

この作戦に協力した。

まず、伊一三、一四潜が偵察機「彩雲」をトラック島に輸送。その偵察結果を受けて、伊四〇〇、四〇一潜の6機をもって、ウルシー泊地に在泊する米機動部隊の攻撃が計画された。しかし、伊一三潜は途中で撃沈されてしまう。伊四〇〇と四〇一潜は17日に合同して攻撃を実施する予定だったが、その前に終戦となった。29日、両艦は別々の海上で米軍に発見され接収される。

なお3番艦である伊四〇二潜は、終戦直前の完成であったため作戦には参加できず、空襲により小破状態で残存していた。

伊四〇〇、四〇一、一四潜は戦後米軍が持ち帰り詳細にわたり調査した後、ソ連からの譲渡の申し入れがあったが、戦後の米ソ対立が始まっていたこともあり、3隻ともハワイ沖で海没処分されている。

昭和20年9月2日
降伏文書調印の日

8月27日、米艦隊が相模湾を埋め尽くす。

28日、米第27歩兵師団が湘南海岸に上陸。

30日、連合国最高司令官マッカーサー元帥が「バターン」号で、マニラから沖縄経由で厚木基地に到着。第11空挺師団の4200名が、その警護にあたっていた。

そして9月2日、東京湾上に停泊中の米戦艦「ミズーリ」艦上において、降伏文書調印式が行なわれた。

日本側からは重光葵《しげみつまもる》外務大臣が日本政府代表として、梅津美治郎参謀総長が日本軍の全

昭和20年9月2日、戦艦「ミズーリ」艦上で行なわれた降伏文書調印式。サインする梅津義治郎参謀総長を連合国軍最高司令官マッカーサー（左端）が見つめている

権として出席した。

後にマッカーサー元帥は、全世界に向けて行なった放送演説の中で、「かくのごとく平穏に、またかくのごとく迅速に武装解除が行なわれたことは、史上にその例を見ない」と述べている。

昭和20年9月9日 支那派遣軍降伏調印

9月2日の日本と連合国との降伏調印を受け、アジア、太平洋の占領地域にあった日本軍部隊も、それぞれの地域で降伏調印していった。

その中で、最も多くの将兵を擁していたのは支那派遣軍である。27個師団、34個旅団、約100万の大軍であった。

中国軍相手にほとんど負けを知らない派遣軍将兵には、「勝っているのに降伏するのか」という感覚が強かったといわれる。

また、主に米軍を相手に戦った太平洋戦域への出番はなく、遊兵化してしまっていたともいえる。

9日、支那派遣軍総司令官岡村寧次《おかむらやすじ》大将が、台湾の第一〇方面軍、北部仏印の第三八軍を含めて、南京において降伏文書に調印した。

中国における戦死、約30万。

昭和20年9月26日
外地からの復員船が初めて帰国

戦争終結後しばらくの間、陸軍省と海軍省は存続していた（参謀本部と軍令部は10月25日付で廃止）が、その仕事の中心は海外からの復員業務であった。

しかし、その数は軍人、一般邦人それぞれ約３５０万人、合わせて約７００万人にのぼる。

海軍は一般の輸送船以外に、終戦時残存していた空母「葛城」、「鳳翔」、軽巡「酒匂」、「鹿島」の他、駆逐艦、海防艦等を使用してこの業務にあたった。

そのような中、終戦から40日あまり後の9月26日、西カロリン諸島メレヨン島守備隊を収容した復員船「高砂丸」が別府に入港した。

同島については先述したように、戦病死者４５００名、帰国できたのは１６００名余りでしかない。多くの部下を死なせた責任をとるように、陸軍の独立混成第五〇旅団長北村勝三《きたむらかつぞう》少将、海軍の第四四警備隊司令宮田喜信大佐ともに、復員後自決している。

その他、マーシャル諸島の島々、ウエーク島等に復員船が真っ先に向かっている。

その後、11月末で陸軍省、海軍省も廃止。それぞれ第一復員省、第二復員省となる。

翌年6月には統合されて復員庁。そしてこの年の秋頃から米軍の艦船２００隻が貸与され、ようやく事業が本格化。しかし、ソ連に抑留された人々の帰国が最も遅れ、引き揚げが終わるのは25年5月のことであった。

外地からの復員船で帰国した復員兵たち。横須賀・久里浜駅前で撮影

太平洋戦争年譜

※各項目の頭の数字は〔昭和○年・○月・○日〕を示す。
末尾の数字（……○）は、本書の掲載ページを示す。

主要参考文献

「戦史叢書　中部太平洋陸軍作戦(1)」　防衛研究所戦史室　朝雲新聞社
「戦史叢書　沖縄方面陸軍作戦」　防衛研究所戦史室　朝雲新聞社
「戦史叢書　中部太平洋陸軍作戦(2)」　防衛研究所戦史室　朝雲新聞社
「戦史叢書　沖縄方面海軍作戦」　防衛研究所戦史室　朝雲新聞社
「戦史叢書　イラワジ会戦」　防衛研究所戦史室　朝雲新聞社
「戦史叢書　沖縄、台湾、硫黄島方面陸軍航空作戦」　防衛研究所戦史室　朝雲新聞社
「戦史叢書　シッタン・明号作戦」　防衛研究所戦史室　朝雲新聞社
「戦史叢書　南太平洋陸軍作戦(3)」　防衛研究所戦史室　朝雲新聞社
「戦史叢書　捷号陸軍作戦(1)」　防衛研究所戦史室　朝雲新聞社
「戦史叢書　陸海軍年表」　防衛研究所戦史室　朝雲新聞社
「戦藻録」上・下　宇垣纏　ＰＨＰ研究所
「大東亜戦争全史」　服部卓四郎　原書房
「ニミッツの太平洋海戦史」　チェスター・Ｗ・ニミッツ　恒文社
「ミッドウエー」　淵田美津雄　奥宮正武　朝日ソノラマ
「機動部隊」　淵田美津雄　奥宮正武　朝日ソノラマ
「ラバウル海軍航空隊」　奥宮正武　朝日ソノラマ
「海上護衛戦」　大井篤　朝日ソノラマ
「潜水艦隊」　井浦祥二郎　朝日ソノラマ
「ソロモン海敵中突破」　種子島洋二　朝日ソノラマ
「連合艦隊参謀長の回想」　草鹿龍之介　光和堂
「連合艦隊作戦室から見た太平洋戦争」　中島親孝　光人社
「沖縄決戦」　八原博通　読売新聞社
「ビルマ戦記」　後勝　光人社
「帝国陸軍の最後」1〜5　伊藤正徳　角川文庫
「全軍突撃」　吉田俊雄　半藤一利　オリオン出版社
「あゝ神風特攻隊」　安延多計夫　光人社
「船舶砲兵」　駒宮真七郎　出版協同社
「ガダルカナル戦記」1〜3　亀井宏　光人社
「日本戦艦戦史」　木俣滋郎　図書出版社

「日本空母戦史」　木俣滋郎　図書出版社
「日本水雷戦史」　木俣滋郎　図書出版社
「日本軽巡戦史」　木俣滋郎　図書出版社
「日本潜水艦戦史」　木俣滋郎　図書出版社
「陸軍航空戦史」　木俣滋郎　経済往来社
「一億人の昭和史　太平洋戦争」1～4　毎日新聞社
「記録写真集選」1～20　雑誌「丸」編集部編　光人社
「太平洋戦争海空戦シリーズ　丸スペシャル」92～111　潮書房
「年表太平洋戦争全史」　日置英剛　国書刊行会
「ソロモン最前線」　奥村明光　叢文社
「ニューギニア戦記」　越智春海　図書出版社
「レイテ作戦の記録」　田中賢一　原書房
「レイテ戦記」1～4　大岡昇平　中央文庫
「レイテ沖の日米決戦」　佐藤和正　光人社
「歴史群像シリーズ　決定版太平洋戦争」1～10　Ｇａｋｋｅｎ
「歴史群像　太平洋戦史シリーズ　沖縄決戦」　Ｇａｋｋｅｎ
「図説　沖縄の戦い」　太平洋戦争研究会編　河出書房新社
「ドキュメント神風」上・下　デニス・ウオーナー　ペギー・ウオーナー　妹尾作太男(訳)　時事通信社
「海防艦」　大内健二　光人社ＮＦ文庫
「ビルマ決戦記」　越智春海　光人社ＮＦ文庫
「地獄のレイテ輸送作戦」　岩見勇美　光人社ＮＦ文庫
「潜水艦攻撃」　木俣滋郎　光人社ＮＦ文庫
「図解日本陸軍歩兵」　田中正人　並木書房
「日本軍陸戦兵器総覧」　太平洋戦争研究会編　Ｇａｋｋｅｎ
「宇垣特攻軍団の最後」　野原一夫　講談社
「海軍零戦隊撃墜戦記」1～3　梅本弘　大日本絵画
「知られざる兵団　帝国陸軍混成旅団史」　藤井非三四　国書刊行会

【著者略歴】
筒居譲二（つつい・じょうじ）
1959年、大阪府に生まれる。立命館大学経済学部卒。
1982年から29年間、中学校社会科教諭。「戦史検定協会」
実行委員（第3回～第10回）。「関西太平洋戦史研究会」
主宰。奈良県在住

読む年表 太平洋戦争
開戦から終戦まで1396日の記録

2022年８月15日　第１刷発行
2024年６月18日　第２刷発行

著　者　筒居譲二
発行者　赤堀正卓
発行所　株式会社　潮書房光人新社

〒100-8077
東京都千代田区大手町1-7-2
電話番号／03-6281-9891（代）
http://www.kojinsha.co.jp

装　幀　天野昌樹
印刷製本　サンケイ総合印刷株式会社

定価はカバーに表示してあります。
乱丁、落丁のものはお取り替え致します。本文は中性紙を使用
 ISBN978-4-7698-1693-5 C0095